Maria und Diderk
Wirminghaus

Auch das Leben ist eine Kunst

Maria und Diderk
Wirminghaus

AUCH DAS LEBEN IST EINE KUNST

Traugott und Helene von Stackelberg – zwei Lebensbilder

Band 189 der Reihe Hegau-Bibliothek
des Hegau-Geschichtsvereins

Wir widmen dieses Buch unseren Töchtern
Lina, Nele und Sophia sowie den Enkeln

hegau

»Auch das Leben ist eine Kunst« – Anque la vita è un arte, so überschreibt Traugott eine Anekdote (1950) zu seiner Reise im Jahr 1913, er verweist auf Dante: Divina Commedia.
Der von Helene geschätzte norwegische Autor Henrik Ibsen lässt seinen Protagonisten in »Brand. Ein dramatisches Gedicht« von 1865 im I. Akt aussprechen: »Das Leben, Freund, – ist eine Kunst.«

Besuchen Sie uns im Internet:
www.gmeiner-verlag.de

Im Ehnried 5, 88605 Meßkirch
Telefon 07575/2095-0
info@gmeiner-verlag.de

1. Auflage 2022

Redaktion: Anja Sandmann
Layout/Herstellung, Umschlaggestaltung: Laura Müller
unter Verwendung von Fotos von: © Maria und Diderk Wirminghaus
Cover: Helene und Traugott, von Stackelberg, Degenhof, ~1929 (Bild rechts); Freundinnen bei der Gymnastik, Degenhof, ~1930er Jahre (Bild links)
U4: Traugott beim Segeln (oben links), Helene beim Segeln (oben rechts), Helene und Traugott auf der Eingangstreppe, mit sechs Enkelkindern, ~1953 (unten)
Druck: Westermann Druck Zwickau GmbH
Printed in Germany
ISBN 978-3-8392-0229-6

Inhalt

Einleitung

Kann man über einen Menschen schreiben? Ich glaube nicht. Der Mensch ist in seinem Dasein kein Gegenstand. … Vom Menschen kann man zu berichten versuchen, von seiner Gegenwart und seinem Fall. Ein Mensch, der mit seiner Epoche zusammenstößt, in Konflikt gerät auf exemplarische Weise, offensiv, passiv, erscheint zuletzt als Fall. (Christoph Meckel 2000)[1]

Wieder werden ja die Ereignisse, die das Schicksal des Volkes bestimmen, einen entscheidenden Einfluss auf das Einzelschicksal haben, aber wir müssen doch mehr und mehr lernen und haben schon gelernt, das Eigentliche, das unserem Leben Sinn und Wert gibt, festzuhalten und herauszuretten aus dem Strudel der Ereignisse. Das bedeutet nicht Teilnahmslosigkeit gegenüber der Allgemeinheit, es ist einfach ein notwendiger Selbstschutz. Und wer nicht die Ruhe und Stetigkeit mitbringt, der kann in den Stürmen nicht feststehen, der kann nur mit der Allgemeinheit leiden, nicht aber helfen, Neues aufzubauen. (Helene Lohmann 1919)[2]

Das Vorhaben (DW)

Traugott und Helene von Stackelberg sind meine Großeltern mütterlicherseits.

Die Lebensgeschichten dieser beiden miteinander verbundenen Menschen sollen auch im Kontext der »großen« Geschichte in Deutschland, im Europa des ausgehenden 19. bis in die zweite Hälfte des 20. Jahrhunderts – in ihren Brüchen und Kontinuitäten – gesehen werden. Besonders beleuchtet werden die gemeinsamen Jahre in ihrem Anwesen Degenhof in Süddeutschland, nahe der Schweizer Grenze, ab 1921 / 22 – also 100 Jahre vor Erscheinen dieses Buches.

Wir halten die biografischen Details, Vorstellungen und Haltungen von Traugott und Helene von Stackelberg für bedeutsam. Natürlich ist es schon im familiären Kontext interessant, zu sammeln und zu ordnen. Aber darüber hinaus ergibt sich die Bedeutsamkeit durch die vielfältige Verschränkung des individuellen Lebens mit der regionalen und auch der »großen« europäischen Geschichte.

Wir gehen von etlichen Quellen aus und verwenden sie auch: Tagebücher, Briefe, Veröffentlichungen, Dokumente wie etwa Ausweise und Bescheinigungen, Fotos, Kassenbuch etc. Manche Texte, die noch nicht oder nicht mehr gedruckt vorliegen, geben wir wieder.

Wir erfinden nichts Neues, erzählen keine fiktionalen Biografien, sondern versuchen, Zusammenhänge zu finden und nachzuerzählen. Zusammenhänge finden heißt sie zu re-konstruieren. Es gibt wohl verschiedene Weisen der Re-Konstruktion. Unsere Perspektiven sind gerichtet auf Personen, Chronologie, Episoden und auch auf einzelne Themen und Aspekte. Die chronologisch orientierte Darstellung wird um die anderen Perspektiven ergänzt und erweitert.

Es sind zwei Leben, die über vierzig Jahre miteinander verbunden waren, die sich teilweise aneinander fügen, aber nur teilweise ineinander aufgehen. Wir haben uns daher entschieden, zwei eigene Lebensbilder vorzustellen – Maria das Lebensbild von Helene, Diderk das für Traugott.

Helene und ich (MW)

Familienbiografien bestehen meist aus erlebten oder erzählten Geschichten, dargestellt mit subjektiven Sichtweisen, angereichert möglicherweise mit objektiven Daten, die die Lebensphasen markieren. Die Geschichten lassen sich verdichten zu großen Linien, Lebenslinien, in ihrer Art einzig und in ihrem Verlauf individuell. Und ebenso sind sie Teil sozialer Geschehnisse, deren Spiegel und Zeugnis.

Wenn wir uns auf den Weg machen, unsere eigene Lebensgeschichte in die bereits bestehenden Spuren unserer Herkunftsfamilien einzuordnen, eröffnen sich neben bekannten auch neue Erkenntnisse. Die eigene Biografie wird bereichert durch überlieferte Zeugnisse der familiären

Vergangenheit, die manche Erklärungen für die Gegenwart bereithalten. Unser Lebensgefühl bekommt eine weitere Dimension, nämlich die, Teil einer Familiengeschichte, Teil einer Zeitgeschichte, zu sein.

Helene ist die Großmutter meines Lebenspartners, die Urgroßmutter unserer Töchter, die Gründerin eines Lebensortes, den mein Mann und ich jetzt mit anderen beleben. Ich kannte Helene nicht persönlich, und doch – inzwischen kenne ich viele persönliche Gedanken, Tagebucheinträge, Briefe, die sie hinterlassen hat und die nicht vernichtet worden sind.

Ich gehe auf Wegen, die sie gegangen ist, ich kann Gegenstände berühren, mit denen sie gearbeitet hat, ich habe ein Kleid neben ihr Porträt gehängt, das sie in eben diesem Kleid zeigt.[3] Ruhig, aber auch ein wenig sorgenvoll, schaut sie aus diesem Bild heraus. Es entstand 1945, für die Zukunft nach dem Krieg, für die, die nach ihr kämen.

Natürlich hängt neben ihrem Porträt das andere, das ihres Ehemanns Traugott.[4] Von ihm habe ich schon viel länger ein Bild vor Augen, sozusagen eine greifbare Vorstellung, weil er mich ja von vielen Buchdeckeln aus anschaut – eine durch Gemälde und Bücherveröffentlichungen allgemein bekannte Person. Von ihm war viel die Rede, er hat zahlreiche Geschichten seines Lebens schon oftmals erzählt, in autobiografischen Texten oder verwoben in Erzählungen. Sein Leben konnte ich erlesen, das ihre zunächst nicht.

Dann aber diese vielen Briefe, verfasst in der Sütterlin-Schrift, die zu erschließen nur mit einem mühevollen Lesenlernen verschnörkelter Zeichen gelingt. Und mit jedem entschlüsselten Briefgeheimnis zeichnet sich ab: Ich möchte diese Lebensgeschichte nicht nur nacherzählen. Helenes Briefsprache ist so lebendig und mitreißend, dass sie es mehr als jede(r) andere schafft, Lesende mitzunehmen in ihre private Lebenszeit im Strudel der ungeheuren Ereignisse des 20. Jahrhunderts.

Wer nun war die Frau, die mich mit ihren Fotos, ihren stummen Alltagsgegenständen und beruflichen Accessoires ansprach und von der ihre Enkel bis heute voller Respekt erzählen, fast wie von dem Oberhaupt einer Großfamilie?

Helene ist mir von vornherein sympathisch: eine Frau mit dem Mut, Neues zu wagen, sich herauszufordern, um eine erstaunliche Lebensleistung zu vollbringen. Sie war promovierte Ärztin, versah über Jahrzehnte die Landarztpraxis in ihrem Wohnhaus, baute in äußerst schwierigen Zeiten, wie auch viele anderen Frauen ihrer Generation, die häusliche Existenz ihrer Familie voll verantwortlich mit auf.

Und die Zeiten, in denen sie lebte, die wir ja anschauen mit der »gnädigen« Distanz der nach den zwei Weltkriegen Geborenen, was können wir über sie erfahren, was den Briefen ablauschen, über Krisenbewältigung und Lebensmut? Ich bin gespannt auf die Person, die sich aus ihren eigenen Schilderungen herausschält und auch aus dem, was ich über sie erfahre, aus ihren über 200 Briefen und Tagebucheinträgen.

ANMERKUNGEN

1 Meckel, Christoph 2000: Sieben Blätter für Monsieur Bernstein. München, S. 7 (Anfang des Textes).

2 Brief an ihre Mutter, München, 19.2.1919.

3 Siehe »Porträt von Helene 1945«, S. 299.

4 Siehe »Porträt von Traugott 1945«, S. 300.

Helene (1895–1964)

Es ist mir alles erlaubt, aber es frommt nicht alles. Es ist mir alles erlaubt, aber es soll nichts über mich Gewalt bekommen. (1. Kor. 6,12)[5]

Jugend in Bielefeld und erste Prägungen

Helene wächst auf als Tochter einer gut betuchten Familie in der ostwestfälischen Leineweberstadt Bielefeld, einer Stadt der Flachsverarbeitung und Leinenherstellung, der Webereien und Färbereien. Die Lohmanns besitzen eine Färbereifabrik im Zentrum Bielefelds, die lange Zeit auf dem jetzigen zentrumsnahen Firmengelände der Firma Oetker ansässig war.[6]

Viele Vorbilder prägen Helene als Jüngste einer Familie mit fünf Kindern: pflichtbewusster unternehmerischer Geist aus der Vaterfamilie, politisches Denken und aktives frauenpolitisches Engagement in der Familie der Mutter. Deren Schwester, Martha Dönhoff[7], vertritt als Abgeordnete die Deutsche Demokratische Partei (DDP) von 1923 bis 1932 im Preußischen Landtag. Sie trat 1932, kurz vor der Genfer Abrüstungskonferenz, auf einer Großveranstaltung für die Abrüstung im Kölner Festsaal Gürzenich auf und forderte »im Namen der Zivilisation, der christlichen Kultur und der Humanisierung« die Frauen der Welt auf, »in einmütigem Protest gegen Krieg und Unfrieden zusammenzustehen«.[8]

Martha Dönhoff 1907
(Foto: Elisabeth Bäumer[9])

Die Tante steht in engem Kontakt mit ihrer Nichte. Beide besuchen im Jahre 1928 gemeinsam einen frauenpolitischen Kongress in Köln, dort vermutlich die Sonderschau »Frau und Presse« in der Kölner Messe. Zeit ihres Lebens ist Martha Dönhoff, in der Familie Tamata genannt, für Helene das prägende Vorbild einer Frau im öffentlichen politischen Leben.

Helenes Zukunft zu Beginn des zweiten Jahrzehnts des 20. Jahrhunderts erscheint vielfältig gestaltbar; der familiäre Horizont reicht damals schon über den Teutoburger Wald hinaus in das deutsche Kaiserreich und das Europa der damaligen Zeit: Kunst in Italien und Frankreich, Handel sogar mit England. Carl Lohmann, ein Onkel, pflegt ab 1896 mit England wirtschaftliche Verbindungen und handelt mit Sätteln, Satteltaschen und Lampen.[10]

Zwischen den zukunftsoptimistischen Visionen der Jugendzeit und den Lebenswirklichkeiten in der Zeit des Ersten Weltkriegs müssen Erfahrungen liegen, die die Kraft, neu anzufangen sowie aktiv und mit beständiger harter Arbeit das tägliche Leben zu gestalten, aufs Äußerste herausfordern. In einem Brief von 1932 schreibt Helene, dass »die Jungen … wenn das Leben sie hart anpackt, dann müssen sie eben wieder hart zugreifen«[11].

Schon die Epoche der Weimarer Republik fordert ihren Bürgern vieles ab. Und dann zettelt Deutschland auch noch den Zweiten Weltkrieg an. Der Nationalsozialismus entfaltet nach und nach seine demagogisch verzerrende und todbringende Zerstörungswut bis in die letzten Winkel des »Reichs« und weit darüber hinaus. Und bringt Menschen erneut in existenzielle Grenzsituationen und verzweifelte Überlebenskämpfe.

Doch zurück wieder zum beschaulichen Ostwestfalen der Jahrhundertwende vom 19. ins 20. Jahrhundert. Helene Agnes Ida wird am 12. Januar 1895 geboren. Sie ist die Jüngste von fünf Geschwistern. Die Älteste ist Elli, geboren 1884, dann folgen zwei Brüder, Wilhelm 1886 und Walter 1888, 1890 dann die zweite Schwester Hertha.[12]

Zwei Jahre nach Helenes Geburt zieht die Familie in ein stattliches Haus am Nebelswall 5 in Bielefeld um.[13] Nach der Volksschule besucht sie die Städtische Höhere Mädchenschule zu Bielefeld und bleibt dort bis Ostern 1911, also bis zum Beginn ihres 16. Lebensjahrs.

Ihr Zeugnisheft offenbart gute Leistungen, nur manchmal sind »beson-

Helene Lohmann ~1907

dere Tadel« »im Betragen« und »Verweise vor der Klasse« notiert. Meist jedoch beträgt sie sich »tadellos« – ein Ausdruck, der sich noch Jahre später im Wortschatz ihrer Tochter Brita, meiner Schwiegermutter, wiederfindet. Trotzdem – so manches Mal muss ihre Mutter wegen ihrer jüngsten Tochter bei deren LehrerInnen vorsprechen.

Dennoch wird Helenes »Aufmerksamkeit« stets mit gut bis sehr gut bewertet, ihr »Fleiß« gut bis sehr gut, die »Ordnung« lasse manchmal zu wünschen übrig, und im Fach Deutsch schneidet sie bei »Anschauung« zunächst nur mit »Recht gut« ab.

Mit 16 Jahren wechselt sie zur Kaiserin-Auguste-Viktoria-Schule, einer »Studienanstalt der realgymnasialen Richtung«. In jenen Jahren war das Mädchenschulwesen auf eine ganz neue Basis gestellt worden. 1909 war in Köln auf Betreiben von Mathilde von Mevissen das erste humanistische Mädchengymnasium gegründet worden. Die neue Mädchenbildung zielte darauf ab, nur eine Auslese besonders begabter, interessierter Mädchen in diesen sogenannten »Studienanstalten« zum Abitur kommen lassen.[14]

Interessanterweise ist die Schule nach einer Kaiserin benannt, die sich als »femme d'esprit« klug und mit frauenpolitischen Ansichten in die Politik des 19. Jahrhunderts eingemischt hat. Sie hat sich als Pazifistin gegen die Bismarck'sche Kriegsmobilisierung engagiert und ließ im damaligen Krieg in dem von ihr gegründeten vaterländischen Frauenverein Verwundete aller Kriegsfronten versorgen. Es wird berichtet, dass sie bei vielen ihrer Aktivitäten immer wieder auf Widerstände gegen ihre intellektuelle Überlegenheit und ihre Reformideen stieß.

Die nach ihr benannte in Bielefeld neu gegründete gymnasiale Oberstufe eröffnet für die Absolventinnen der Höheren Mädchenschulen endlich die Chance, mit dem Fach Latein und naturwissenschaftlichen Lehrangeboten die Grundqualifikationen für ein wissenschaftliches Universitätsstudium zu erwerben. In der Schweiz ist dies bereits seit 1840 möglich, weshalb bis nach der Jahrhundertwende etliche Frauen anderer europäischer Staaten, wie zum Beispiel Rosa Luxemburg, dorthin zum Studium gehen.

Helene, eine begabte und erfolgreiche Schülerin mit breitgefächerten Neigungen und Fähigkeiten, besucht mit Begeisterung die neue Oberstufe. Bildung, auch höhere Schulbildung für Mädchen, ist für ihre Familie selbstverständlich. Und das Nesthäkchen Helene, wohl das Lieblingskind ihres Vaters, darf mit familiärer Unterstützung diesen neuen Aufbauzweig mit naturwissenschaftlicher Ausrichtung besuchen. Voller Selbstvertrauen und gestärkt durch das Beispiel ihrer erfolgreichen älteren Geschwister kann sie die schulischen Leistungsanforderungen gut erfüllen.

Ein Lehrer der ersten Generation an der Kaiserin-Auguste-Victoria-Schule in Bielefeld, der Oberlehrer Bavink, schreibt in seinen Memoiren:

> Meine erste Unterprima bestand aus einer Reihe schon etwas älterer Schülerinnen … diese Mädchen waren sehr intelligent und lernbegierig, auch gingen sie in kürzester Frist für mich durchs Feuer – auch diejenigen, die bis dahin mit der Schule und mit einzelnen Lehrern auf Kriegsfuß gestanden hatten. Viele von ihnen waren stark in der Jugendbewegung engagiert und wehrten sich gegen jegliche Autorität. Die Anführerin, eine gewisse Lene Lohmann, versuchte anfangs, auch mir einige Opposition entgegenzusetzen … Ich habe nie wieder Streit mit ihr gehabt – wohl aber hatte ich sie dauernd davor zu schützen, daß sie nicht wegen Krach mit anderen Lehrern und dem Direktor, den sie oder der sie nicht leiden konnte, die größten Schwierigkeiten kriegte.[15]

Bernhard Bavink (1879–1947), Verfasser grundlegender naturwissenschaftlicher Werke, langjähriger Vorsitzender des Keplerbundes, ist in seiner Zeit ein hochgeschätzter Wissenschaftler und auch Theoretiker der Eugenik[16]. Mit seiner Lehrertätigkeit kann er das für sein Familienleben notwendige Einkommen verdienen, seine Leidenschaft gilt aber der Forschung. Früh verwitwet heiratet er im Oktober 1918 Helenes Schwester Hertha, die nach dem Kriegstod ihres ersten Ehemanns Georg König eine Ausbildung für soziale Berufe in Berlin absolviert. Sie haben sich bei familiären Treffen in Bielefeld kennengelernt, und Hertha entscheidet sich bewusst für die Ehe mit dem alleinerziehenden Vater von drei Kindern. Bernhard Bavink hat zunächst als Lehrer und dann als Schwager großen Einfluss auf Helene und prägt maßgeblich ihre Begeisterung für die Naturwissenschaften. Die Systematik bei der Ausübung ihres Medizinberufs zeigt später, dass sie nachhaltig geprägt ist vom logischen Aufbau naturwissenschaftlichen Denkens und Forschens, für das sie im Unterricht mit ihrem späteren Schwager Bavink schon in ihrer Gymnasialzeit geschult worden ist.

Helene selbst fühlt sich der Familie Bavink zeitlebens familiär eng verbunden, denn ihre Schwester Hertha ist ihr eine sehr wichtige Vertraute. Zu deren Tod 1958 schreibt sie in einem Brief an ihre Tochter Brita: »[Hertha] war meine Vertraute, mit der ich alles teilte.« Ihren Schwager betrachtet sie in den politisch polarisierenden Nachkriegszeiten nicht unkritisch, was ein Brief aus dem Jahr 1919 verdeutlicht. Sie erzählt darin ihren Eltern von ihrem eigenen Engagement und äußert sich distanziert zu ihrem Schwager wegen dessen politischer Ansichten:

> Persönlich setzte man sich natürlich für seine Überzeugung ein. Ich bin ganz erstaunt, daß Bernhard [Bavink] so tätig geworden ist. Seine Richtung ist allerdings meiner entgegengesetzt, ich hoffe aber trotzdem, daß wir uns weiterhin verstehen werden. Ich beurteile seine Partei[17] eben sehr anders als er u. umgekehrt.[18]

Helenes Abitur

Helene Lohmann 1915, um die Zeit ihrer Reifeprüfung (Foto: Atelier Packenius, Bielefeld)

Am 16. März 1915 wird Helene Lohmann im Namen des Königlichen Kommissars das Zeugnis der Reife überreicht.

Einer der Unterzeichnenden ist Oberlehrer Dr. Bavink, für das Fach Naturwissenschaften. Als Zeichenlehrerin an letzter Stelle der Unterschriftenliste unterschreibt Elli Lohmann das Abiturzeugnis ihrer Schwester. »Zeichnen: Gut«.

Helenes älteste Schwester Elli, die an einem Bonner Lehrerinnenseminar studiert hat, übt ihren Beruf als Kunsterzieherin lange Jahre an dieser Schule aus. Es ist in der damaligen Zeit neben der Erzieherinnenausbildung eine seltene Möglichkeit für »höhere Töchter«, einen quasi-akademischen Beruf auszuüben. Allerdings ist diese Tätigkeit damals mit der Pflicht zu zölibatärem Leben verbunden. Sie heiratet tatsächlich auch später nicht, verbringt ihr Leben in Bielefeld, reist gern.

Gefördert durch ihr Elternhaus hat Helene schon früh zwei Leiden-

Kaiserin Auguste Victoria-Schule zu Bielefeld

Zeugnis der Reife

einer Studienanstalt der realgymnasialen Richtung.

Helene Lohmann

geboren den 12. Januar 1895 zu Bielefeld, Kreis Bielefeld, evangelischer Konfession, Tochter des Fabrikbesitzers Adalbert Lohmann zu Bielefeld, Kreis Bielefeld, war 6 Jahre auf der Studienanstalt der Kaiserin Auguste Victoria-Schule zu Bielefeld und zwar 1 Jahr in der obersten Klasse.

I. Führung und Aufmerksamkeit:

Die Führung war gut, die Aufmerksamkeit sehr gut. Frl. Lohmann wurde von der Ablegung der mündlichen Prüfung befreit.

II. Kenntnisse und Fertigkeiten:

1. Religionslehre: genügend.

2. Deutsch: gut.

Exlibris von Helene, entworfen von Elli Lohmann

schaften entwickelt, die eng mit den häuslichen Gepflogenheiten ihrer Familie verwoben sind: die Liebe zu Musik und Kunst sowie später die zu den Naturwissenschaften. Die beiden Brüder Wilhelm und Walter sind den Naturwissenschaften (Chemie) und der Volkswirtschaft zugetan. Die Anforderungen ihres zukünftigen Berufs, die mit der Übernahme der Färbereifabrik verbunden sind, leiten hier wohl vorrangig ihr Interesse. Sie wissen, dass sie ihre technologischen Standards und so auch chemische Techniken weiterentwickeln müssen, um die Zukunft ihres Gewerbes und damit auch ihres Familienbetriebes zu sichern. Helene wächst also von klein auf mit naturwissenschaftlichen Denkstrukturen auf, die sich im Unterricht der Oberstufe erweitern und verfeinern. Die ihr eigene Systematik, mit der sie ihren Beruf und auch ihr Familienleben gestalten wird, zeugt von diesen früheren Prägungen.

Elisabeth Lohmann, geb. Dönhoff (1864–1930), o.J., Helenes Mutter

Bis zum Jahr 1916 können die Lohmanns trotz des Krieges das gesicherte Leben einer Fabrikbesitzerfamilie führen. Das Wohnhaus mitten im Herzen der

Altstadt zeugt von einer gut situierten gesellschaftlichen Position. Die Kinder wachsen strebsam und pflichtbewusst auf. Im Hause Lohmann herrscht durch Mutter Elisabeth wohl ein eher geschäftiges, selten ein gemütliches Treiben.[19]

Helene ~1913

Alle Kinder erwerben das Abitur, alle erlernen ein Instrument und werden auch auf musischem und sportlichem Gebiet gefördert.

Nach dem Abitur im Mai 1915 entscheidet sich Helene zur Aufnahme eines Medizinstudiums. Dies ist zu jener Zeit in Deutschland für Frauen sehr ungewöhnlich, zumal ausgebildete verheiratete Medizinerinnen mancherorts keine eigenständigen Möglichkeiten haben, als Kassenärztinnen abzurechnen. Nun eröffnet ihr der Schulabschluss mit dem Reifezeugnis ein Studium, in dem sich ihre bisher erworbenen naturwissenschaftlichen Kenntnisse mit sozialem Engagement verbinden lassen.

Die Brüder engagieren sich in der Zeit nach dem Ersten Weltkrieg in der Deutschen Demokratischen Partei (DDP), der Vetter Wilhelm Hagen aus Soest ist 1919 im dortigen Parteivorstand aktiv und steht in dieser Funktion in engem Kontakt mit Wilhelm Lohmann, Helenes älterem Bruder.

Ihr Bruder Walter wird nach dem Tod von Wilhelm von 1926 an die Leitung des Familienbetriebs übernehmen und in der Folgezeit die Schwester häufig finanziell unterstützen. Wilhelm war im Krieg an Lungentuberkulose erkrankt, und diese Krankheit konnte danach nicht mehr ausgeheilt werden.

Erste Studienzeit in Jena und Berlin 1915/16

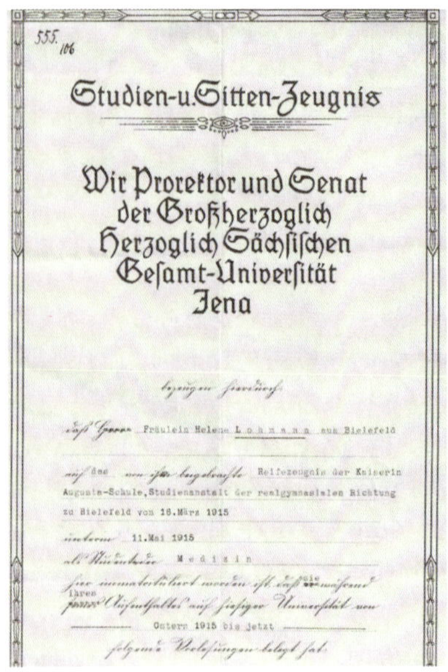

555.
106

Studien-u. Sitten-Zeugnis

Wir Prorektor und Senat der Großherzoglich Herzoglich Sächsischen Gesamt-Universität Jena

bezeugen hierdurch,

daß Herrn Fräulein Helene Lohmann aus Bielefeld

auf das von ihr beigebrachte Reifezeugnis der Kaiserin Auguste-Schule, Studienanstalt der realgymnasialen Richtung zu Bielefeld vom 16. März 1915

unterm 11. Mai 1915

als Studierende Medizin

hier immatrikuliert worden ist, daß sie während ihres Aufenthaltes auf hiesiger Universität von

Ostern 1915 bis jetzt

folgende Vorlesungen belegt hat.

Im Mai wird Helene an der Universität in Jena als Studentin immatrikuliert. Ein »Studien- und Sittenzeugnis«, das statt des üblichen »Herr« ein manuell eingesetztes »Fräulein« im Titelblatt aufweist, bescheinigt ihr im August 1915, dass »während dieser Zeit gegen sie etwas Nachteiliges hier nicht zur Anzeige gekommen ist«.

Sie belegt – laut Studienbuch – neben medizinischen Kursen auch Veranstaltungen zur Philosophie, beispielsweise zum »Wesen der Materie« sowie musiktheoretische Kurse. Auch das praktische Musizieren, allein mit ihrer Geige oder im Quartett mit anderen Streichern, setzt sie regelmäßig fort, wie sie begeistert in einigen Briefen an ihre Familie berichtet.

Erste Briefe schildern, wie sie sich in ihrer neuen Lebensphase einrichtet und wie sie ihre Selbstständigkeit in dieser Krisenzeit angeht. Das Kriegsgeschehen bedroht die Studierenden in den ersten Semestern immerhin nicht unmittelbar, da es sich ja lange Zeit vorwiegend auf den Territorien der Kriegsgegner abspielt.

Liebe Mutter, Vater, Elli, Hertha

nun sitze ich zum ersten Mal in meinem neuen Heim. Es ist Abend, meine Beleuchtung ist eine ehemalige Petroleum-Hängelampe, die zur Gaslampe gemacht ist. Seit ich in Jena bin, ist dies die erste ruhige, einsame Stunde. Von morgens 8 oder, wie heute 7 Uhr an, bin ich in einem fort unterwegs. Eben gerade komme ich von meinem ersten

Spaziergang zurück, die Gegend ist ganz wundervoll und in der Stadt quellen überall zwischen den Häusern frisches Grün und Blüten hervor. Ich war mit einer Studentin (phil.) draußen ... Wir wollen auch mal zusammen musizieren.

... Dann wurde die Zimmerfrage erörtert. Wir waren uns schon fast einig, da kam heraus, dass sie mir das Kochen im Zimmer nicht erlauben wollte. Ich sagte, unter solchen Umständen müsste ich dann leider auf das Z. verzichten. Da kam mir Frl. S. zu Hilfe. Schließlich bot sie mir, als ich schon entschlossen war, nicht einzuziehen, doch noch an, ich sollte ruhig kochen.

Britta Siebeck ist Lehrerin. Erst dachte ich, sie wäre ziemlich spießig, aber bei einer längeren Unterhaltung fand ich sie sehr nett und fein .... Nun muß ich aber schon aufhören, ich bin so scheußlich müde, daß ich mir mit großer Mühe diesen Brief zusammengestoppelt habe. Alle Leute sind hier von der Luft so müde. Gute Nacht. Morgen geht's schon um ½ 7 los. Bald kommt die Fortsetzung. Es ist so unglaublich viel zu erzählen. Ein ganz herzlicher Gruß von eurer Lene.[20]

Ihre bemerkenswerte jugendliche Forschheit lässt sich aus den folgenden Zeilen erschließen. Himmelfahrt 1915, sie hat eine Muskel- oder Sehnenzerrung am linken Bein:

Helene 1915, Jena

... Der Professor, der mich eigentlich betrachten wollte, kam leider nicht, stattdessen ein junger Arzt. Er wollte mir zuerst eine Knochenverletzung andrehen, ich sagte ihm aber, das könnte nicht stimmen, da gab er sich dann zufrieden und meinte, es wäre wohl der Muskel gequetscht oder die Sehne gezerrt. Schlimm ist die Sache aber nicht. So, ich muß noch von meiner ersten Geigenstunde erzählen ... Gestern Abend war ich auch im akademischen Gesangsverein ... Könnt ihr mir wohl meinen Panamahut schicken? Ob Vater wohl wieder ganz gesund ist? Viele viele Grüße Euch allen von Eurer Lene

Wie in vielen anderen Briefen der folgenden Jahre beschreibt sie zunächst die sie umgebende Natur, um dann auf Familiäres zu kommen.

Hier wird die Natur täglich schöner. Vor allem ist der Blick aus meinem Fenster auf zwei über- und übervolle blühende Fliederbäume sehr prächtig … Nur ist es betrüblich, daß gar nichts von zu Hause kommt. Seit einer Woche brauche ich immer schon schmutzige Taschentücher, mein Nachthemd habe ich schon 10 Tage an … Wie ist das eigentlich mit Georg?[21] Wie kann ein Infanterist plötzlich Pionier werden? Schreibt mir doch mal was Näheres … Ilse hat mein Zimmer aufgenommen, vom Garten aus. Die Photographie ist sehr nett geworden. Dein Gelee ist jetzt fast alle. Ich habe damit gestrunzt, als ich Gäste hatte und mich ungefähr jeden Tag daran gefreut.

Briefkultur

Heute ist es unvorstellbar, dass eine Nachricht nicht jederzeit schnell multimedial absetzbar ist oder wir zu Tages- und Nachtzeiten nicht hören und auch sehen können, was sich in der Ferne oder auch in der Nähe ereignet, was mit und bei unseren Liebsten passiert oder sich in knapp vergangener Echtzeit außerhalb des unmittelbar Erlebbaren abspielt.

In Helenes Jugendzeit – und auch später noch – schreibt man dazu Briefe. Der Schatz von Hunderten von Briefen, die sie seit dem Beginn des Studiums bis zu ihrem Tod schreibt, offenbart eine Fülle von Gedanken und Ideen ihrer jeweiligen Lebensphasen. In den Briefen lässt sie vor allem ihre Eltern und Geschwister, dann ihre Kinder und auch andere Verwandte, an ihrem Erleben und ihren Gedanken teilnehmen. Briefe an FreundInnen sind nicht erhalten. Um Helene und ihre Geschichte kennenzulernen, kann nun neben den vielen Fotos und den Dokumenten vor allem auf die erhaltenen Briefe zurückgegriffen werden.

Die vorliegenden Briefe lassen sich einteilen in die Phase der erwachsen werdenden Tochter, später dann die der berufstätigen Ehefrau und Mutter, schließlich bis 1964 die der Großmutter, die im Briefwechsel mit den weit entfernt lebenden Töchtern ein eng vernetztes Großfamilienleben aufrechterhält.

So wird mit den Briefen vor allem ein Faden familiärer Verbundenheit weitergesponnen. Man sorgt sich umeinander, man versorgt sich mit Praktischem, man drückt die teilnehmende Nähe auch über große räumliche Distanzen aus: Ein liebevolles, aber auch normierendes Familiennarrativ wird über die briefliche Verständigung gepflegt.

Helenes erzählendes Brief-Ich bildet für die Rückschau nach vielen Jahrzehnten eine Sinn schaffende Kontinuität aus, die mir als Verfasserin und auch den LeserInnen eine anschauliche Lebensstruktur aus erzähltem Leben und Erleben schafft. Ihre eigene Erzählweise ist so lebendig, dass es sehr naheliegend war, manche Brieftexte, die sich aus der Sütterlinschrift nach und nach offenbarten, in der Originalfassung wiederzugeben.

Äußerungen Helenes zu ihrer persönlichen Befindlichkeit sind rar, sie lässt nur im Tagebuch, das sie von 1916 bis 1923 führt, ein wenig in ihr Innerstes, ihr damals jugendliches Seelenleben, schauen. Die Briefe der 60er Jahre bis zu ihrem Tod 1964 berichten dann allerdings schon von ihren vielen Krankheits- und Schwächephasen, die ihre letzten Jahre so fundamental bestimmen, dass auch sie ihre strenge Selbstdisziplin aufgeben und sich zuvorderst um ihre eigene Genesung kümmern muss und dies auch brieflich mitteilt.

Und dennoch schält sich aus den vielen Alltäglichkeiten vor allem für die Leser der nächsten Generationen eine Chronik des Zeitgeschehens heraus, mal mitten am Puls dramatischer Ereignisse wie im München der Räterepublik, mal in beschwerten Zeiten der Naziherrschaft, des Zweiten Weltkriegs und der Nachkriegszeit. Die mit wissbegieriger Neugier geleiteten Blicke auf die »Gründerzeit« des Degenhofs suchen Hinweise auf die Visionen und Pläne, die zur Ansiedlung der Familie Stackelberg im Körbeltal führen. Wie gestaltet sich das Leben auf dem Degenhof ab 1921? Entsprechen die Lebensformen den ursprünglichen

Vorstellungen einer Lebens- und Berufsgemeinschaft, in der beide Partner sich verwirklichen können? Wie viel Gemeinschaft mit den wichtigen Freunden der Freischar wird noch gelebt? Wie viel Privatheit ist möglich, wie viel gesellschaftliches und politisches Engagement, auf das beide Partner sich verpflichtet sehen? Wie überwinden sie Rückschläge und Enttäuschungen, Partnerkonflikte und Sinnkrisen?

Privates und Zeitgeschichtliches: Kann sich nach hundert Jahren aus diesem brieflichen Nachlass der Degenhofbewohnerin Modernes und Aktuelles entnehmen lassen? Beispielsweise zur Entwicklung eines rollenverändernden Frauenlebens oder zu den Erfahrungen mit einem Lebenskonzept, das auf Selbstbestimmtheit und Naturverbundenheit setzt. Ein Heimatverständnis, das neben regionaler Verbundenheit ganz natürlich auch kosmopolitisches Denken und Verhalten lebt?

Die Begriffe von heute benennen den Fokus unserer Neugier auf das Damals: Wie ökologisch, autark, europäisch-kosmopolitisch oder auch widerständig können diese Vorfahren denken und leben, wie verarbeiten sie die Brüche einer herausfordernden Realität? Wie erleben und überleben sie die tiefgreifenden Geschehnisse zweier Weltkriege, der Nazidiktatur, der Bedrohung ihrer Existenz?

Die Jungen werden sich schon irgendwie im Leben zurechtfinden solange sie gesunde Arme, Beine u. Hirne haben u. wenn das Leben sie hart anpackt dann müssen sie eben wieder hart zugreifen u. die Zähne zusammenbeißen. Wir wissen doch nicht im Geringsten wie das Leben mit ihnen umspringen wird. Schon bei uns ist es so anders gekommen, als man sich's dachte u. letzten Endes hängt das Glück doch nur zum kleinen Teil von äußeren Dingen ab.

Helene zieht in ihren Briefen selten Bilanz. Ende 1932 schreibt sie aber:

> Die Jungen werden sich schon irgendwie im Leben zurechtfinden, solange sie gesunde Arme, Beine u. Hirn haben u. wenn das Leben sie hart anpackt, dann müssen sie eben wieder hart zugreifen u. die Zähne zusammenbeißen. Wir wissen doch nicht im Geringsten, wie das Leben mit ihnen umspringen wird. Schon bei uns ist es so anders gekommen, als man sich wohl dachte u. letzten Endes hängt das Glück doch nur zum kleinen Teil von äußeren Dingen ab.[22]

BERLIN 1915/16

In ihrem zweiten Semester, dem Wintersemester 1915 / 16, ist Helene an der Königlichen Friedrich-Wilhelms-Universität zu Berlin eingeschrieben. Sie hört Vorlesungen zur Anatomie, nimmt an Präparierübungen teil und hört Kurse zur Experimentalphysik. Sie befasst sich darüber hinaus auch weiterhin mit Themen, die außerhalb des Medizinstudiums liegen: Beethoven, Dürer, Holbein, und bei Cassirer interessiert sie der Humanitätsgedanke.

Ab 1916 muss Vater Adelbert erstmals hart um die Existenz seines Unternehmens kämpfen.

> [Die] Rohmaterialien für die Textilbetriebe … wurden Anfang 1916 beschlagnahmt; zugleich erging ein Verbot für die Herstellung von Spinn- und Webstoffen. Die Folge davon war, dass die Textilunternehmen wegen Arbeitsmangels einen erheblichen Teil ihrer Arbeiter entlassen müssen.[23]

Gut überleben kann nur, wer Heereslieferant ist und zur Produktion von Uniformstoffen beiträgt.

Unternehmer Lohmann passt sich gezwungenermaßen an, dennoch ist der Betrieb ständig in seiner Existenz gefährdet und wird in den

Adelbert Lohmann (1847–1936) 1932, Helenes Vater

folgenden Jahrzehnten auch einige Male geschlossen. In Briefen aus ihren Studienorten erkundigt sich Helene regelmäßig in Sorge nach der bedrohlichen Arbeitssituation in der Fabrik.[24]

Bei Lohmanns zu Hause bestimmt in dieser Zeit neben der engen finanziellen Situation die alltägliche Sorge um die verstreuten Kinder den Alltag. Für Ruhe und Zuwendung ist wohl wenig Zeit, denn Elisabeth Lohmann, Helenes Mutter, ist eine mit der Bewältigung des großen Haushalts stark beschäftigte Frau. Vater Lohmann ist mit der Organisation seines Betriebs beschäftigt. So bleibt wenig Zeit für Lotte, die jugendliche Nichte, die einige Zeit in der Familie lebt, um die gleiche Schule wie die ungefähr gleichaltrige Helene zu besuchen. Lotte Röpke berichtet in ihrer späteren Familienchronik über diese für sie unglückliche Zeit:

> Es war Krieg. Tante Lisbeth hatte andere Sorgen, 2 Söhne und den Schwiegersohn im Krieg, der letztere fiel 1915, der älteste Sohn kam mit einer TBC nach Hause.[25]

Bonn 1916/17

Helene wechselt den Studienort. Genaue Gründe dieser Entscheidung sind nicht bekannt. Allerdings ist es zur damaligen Zeit nicht unüblich, den Studienort häufiger zu wechseln. Offensichtlich waren die Studieninhalte der Studienorte sehr ähnlich.

Bis zum 5. Semester im Sommer 1917 studiert sie an der Königlich Preußischen Friedrich-Wilhelms-Universität in Bonn.[26]

Sie belegt, wie zuvor in Berlin, neben ihren umfangreichen medizinischen Studienschwerpunkten Seminare und Vorlesungen zum Beispiel zur Harmonielehre oder zur philosophischen Ethik und zur deutschen Malerei. Ihr musisches Interesse und auch die Freude am aktiven Musizieren wird sie zeitlebens begleiten.

Sie bleibt bis zum Winter 1917 / 18 in Bonn, bis die Universität ihren Betrieb wegen Brennstoffmangels einstellen muss. An die Familie schreibt sie:[27]

> Liebe Leute!
> Aus unserer polnischen Wirtschaft müsst ihr doch endlich auch ein Stimmungsbild haben. Na, vielleicht kann ich bald mündlich berichten, denn wenn die Universität ganz zumacht, dann werde ich auch unserem verlassenen und eingefrorenen Hause den Rücken kehren. Sonnabend fing's schon an so interessant zu werden. Da hieß es plötzlich, Bonn hat noch für 2 Tage Kohle, dann ist Schluß. … was für eine Temperatur im Hörsaal! Seine Magnifizenz erschien mit einem freundlichen Lächeln zur Vorlesung und begann: »Solange uns die Gaszufuhr nicht abgeschnitten wird, kann ich den Hörsaal mit unseren Verbrennungsöfen – etwa 30 Bunsenbrennerflammen – soweit erwärmen, daß ich es hier unten … wenn ich mich während des Vortrages bewege, aushalten kann. Ich bitte Sie, auch auszuhalten.« Na, es gehörte schon ziemliche Begeisterung für die Chemie dazu, da stillzusitzen …

Im Juli 1917 absolviert sie in Bonn ihre Prüfungen zum Physikum, dies trotz einer schweren Magen-Darm-Infektion:[28]

> Gestern Morgen war Anatomieprüfung und ich hatte ganz fein abgeschnitten. Nun wird man aber 4mal in Anatomie geprüft. … Nach dem Essen wurde mir plötzlich ganz mordsübel und es erfolgten eini-

ge recht energische Explosionen. Das kam natürlich sehr quer … Bis zum Examenstermin habe ich auf dem Sofa gelegen … sagen konnte ich aber nichts von meinem Pech, denn sowas wird zu oft als Vorwand benutzt. Ich hatte mich ja eigentlich auf ein Physikum mit 1 gespitzt und hätte euch auch gerne die Freude gegönnt … Daß man nun so frei ist – der Freigeist ist wunderbar! Wenn nur der Körper das Genießen bald erlaubt! … Gleich ist Freischarabend hier. Endlich bin ich wieder mittendrin.

»Mittendrin« – das heißt auch: Teilnahme an einer Kundgebung. In einem Brief erzählt sie von ihrer Teilnahme als studentische Demonstrantin in Berlin.

Aus dem D-Zug Köln-Berlin 1 Uhr: So, nun wundert Euch mal gehörig! Also, ich bin unterwegs nach Berlin. Die Studierenden von ganz Deutschland wollen eine Kundgebung vor Seiner Majestät machen, Fackelzug u.s.w. anläßlich seines Aufrufs an das deutsche Volk. Und die Freischar hat mich ja als ihre Vertreterin gewählt. Ich glaube, man begrüßt solche Kundgebung von oben herab, aus außenpolitischen Gründen. So munkelt man. Die Vertreter-Versammlung der Bonner Studierenden, zu denen die Freischar seit Weihnachten gehört, berief heute Mittag eine dringende außerordentliche Versammlung u. da wurde beschlossen, daß die Korporationen an der Kundgebung teilnehmen sollen … (es) musste noch eine Schärpe besorgt werden. Die Studierenden, die weder chargieren und keine Tonsur tragen, müssen eine Schärpe in den Farben der Verbindung tragen. Nun haben wir sowas noch nicht. Na, da ists schnell angeschafft. Silbergrau, schwarz, silbergrau sind die Farben, wie das Abzeichen. Später nach dem Krieg erfinden wir nur eine Festkluft für die Jungen u. für die Mädchen. Da kann man doch prima seine Kleiderreform-Ideen wunderbar u. wirksam in die Tat umsetzen. Vor dem Kriege plante man schon sowas, aber das muß natürlich bis zum Frieden warten. … Hurray, jetzt gibt's das noch: Schneeschuhlaufen u. sogar in Bielefeld … Einen fröhlichen Gruß und auf Wiedersehen! Eure glückliche Lene

Helene ist wie alle ihre Geschwister von Jugend an in der Wandervogelbewegung, später in der akademischen Nachfolgeorganisation, der Freischar. Deren ethische Grundsätze werden sie ein Leben lang prägen. Und ihre Liebe zur Natur, ihre Wander- und Reiselust, ihre Begeisterung für Gymnastik und auch das Klettern im Hochgebirge kann sie in und mit dieser Gemeinschaft ausleben. Genauso wichtig: In der Gruppe vollzieht sich ihr Hineinwachsen in alle Facetten der Erwachsenenwelt. Im Studium wohnt und arbeitet sie vor allem mit Freundinnen und Freunden aus der Freischar zusammen. Sie besuchen Treffen, auf denen intensive philosophische und gesellschaftspolitische Themen referiert und diskutiert werden, ihre gesellschafts- und sozialpolitischen Ideen und Utopien reifen hier zu einem wesentlichen Bestandteil ihrer Persönlichkeit. Nicht weniger wichtig: In dieser großen Gemeinschaft kann sie erste Verliebtheiten entwickeln und mit ihrer erwachenden körperlichen Leidenschaft erste Erfahrungen machen. Diese erste große Verliebtheit, die erste erotische Partnerschaft, endet in der Erkenntnis, dass das Besondere doch fehlt. Sie lässt sich aber in eine gute Freundschaft umwandeln. Helene und ihr Geliebter bleiben in der Gruppe der Freischärler lange Jahre miteinander verbunden.

Demonstration in Berlin am 24. Januar 1917

Auch ihre spätere Politisierung vor und während der Münchener Räterepublik, die auch die Teilnahme an politischen Aktionen einschließt, entwickelt sich aus diesen engen Kontakten mit Menschen, die ihre Ideen und ihren jugendlichen Idealismus in die Veränderungen der neuen Zeit einbringen wollen. Die Wandervogelbewegung und später die Freischar bilden neben ihrer Familie und den musischen Interessen Konstanten in Helenes Leben.

Die Freischar

»Jena 1915 Knud [Ahlborn] liest Laotse vor«

Die Zugehörigkeit zur deutschen Akademischen Freischar ergibt sich für Helene aus ihrer langjährigen Mitgliedschaft zur Wandervogelbewegung schon in Bielefeld am Teutoburger Wald. Auch ihre Geschwister sind von Jugend an begeisterte Wanderer und Bergkletterer, und sie leben diese Leidenschaft auch gern mit anderen gemeinsam aus. Neben der Begeisterung für die Natur und der Neugier auf die Entdeckung neuer Landschaften sind Feiern, Zelten und Lagerfeuerromantik, das Singen, Musizieren und Tanzen und auch die gemeinsame Gymnastik am Morgen das, was die Jugendlichen in ihren freien Zeiten mit großer Begeisterung unternehmen.

Gegründet zu Beginn des 20. Jahrhunderts in Berlin-Steglitz entwickelten sich bald in vielen Städten und Regionen ähnlich gesinnte Wandervogelgruppierungen. Viele freundschaftliche Verbindungen bilden sich innerhalb dieser Gruppierungen, auch mancher Ehebund fürs Leben bahnt sich hier an. So auch bei einem Bruder von Helene.

Im Jahr 1913 findet ein großes mehrtätiges Zeltlager statt, bei dem die Wandervogelgruppen zusammengeführt werden mit Gruppen der »freideutschen« Jugend. Deren Ausrichtung ist deutlich politischer und aktiver in Bezug auf gesellschaftliche Reformen. Sie sind Teil der Lebensreformbewegung.

Florian Illies beschreibt das Treffen in seinem Buch über das Jahr 1913:[29]

> Das deutsche Woodstock der letzten Generation, die im 19. Jahrhundert geboren wurde, ist ein Versuch, die Wandervogel-Bewegung und die freideutschen Jugendbünde unter freiem Himmel zusammenzuführen. Es ist ein Protest gegen die pompöse Deutschtümelei bei der parallelen Fei-

er für das Leipziger Völkerschlachtdenkmal. Es kommt zu einem riesigen Zeltlager auf der Hausener Hute mit zweitausend Teilnehmern. Man wandert durch die Wälder, singt, debattiert und hört verschiedenen Rednern zu.

»Jena 1915 Muck« [d.i. Friedrich Lamberty]

Es wird viel diskutiert, mancher Vordenker findet ein offenes Auditorium, Ideen werden geschmiedet, die Freischar nimmt organisatorische Formen an. Helene, die selbst nicht an diesem Treffen teilgenommen hat, wird mit Beginn ihres Studiums zusammen mit ihrer engen Freundin Margarete Mitglied der Freischar. Sie findet hier immer wieder ein Forum, in dem gegenwärtige Ereignisse diskutiert werden und in dem ihr persönliches Lebenskonzept nachhaltig beeinflusst wird. Die Freischargruppen in allen ihren Studienstätten begleiten und stützen sie, und sie engagiert sich im Gegenzug auch in Gruppen- und Leitungsfunktionen.

Während der Philosophischen Woche in Göttingen, April 1918

Im April 1918 nimmt Helene an einer »Philosophischen Woche« der Freischar in Göttingen teil. Man debattiert über »Objektive Werte«, über die verschiedenen Aspekte der Pflicht des Menschen, über Kunsttheorien, also über Gott und die Welt. Und man formuliert ein konkretes Grundsatzprogramm, betitelt mit »Unsere Gesinnung«, das für alle Freischärler verbindlich gelten soll.

Neben den theoretischen Vorträgen und Auseinandersetzungen wird »die Leibesertüchtigung zur Entspannung« nicht vergessen.

Das Tagebuch

Für Mitschriften zu den Seminaren dieses Treffens beginnt Helene ihr Tagebuch. Helenes Tagebuch entsteht also nicht als Schatzkästlein geheimer Backfischschwärmereien. Dazu sind die Zeiten ihres jugendlichen Heranwachsens nicht unbefangen und stabil genug. Erstaunlich ist es, dass sie auch in den Briefen an ihre nächsten Verwandten recht nüchtern beispielsweise über ihren Alltag in Kriegszeiten berichtet, dabei mögliche Nöte und Ängste tapfer verschweigt.

Das Tagebuch enthält die meisten Eintragungen aus den Jahren 1918 und 1919. Zunächst die Mitschriften zu der »Göttinger Woche«, mit denen sie den intensiven philosophisch begründeten und auf eine gemeinsame Programmatik ausgerichteten Austausch innerhalb der Freischar dokumentiert. Ihre Schreibweise lehnt sich zu Beginn noch stark an den Stil eines Aufsatzes an, der die komplexen Inhalte wiedergibt, diese aber nicht kommentiert. So den Vortrag von Meinhard Hasselblatt:

> Unsere Gesinnung: das tiefe Erlebnis des Schauens der ewigen Schönheit der Natur … hat uns verbunden. Was uns zusammenschließt, ist die gemeinsame Auffassung von dem Sinn, den wir unserem Leben geben wollen … Unsere Kraft wollen wir aus freiem Entschluss zunächst in den Dienst schlichter treuer Pflichterfüllung in unserem Beruf stellen; darüber hinaus aber sehen wir es als unsere unerbittliche Pflicht an, soweit es in unseren Kräften steht, unseren Volksgenossen zu helfen, die durch Not, durch äußeren Zwang oder innere Schwäche, daran gehindert werden, ein Leben zu führen, wie wir es nach unseren äußeren Vorbedingungen u. seiner inneren Gestaltung allein für lebenswert halten. Wir fühlen uns verpflichtet, unsere volle Kraft für die Herrschaft der Gerechtigkeit im öffentlichen Leben umzusetzen … das Bewußtsein unseres Rechts und unsere Freundschaft machen uns mutig und froh. In diesem Kampf wollen wir zueinander stehen als treue Freunde, ein jeder dem Besten im anderen verbündet, ein ständiger Ansporn zu weiterem Streben, ein Bürge für die Höherentwicklung des anderen. So wollen wir unser Leben in Freundschaft miteinander gestalten.[30]

Nach der Lektüre dieser Textauszüge und im Spiegel der damaligen Kriegs- respektive Nachkriegssituation lässt sich erahnen, wie lebenswichtig und prägend die Freischar für Helene ist und lebenslang bleibt. In dieser Vereinigung erlebt sie im Beisammensein und in den Diskussionen eine spürbare Ermutigung für ihre Zukunftspläne, durch die Gespräche findet sie eine schlüssige Ethik für ihr späteres Berufsleben. Und es werden ihr die Perspektiven angeboten, die ihre Lebensideale begründen. Diese werden darin bestehen, dass sie ihr Leben weniger als ein Erreichen eines privaten Glückszustandes sieht, sondern als Auftrag, ihren Beruf als Ärztin mit sozialem Engagement und mit hohem Pflichtbewusstsein auszufüllen.

Meinhard Hasselblatt wird die von ihm emphatisch vertretene Solidarität unter den Mitgliedern der Freischar bei der Gründung des Degenhofs, des Domizils von Helene und ihrem Mann Traugott, beweisen und tatkräftig bei den schweren Anfangsarbeiten des Hausbaus mit anpacken. Seine Anwesenheit ist neben vielen anderen Mithelfenden auf dem Namenstisch der Besucher des Degenhofs dokumentiert.[31] Der bis heute erhaltene Tisch verzeichnet die in die Tischplatte eingekerbten Namen der Gäste des Degenhofs von der Gründerzeit an.

Die späteren Eintragungen im Tagebuch aus dem Winter 1918 / 19 spiegeln die Politisierung der Diskussionen in der heißen politischen Phase des gesellschafspolitischen Umbruchs wider.

> Demokratie. Die Forderung ist, dass der demokratische Staat so geleitet wird, wie es der Mehrheit des Volkes entspricht. Das bedeutet heute: Beseitigung der kapitalistischen Wirtschaftsordnung und Einführung des Sozialismus …[32]

Die damalige Zeitenwende fordert die politisch engagierten Intellektuellen auch in der Freischar heraus, gesellschaftliche Impulse zu setzen und sich aktiv an deren Umsetzung zu beteiligen. Rückblickend wissen wir, wie jäh und brutal diese ersten basisdemokratischen Aktivitäten an verschiedenen Orten zerstört wurden.

Aus Helenes Briefen wissen wir, dass sie sich heftig in das politische

Geschehen einmischt und über Wochen demonstriert, in der Universität öffentliche Diskussionen anzettelt und bei politischen Basisgruppen mitarbeitet. Denn »Bayern ist über Nacht Republik geworden«.[33]

In diesen Wochen verändern sich die Aufzeichnungen im Tagebuch. Ab jetzt, Februar 1919, werden die Inhalte persönlicher. Helene vertraut ihm die aufwühlenden Erlebnisse, Gedanken und Gefühle ihrer ersten großen Liebe an.

Anfangs, wenn sie den jungen Mann beschreibt, der ihr Interesse geweckt hat, erwähnt sie den Namen nicht. »Er« ist ein wichtiger Mitstreiter bei den studentischen Aktivitäten dieser Zeit und ein Mitglied der Freischar. Zunächst zitiert sie ihn:

> »Dass ich kam und die Freischar kennen lernte, das hat doch seinen Sinn. Mein Glück erwarte ich aus dem gebenden Dunkel. Den Weg nicht wissend gehe ich, den Abgrund zur Seite aber die Hände geöffnet«… Was war das für ein Sonntag! Heute haben wir einander ganz gehört. Wie seltsam gleich unsere Gedanken gehen in den tiefsten Dingen …

Dann entwickelt eine romantische Helene flugs eine Beziehungsmetapher mit Rezept zu einem glücklichen Eheleben.

> Das Leben bekommt seinen tiefsten Sinn erst im Erleben von zwei Menschen miteinander. Das ist ein Sinnbild der Ehe: Ein tiefer klarer See, der zugleich Mündung und Quelle ist. Aus verschiedenen Welten fließen die Wasser zusammen in den See. Dort finden sie in die Tiefe und klären und säubern sich. Und aus der Tiefe steigen Wasser auf, strömen hinaus, klar und stark in verschiedene Welten … Ein Zusammengehen zur Ehe ist nur dann möglich, wenn die feste Überzeugung in beiden lebt, daß sie sich immer tiefer erfüllen werden, daß die Richtung zum Ideal, die vollkommen harmonische Erfüllung … das Stetige in allem Wechsel bleibt.

Drei Tage später offenbaren sich erste Irritationen über ihre Rolle als liebende Frau:

> Am Sonntag sprachst Du von der empfangenden Haltung, in der das Religiöse erlebt wird. Dazu bin ich nie still genug gewesen, gerade das ist es, was meinem Wesen fehlt. Immer ist das Wollen und das Vorwärtsschauen oder doch ein tätig eingreifen Wollen da und die Demut, die auch zum Empfangen gehört, die fehlt. Das ist das Eckige und Harte an mir. Und dabei ist doch die Sehnsucht nach dem sich ganz Auflösen und Hingeben so stark. Es fehlt ja so an Tiefe, weil es nie so ganz in mich eindringen kann, immer kommt das Ich mit seinem Eigenen …

Um für sich Klarheiten zu gewinnen, tritt sie mit sich selbst in ihrem Tagebuch in einen Dialog:

> Woher soll bei Dir ein sichtbares Gefühl kommen, Lene … Einfühlen in andere setzt ein starkes Gefühl voraus. Du bist ja ein eigensüchtiges Menschenkind zutiefst, solange das nicht anders wird … das ist das Zeichen für die Ewigkeit unserer Freundschaft u. ihren Wert, wenn wir aneinander wachsen. Liebe? Nein, so darf ich es nicht – noch nicht? – nennen … Eins fehlt uns, das große Auf und Ab … Ich habe immer das Gefühl, als müßte etwas ganz Großes kommen, das uns zusammen oder auseinanderwirft …

Und schon bald bestätigt sich ihre kritische Wahrnehmung der Beziehung. Der Anspruch auf eine Liebe wandelt sich zu einer Freundschaft, und Helene reflektiert die möglichen Gründe des Scheiterns.

> Heute sind wir Freunde geworden. Jetzt stehen wir wieder frei und klar nebeneinander … Gewiß, wir suchen beide den Menschen, mit dem wir uns für unser ganzes Leben verbünden können. Aber Lene?! das ist ein Geschenk, das wird man gesegnet empfangen oder man wird nicht. Tun kann man nichts dazu, der Wille hat hier nichts zu suchen. ([Anmerkung von HL:] Aber wenn die Sehnsucht nach Liebe[,] nach Lösen dieser schrecklichen Einsamkeit uns erstickt?) … Ich muss ganz anders lauschen lernen, bis ich für einen Lebensbund tauglich bin.

> Was fehlte uns beiden eigentlich? Die Lebendigkeit fehlt irgendwo … Dann fehlt ihm bei mir dieser reife weiche Reichtum u. die Sicherheit der Frau u. mir bei ihm der Sturm der Leidenschaft. Um seine Bedenklichkeit zu besiegen, bin ich viel zu unsicher. Unfreiheit, Unsicherheit, das war es auch, was in der Nacht im Freischarhaus im Mittelpunkt stand. Im ganz anderen Sinne, aber im Kern ist es der gleiche Mangel. Spannungen und Härten nennen es andere. Wie war es doch mit dem Schlafen? Irgendeine Vorstellung von Unberührtheit hat bei mir dagegengesprochen. Wie unfrei! Als ob daran irgendwas Inneres läge. Bin ich meiner selbst sicher, dann können keine noch so nahen Berührungen mein Ich ändern u. bin ichs nicht, was nützt mir dann der äußere Schutz? Aber hier stak noch ein Erziehungsvorurteil, von dem ich nicht frei war u. hab mich so gewehrt dagegen, daß dies ein solches Vorurteil sei! Wieder einmal nicht erkannt, was wirklich in mir vorging. Was reine Menschen tun, ist rein, und das Körperliche ist ein Teil von uns, den wir nicht verneinen sollen. Wir Mädchen sollten da eine Aufgabe sehen, den Jungen gegenüber, die all das Körperliche mehr bedrängt. Wieder ein Punkt, wo ich nur an mich dachte …

Großes Verliebtsein, große Zweifel und das tiefe Hadern mit Eigenschaften, die doch zu ihren besten gehören: das Vorwärtsschauen und das Selbstständig-Sein, Anpacken-Wollen und Selbstbestimmt-Sein. Für sie stellt dies ein Problem dar, das zu diesem Zeitpunkt theoretisch nicht aufzulösen scheint: die (scheinbare) Unvereinbarkeit von weiblicher Hingabe und selbstbestimmtem weiblichen Handeln. Zu eng ist ihr das »Empfangen« mit einer Demutshaltung und mit Unterwürfigkeit verknüpft. Ihren Drang nach Selbstbestimmung und temperamentvoller Eigenaktivität kann sie nicht mit ihrem Selbstbild als Frau in einer Partnerschaft verbinden, mehr noch, sie sieht sie als persönliche Schwäche. Später nutzt sie diese Eigenschaften vor allem in ihrem Beruf als Ärztin und als Hauptorganisatorin des aufwendigen Haushalts. Dass Frauen ein dominantes Verhalten im Haus ausleben, also auch gesellschaftlich anerkannt über eine Hausmacht verfügen können, hat sie sicher bei ihrer Mutter erlebt und insofern auch erlernen können. Dieses aber in der

Öffentlichkeit oder aber in der fragilen Liebesbeziehung zu leben und dafür auch Verständnis einzufordern, beinhaltet für die damalige Zeit einiges an Zündstoff und Belastung in der Verständigung zwischen Männern und Frauen.

Es spricht für die starke Beharrlichkeit gesellschaftlicher Rollenklischees, dass diese von Helene im Tagebuch thematisierten kontroversen Befindlichkeiten bis heute in den Diskussionen zur Frauenrolle zu finden sind. Sie zu verändern, kann sich aber damals wie heute nicht nur in der Veränderung des Verhaltenskodex von Frauen abspielen. Zu damals bleibt die Frage, ob Helene mit anderen Frauen zum Beispiel im Bund sozialistischer Frauen darüber sprechen konnte. Gab es role-models, die ihr ein Vorbild sein konnten? Konnte das Private schon als politisch begriffen werden, und konnten die Konflikte und die inneren Auseinandersetzungen von Frauen als berechtigte gesellschaftliche Themen in die Gespräche der damaligen Generation eingebracht werden?

Sicherlich ist sie über die Kampagnen zum Frauenwahlrecht und andere frauenpolitische Diskussionen sensibilisiert für die gesellschaftspolitischen Blockaden der Selbstbestimmung der Frau. Möglicherweise erkennt sie über diese theoretischen Diskussionen und einige Rollenvorbilder aus der Frauenbewegung, dass ihr Temperament und ihre bestimmende Tatkraft eher eine Tugend als eine Schwäche ist.

Die nächste Tagebucheintragung vom 5. März 1919 lässt erahnen, in welcher inneren Zerrissenheit sie diese Trennung hinterlassen hat. Vielleicht ist sie auch herausgefordert durch das unmittelbare Erleben der dramatischen Entwicklung in der Münchner Republik. Möglicherweise ist sie auch aufgewühlt durch metaphysische Diskurse mit ihren MitstreiterInnen und FreundInnen. Jedenfalls beschäftigt sie sich mit existenziellen Fragen zu Tod und Unsterblichkeit und hält ihre Gedanken dazu in einem Resümee fest:

> Nein, ich liebe meinen Körper, mein Erdenleben als die Form, meine unsterbliche Aufgabe zu erfüllen. Furcht vor dem Tod, nein, das wär sinnlos, aber Bejahung des Lebens, hier fordert mein Glaube … Nochmal: Unsterblichkeit habe ich durch meine Seele und mein Erdenwir-

> ken, aber das bedeutet anderes als ein bewußtes persönliches Weiterleben oder Wiederkehren … Das ist die Lebensaufgabe: Das tun, was dem innersten Wesen entspricht, das werden, was man nach seinem innersten Gesetz sein sollte.
> Wie schwer das ist!

Eine erstaunlich authentische emotionale Bemerkung schleicht sich im Mai in ihre Aufzeichnungen:

> So ein wildes Begehren ist in mir aufgewacht. Ach, wenn man … Das ist vorbei, was mich so hin und herzerrte, als ich die Worte schrieb. Aber der Grundton ist geblieben: Sehnsucht.

Einige Jahre später, 1923, greift Helene in ihrem Tagebuch den inneren Konflikt zwischen Pflichtbewusstsein und Hingabe wieder auf. Sie veranschaulicht ihn anhand der beiden biblischen Schwestern Martha und Maria: Maria, die dem Gast Jesus lauscht und ihm die Füße salbt, und Martha, die emsig für das leibliche Wohlergehen aller Gäste sorgt.

Beiden bescheinigt Jesus der biblischen Erzählung nach seine gleichwertige Anerkennung. Martha, die sich ihm zu seinem (und ihrem eigenen) Wohl hingibt, und Maria, die diese Bedürfnisse zurückstellt und für alle anderen sorgt …

Die Aufzeichnungen von Sylvester 1923 zeigen, dass ihr enormes Pflichtbewusstsein einerseits ihr tägliches Leben trägt, ihr andererseits aber auch manche Bedürfnisäußerungen und Bewegungsfreiheiten versperrt. Im Gegenteil: Mit diesen letzten Aufzeichnungen im Tagebuch offenbaren sich die Strategien des Umgangs mit solchen und ähnlichen Konfliktsituation, die zumindest am Rande mit Rollenvorgaben für pflichtbewusste Frauen zu tun haben:

> Du musst Zeit und Ruhe finden, die Dinge selbst durchzudenken und auf eigene Faust hineinzubringen in den Gedankenkreis. Erstens ists für dich selbst nötig und dann tust du Mann und den Kindern Unrecht, wenn du über den Marthasorgen die Maria in dir vernachlässigst. Und:

Lass dich nicht von deinem Körper unterkriegen und sieh dich vor dass nicht am Barometer der Stimmung im Haus der Gesundheitszustand der Mutter im Haus abgelesen werden kann. Nun mit Mut und Freude ins nächste Jahr. Die herbe klare Winterluft und das sonnenstrahlende Frostwetter am Tag mag sein Symbol sein.

Mit dieser Eintragung endet das Tagebuch. Nur einmal noch, 1933, schreibt sie in einer anderen Kladde über den Verlust ihres kleinen frühgeborenen Sohnes Diderik.

München 1918/19: Studium und Zeitenwende

Zurück zu Helene im Studium. Im April 1918 nimmt sie nach den Ferien in Bielefeld zum Sommersemester ihr Studium in München wieder auf. Vermutlich gilt München als Stadt, in der sich das Kriegsgeschehen noch immer nicht unmittelbar bedrohlich auswirkt. Begeistert berichtet sie auf ihrem Weg dorthin in einem weiteren D-Zug-Brief von ihrem Zwischenaufenthalt in Nürnberg[34]

Liebe Leute,
Ich sitze im D.Zug Nürnberg – München und will euch etwas von den ereignisreichen letzten Tagen erzählen.
Unser letzter Tag in Göttingen[35] war ein herrlicher Frühlingstag. Nach dem kalten häßlichen Wetter genoß man das doppelt und dreifach. Unsere geplante Tagesfahrt wurde also vorgenommen und es war so wunderschön, es konnte garnicht schöner sein. Überall frisches junges Grün, Blüten und Blumen, strahlende Sonne, und strahlende frohe Menschen um sich herum. Wir kamen erst um ½ 12 Uhr abends nach Hause, dann packten wir schnell unsere Sachen zusammen, wir Münchener, die um 4 Uhr morgens abreisen wollten und um 1/2 1 Uhr war die ganze Gesellschaft wieder im Freischarhaus beisammen. Kein Mensch hatte Lust ins Bett zu kriechen, stattdessen gab's ein lustiges

Liebesmahl – Eierkuchen!! Uns zum Abschied. Um 4 Uhr zogen wir mit Ehrengeleit an die Bahn. Nach einem längeren Aufenthalt kamen wir um 5 Uhr (abends) in Würzburg an. Dort wollten wir den Abend bleiben, um die akademische Wandergruppe kennen zu lernen, die gern eine Freischar werden möchte. Wir wurden schon erwartet. Bis zum Abendbrot besahen wir uns die wunderschöne Stadt mit fachkundiger Führung. Dann ein fabelhaftes Abendessen im Schwarzen Bär. Am Abend haben wir auf dem Main Kahn gefahren. Es war unglaublich schön im Vollmondschein auf dem Wasser. Nah bei der Stadt klang überall vom Ufer der Gesang von frühlingsfrohen Menschen zu uns herüber. Später wurde es ganz still. Da haben wir gesungen und viel miteinander geredet. Es sind feine Menschen, die sich da in Würzburg zusammengetan haben.
In der Nacht fuhr ich dann weiter nach Nürnberg, die Anderen blieben in Würzburg bis zum Morgen. In N. pilgerte ich zuerst ins Hospiz und habe von ½ 5–½ 10 Uhr fertig geschlafen. Frisch und unternehmungslustig ging ich dann auf Entdeckungsfahrt los und habe unendlich viel Schönes gesehen an dem Tag. Wie sind diese süddeutschen Städte doch schön und reich. 3 von den schönsten Kirchen habe ich genau betrachtet und viele Werke von Veith Stoß, Adam Krafft und Peter Vischer gesehen. Dann war ich im Germanischen Nationalmuseum. Um das einigermaßen zu würdigen, müßte man tagelang darin studieren. Aber wenn ich auch nur einen kleinen Teil von den Schätzen gesehen habe, ich hatte doch viel Freude daran. Es ist auch alles so fein angeordnet, daß man selbst beim flüchtigen Besuch eine Menge lernt. Gegen Abend war ich noch im Dürerhaus, sein altes Wohnhaus und Dürermuseum. Dann ging ich auf die Burg Grafenburg und stieg auf den Turm. Von hoch oben guckt man da auf die Stadt herab, die so noch ganz wie eine mittelalterliche Stadt aussieht, wenigstens, was innerhalb der Wälle und Mauern liegt. Es war wundervoll klar und ich konnte weit ringsum das ganze Land übersehen. Nun bin ich noch auf den alten Johannisfriedhof gepilgert und hab hier zwischen den vielen liegenden Denkmälern die Gräber von Dürer, Veit Stoß, und Holzschäfer gesucht. Nun war es Abend. Ich fuhr ins Hospiz u. aß da Abendbrot,

wunderbar aber teuer wie immer. Im Dunkeln hab ich noch einen Rundgang durch die Stadt gemacht u. mir bei Mondschein die nun schon vertrauten Kirchen, Straßen, Brücken und Plätze angeschaut. Oben schaute schwarz die Burg. So, und gleich bin ich in München. Haltet mir die Daumen, daß die Wohnungssuche einigermaßen erfreulich wird.

Einen herzlichen Gruß Euch allen von Eurer Lene.

Bald schon findet sie ein neues Zimmer, das sie so behaglich wie möglich mit ihren wenigen Einrichtungsgegenständen einrichtet. Ihr Studium kann sie breitgefächert fortsetzen und lernt viel bei ihren praktischen Einsätzen in der psychiatrischen Klinik und in der Kinderklinik. Sie famuliert auch in der chirurgischen und der Augen-Klinik sowie in der Frauenheilkunde und in der Dermatologie.

Und doch findet auch noch der Krieg statt, dessen Verlauf sie naiverweise bejubelt:[36]

Leute! Was ist das für ein herrlicher Sieg im Westen. Eben habe ich nochmal meine Karte vorgenommen. Man kann es garnicht glauben, daß in den paar Tagen solch ein Vormarsch möglich ist. Die Marne erreicht! Seit 1914 sind wir da nicht mehr gewesen!

Die fehlinformierte Bevölkerung, so auch Helene, fühlt sich als zukünftige Siegernation. Doch der Alltag fordert zunehmend kriegsbedingte Einschränkungen: Der Familie in Bielefeld droht die Stilllegung der Fabrik, die Lebensmittel werden noch knapper als vorher, und so freut sich

Helene über Obst- und Lebensmittelsendungen aus dem heimischen Nutzgarten am Johannesberg. Das monatliche Budget wird schmaler. Helene muss in ihren Briefen um weitere finanzielle Zuwendungen für Schuh- und Kleiderreparaturen und für neue Bücher bitten.

Die Semesterferien im Sommer 1918 verbringt sie mit ihrer Familie in Bielefeld. Wie die Familie die Endphase des Ersten Weltkriegs erlebt, ist nicht dokumentiert. Die Söhne und Brüder werden erst später aus dem Krieg zurückkommen. Wilhelm, der Ältere, ist dann schon schwer erkrankt, er stirbt 1926 an den Folgen der Kriegskrankheit Tbc.

Zum Wintersemester Anfang Oktober 1918 reist Helene wieder nach München:[37]

> Gestern abend kam ich in M. an und wurde von Meinhard Hasselblatt und Margarete abgeholt. Wir bleiben gleich ziemlich lange beieinander im Freischarhaus sitzen, es war soviel zu bereden. Dann kam eine scheußliche Nacht im Freischarhaus mit Frieren und Zähneklappern, ohne Schlaf. Ich war von der Reise so kalt u. hier ist die Temperatur überhaupt viel niederer als in Bielefeld.
>
> Auf der Fahrt gab es wieder mal eine interessante Unterhaltung zwischen einem jungen Matrosen, Sozialist extremster Richtung, aber vernünftig u. klug, einem anderen Soldaten u. mir. Nachher mischte sich noch ein Herr ein u. entpuppte sich als deutscher Arzt, der seit 30 Jahren in Rußland gelebt hatte, die Revolution in Petersburg durchgemacht u. nun seit kurzem wieder in Deutschland.

Sie pflegt auf- und anregende internationale Kontakte, erlebt viel Bewegendes in München. Der Studienbetrieb läuft weiter, allerdings fordert der Versorgungsnotstand auch seinen Tribut von den Studenten: Sie helfen bei der Kartoffelernte auf dem Land:[38]

> 28.10.18
>
> Lieber Vater!
>
> … Unsere Landarbeit macht uns sehr viel Freude und wir sehen auch, daß unsere Hilfe nötig ist. Ich hoffe, daß bis zum Ende der Woche

> die Kartoffeln geerntet sind und wir unser Landarbeiterdasein wieder aufgeben können, man versäumt doch allerlei jetzt u. mit dem Nacharbeiten hat es auch seine Schwierigkeiten. Die Hauptsache ist aber jetzt doch, daß alle Hände da angreifen, wo es nötig ist. Daß die Tage noch so wunderschön sind, ist ein Geschenk, das wir gern hinnehmen. Mein Tag geht etwa so herum: Um ½ 6 Uhr rappelt der Wecker. Dann fix in die Kleider, blau leinener Rock und Kittel und los in die gestopft volle Straßenbahn. Um ¼ vor 7 treffen wir uns dann an der Endhaltestelle der Bahn. Jeden Morgen ist es so wunderbar schön, immer anders, bald nebelig, bald klar, bald kühl, heut sogar recht kalt u. ein anderes Mal ganz milde Luft. Die Sonne kommt gerade erst hoch, wenn wir die lange herbstliche Allee entlang gehen. Auf dem Hof sagt man uns unsere Arbeit und dann geht es ans Werk, Kartoffeln auflesen (klauben) oder ausgraben sind immer unsere Arbeiten … Nun muß ich Schluß machen, die Arbeit fängt wieder an. Unsere Knödel haben uns wunderbar geschmeckt.

Doch die politische Zukunft ist ungewiss. Beunruhigt kommentiert sie als wache Zeitgenossin die aktuellen Kriegsgeschehnisse:

> Was mögen die nächsten Tage bringen? Jetzt muß die Entscheidung über Krieg und Frieden fallen, das heißt eigentlich ist sie schon gefallen, wir können ja doch nichts mehr machen, seit Österreich uns ganz im Stich läßt. Hoffen wollen wir, daß Wilson seinen Einfluß in der Entente weitgehend durchdrückt. Vielleicht daß dann eine neue Weltordnung entsteht, in der wir trotz der Schmähung durch diesen Frieden einen Platz behalten, der unserer Kraft und Leistung angemessen ist …

Die Kapitulation der deutschen Heeresführung, die Abdankung des Bayrischen Königs und schließlich die des Deutschen Kaisers besiegeln den Zusammenbruch der Monarchie. Die Republik wird ausgerufen, aber unübersichtliche politische und wirtschaftliche Verhältnisse bestimmen die nun beginnende Zeitepoche. Die Zeitzeugin Helene erlebt den legendären Münchener 9. November 1918 mit seinen atemberaubenden und mitreißenden Geschehnissen. Ebenso mitreißend ihre annähernd dokumentarischen fast minutiösen Schilderungen, denen man mit nicht abreißender Spannung folgen kann:

> Ihr lieben Leute zu Haus!
> Also ich bin jetzt eine Bürgerin der freien demokratischen und sozialen Republik Bayern. Ja, das sind zwei aufgeregte Tage gewesen und recht interessant geht es immer noch her.
> Ich will versuchen, Euch über den Hergang der Revolution zu berichten. Am Mittwoch Abend stand in der Zeitung ein Aufruf der sozialdemokratischen Partei an die Arbeiter und Arbeiterinnen und Bürger Münchens. Es wurde darin zu einer großen Volksversammlung auf der Theresienwiese, die am Donnerstag 3 Uhr stattfinden sollte, aufgefordert. Wir waren an dem Abend in größerem Kreise beisammen und manche wußten zu erzählen, daß die Unabhängigen versuchen würden, die Versammlung zu sprengen und anstelle der gemäßigten Forderungen der Partei Umsturz und Revolution unter der Menge proklamieren würden.
> Trotz mancher vorsichtigen Warnung gingen wir natürlich alle auf die Theresienwiese. Dort fand sich nun eine Menschenmenge zusammen, wie man sie wohl noch nicht oft an einem Ort versammelt gesehen hat. Sämtliche Fabriken waren geschlossen, fast alle Läden und Gaststätten ebenfalls. Etwa um 3 zog ein Zug Soldaten hinter einer roten Fahne durch die Menge u. forderte alle Soldaten zum Anschluß auf, Rote Fahnen überhaupt reichlich vertreten. Nach einiger Zeit fingen auf ein Zeichen die vielen Redner, die immer in einem Haufen von einigen tausend Menschen standen, ihre Reden an. Sie sagten alle ungefähr das Gleiche: das Volk ist mündig geworden und läßt sich nicht mehr bevormunden. Ohne die Polizei zu fragen, haben wir, die Partei, Euch Arbeiter, Arbeiterinnen, Bürger Münchens zusammengerufen. Die Alldeutschen machen Propaganda für die sog. Nationale Verteidigung, wir wollen diese Verteidigung nicht, wir wollen den Frieden. Na, u.s.w. dann forderten sie noch Absetzung des Kaisers u. der Hohenzollern, einige Abschaffung der Monarchie überhaupt, Konfiskation des

Kriegsgewinns zur Bezahlung der Kriegsschuld, 8 Stunden Arbeitstag, Invaliden u. Arbeitslosenfürsorge im weitem Maße, ich glaube dazu proz.[entuales] Wahlrecht im Reich u. den Bundesstaaten. Um den Regierenden zu zeigen, welche Macht hinter den Forderungen stehe, solle die Menge in aller Ruhe u. Ordnung vor die Residenz ziehen. Diese Versammlung sei erst der Anfang, kein Abschluß der Neuerungen. Nun wälzte sich die Menge in die Straßen zum Schloß in einer musterhaften Ruhe u. Ordnung. Überhaupt wirkte die ernsthafte Ruhe der ganzen Versammlung überwältigend. Ich ging ganz erleichtert und froh nach Haus.

Nun kam die Sache aber doch anders als die guten Sozialdemokraten u. Gewerkschaftsführer sich das gedacht hatten. Die Soldaten, von denen ich eben schrieb, meist Unabhängige (unsere Soldaten sind durch die militärische Behandlung ja meist ins extrem revolutionäre Fahrwasser getrieben) zogen inzwischen los, um ihre Kameraden zu befreien. Es war nämlich anläßlich der Versammlung Kasernensperre u. die Tausende von Feldgrauen, die dort waren, waren ausgerissen. Vor den Kasernen gab es natürlich Gewaltszenen, die Wachen rennt man über den Haufen, den Offizieren wurden die Degen und Ehrenzeichen abgerissen, die schwarz-weiß-rote Kokarde flog von sämtlichen Mützen herunter, die Soldaten hatten bald keinen Widerstand mehr in den Kasernen. Mit Gewehren und Munition beladen zogen sie nun von Kaserne zu Kaserne u. das Spiel wiederholte sich. Inzwischen war die Volksmenge vor der Residenz angelangt. Geschrei, die Wachen werden entwaffnet u. die Residenz steht offen. Es fallen die ersten Schüsse, vor den Kasernen war natürlich lange die Schießerei im Gang. Die Menge verteilt sich nun in der Stadt, überall aufgeregte Gruppen, dazwischen Soldaten, die in die Luft schießen. Demoliert wurde nur wenig. Abends hatte ich sogar Gäste und wir haben trotz des Gejohles und Schießens draußen Trio gespielt. Hinterher wagten wir uns zwischen die Menge u. versuchten auch, zur Vernunft zu reden. Die Leute waren sogar ein wenig zugänglich. Vorsicht natürlich oberstes Gebot. Der Bahnhof, Telegraphenamt, Kriegsministerium u. alle wichtigen öffentlichen Gebäude waren von Soldaten besetzt. Etwas anders sahen sie aus als Soldaten sonst. Offene Röcke, Mütze schief auf und irgendwo was Rotes, das gehörte dazu. Man konnte aber nicht sagen, daß alles drunter u. drüber ging trotz der Schießerei: Alle Minute sausten Autos mit bewaffneten Soldaten durch die Menge. Was werden sollte, wußte kein Mensch. – Am nächsten Morgen erschien die Zeitung mit dem Aufruf (ich lege sie ein) u. dem Vermerk, daß sie unter der Kontrolle des Arbeiter-, Soldaten- u. Bauernrats stehe. Bayern ist über Nacht Republik geworden. Die Wittelsbacher sind abgesetzt. Am Freitag Nachmittag hat sich die neue Regierung konstituiert. Während die soz. Partei noch am Mittwoch sehr heftig dafür eingetreten war, Ruhe zu halten u. keinen Umsturz zu versuchen, hat sie sich schnell in die veränderte Lage gefunden und tut nun mit. Der Umsturz ist vollzogen, jetzt heißt es, Ordnung halten, Ordnung schaffen. Am Freitag morgen fingen Banden ihr Revolutionswerk an und plünderten. Wenn das so weiterging, dann wär bald kein Eigentum, kein Leben mehr sicher gewesen. Das sahen viele ein, auch der Arbeiter- und Soldatenrat und versuchten, dagegen einzuschreiten. Am Morgen u. am Nachmittag waren große Studentenversammlungen. Die männlichen Studierenden stellten sich in Gestalt einer Studentenwacht für den öffentlichen Sicherheitsdienst zur Verfügung, ohne politisch allerdings zu den Vorgängen Stellung zu nehmen. Wer bewaffnet nicht dienen konnte, stellte sich für Sanitäts- oder Hilfsdienst für den Notfall zur Verfügung. Diese ganze Studentenhilfe scheint die Regierung nicht zu brauchen, die Ordnung wird so wiederhergestellt, so teilte wenigstens am Samstag der Soldatenrat mit. Um 7 Uhr werden sämtliche Läden u. Lokale geschlossen, um 9 Uhr mußten die Straßen leer sein. So war es Freitag u. Samstag, heute am Sonntag ist schon wieder normale Polizeistunde eingeführt. Wenn wirklich alles so geordnet weitergeht, wie jetzt, dann ist der ganze Umsturz bewundernswert geglückt. Gestern, Samstag gab es noch ein interessantes Zwischenspiel. Ich saß briefschreibend in der Universität, da geht auf einmal draußen ein tolles Geknatter von Maschinengewehren los. Draußen fegten Soldaten auf Pferden daher und räumten alle Straßen. Blitzschnell verbreiteten sich natürlich Gerüchte unter der aufgeregten Menge: Die Preußen kommen, oder Prinz Rupprecht kommt mit Militär u.s.w. Genaueres wußte niemand, es ist wohl alles blinder Alarm gewesen.

Und am 11.11.1918 ist das Engagement vieler für den Aufbruch in die Demokratisierung der Gesellschaft noch unbeeinträchtigt in Gang. Auch Helene packt mit an – so, wie es ihre Art ist:

Nun ist es schon Montag und mein Brief immer noch nicht fertig. Am Tage ist die Zeit eben ganz beansprucht durch Besprechungen u. Versammlungen u. das Studium, das trotzt allem weitergeht. Abends bin ich zu müde zum vernünftigen Schreiben. Es ist sehr sehr schwer, sich richtig in die neue Lage zu finden und die Gelegenheit zum Helfen und Handeln nicht zu verpassen. Ich hätte es gewiß sehnlich gewünscht, daß die Entwicklung zum Volksstaat langsam in friedlicher Entwicklung vor sich gegangen wäre. Ich glaube, daß auf diese Weise das, was jetzt an Gutem erreicht wird, auch erreicht wäre und daß vieler Schaden vermieden wäre. Nun steht man aber vor dem vollendeten Umsturz. Das Alte lehne ich ab und dem Neuen gegenüber kann man nicht recht Stellung nehmen, weil es ein Rechnen mit unbekannten Größen erfordert. Nun scheinen diese Menschen wirklich einen guten Willen zum gerechten Aufbau zu haben trotz ihrer Befangenheit in ihren Standesvorurteilen. Sie sind auch sehr beeinflußbar. Deshalb sollten alle, die als Führer berufen sind, trachten, ihren Einfluß hier geltend zu machen. Dann wird sich eine langsame Entwicklung zu einem vernünftigen Staat anbahnen. So denken die Einen, die ein gewisses Maß von Zutrauen in die neuen Leute setzen. Nun sind sicher viele da, die so stehen: Diese Revolution ist ein Unrecht. Es war ein kühner Versuch einer Minderheit, sich der Herrschaft zu bemächtigen. Wer mitarbeitet, der unterstützt diese schlechte Sache. Diese glauben, daß man mit Gewalt das neue Regiment stürzen müsse. Aber, diese Gedankengänge sind im Interesse des Volkes sehr gefährlich. Die Bewegung ist so mächtig, daß sie sich nur durch einen ganz schweren Bürgerkrieg vielleicht wird unterdrücken lassen. Es gäbe unendliche Kämpfe und das Ergebnis wäre? Jedenfalls nicht Wiedereinsetzung des

Alten, das die Mehrheit ablehnt. Vielleicht eine Staatsform, die etwas weniger revolutionär ist. Ich glaube aber, daß das Schlechte sich auf die Dauer schon selbst richten wird. Die Gefahr, daß man aus Trägheit das Bestehende behält, die bisher stets sehr groß war, verschwindet ja nun, wo einmal die Kritik aufgewacht ist.
Gestern kam hier zum ersten Male die Meldung, bei den Ententevölkern sei die revolutionäre Bewegung auch im Gang, ähnlich wie bei uns. Da mußte ich an Pastor Meyer denken, der neulich immer sagte: »Es muß irgendwas kommen, wie ein Wunder, was uns rettet. Was es sein kann, weiß ich selber nicht.« Diese Meldung klingt ja wie so eine Rettung. Aber, es liegt zu sehr im Bereich der Wünsche aller, zumal der Revolutionäre, die jetzt die Presse leiten, daß solche Ereignisse eintreten. Man muß die Meldung mit allem Vorbehalt aufnehmen. Es wäre ja ein Weg, diese Vernichtung unseres Staatslebens, diese Verachtung des ganzen Volkes zu vermeiden, wenn auch drüben die Gewaltpolitiker fielen. Wir wollen uns nicht an diese Hoffnung klammern, aber vielleicht darf man, wenn es allzuschwer ist, mal einen Seitenblick auf diese Möglichkeit werfen. Wie wir weiterexistieren sollen, wenn diese Waffenstillstandsbedingungen erfüllt sind, ist mir ein Rätsel. Das Tollste ist die Forderung der Lieferung von 15.000 Waggons. Wie sollen wir unsere sowieso schwierige Ernährung sichern, wenn kein Eisenbahnmaterial da ist zu einer Zeit, die die allerhöchsten Anforderungen gerade auf diesem Gebiet stellt, zur Zeit der Demobilmachung?
Wie mag es jetzt bei Euch aussehen. Hoffentlich gibts keine Unruhen. Das eine Bataillon wird ja nicht viel machen können aber bei der Lage unseres Hauses ist natürlich die Sorge um Plünderung bei einem Aufstand sehr naheliegend. Bitte, schreibt mir oft Karten, wie es dort steht. Und Wilhelm, wenn Ihr von ihm hört, gebt es bitte weiter. Nun muß ich endlich schließen, zu sagen gäbe es allerdings noch sehr Vieles. Gebt den Brief bitte auch an Hertha. Sie bitte ich, schreib mir doch mal. Wenns auch nur ganz kurz ist. Denk doch nicht: lieber garnicht wenn keine Zeit u. Stimmung für Briefe da ist. Wie gut, daß Walter nochmal so davongekommen ist, jetzt noch verwundet werden, das ist noch unsinniger als vorher.

Mein Geld hat Vater hoffentlich inzwischen abgeschickt. Muß ich eigentlich jedesmal darüber schreiben? Es ist so dumm, daß ich immerzu borgen muß. Da die Post bisher noch sicher ist, will ich einen Teil meiner Wäsche schicken, Einiges lasse ich hier waschen. Nach Äpfeln fragst Du, Mutter. Ja, bald sind meine alle, es sind viele obsthungrige Leute hier, die man mit einem Apfel erfreuen kann. Deshalb ist mein Vorrat ziemlich schnell klein geworden. Außerdem spielen die Äpfel Marmeladenersatz, ich esse sie zum Brot. Die Ernährung funktioniert bis jetzt noch gut. Einige Tage war das Brot knapp, aber jetzt scheint es schon wieder normal geliefert zu werden. Es wäre sehr sehr gut, wenn das bliebe. Ich bin jetzt gut dran, daß ich mir von Studerling etwa 40 Pfd. Kartoffeln mitgenommen habe. Wenn mal die Zufuhr stockt, kann ich davon leben. Recht herzliche Grüße Euch allen Eure Lene

Und vierzehn Tage[39] später, nun mittendrin in der später sogenannten »Münchener Räterepublik«:

Liebe Leute! Das war eine politische Woche! Studentenpolitik und die große Politik kommen nun mit ihren Forderungen zusammen. Wir kriegen hier an der Universität einen Allg. Studentenausschuß und nun geht die Agitation los. Wir haben die Freideutschen aufgerappelt und stellen nun mit ihnen eine neue Machtgruppe dar. Zusammen mit den Freistudenten und einigen anderen bilden wir einen Block gegen die Reaktion = Katholiken und Waffenring. Da heißt es jetzt Flugblätter entwerfen, Programme entwickeln, Versammlungen vorbereiten und 100 Besprechungen haben. Ich bin mitten in den Betrieb hineingesprungen und stehe auch mit obenan auf unserer Wahlliste. Ans Reden muß man auch heran. Vorgestern habe ich in einer riesigen Medizinerversammlung vor 6–800 Studenten u. etwa 30 Professoren gegen Fachsimpelei und für unsere Reformbestrebungen eine Lanze gebrochen. Es war mir doch wieder etwas schummerig, als ich da unten stand, nachdem 3 Professoren u. 1 Arzt geredet hatten, u. mich entschieden wehrte gegen das, was die vorgeschlagen hatten. Diese Medizinerschaft ist eine unglaubliche Gesellschaft. Mich haben sie ja noch anständig angehört, aber viel Verständnis habe ich auch nicht zu erwarten gehabt. Später schrie und pfiff und trampelte die Gruppe freiheitl. Akademiker. Daraus kann etwas werden, kann und muß.

Nachdem gestern am Morgen eine lange Sitzung gewesen war, haben wir am Nachmittag einen Kreis von feinen Menschen, 15 waren wir, bei mir zusammengetrommelt. Mein Zimmer hatte solch einen Kreis noch nicht gesehen. Politik war verpönt für diese Stunden. Den Nachmittag werden wir alle so leicht nicht vergessen. Ein junger Balte, Baron v. Stackelberg, mit dem wir Freischarleute uns in den letzten Wochen angefreundet hatten, erzählte von seinen Erlebnissen.

… Gestern abend sind wir nach einem famosen Abendmahl bei mir (alte Bonner Vorräte haben uns noch Pudding geliefert!) zu einem W[ander]. V[ogel]-Ehepaar nach Schwabing gezogen. Da wurde in einem sehr schönen Musikzimmer musiziert. Ein Quintett von Schubert (Forellenquintett) haben wir hauptsächlich gespielt, 2 Celli, Bratsche, Geige, Klavier. Fein wars!

Ein Jammer ist es ja, daß man nicht mehr in die Berge kommt …

Rasante Tage und Wochen, ringsherum gesellschaftliche Erdbeben, und die Freischar isst Pudding und musiziert. Nebenbei fasziniert der neu zur Freischar dazu gestoßene Balte die aufgeschlossene Zuhörerschaft mit seiner Idee von Freiheit und selbstbestimmtem Leben in Sibirien.

Die Revolution der »Träumer«, wie sie 100 Jahre später von Volker Weidermann genannt wird[40], konstituiert die Münchener Räterepublik, Helene noch mittendrin:[41]

Eben komme ich aus einer 3-stündigen Versammlung in unserer politischen Arbeitsgruppe. Gottseidank! Über das Organisatorische u. Äußere sind wir nun weg. Jetzt haben wir schon die Aufgaben verteilt u. einen Schlachtplan für die nächste Zeit entworfen. Wie der ist, das erzählt man besser, wenn das Geplante Tat geworden ist.

München ist jetzt festlich geschmückt für die Heimkehrenden. Mich mutet der fröhliche Fahnenschmuck doch immer an wie eine Disharmonie. Gewiß, wir müssen den Soldaten einen schönen Empfang bereiten, aber das bunte bewegte Straßenbild ist doch ein krasser Gegensatz zu dem Bangen und Sorgen, das alle ganz erfüllt beim Gedanken an die nächste Zeit. Unter den Fahnen ist ein spiegelglatter Erdboden, die ganze Stadt ist von einer Glatteisdecke überzogen. Seit 3 Tagen kann man auch Schlittschuhlaufen. Ich habe meine Schlittschuhe leider – zu dämlich!! – in Bielefeld gelassen. Bitte!! Schickt sie mir doch gleich!! Hoffentlich erscheint mein Samtkittel auch bald. Die Post funktioniert doch wohl nicht recht, denn abgeschickt habt Ihr ihn doch gewiß. Sonst bitte sofort nachholen. Wie wird's mit Weihnachten werden? Halberlei rechne ich damit, hierzubleiben. Wir gehen dann zusammen in die Berge.

Einen Gruß Euch allen! Lene.

Und später, am 19. November, muss sie sich mit den Ängsten und Sorgen ihrer Familie, die zu Recht eine Bedrohung für ihr Leben fürchtet, auseinandersetzen:

Liebe Leute!

Endlich kommt Post von Euch und zwar vorgestern ein Brief von Hertha vom 6., gestern das Geld und ein Brief von Elli, heute Mutters Brief mit denen von Walter u. Wilhelm. Ich danke Euch allen recht sehr, ich war ganz traurig u. ziemlich besorgt um Euch, als ich so lange nichts hörte.

Eure Mutlosigkeit in bezug auf die Revolution teile ich ganz und garnicht. Ich glaubte und hoffte, es würde auf friedlichem Wege ein neuer Staat entstehen und war deshalb gegen den Umsturz. Nun ist es aber geschehen und von uns allen ist gefordert, alles daranzusetzen, damit das daraus wird, was die Besten im Volk von unserer Zukunft erhoffen. Seit die neue Regierung hier am Ruder ist, merkt man ihren starken ehrlichen Willen, wirklich im Dienst des Volkes im Dienst der Gerechtigkeit zu wirken. Als wir am Sonnabend abend beisammen waren zum musizieren, kam die Zeitung mit dem Programm der bayrischen Volksregierung. Es war für uns alle eine festliche Stunde, eine große Freude, zu hören, welch ein Wille in den Männern lebendig ist, die jetzt die Verantwortung tragen. Gewiß, ich sehe die vielen Gefahren und Schwächen der Gegenwart leider sehr deutlich. Wenn der Wille aber gut ist und alle Tüchtigen und Gleichgesinnten mitarbeiten, dann wird ein neuer Volksstaat erstehen, in dem es sich lohnt zu leben und zu wirken.

Eine Schande ist es, daß wir und alle die Träger der geistigen Kultur, die Führer sein sollten, bei der ganzen Bewegung zur Freiheit von den Arbeitern geführt werden mußten. Die meisten haben geschlafen und ihren Geist garnicht gebraucht, um sich die Umwelt u. den Staat kritisch zu betrachten. Andere, dazu gehöre ich auch, haben wohl gesehen, wie es sein sollte u. daß es nicht so ist. Aber sie haben nicht den Mut gehabt od. die Tatkraft, sich für das als gut erkannte einzusetzen, sie haben die Reform in weite Zukunft geschoben. Vielleicht waren sie auch zu klein an Zahl. – Ach nein, das ist nicht richtig, diese Menschen hätten sich mit den Arbeitermassen, die auch unzufrieden waren u. neue Wege suchten, zusammentun sollen, hätten ihre Führer sein sollen. Ja, hätten, hätten. Es ist viel versäumt und wer sich schuldig fühlt, wer nicht mit ganzer Seele für die Allgemeinheit gewirkt hat, der hat kein Recht, sich nun grollend zurückzuziehen, weil nicht alles so gekommen ist, wie er es sich gewünscht hat. Es steht etwas Großes, Neues vor uns nun gilt es, daß wir das Gute und Große darin sehen. Wie wir es sehen, so wird es. Es ist ja nichts Fertiges im Gegenteil, wir stehen am allerersten Anfang der Neugestaltung und jeder, der etwas Wertvolles zu geben hat und gibt es nicht, der ist schuldig, wenn die Zukunft böse wird.

Das Neue ist nicht gekommen, weil es so gut und so bewährt ist, nein, weil das Alte so schlecht war, deshalb ist es gestorben. Das was wir als Neues sehen, ist auch mehr das Fehlen des Alten, als ein deutlich umgrenztes Neues.

In den Sturmtagen hier haben sich viele Menschen gefunden, die vorher getrennt in gleicher Richtung gewandert sind. Alle waren jetzt ganz erfüllt von der Aufgabe, nun mitzuhelfen, mitzuschaffen. In kurzer Zeit haben sich nur durch persönliches Mitteilen schon 65 Menschen, Akademiker, zusammengefunden, die jetzt in diesem Sinne arbeiten möchten. Ein Kontakt mit den Regierungsleuten, die Hilfe brauchen, ist auch schon da. Die suchen ja nach Menschen wie wir sind. Das Taten tun ist natürlich nicht so einfach. Einige von uns werden wohl direkt mitarbeiten können an der Regierung, die anderen müssen indirekter wirken. Vor allem gilt es jetzt, die Studenten aufzurütteln aus ihrer politischen Gleichgültigkeit und sie ihre Verantwortung u. Aufgabe sehen lehren. Dann wollen wir in der Öffentlichkeit für reine und wirkliche demokratische Gesinnung wirken. Dazu ist reichlich Gelegenheit gegeben in den unendlich vielen Versammlungen, die jetzt sind. Neulich, ehe wir uns so zusammengetan hatten, habe ich schon in dem Sinne gehandelt. In einer großen Bürgerversammlung von 1.000 Leuten habe ich geredet. Es ging einfach nicht anders, ich mußte den Menschen sagen, wie falsch sie dachten, wie oberflächlich sie das Neue und ihre Aufgabe erfassen. Die meisten von den satten und gleichgültigen Menschen werden ja nicht viel von dem zu Herzen genommen haben, aber doch einige. So traf ich ganz zufällig abends nachher eine junge Frau u. sprach mit ihr über den Abend. Die erkannte mich als die, die geredet hatte – ich war die einzige Frau gewesen – u. hatte fein begriffen, worauf es mir ankam u. war dankbar dafür. Schön, nicht? – Das Eingreifen in öffentl. Versammlungen muß natürlich planmäßig organisiert werden. Ein Nachrichtendienst teilt alle wesentlichen Versammlungen mit und ordnet geeignete Redner dafür ab. Wir Studenten haben uns an den polit. Geistigen Arbeiterrat angeschlossen, der ähnliche Ziele verfolgt. Wir haben mit der and. Gruppe zusammen schon das Recht gekriegt, einen Abgeordneten in den Zentralrat des A. u. S. Rats zu wählen und einen in das Nebenparlament. Unsere polit. Stellung formuliere ich etwa so: Wir stimmen mit dem Programm der neuen Volksregierung überein mit folgender Einschränkung: der Sozialismus als Idee ist uns Aufgabe für die Zukunft, in seiner praktischen Durchführung ein Problem. Ein Flugblatt mit einem genaueren Programm bereiten wir vor. Übrigens bin ich im Vorstand unserer Gruppe, ebenfalls Erwin Fues. Ich hab die Schriftleitung[42]. Außer uns zwei noch ein junger Balte [!] und 5 ältere, erfahrenere Leute, teils Freistudenten, diese Leute stehen schon lange im

politischen Leben drin u. kennen die Aufgaben u. Wirkungsmöglichkeiten.
Außerdem hab ich für die nächste Zeit noch vor, eine Studentinnenversammlung zusammenzubringen u. habe mich schon mit den Vereinen in Verbindung gesetzt. Die Studentinnen müssen jetzt gründlich wachgerüttelt werden aus ihrer Gleichgültigkeit gegen politische Dinge. Es ist ja überhaupt eine ungeheure Aufgabe, vor der wir jetzt stehen, die Frauen politisch zu erziehen, damit sie zur Wahl nicht bloß Stimmvieh sind. Die Frauenversammlungen fangen schon an, die dies Ziel haben. Heute ist die zweite große. Zu der großen Politik kommt jetzt noch die Studentenpolitik. Reformpläne, die schon lange in Vorbereitung sind, sollen jetzt durchgeführt werden. Es geht um eine allgemeine Studentenvertretung, die die sozialen, wirtschaftlichen u. Studienangelegenheiten der Studentenschaft z.T. selbstständig z.T. mit den Professoren reformieren soll. Da muß nun wieder jeder mitarbeiten, die Verfassung ergänzen u.s.w. In den Wahlausschuß von 8 Leuten der Studentenschaft haben wir Fues als Vertreter hereingekriegt. Wir, d.h. Freischar und Freideutsche an der Universität. An Zahl sind wir ja nicht groß, höchstens alle zusammen 60–80 unter 3.000. Aber wir sind eben einig u. da hat man uns einen Vertreter zugebilligt. Mit dem freistudentischen Vertreter u. der Vertreterin der Studentinnenvereine steht so eine ganz erhebliche liberale Macht den Verbindungen gegenüber. Das Ergebnis der Wahlen erwarten wir mit Spannung. Hoffentlich kommt keine allzu katholische Gesellschaft zusammen. Wir müssen uns eben rühren. –
Ja, nun Schluß! Was hat der arme Walter jetzt alles erlebt. Hoffentlich ist nach der Revolution der Geist der Truppe verständiger geworden. Von der äußeren Politik habe ich nun garnicht geschrieben. Daß die Waffenstillstandsbedingungen mir auch die Wut hochtreiben, könnt Ihr mir glauben. Aber viel Anderes hatte ich nicht erwartet. Ich glaube nur, diese Politik steht heute doch auf recht wackeligen Füßen …
Ich grüße Euch alle von Herzen! Lene.

Die von Teilen der Bevölkerung und einiger (linken) Eliten entworfene und ersehnte Demokratisierung des nach der Kapitulation flächenmäßig neu »zugeteilten« deutschen Staates muss erkämpft und gestaltet werden. Viele politisch engagierte Menschen treten mit ihren Forderungen an die Öffentlichkeit, bilden Parteiungen. Zu Feinden werden jetzt eher die verschiedenen politischen Lager im Nachkriegsland selbst, und dennoch gibt es hoffnungsvolle Initiativen zur Erneuerung der politischen Machtstrukturen. Auch Helene ordnet sich Aktionszirkeln zu, die über die Universität hinausreichen und auch den bisherigen Aktionsrahmen der Freischar übersteigen. Sie wollen aktiv in die gesellschaftspolitischen Veränderungen eingreifen. Die Utopie einer gerechten Verteilung gesellschaftlicher Macht scheint zum Greifen nahe. Die dazu notwendigen Formen der politischen Willensbildung und der Konsensfindung sowie deren gesetzliche Ausgestaltung sind aufgelöst oder nur mehr personifiziert in Vertretern der alten Macht. Das Netz der jungen Demokratie, das die Leistung des Neuaufbaus der Gesellschaft erbringen muss, ist aufgrund seines Anfangsstadiums improvisiert und fragil. Von außen lasten die Reparationspflichten der ehemaligen Kriegsgegner. In diesem großen politischen Wirbelsturm leben Helene und ihre FreundInnen das kleine private Alltägliche weiter.

Eine geschichtlich bemerkenswerte Münchener Postkarte, eine letzte Postkarte aus dem »Königreich Bayern«, flattert am 5.12.18 in den Bielefelder Briefkasten.

Später im Dezember geht es um die Weihnachtsplanung:

> Weihnachten werde ich nun doch in den Bergen sein, wie schön, wie schön ist das!! Der Balte, von dem ich wohl schon erzählte, v. Stackelberg, hat auf dem Tatzelwurm bei Schliersee ein Haus aufgetrieben, wo wir etwa 8 Leute hineinpassen. Dies Haus belegen wir mit Beschlag u. sind dann sicher vor sekttrinkenden Touristen …

Dass Helene es vorzieht, die Weihnachtsferien mit ihren FreundInnen zu verbringen statt im familiären Kreis in Bielefeld, hat vermutlich einen wichtigen Grund: der sehr bewegende Verlauf einer ersten intensiveren Liebesbeziehung mit dem Freund aus der Freischar.

Lebensreform, Frauen-, Jugend- und Arbeiterbewegung, Kunst der 20er

Nach dem Ende des Ersten Weltkriegs tragen viele Freischärler und andere politisch Nahestehende zum Wiederaufblühen einiger lebensreformerischer, künstlerischer oder politischer Projekte bei. Auch die neue Lebensreform soll sich in gesunder Ernährung und lockerer Reformkleidung widerspiegeln, die Aktiven sollen sich von äußeren Konventionen befreien, so auch von persönlichen Einengungen und familiären Rollenerwartungen. Die Sexualität soll von Tabus befreit werden und jeder ist aufgefordert, sich der Ungleichheit in menschlichen Beziehungen vor allem in denen von Männern und Frauen bewusst zu werden. Angestrebt ist die gesellschaftliche und private Gleichberechtigung. Theoretisch soll dies und damit die patriarchalischen Verhältnisse in den bürgerlichen Familien infrage zu stellen, nicht nur die Aufgabe der Frauen der Emanzipationsbewegung, sondern auch die von Männern sein.

Die Pädagogik will sich von ihrer schwarzen Seite befreien und setzt zum Beispiel Erkenntnisse der Tiefenpsychologie in individualisierende und entwicklungsfördernde Erziehungsstrategien um. Reformschulen werden gegründet. Es werden Erziehungskonzepte wie die von Maria Montessori und Johann Heinrich Pestalozzi adaptiert. Rudolf Steiner kann seine Anthroposophie in einer Schule in Stuttgart in die Praxis umsetzen; fortan arbeiten viele Schulen bis in die Gegenwart mit diesem pädagogischen Konzept als Waldorfschulen, welche nach dem damaligen Sponsor Emil Molts, Kommerzienrat und Direktor der Waldorf-Astoria-Zigarettenfabrik benannt sind. Weitere gemeinschaftsfördernde Schulen und Internate bieten neue Lern- und Lebenskonzepte an, z. B. auch die Jenaplan-Schulen oder die Montessorischulen. Diese unter »Reformschulen« zusammengefassten Schulkonzepte werden in den 1960er Jahren um das pädagogische Prinzip der Chancengleichheit erweitert und in einigen Bundesländern flächendeckend eingeführt.

Die Frauenbewegung artikuliert sich vehement mit ihren politischen Forderungen nach Gleichberechtigung von Männern und Frauen, privat in der Familie, in der Ehe und in der Öffentlichkeit. Im Zentrum stehen dabei die jahrzehntealten politischen Forderungen nach der gesetzlichen Verankerung des Frauenwahlrechts in den zukünftigen Verfassungen. Weiterhin wird die Angleichung von Rechten und Pflichten im Beruf, freie politische Betätigung und die Bekleidung politischer Ämter, Straffreiheit bei Abtreibungen (die mit fünf Jahren Zuchthaus geahndet werden) und damit verbunden die Abschaffung des § 218 angestrebt. Die Frauen fordern und erreichen in manchen größeren Städten wie Köln und Frankfurt die Einrichtung von Beratungsstellen für Sexualberatung, Ehehygiene und Verhütung, was schon vor der Jahrhundertwende von Frauenrechtlerinnen eingefordert worden war. Sie organisieren sich in Frauenvereinen und -verbänden und treten damit mehr in die kulturelle und sozialpolitische Öffentlichkeit der Gesellschaft. Zentral sind die Kampagnen zur Gewalt gegen Frauen, in denen die Änderung der Ehegesetze und die entsprechenden strafrechtlichen Sanktionierungen gefordert werden.[43]

Viele Abhandlungen dieser Zeitepoche enthalten Analysen und Forderungen, die noch heute relevant sind, etwa die Forderungen nach Gleichstellung im Beruf (gleicher Lohn für gleiche Arbeit) oder die zur Abschaffung der § 218 und § 219a. In der Ehe sollen Männer und Frauen rechtlich gleichgestellt und wirtschaftlich gleichberechtigt und somit entscheidungsbefugt sein.

In der darstellenden Kunst bringt die Aufbruchstimmung radikal neue expressionistische Ausdrucksformen hervor. Viele Künstler beteiligen sich zudem an der Entwicklung konkreter gesellschaftlicher Utopien. Sie helfen tatkräftig mit, Veränderungen zu entwerfen und auch umzusetzen. Die Republik der »Träumer«[44], der Literaten und Philosophen in München kann auch hundert Jahre später noch Anregungen dazu liefern, wie gesellschaftliche Beteiligung an demokratischen Entscheidungen zu organisieren sein kann – auch im Parlamentarismus des 20. Jahrhunderts.

Die Architektur, vor allem das Bauhaus, entwickelt Wohnform- und Ausstattungsideen, die bis heute faszinieren.

Dichter und Schriftsteller, unter ihnen auch mehr und mehr Frauen, begreifen ihre kreative Arbeit als lebendigen Teil einer sich reformierenden Gesellschaft. Ein großer Mut zu Experimenten führt zu wundervollen künstlerischen Produkten, die auch von der Befreiung von den traumatischen Zuständen des Ersten Weltkriegs zeugen.

Die sich nach dem Krieg wieder neu organisierende Arbeiterbewegung bildet starke politische Organe aus: Neben Parteien entstehen viele Gruppen, die sich im Alltagsleben stärken und unterstützen können. Darüber hinaus bilden sich Gruppen zur Arbeiterliteratur, der Arbeiter-Sportbund mit Turn-, Spiel- und Gymnastikgruppen reorganisiert sich wieder. Und auch die vielen Jugendorganisationen formieren sich neu zum gemeinsamen Wandern oder um mit dem Fahrrad »Auf Fahrt« zu gehen. Sing- und Musiziergruppen erleben eine Blütezeit und bilden auf ihre Weise einen oftmals nicht beachteten, aber dennoch wesentlichen Teil der Goldenen Zwanziger.

In kirchlichen Gemeinden finden sich ebenfalls engagierte Jugendliche zusammen. Ein Beispiel aus Westfalen sind die Kreuzfahrer, eine Untergruppierung der »Bündischen Jugend«, zu denen auch meine Eltern gehören.[45] Diese führt schon bald nach dem Ersten Weltkrieg trotz der verbliebenen Besatzer im Westteil Deutschlands und des Ruhrgebiets deutsch-französische Jugendlager mit den ehemaligen Erzfeinden durch. Die »Bündischen« können bis 1933, also bis zur Gleichschaltung aller Jugendverbände zur Hitlerjugend, ihre Völker und Religionen verbindenden Aktivitäten weiterentwickeln, beispielsweise in deutsch-französischen Jugendlagern und auch ökumenischen Treffen im Altenberger Dom im Bergischen Land bei Köln.

Helene in der »Arbeitsgemeinschaft demokratisch-sozialer Akademiker«

Den Ersten Weltkrieg haben einige regionale Gruppen der Freischar überlebt. Sie überdauerten als studentische Organisationen die Kriegszeit, nachdem sich Wandervogel und Pfadfindertum vor dem Krieg angenähert hatten, »um sich im Gesellschaftlichen zu erfüllen«, wie es Werner Hellwig, Chronist der Wandervogelbewegung ausdrückt.[46] Schon ab 1913 nehmen Mädchen und Frauen an großen Freischartreffen teil und bilden nach dem Ersten Weltkrieg eigene Frauengruppen innerhalb der Freischar. In einer übernimmt Helene eine Leitungsfunktion, später dann auch eine solche im Landesvorstand.

Im Herbst und Winter 1918 / 19 engagiert sie sich auf Treffen der Sozialistischen Frauen und bei der Neugründung der »Arbeitsgemeinschaft demokratisch-sozialer Akademiker« während der »Münchener Republik«. Für die Arbeitsgemeinschaft führt sie sachkundig das Protokollbuch.[47] Stellvertretender Vorsitzender ist der Kommilitone Traugott von Stackelberg. Ziel der Gruppierung ist die Vernetzung der studentischen Organisation mit den Räten der anderen gesellschaftlichen Bereiche, um die rasant zusammengebrochenen politischen Strukturen in die einer demokratischen Republik umzuformen und diese Reformen auch zu verteidigen und gesetzlich abzusichern. Sie streben darüber hinaus eine grundlegende Veränderung der Universitäten an. Helene hat viel zu tun[48]:

> Liebe Leute,
> Meine Ämter muß ich Euch doch mal aufzählen u. mir selbst auch mal. Zuerst, weil es mir menschlich am nächsten liegt: Freischar-Bundesvorstand u. Vorsitz der Kriegsfreischar. Die Ämter machen aber augenblicklich kaum Arbeit. Dann u. daran liegt mir am meisten, weil man da augenblicklich am stärksten arbeitet, Arbeitsausschuß u. Vorstand der Arbeitsgemeinschaft demokratisch-sozialer Akademiker. Davon habe ich wohl schon öfter erzählt, nicht wahr? Nun haben wir jetzt dabei eine Redeschule angeschlossen, wo man reden, diskussionsreden u. die Technik der Versammlungsleitung lernt – wofür, das ist ja klar! Dann was neues. Die Wahlen zum Allgemeinen Studentenausschuß sind beendigt und ich bin mit hineingewählt. Die 60 Leute haben vorgestern zum ersten Male getagt. – Studentenparlament, aber keine Revolutionserrungenschaft! Der Rektor u. Senat begrüßten uns mit warmen Worten, dann verteilten wir die Arbeit an Kommissionen und Unterausschüsse. Ich bin dabei in den 7 gliedrigen Wirtschaftsausschuß gekommen. Da werden wir tüchtig arbeiten müssen. Zuerst handelt es sich um Einrichtung einer stud. Darlehenskasse. Dann muß das

Wohnungsamt ganz neu u. im großen Stil umgeschaffen werden. Die Studentenschaft hat jetzt die studentischen Angelegenheiten in ihre eigene Verwaltung genommen. Über die bisherigen Wohnungsämter der Universität München u. anderer Hochschulen muß ich demnächst im Ausschuß berichten, das ist eine ziemliche Arbeit. Studentenküchen, Arbeitsnachweis, Hilfsbund, Anstellung eines Sekretärs der Studentenschaft, das sind unsere nächsten Arbeitsgebiete. Es wird mir ja viel Zeit nehmen, die Arbeit – aber, 1. ist es ein Ehrenamt und 2. lerne ich bei dieser Arbeit viel für später. Wenn ich einmal irgendwo als Ärztin bin, will ich doch in der sozialen Fürsorge mitarbeiten u. dafür kann ich jetzt viel lernen. Vielleicht krieg ich noch ein Amt, nämlich als Vorstand (3 gliedrig) des Mediziner-Unterausschusses des Allg. Stud. Ausschusses. Man muß sich jetzt, wo so viel Höheres auf dem Spiel steht, etwas zu diesen studentischen Dingen zwingen, aber dringende Notwendigkeit diktiert diese Arbeit und aus vieler Kleinarbeit wird eben das Große. Es ist wichtig, daß einsichtige und freie Menschen in der Studentenschaft Einfluß gewinnen, damit sie nicht weiter so traurig versagen wie jetzt in der politischen Notzeit. Ja, jetzt denkt ihr, ich hätte ja ein gründliches Selbstbewußtsein, daß ich mir die Erfüllung solcher Aufgaben zutraue. Nein, sicher bin ich nie so traurig über meine sehr sehr mangelhaften Fähigkeiten wie jetzt. Ich bin auch immer ganz erstaunt, daß die Menschen mich so heranholen. Was ich habe, das ist der gute Wille und das Bewußtsein der Verantwortung und Richtigkeit der Pflichten. Und das ist leider lange nicht bei allen Menschen lebendig. Deshalb holt man mich heran u. braucht mich. Neulich habe ich in unserer Wahl zum Studentenausschuß zum ersten Mal gelernt, wie es vor einer Wahl zugeht. Das ist sicher eine gute Schule für die Arbeit zur Nationalversammlungswahl u. für die Wahl zur bayrischen Nationalversammlung gewesen.«

Vor den ersten demokratischen Wahlen, von November 1918 bis Februar 2019, hat sich mit dem Ausrufen der Münchener Räterepublik durch Kurt Eisner ein vorläufiger Nationalrat gebildet, dem acht Frauen angehören. Unter ihnen die bekannte Frauenrechtlerin Anita Augspurg.

Helene schätzt sie und unterstützt sie als Kandidatin für die bayrischen Landtagswahlen, die für den 19. Januar 1919 angesetzt sind.[49]

> Am 12. habe ich für die Landtagswahl für Anita Augspurg Zettel verteilt morgens von 8 bis 1. Aus den geplanten Hausbesuchen ist nichts geworden. Natürlich waren viele Versammlungen, in denen man auch mal aktiv eingriff, aber richtige Wahlagitation kann man sonst nicht machen. Persönlich setzte man sich natürlich für seine Überzeugung ein … von der früher geplanten Spaltung der Freischar (ist) kaum mehr die Rede. Die Freischar kann jetzt an der Universität eine Mission erfüllen und wir sind verantwortlich dafür, daß nichts versäumt wird. Durch die Freischar sind wir auch wieder an die Musik herangekommen und zwar tüchtig. … Wunder-wunderschön ist das und wir haben über die Musik die politischen Versammlungen sein lassen …

Beabsichtigt dieser aktuelle Kurzbericht vor allem die Beruhigung der mit Recht um die demonstrierende Tochter besorgten Mutter, oder ist diese junge Frau tatsächlich in der Lage, sich mit ihrem Musizieren in ein Fluidum entdramatisierten schöpferischen Tuns zu beamen? Vom Spaß am gemeinsamen Musizieren ist jedenfalls in vielen Briefen die Rede.

Anita Augspurg als prominente Vertreterin der frühen politischen Frauenbewegung in Deutschland

Wer ist Anita Augspurg, für die Helene Lohmann sich im Wahlkampf eingesetzt hat?

Anita Augspurg ist Aktivistin und Vordenkerin der »ersten Frauenbewegung« von 1865 bis 1933. Geboren 1857, einst ausgestattet mit der typischen »Aussteuer« einer höheren Tochter, verlässt sie schon früh die für sie vorgesehenen Stationen einer zukünftigen Ehefrau und Mutter. Als Zwanzigjährige absolviert sie Pädagogik-, Turn- und Schauspielausbildungen, die sie zum Theater führen. 1887 kommt sie nach München und lebt dort in Künstlerkreisen offen in einer Frauenbeziehung. Das Frauenpaar gründet ein Fotostudio und profiliert sich mit inzwischen berühmt gewordenen Porträtaufnahmen prominenter Menschen.

1893 nimmt Anita Augspurg in Zürich ein Jurastudium auf und beendet es 1897 als erste promovierte Juristin des damaligen Kaiserreichs. Ihre Vita ähnelt der von einigen akademisch gebildeten Frauenrechtlerinnen dieser Zeitepoche. Einige studieren in der Schweiz und später erst an anderen Universitäten im deutschsprachigen Raum, die nach und nach Frauen an ihren Instituten zulassen. Sie werden berufstätig und engagieren sich öffentlich und in politischen Organisationen. So auch Dr. Rosa Luxemburg, die mit ihren politisch-programmatischen Forderungen zur gesellschaftlichen Gleichstellung von Frauen die SPD zu Zeiten August Bebels überzeugt hat, sodass wichtige Forderungen der Frauenbewegung ins Erfurter Parteiprogramm aufgenommen werden.

1896 findet in Berlin der Internationale Frauenkongress statt. Neben dem Frauenwahlrecht wird das Recht auf Abtreibung und freie Liebe gefordert. Petitionen an den Reichstag sollen bewirken, dass die rechtliche Stellung der verheirateten Frau im BGB geändert wird.

Anita Augspurg verbindet sich mit Lida Gustava Heymann. Sie fordern gemeinsam die freie Ehe und kämpfen als Erste für die Legalisierung der Prostitution. 1915 werden sie Mitinitiatorinnen der Internationalen Frauenfriedenskonferenz in Den Haag, später in Zürich. Frauenausschüsse für dauernden Frieden werden in der Folge organisiert. In München sympathisiert sie mit der im November 1918 ausgerufenen Räterepublik und kandidiert als USPD-Kandidatin für die Nationalversammlung. Leider erzielen sie keinen größeren Erfolg bei der Umsetzung vieler frauenspezifischer Forderungen wie der Abschaffung des Strafrechtsparagraphen 218 oder allgemein der rechtlichen Gleichstellung von Frauen in Familie und Beruf.

Ab 1919 gibt Anita Augspurg eine monatliche Frauenzeitschrift heraus, die »Frau im Staat«, in der eine Anilid (Anita + Lida) eine zutiefst aktuelle Analyse formuliert[50]:

> In geometrischer Progression haben sich die politischen Morde gehäuft. Immer sind es dieselben Methoden. Erst wird eine beispiellose

> Hetze durch Wort und Schrift gegen bestimmte unbequeme Personen eingeleitet, dann finden sich wie von ungefähr Unverantwortliche, die auf irgendeinen höheren Befehl den Mordstahl führen … [51]

Politisch visionär setzt sich die Zeitschrift für die Aussöhnung zwischen den Erzfeinden Deutschland und Frankreich ein: »Nur so kann ein friedliches Europa entstehen.« Dies vertreten die beiden Frauen auch mutig weiterhin, obwohl ihr Landsitz, auf dem sie biologischen Landbau betreiben, in Brand gesteckt wird.

Beide Frauenrechtlerinnen bleiben ihr Leben lang engagiert und warnen in den 1930er Jahren eindringlich vor der Nazidiktatur. Wegen der Gefahr, verhaftet zu werden, müssen sie in die Schweiz emigrieren und sterben dort kurz nacheinander im Jahr 1943. Ihnen und vielen anderen Frauen gelingt es, mit vielen Vorträgen und Veröffentlichungen, mit Aktionen und Petitionen an den Gesetzgeber aktiv den radikalen Umbruch dieser Zeit im Sinne einer politischen und gesellschaftlichen Gleichstellung der Geschlechter mitzugestalten und so zum Beispiel 1919 das Frauenwahlrecht durchzusetzen.

Am 11. August 1919 wird im Weimarer Schauspielhaus die erste von Frauen mitausgearbeitete demokratische Verfassung für das Deutsche Reich verabschiedet. Darin heißt es in Artikel 119, Absatz 1: »Die Ehe … beruht auf der Gleichberechtigung der beiden Geschlechter.« Marie Juchacz hat als Vertreterin der SPD diese gesetzliche Regelung mit ausformuliert und vertritt sie in ihrer Rede vor den Abgeordneten des Reichtages. Seit 1913 ist sie als Frauensekretärin der SPD in der Oberen Rheinprovinz verantwortlich für Lebensmittelkommissionen, die im Krieg Witwen und Waisen und da vor allem Kinder der Arbeiterschicht versorgen. Daraus entsteht die »Arbeiterwohlfahrt« (AWO), die als Organisation zur Befähigung zur Selbsthilfe der Betroffenen konzipiert ist. Dieses Konzept ist eine bewusste Abgrenzung zum Wohltätigkeitsdenken der konservativeren bürgerlichen Frauenbewegung.

Doch auch die bürgerliche Frauenbewegung engagiert sich neben der Pflege der schönen Künste mit vielen (sozial-)politischen Aktionen. Der Stadtverband Kölner Frauenvereine wird nach dem Ersten Weltkrieg von Else Wirminghaus geleitet. Als Dachverband von elf Frauenvereinen und später ca. 100 Mitgliedern setzt er sich für die Erweiterung von Frauenrechten und für die Verbreitung von Frauenkultur ein. Die studierte Musikerin Else Wirminghaus widmet sich neben ihren vielfältigen Verbandsaufgaben dem von ihr mitherausgegebenen Periodikum »Die neue Frauenkleidung« für Reformkleidung. Sie schreibt darin, dass »eine Emanzipation der Frauen solange unmöglich war, wie die Knechtschaft der Mode herrschte und sie sich durch Einschnüren der Körpermitte allerlei Gebrechen zuzogen.«[52] Das Korsett wird verbannt und ersetzt durch ein lose anliegendes Leibchen. Der Körper wird durch tägliche Gymnastik und Tanz in innere und äußere Harmonie gebracht. Vorschläge zur gesunden Ernährung ergänzen das damalige Frauengesundheitsprogramm.

Im Jahr 1925 findet in Köln die »Frauenwoche am Rhein« mit Vorträgen über »Familie und Vaterland sowie die Frauenbewegung« statt.[53] Eine Vortragsreihe über die Jugendbewegung, in der auch Marianne Weber als kenntnisreiche Mitstreiterin der Bündischen Jugend über die »Jugendbewegung und moderne Erziehungsmethoden« spricht[54], verdeutlicht die damalige große Nähe zwischen den Ideen und Projekten der Jugendreformbewegung und der Frauenbewegung.

Ebenfalls in Köln wird von Mai bis Oktober 1928 die »Internationale Presseausstellung« (PRESSA) veranstaltet. Helene ist zusammen mit ihrer Tante Martha zur »Frauenwoche« hingereist. Martha Dönhoff ist neben ihrer parlamentarischen Arbeit als DDP-Abgeordnete im Preußischen Landtag auch langjährige Vorsitzende des Rheinisch -Westfälischen Frauenverbandes. Sie

Frauengenerationen in Bildern

herausgegeben von Emmy Wolff

»Helene v. Stackelberg aus gemeinsam erlebten bewegten Tagen. Köln, Juni 1928. Tante Martha«

widmet ihrer Nichte Helene ein Kompendium von Beiträgen wichtiger zeitgenössischer Frauen, das anlässlich der Ausstellung von Emmy Wolff im Juni 1928 herausgegeben wurde: »Frauen-Generationen in Bildern«. [55]

Dieser Band enthält auch einen Beitrag von Else Wirminghaus: »Von der schönen Wohnung« (S. 140–144). Else Wirminghaus ist aktiv an der Presseausstellung beteiligt; ihre Zeitschrift »Die Frau und ihr Haus« ist dort vertreten.[56]

Alle diese Ideenströme stoßen bei Helene Lohmann auf Interesse, die sich begeistert in die Aufbruchseuphorie der späteren 20er Jahre mitreißen lässt. Sehr viel später, 1947, wird ihre Tochter Brita einen Enkelsohn von Else Wirminghaus heiraten und mit ihrem Mann und den vier Kindern bis zu ihrer »Rückumsiedlung« zum Degenhof 1984 lange in Köln leben. Von dort wird sie wöchentliche Briefe an ihre Mutter im Degenhof schreiben. Umgekehrt flattern ebenso viele Briefe von dort nach Köln.

München 1919

Zurück ins München des Jahres 1919: Helene wechselt mal wieder ihre Wohnung; diesmal, weil den Wirtsleuten ihre Besucher nicht passen. Aus diesem Grund machen sie ihr das Leben schwer. Sie befindet sich in den letzten Semestern ihres Medizinstudiums und muss sich trotz aller bewegenden sozialen Geschehnisse, die das brutale Ende der Räterepublik mit sich bringt, auf ihre Famulatur und ihre späteren Abschlussprüfungen konzentrieren. Wie sie das desillusionierende Ende sieht, ist nicht nachvollziehbar, da kein Brief aus der Zeit der Niederschlagung vorliegt. So steht jetzt wieder das Private im Vordergrund des Erzählens.[57]

Meine liebe Mutter!
Mit leeren Händen aber einem vollen Herzen komme ich heute an Deinem Geburtstag zu Dir. Ich wünsche Dir von ganzem Herzen ein reiches, ruhiges und schönes neues Lebensjahr. Wieder werden ja die Ereignisse,

die das Schicksal des Volkes bestimmen, einen entscheidenden Einfluß auf das Einzelschicksal haben, aber wir müssen doch mehr und mehr lernen und haben schon gelernt, das Eigentliche, das unserem Leben Sinn und Wert gibt, festzuhalten und heraus zu retten aus dem Strudel der Ereignisse. Das bedeutet nicht Teilnahmslosigkeit gegenüber der Allgemeinheit, es ist einfach ein notwendiger Selbstschutz. Und wer nicht die Ruhe und Stetigkeit mitbringt, der kann in den Stürmen nicht feststehen, der kann nur mit der Allgemeinheit leiden, nicht aber helfen, Neues aufbauen. Ich sitze hier in der Bibliothek der Kinderklinik. Draußen sausen die Straßenbahnen hin und her, aber wenn einmal keiner in nächster Nähe Lärm macht, dann klingen Vogelstimmen zu mir herein und die Sonne, die hell hereinschaut, u. die Stimmen, die lassen in ihr den Grundton dieser letzten Tage lauter klingen: Es will Frühling werden! Nie im Leben hat man dem Frühling so sehnend entgegengeharrt wie dies Jahr. Die starre Kälte, die das Leben tötet, ist jetzt vorbei, nun kommt die Zeit des Werdens in der Natur, ach wollte die doch auch für unser Volk, für die Welt eine Zeit des Neuwerdens sein!
Ich fühle mich richtig wohl in der Klinik, die Ärzte und Ärztinnen, die Schwestern und Kinder, alle sind so fein und lieb zueinander. Wie sehr das das Leben zumal im Krankenhaus erleichtert, kannst du dir gar nicht denken. Mein Tag verläuft ungefähr so: Morgens etwa ½ 9 Uhr stehe ich am Schwabinger Tor und warte auf eine Straßenbahn, die manchmal auf sich warten lässt. Kurz vor 9 bin ich in der Klinik, dann schreibe ich zunächst die Kurven in meinen 3 Sälen, messe die Pulse u.s.w. dann kommt die Visite mit Frau Dr. Burler. Danach ist dann allerlei zu untersuchen und zu richten. Wenn neue Kinder da sind, werden die gründlich untersucht. So vergeht die Zeit bis zum Mittag. Nachmittags ist dreimal Kolleg, das ich als Koassistentin hören darf. … Du siehst, mein Leben ist viel viel ruhiger als im Semester. Es ist nicht ganz leicht, hier in der Klinik auch alle Lernmöglichkeiten ausfindig zu machen. Das Einleben geht langsam und man muß zunächst mit Einzelnem und wenig zufrieden sein und langsam immer mehr Pflichten und Rechte erwerben. Das ist aber bei allen Famuli die

> gleiche Schwierigkeit. Die Arbeit lernt man nicht so fix sondern nur mit Geduld und Ausdauer.

Ihr Liebesleben dagegen ist ganz und gar nicht ruhig. In ihrem Tagebuch (s.o) schreibt sie ihre Gedanken zu einer neuen Art von Liebe, einer Liebe, frei von gesellschaftlichen und familiären Konventionen und Zwängen, ganz im Sinne der aufgeklärten und freiheitssuchenden neuen Zeitepoche.

Und mit dem Verliebtsein kommt auch der Liebeskummer.

Doch sie kann sich auf ihren festen Freundeskreis verlassen. Freunde kommen zu Besuch, um sie zu trösten.[58] Und jemand, der sich zunächst als tröstender Freund bewährt, wird dann mehr und mehr zu einem Vertrauten. Auch er ist in der Freischar, ist wie sie ein angehender Mediziner und bei den politischen Aktionen der Novemberrevolution aktiv. Zudem umgibt ihn der Nimbus des Abenteurers, der in seinen jungen Jahren schon viel erlebt hat und wegen seiner Weltläufigkeit und vielseitigen Sprachkenntnisse allenthalben bewundert wird.

> Wenn das Kranksein selbst nicht so unangenehm wäre, möchte ich sonst jedem wünschen, daß er mal in meine Lage käme. Die Leute sind rührend nett zu mir. Vor allem Margarete und Traugott v. Stackelberg. Gestern kam sie mit einem Körbchen, er mit einer ganzen Kaffeetülle voll Sachen an …

Auf Schloss Marloffstein findet vom 6.–9. April 1919 ein Treffen der Deutschen Akademische Freischar (DAF) statt. Ein inzwischen guter Freund Helenes, Traugott, fertigt Zeichnungen einiger Teilnehmer an, die sie – schmeichelhaft oder nicht – in Tierzeichnungen charakterisieren. Helene beispielsweise wird als neugierige, hurtig eilende Gans dargestellt.

In der folgenden Zeit taucht der Name Traugott von Stackelberg in ihren Briefen immer häufiger auf:[59]

Liebe Mutter!
Da der Brief an alle mit der Bitte um Geld nichts nützt, wende ich mich an Dich. Ich fühle mich wirklich schlecht behandelt, daß man mich stets und ständig mit Geldmangel in Verlegenheit bringt. Ein Glück, daß mir Tr. Stackelberg Geld leihen kann, sonst könnte ich dieses Semester in den Schornstein schreiben, da der Termin zum Belegen der Vorlesungen in den nächsten Tagen abläuft. Bitte, sorge doch dafür, daß man mir umgehend 450 M schickt, 250 für den Monat Juli und 200 M für Kolleggelder …
Meine letzten Tage waren wieder mal voll von Erlebnissen. Ich hatte mich in der Klinik für die vorlesungsfreien Tage u. Sonntag beurlauben lassen und war einer Einladung nach Elmenau … gefolgt. Irgendwelche reichen Leute hatten eine Stiftung gemacht, um zu ermöglichen, daß wir, Werkschar und Freischar in München uns gegenseitig und beide Joh. Müller kennen lernen könnten. Für 5 M. täglich konnten wir in dem schönen Schloß wohnen und das ganze Erholungsleben da genießen. Es war dazu noch prächtiges Wetter, so daß die Vorbedingungen für ein schönes Beisammensein wirklich gegeben waren. Die Werkschar ist eine Vereinigung von Studierenden, die in ihrer Gemeinschaft eine Art freie Hochschule verwirklichen wollen, sie wollen das sein, was die Hochschule sein sollte und nicht ist. Es sind sehr feine, sehr geistige und kluge Menschen darunter, vielleicht zu sehr geistig, aber so, daß wir sehr viel von ihnen haben können. …
Die Hütte war überfüllt, wir kriegten ein hartes Lager im Gastzimmer, das schadete aber nichts, da wir doch sobald der Tag graute, loswollten. Um ½ 3 Uhr aufstehen und dann fing die Kletterei im Morgengrauen an. Als die Sonne herauskam, waren wir schon auf dem ersten Gipfel. Wie schön sowas ist, das kann man nicht beschreiben.
Da wir bis 11 Uhr zu einem Vortrag in Elmenau sein wollten, mußten

wir uns sehr beeilen. Aber unsere Eile verging uns bald. Ein Kamerad renkte sich bei einem ungeschickten Griff den Arm aus. Der mußte erst eingerenkt werden, dann hieß es vorsichtig mit ihm zurückklettern. Zum Glück passierte die Sache auf dem Rückweg und nur mit leichter Kletterei war das mit dem zu machen. Unsere ärztlichen Kenntnisse sollten noch mehr verwandt werden an dem Tag. Als wir, ... Stackelberg und ich den Berg herunter stürmten, kam uns unten ein Mann entgegen und fragte nach Verbandszeug. Er war glücklich, in uns Mediziner zu finden. Ein schrecklicher Unfall hatte sich nämlich ereignet. Ein junger Mensch hatte eine Handgranate mit in die Berge geschleppt, um ein schönes Echo vorzuführen. Das Ding war zu früh in seiner Hand explodiert und nun lag er da in seinem Blut und war ganz schrecklich zugerichtet. Wir haben ihn verbunden so gut es ging, dann eine Bahre gemacht aus ausgerissenen j[ungen] Tannen und Mänteln. Dann haben wir den Mann auf der Bahre heruntergetragen, etwa 3 Std. lang. Ob er am Leben bleibt? Er ist ein Jurist, der als Fliegeroffizier im Felde war. Schrecklich ist so etwas.

Nach diesen Ereignissen kehrt die Gruppe zurück nach München, fast verpasst sie den letzten Zug.

Und dann ist es passiert, die Sehnsucht hat ein Ende. Im August 1919 schreibt Helene an ihre Eltern und ihre Geschwister, denen sie voller Enthusiasmus ihr neues Glück mitteilen will:[60]

12. Aug. 19 Bitte lest den Brief nicht vor. Ihr, lieben Menschen, Vater, Mutter, Elli, Hertha, Wilhelm, Walter!
Das, was ich Euch heute sagen möchte, das kann ich nicht in Worte fassen, das kann kein Mensch sagen, weil es über alles Verstehen schön und heilig ist. Wir haben uns lieb, so lieb, wie sich zwei Menschen nie auf der Welt lieb gehabt haben. Und keine Macht der Welt kann uns wieder trennen, weil wir uns ja endlich gefunden haben. Muß ich Euch seinen Namen überhaupt schreiben, ist es möglich, daß ihr es nicht von selber wißt?
Er heißt Traugott Stackelberg, ihr kennt ihn ja schon aus meinen Er-

zählungen. Ich hätte es nicht für möglich gehalten, daß es solche Seligkeit, so ein Glück gibt und nie nie kann das enden, solange wir beide leben. Und ganz andächtig ist mir zumute, daß so Schönes mich ganz erfüllt. Und immer ist es neu, immer ist es noch tiefer und schöner, wenn wir auch jedesmal beim Beisammensein glauben, dies ist das Größte, was wir erleben können.

Und so stark sind wir zwei. Wir können alles von uns fordern, wir können zusammen Welten versetzen, wenn es sein muß. Das ist so rein und klar, was in und zwischen uns ist. Ich kann überhaupt keinen schlechten Gedanken mehr denken, seit wir uns haben. Ach, ihr lieben Menschen, ich kann das ja alles nicht sagen, ich müsste bei Euch sein, dann würdet ihr vielleicht ahnen, wie dies ist.

Begreifen nicht, das kann ich selber nicht.

Wir können nicht sagen, wir haben uns verlobt. Uns hat eine höhere Kraft zusammengetan, wir können uns garnicht verwehren, wir müssen unseren Weg zusammen gehen, oder wir wären ein Nichts, ein leeres Gefäß. Allein hat das Leben keinen Sinn mehr.

Ihr werdet Euch wundern, woher das jetzt plötzlich kommt, wir kannten uns ja schon lange. Mir ists selber ein großes Wunder. Mit einem Mal wurde sie in mir wach, diese Liebe, und hätte mich fast umgebracht. Ich konnte ja nicht glauben, daß er mich wirklich auch lieben könnte. Und seltsam, in den gleichen Tagen, war auch Klaus[61], der mich schon lange heimlich lieb hatte, der aber auch an solch ein Glück nicht glauben konnte, zuende mit seiner Kraft. Und da kam es dann einmal heraus, weil es nicht mehr anders ging, und nun ist der gähnende Abgrund, der vor beiden stand, verschwunden, versunken.

Die Natur lebt unser Glück mit. Das scheußliche Wetter der letzten Zeit ist auf einmal vorbei und strahlende Sonne bei Tage und des abends ein glänzender Mond leuchten auf uns nieder. Das kann ja auch garnicht anders sein. Heute Mittag wollen wir herausfahren in die Berge und ein paar Tage nichts tun als uns haben, das heißt, klettern wollen wir doch zusammen testen.

Hört mal, außer Euch soll es niemand hören, ich sag es den Leuten selbst, wenn es soweit ist. Aber ihr, ihr müßt Euch mit freuen daß ihr

Euch sehr sehr freut, das weiß ich ja. Aber hören will ich das noch von Euch. Einen Kuß Euch allen von Eurer Lene

Dem Tagebuch vertraut sie in dieser Zeit einen Traum an, der von der glücklichen Zweisamkeit handelt und von einer Ahnung der Zukunft:

Einen Traum träumte ich von einer grünen Wiese mit Blumen, wie Bergwiesen sie tragen. Darin du und ich. Es war ein Spielen, aber ein freies Spiel, wie es nie gespielt. Alles sagten unsere Körper sich ohne daß ein Wort nur gesprochen wurde. Und dann lagen wir beieinander und wir haben, wir haben uns so lieb.
Das, das erste Bild. Dann ein Traum vom fernen Sibirien, aber den darf ich nicht aussprechen.

Nicht alle Familienmitglieder sind begeistert von dem neuen Liebespartner und dessen ungewöhnlichen Auswanderungsplänen. Helene möchte diese ihren Eltern nahebringen, die Bedenken gegen ihn zerstreuen. Davon zeugt der Brief Helenes auf einen nicht erhalten gebliebenen Brief der Mutter, dessen Inhalt sich aber aus dem Antwortbrief erahnen lässt.

München, 19.8.1919
Meine liebe Mutter !
Ich danke Dir recht recht von Herzen für Deinen lieben feinen Mutterbrief. Ja du, du darfst Dich freuen über dies mein Glück. Alle, die mich lieb haben, müssen und werden sich freuen. Nur leid tut es mir, daß Vater keinen Glauben, kein Vertrauen haben kann. Glaubt er denn nicht an mich, sein Kind? Diese Liebe, die jetzt mein Leben erfüllt, nein, mein Leben ist, ist das Höchste, das Schönste und Reinste, das ich erleben kann … er heißt Traugott Nikolaus v. Stackelberg, ist in Estland geboren und aufgewachsen, ist aber nach seiner Geburt mindestens so deutsch wie wir.
Etwas mehr weißt du schon wenn du hörst, daß er klare leuchtende blaue Augen hat, blonde Haare, gerade so groß ist wie ich und mächtige Kräfte hat und so gesund ist, noch viel gesunder wie ich! Noch

Traugott von Stackelberg 1920 München
(Foto: M. Bauer, München)

ein bißchen mehr bedeutet es, daß ich keinen anderen Menschen weiß, die ich kenne und die ihn nicht liebhaben und daß ich doch, wenn ich erst mal anfange zu überlegen (ich tue es aber lieber nicht) garnicht begreifen kann, daß er gerade mich so lieb hat, wo er doch so viele feine Menschen kennt.

Der, von dem jetzt so schwärmerisch die Rede ist, schreibt ebenso schwärmerisch in einer baltisch-deutsch geprägten Sprache über den Beginn ihrer Liebesbeziehung in sein Tagebuch:

Lene. Wer bist du Lene? Rein und heilig standst du da. Und dir kam kein dunkler Gedanke. In deiner Seele war es licht, ebenso licht, wie wenn die herrliche Frühlingssonne in deinen goldenen Haaren spielte. Und kein Argwohn hat da Platz. … Harmlos hast du dich mir verschenkt. Und ich nahm's hin wie im Traum. Denn mir war dabei, als wenn alles das nachher, wenn ich aufwachen werde ganz anders sein wird. … Und du gingst vorüber und fasstest mich bei der Hand. Mich gerade … Ja Lene, so ist es. Und du hast mir die Wunden gewaschen, so lind und fein. Du hast darein Öl gegossen, daß sie nicht mehr brannten und daß sie vernarbten. Und harte Stränge ziehen da Narben. Viele.

Ich träume. Und Sonnenlicht fließt durch mich. Nicht das brennende immerzu pochende Blut, nein Sonnenlicht. Ruhig und warm.
Wann kommt das Muß? Werd ich wohl bald von neuem erwachen? Hinausgehen vor das Tor? Der Wind heult, es ist dunkel. Kein Stern. Nirgendwo Licht. Regen und Hagel schlagen nieder. Reißen mir Gesicht und Hände blutig. Und ich muß hindurch, weit, endlos weit …

Amor umspielt die beiden. Monate vorher waren sie sich im Studium, bei politischen Aktionen der »Münchener Republik«, bei Versammlungen der medizinischen Fakultät und bei der Gruppe Freiheitlicher Akademiker begegnet. Silvester 1919 / 20 verbrachten sie mit Freunden und politischen Mitstreitern in einer Berghütte, bei der Freischar nahmen sie beide aktive Leitungsfunktionen wahr, besuchten Bildungswochen und Wandertreffen. Beide fanden vor allem in dieser Jugendreformbewegung gemeinsame Freunde und Gleichgesinnte.

Nun verbinden sie sich in einer Liebesbeziehung, bewegen sich intensiv aufeinander zu, arbeiten für ihren Studienabschluss und schmieden Zukunftspläne.

Die beiden Liebenden verbinden die Freude an der Natur, das soziale Engagement auch im zukünftigen gemeinsamen Beruf, die Abenteuerlust und ein großes Vertrauen auf eine sie verbindende fast mystische Kraft. Darüber berichtet Traugott in einem Brief an Elisabeth Lohmann, die Mutter von Helene. Schnell »adoptiert« er sie als neuen Teil seiner Familie, schnell fügt er sich ein in das vertraute Eltern-Kinder-Verhältnis der Lohmannschen Familie. Mag sein, dass seine Entwurzelung aus der baltischen Heimat, die rohe Zeit der Verbannung und eine weithin unter Deutsch-Balten anzutreffende Auffassung von Familie, zu der auch noch weitläufig und in fernen Ländern verstreute Mitglieder zählen, seine Gefühle bestimmen. Sicher ist es auch ein Werben um Vertrauen für ihn, den neuen Partner von Helene, der ihre Eltern gleich mit hochfliegenden Auswanderungsplänen konfrontiert. So erklärt er sich mit Argumenten aus seiner persönlichen Geschichte und seiner eher von der Sprachenklave in Reval geprägten Sprache. Dabei wendet er sich zuerst an Mutter Elisabeth. Vater Lohmann hält sich bei Familienangelegenheiten eher im Hintergrund, entscheidet aber letztlich bei Finanzfragen. Helene hat ihren Eltern und ihren Geschwistern schon in vielen Briefen und Gesprächen vermittelt, dass sie mit Traugott als Paar zusammenlebt. Es ist aber noch nicht geplant, zu heiraten.[62]

> Liebe gute Mutter!
> Schon lange wollte ich Dir mal wieder schreiben. Es ist mir so eigen, daß ich nun ein zuhause gekriegt habe, mit Vater und Mutter. Und da freut sich mein Herz so – denn es hat sich ja so nach diesem gesehnt. Wenn ich zurückdenke, so finde ich, daß eigentlich, seit wir aus unserer Heimat weggezogen sind, auch mein Zuhause aufgehört hat.
> Was kann einem auch in einer Berliner Mietskaserne und unter fremden, gleichgültigen Menschen werden? Und damals war ich so ein Bub von 15 Jahren. Ja, seitdem bin ich wohl ganz selbständig durch die Welt gegangen! Und weit rumgegangen. Mit Traurigkeit und Neid hab ich auf die geschaut, die so ein richtiges Zuhause hatten …
> Ach könnte ich Euch doch etwas von dem erleben lassen, wo hindurch ich z. B. hab gehen müssen![63]

Und er schreibt zu den Zukunftsplänen[64]:

> Zu Sibirien. Denn dazu gehört ein Glaube als Kraft. Denkt wieviel Menschenexistenzen ich dabei aufs Spiel setze! Leichtsinn oder Glaube! Ganz großer Glaube, so großer, wie mir aus Liebe entstehen kann. Gerade Sibirien. Aber ich denke nicht daran, wegzulaufen oder zu gehen dahin, weil's dort besser ist als in Deutschland.
> Sondern wie ich den Glauben habe, daß es der Weg ist, den unsere Deutsche Art einschlagen muß. Denn was ist uns geblieben? Macht und Glanz ist uns geraubt. Wenn uns die deutsche Art geblieben ist, so müssen wirs beweisen. Und dazu gehört, daß wir nicht verzweifeln, sondern durch Ausharren siegen. Über die ganze Welt. Und jene, die im Siegestaumel unser lachen! Doch wir werden zuletzt lachen! Und diese Art muß sich in jeder Faser zeigen! In jeder kleinen Kleinigkeit. Und deshalb sehen wir nicht rechts noch links, sondern gehen gerade

aus. Und wer sich darüber wundert wird doch selbst endlich mitgehen, weil der Glaube, der in uns ist, sieghaft ist.

Von nun an muss sich die gutbürgerliche Fabrikantenfamilie an einen Lebensgefährten ihrer jüngsten Tochter gewöhnen, der sich weniger mit dem Bewahren des über Generationen in Ostwestfalen Erreichten beschäftigen will, sondern im Gegenteil, die Tochter in ein Abenteurerleben weitab der Heimat, nach Sibirien, mitnehmen will. Die Eltern und auch die Geschwister unterstützen diese Pläne nicht, der Brief ist vermutlich ein Antwortbrief auf das, was vorher an Bedenken aus Bielefeld geäußert worden war.

Arbeitsgemeinschaft zur Vorbereitung einer Siedlungsgenossenschaft in Sibirien (e.V.)

Mitgliedskarte № 25.

für Lohmann Helene

Arbeitsgemeinschaft zur Vorbereitung einer Siedlungsgenossenschaft in Sibirien (e. V.)

Vorsitzender

Kassier

Trotzdem: Erste Initiativen zur Auswanderung bilden sich in einem Verein für Sibirienauswanderer, dem auch Helene beitritt.

Und dass dieser Traum vom Auswandern keine Vision bleiben soll, das zeigt sich darin, dass die beiden sich neben ihren Prüfungsvorbereitungen mit dem Kauf medizinischer Geräte beschäftigen und dazu die von Vater Lohmann finanzierte und wohl auf Helene ausgestellte Kriegsanleihe auslösen wollen. Helene beschreibt das Vorhaben in einem Brief an den Vater.

2. März (1920)
Heute früh war ich mit Traugott in der Kaserne wo die mediz. Instrumente verkauft werden. Die Sache mit der Kriegsanleihe klappte nicht so wie sie sollte weil seit einigen Tagen eine Bestimmung da ist, daß Kriegsanleihe nur vom gemeinnützigen Verein und mir dann genommen wird, wenn sie der Verein selbst gezeichnet hat, nicht ein

Mitglied. Nun hat es Traugott doch unbegreiflicherweise fertiggebracht, daß wir die Sachen mit Kriegsanleihen bezahlen u. zwar geht es auf meinen Namen, nicht auf den Verein. Unsere Sibirier hatten zu Tr. gesagt, sie sollten für ihn die Instrumente kaufen und uns die 2000 M. auszahlen, aber ich möchte doch gern, daß wir diese Dinge selbst kaufen. Alle unsere Handwerker müssen ihr Handwerkszeug selbst bezahlen das soll doch auch der Gemeinschaft zu gute kommen. Wenn ich mich mit irgend einem Menschen verheiratet hätte, Vater, der hier im Lande bleibt, dann hättest du mir wohl die notwendigen Möbel mitgegeben [geschenkt, durchgestrichen]. Jetzt brauch ich die nicht, da will ich mal fragen, ob Du uns nicht unsere Ausrüstung schenken willst oder erlauben, daß ich sie mit meiner A[anleihe]. auch bezahl. Sieh, die Sache ist doch so, ich finde es nicht recht, wenn wir vom Gemeinschaftsgeld mehr nehmen als unbedingt notwendig ist. Alles Geld was dort einkommt, wird so sehr sehr fein und praktisch in nötige Dinge umgesetzt, – und wir haben noch viel nötig und könnten viel mehr günstig kaufen als wir Geld haben. Wenn ich Geld habe und nehme von diesem Ersparten, so ist das nicht ganz richtig. Traugotts Geld in Deutschland ist ganz bald alle und er muss noch seine Doktorprüfung machen, die kostet glaub ich 350.- M. u. für die Reise nach Sibirien braucht er für seine Ausrüstung auch noch allerlei. Ich möchte nicht, daß er seine Freunde nochmal um Geld bitten und wäre sehr sehr froh, wenn ich ihm von meiner Kriegsanleihe was geben dürfte. Nun kann man die aber jetzt gar nicht verkaufen wie ich hörte oder man kriegt nur ein Lumpengeld dafür. Stimmt das? Also, kurz und bündig, ich möchte auf irgendeine Weise Geld zur Verfügung haben, sei es, daß ein neuer Teil meiner Kriegsanleihe verkauft wird oder jedes anderweitige Geld flüssig kriegen kannst was praktischer ist + uns das schickst …
So z. B. haben wir noch einiges für Geburtshilfe u. Frauenheilkunde (medizinische Instrumente) Aber fein sind unsere »Rechen«!!! So, das ist ein Brief nach Kraut u. Rüben. Wenn Ihr daraus nicht klug werdet, so fragt bitte bei mir an … Grüße! Lene

Neben diesen spannenden Aktivitäten fordert aber der Studienabschluss seinen Tribut: Lernen und Prüfungsvorbereitungen bestimmen den Alltag, von anderen politischen Aktivitäten wird in Briefen oder dem Tagebuch nicht mehr berichtet. In fast jedem der Briefe dieser Wochen spiegeln sich eher die Alltagssorgen der Nachkriegszeit, der Mangel an Lebensmitteln und anderen Dingen des Alltags. Es fehlt das Geld für das Nötigste, eine Erfahrung, die für eine bislang einigermaßen gut versorgte Tochter aus gutem Haus tiefe Spuren hinterlässt, aber auch die Fähigkeit hervorlockt, sich mit dem Nötigsten zu begnügen. Immer wieder muss sie aber trotzdem um eine Aufstockung ihres Monatsgeldes bitten, für Semestergebühren, Bücher und andere notwendige Anschaffungen wie einen Fahrradschlauch oder Sohlen für ihre Wanderschuhe.

Münchener Novemberrevolution

Der revolutionäre Aufbruch in Munchen wird – wie in anderen Städten auch – zu Beginn des Jahres 1919 von restaurativen Kräften mithilfe des Militärs niedergekämpft. Gerade in München haben sich viele kluge Männer und Frauen zusammengefunden, um aktiv und radikaldemokratisch die neue Zeitepoche zu gestalten. Ernst Toller, Rainer Maria Rilke, etliche Schüler des Soziologen Max Weber, Edgar Jaffé und seine Frau Else, Anita Augspurg und Else Lasker-Schüler, um nur einige Namen zu nennen, finden sich in Diskussionszirkeln und Räten zusammen und übernehmen für die kurze Zeit der Münchener Republik auch politische Verantwortung in der Regierung. Aber: Die Parlamentswahlen Anfang Januar gehen zugunsten der konservativen Parteien aus. Ministerpräsident Eisner, der mutige Reformer, wird mit dem Skript seiner Rücktrittsrede unter dem Arm im April auf offener Straße erschossen. Auch viele andere führende Köpfe fallen Massakern zum Opfer, unter ihnen Gustav Landauer, der am 2. Mai verhaftet und bestialisch ermordet wird. Die ideologischen Konzepte der konstruktiven sozialpolitisch ausgerichteten linken Reformer haben im ganzen Deutschen Reich nicht die Macht, nicht die Durchsetzungskraft, nach dem Zusammenbruch der Monarchien in Europa das gesellschaftspolitische Vakuum zu füllen, das nach den Kriegswirren und den Kriegsfolgen entstanden ist. Die überkommenen Parteienstrukturen von den Deutschnationalen bis zur Kommunistischen Partei restituierten sich trotz einiger Veränderungen wie der Gründung des Spartacus-Bundes und der USPD, und sie bestimmen dann, gelenkt durch den ungebrochenen Einfluss der militärischen und der wirtschaftlichen Machtzentren der alten Gesellschaft, den Wiederaufbau des öffentlichen Lebens. Über Jahre wird von fortschrittlichen demokratischen Kräften um einen tragfähigen stabilen gesellschaftlichen Konsens zum neuen Nationalstaat gerungen, aber die antidemokratischen Kräfte verschiedener politischer Lager von rechts und links werden immer stärker, und der neue Staat kann sich letztlich nicht konsolidieren.[65]

Am Rande der ideologischen Schlachtfelder und der Überlebensaktivitäten bleiben einige lebensreformerische Ideen und Projekte erhalten und können in einem Nischendasein Kraft und Einfluss entwickeln. Künstler, Pädagogen, Lebensreformer, Frauenvereine und Arbeiterbünde entwickeln Formen gemeinschaftsorientierter Lebensgestaltung, die zugleich auch die Änderung ungerechter gesellschaftlicher Verhältnisse bewirken sollen.

Die Abschlussprüfungen in München. 1920

Traugott beendet im Frühjahr 1920 als Erster von beiden seine Abschlussprüfungen. Auch Helene arbeitet viel, das Studium fällt ihr grundsätzlich nicht schwer, aber jetzt müht sie sich durch die vielen Einzelprüfungen:[66]

> Ihr lieben Leute! Jetzt können die alten Schmöker mal in der Zimmerecke liegen bleiben und sich nicht mucksen. Ich hab einfach keine Lust zu dem Paukkram. Gestern bin ich in der Augenklinik fertig geworden. Das Examen war richtig fein, drei Tage dauerte es. Der Professor Geß hat solch eine vornehme, feine Art zu prüfen. Nun kommt aber das dicke Ende. Die Chirurgie. Ein sehr dickes Ende ists. Zuerst wahrscheinlich Freitag oder Samstag, kommt die Topographie. Dafür

muß man die gesamte Anatomie wiederholen, alle Knochen, Muskeln, Nerven, Gefäße, Eingeweide mit ihren unzähligen Namen. Der Professor ist sehr gefürchtet u. verlangt alle Einzelheiten. Da heißt es nun richtig pauken. Und dann kommt Sauerbruch (Chirurgie). Das Examen ist Lotteriespiel. Wenn er schlechter Laune ist, läßt er alle einfach durchfallen und wenn sie noch so viel können. Leute, die sonst nur 1 und 2 haben. Schwupps, bei Sauerbruch sind sie plötzlich durchgefallen. Großes Staunen und Empörung! Aber das hilft nichts …
Ja, nun habe ich aber viel wichtigere Dinge zu erzählen …
Eben telefoniert Traugott, daß Prof. Lange ihn als Assistenten anstellen will. Nur muß noch ein Gesuch ans Ministerium eingereicht werden, daß er auch angestellt werden darf, ehe er die Approbation hat. Aber das wird wohl durchgehen. Dann bekommt er eine große Station mit 5 Sälen, – die hat er schon seit Tagen in Wirklichkeit – wohnt in der Klinik in zwei schönen großen Zimmern, wird dort verpflegt und bekommt 300 od. 450 M. Gehalt dazu monatlich. Das ist doch recht anständig, nicht wahr? Für einen jungen Mediziner jedenfalls fabelhaft gut bezahlt. Vor allem lernt er noch viel dabei …

Die beiden Liebenden haben als Beteiligte in den Irrungen und Wirrungen dieser herausfordernden, beunruhigenden und nicht nur ideologisch kämpferischen Zeit auch mit sich selbst einiges auszutragen.

Helene fährt wie viele Jahre zuvor zu einem Freischartreffen nach Jena, Traugott bleibt in München. Anscheinend ist sie nicht im Beziehungsfrieden abgereist. Sein Tagebuch berichtet von Seelenqualen, die möglicherweise auf das Geständnis seiner orthodox-kirchlichen Ehe mit der sibirischen Geliebten Olga[67] zurückzuführen sind. Und das hat dann wohl zu einer Bewährungsprobe der jungen Liebesbeziehung geführt. Helene stellt das vor große Herausforderungen. Helene fährt zu dem Treffen, und Traugott bleibt verzweifelt und eifersüchtig zurück.

Traugott schreibt:

Und so ist da wieder ein Abschnitt. Ich wußte nicht, warum ich gerade jetzt das neue Buch [Tagebuch][68] anfangen musste. Ich bin wieder

einmal nackt und bloß, wie als ich auf die Welt kam. Ja und hab das Vermächtnis mit bekommen von der Reinheit.
Ganz schlicht und ganz ohne Umschweife. Nichts mehr und nichts weniger als das was nachgeblieben ist. Ja freilich, es ist die Bindung der Liebe. Diese Bindung bleibt. Sie bleibt unerbittlich.
Ist sie befreiend oder fesselnd?
Ja du hast Recht Lene … und das ist mir ist am tiefsten nachgegangen, von allem, was du mir gesagt hast. Nicht heute nur. Du nimmst die Bindung der Liebe mit, wenn du geboren bist von Mutter und Vater. Und nun Lene, nun nehme ich sie von dir mit. Ich glaube an deine Liebe, ich habe sie gespürt …
Daß ich so oft an ihr gezweifelt habe – Lene verzeih es mir. Ich bin ein Stück durchs Leben schon gegangen und habe nichts anderes gesehen und habe nur dies gelernt, daß sie alle verschleiert gingen. Alle abgeschlossen in ihrem kleinen Schrein. Bis sie darin zu Grabe getragen werden.
Ich sage die Wahrheit jetzt. Höre es: Ich weiß, daß ich meinen Schrein geöffnet habe und den Schleier davon gezogen. Aber die Menschen haben dahin gespuckt. Weiter nichts. Lene es ist so. Und darum verzeih es mir. Denn ich weiß Gott verzeiht es mir.
So hab ich vor dir meinen Schleier gezogen. Und wie du deinen lüftetest, da hab ich es nicht mehr glauben können. Das war die Schuld und die lastet. Die lastet, wenn du sie durch deine Liebe nicht hinwegnehmen kannst. Irgendwie so: Du musst gehen an meiner Statt und geopfert werden. Wisse, ich stehe anbetend vor dir. Und wenn du mich verurteilen wirst, so werde ich den Saum deines Kleides küssen und hingehn. Auf immer allein. Doch gebunden durch deine Liebe.
Herzliebes Du! Jetzt komme ich aus dem Wald. Es war so still dort. Ich habe mit dir geredet. Du reine, liebe du. Glühwürmchen flogen durch den Wald. Die Sonne war schon hingegangen. Und farblos blau strahlt der Himmel. An einer hohen Kiefer legte ich mich ins Gras. Und blickte gerade aus. Da ging meine Seele auf weite Wanderschaft. Ein Sternlein glühte nach dem andern auf. Und strahlten zu mir hin.
Ich grüße euch. Ob wohl mein Heiligtum auch euch jetzt grüßt? Geht hin zu ihr. Geht hin und strahlt.

Sag ihr wie sich mein Herz sehnt.
Und wie ich lieg und meine Seele von mir ist – da wird es mählich Nacht.
Ich sehe, wie ein Sternlein sich am anderen zündet, wie geht das zu?
Hast du das auch gesehen?
Dann stand ich auf, um heimzugehen.

Glühwürmchen flogen durch das Gras. Sag, warum glüht ihr so?
Warum? Nein. Still, ich weiß es wohl.
Dann habe ich ein Feuer angezündet. Flammen, ihr Schwestern. Reine du, Heilige du!
Wenn du zur Sonnenwende ein Feuer siehst, dann denk an mich.
Feuer, Feuer hin übers ganze Land!
Leben brennt.
Verbrennt.
Wie die Sonne wendet.
Hei Lene, wer springt mit dir durch's Sonnenwendfeuer?
Ich bin ja bei dir, Lene Du. Komm sei ganz still. Ich habe dich ja so lieb.
Hei, und dann ziehen wir mal zusammen durch die Welt. Der Sonne zu.
Nach Morgen hin.
Du Liebe, Schöne.
Du meine Lene du.
Ich habe dich lieb.
Und ich habe einen Bund mit meinen Schwestern gemacht, den Flammen.
Sie werden dir singen
Dir sagen, wie lieb ich dich hab.
Hörst du es wohl?
Dein Ich.

Leider gibt es keine eindeutigen schriftlichen Zeugnisse dieser Krise des jungen Paares, die zeigen könnten, wie Helene mit der vorherigen festen Bindung ihres Geliebten an die russische Gefährtin umgeht. Dass diese Liebe keine Zukunft mehr hat, konnte sie wissen, da der letzte Brief Traugotts an Olga ungeöffnet zurückkam.[69] Sie vertraut sich auch ihrem eigenen Tagebuch nicht an. Die Briefe aus dem Jahr 1920 lassen jedoch eine ungebrochene Loyalität zu ihrem Geliebten erkennen; seine Pläne werden gemeinsame Pläne, und deren Umsetzung wird von beiden zusammen aktiv verfolgt.

Im Mai 1920 beendet Helene ihr Studium mit dem Staatsexamen[70]:

> Die letzten Tage waren toll, ein richtiger Endspurt. In 3 Tagen haben wir die ganze chirurgische Prüfung gemacht. Am Mittwoch 5 Prüfungen. Als ich Dienstag erfuhr, was Mittwoch alles vor sich gehen sollte, war mir ziemlich merkwürdig zu Mut. Durchfallen mochte ich aber nicht zum Schluß u. so hab ich mich dann so dahinter gemacht u. am Nachmittag u. Nacht 2 dicke Bücher durch gearbeitet So hat es noch nie geflutscht bei mir. Nachher um 4 Uhr legte ich mich schlafen, die Vögel fingen schon zu singen an. Dann um 7 Uhr aufgestanden u. von 9 bis ½ 6 Uhr ging es mit 3 / 4 Std. Mittagspause von einem Examen ins andere. Das ganze Examen ist übrigens ziemlich gut ausgefallen. Das macht nun Spaß, wenn es in solchem Tempo geht …

Ein Jahr danach erteilen ihr am 22. Juli 1921 die Bayerischen Staatsministerien des Innern und für Unterricht und Kultus die Approbation als »Arzt … für

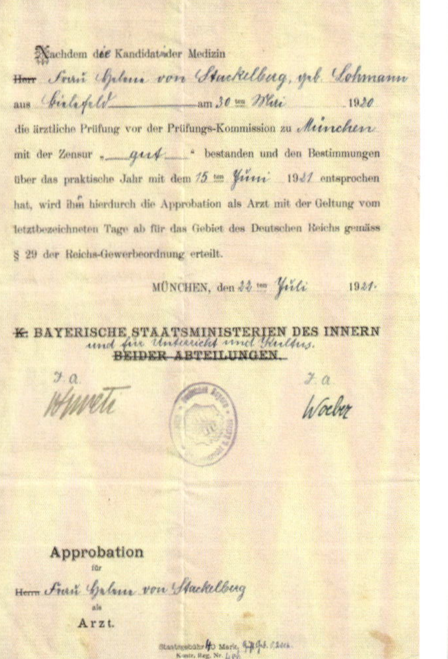

Nachdem die Kandidatin der Medizin

Herr Frau Helene von Stackelberg, geb. Lohmann

aus Bielefeld am 30ten Mai 1920

die ärztliche Prüfung vor der Prüfungs-Kommission zu München mit der Zensur „gut" bestanden und den Bestimmungen über das praktische Jahr mit dem 15ten Juni 1921 entsprochen hat, wird ihr hierdurch die Approbation als Arzt mit der Geltung vom letztbezeichneten Tage ab für das Gebiet des Deutschen Reichs gemäss § 29 der Reichs-Gewerbeordnung erteilt.

MÜNCHEN, den 22ten Juli 1921.

K. BAYERISCHE STAATSMINISTERIEN DES INNERN
und für Unterricht und Kultus.
BEIDER ABTEILUNGEN.

I. A.   I. A.

Woeber

Approbation
für
Herrn Frau Helene von Stackelberg
als
Arzt.

Staatsgebühr 40 Mark
Kontr. Reg. Nr.

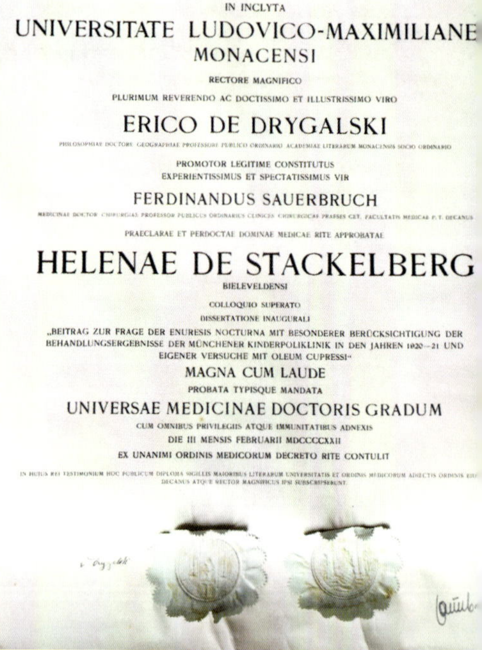

IN INCLYTA
UNIVERSITATE LUDOVICO-MAXIMILIANE
MONACENSI
RECTORE MAGNIFICO
PLURIMUM REVERENDO AC DOCTISSIMO ET ILLUSTRISSIMO VIRO
ERICO DE DRYGALSKI
PHILOSOPHIAE DOCTORE GEOGRAPHIAE PROFESSORE PUBLICO ORDINARIO ACADEMIAE LITERARUM MONACENSIS SOCIO ORDINARIO
PROMOTOR LEGITIME CONSTITUTUS
EXPERIENTISSIMUS ET SPECTATISSIMUS VIR
FERDINANDUS SAUERBRUCH
MEDICINAE DOCTOR CHIRURGIAE PROFESSOR PUBLICUS ORDINARIUS CLINICES CHIRURGICAE PRAESES CET. FACULTATIS MEDICAE P. T. DECANUS
PRAECLARAE ET PERDOCTAE DOMINAE MEDICAE RITE APPROBATAE
HELENAE DE STACKELBERG
BIELEVELDENSI
COLLOQUIO SUPERATO
DISSERTATIONE INAUGURALI
„BEITRAG ZUR FRAGE DER ENURESIS NOCTURNA MIT BESONDERER BERÜCKSICHTIGUNG DER BEHANDLUNGSERGEBNISSE DER MÜNCHENER KINDERPOLIKLINIK IN DEN JAHREN 1920–21 UND EIGENER VERSUCHE MIT OLEUM CUPRESSI"
MAGNA CUM LAUDE
PROBATA TYPISQUE MANDATA
UNIVERSAE MEDICINAE DOCTORIS GRADUM
CUM OMNIBUS PRIVILEGIIS ATQUE IMMUNITATIBUS ADNEXIS
DIE III MENSIS FEBRUARII MDCCCCXXII
EX UNANIMI ORDINIS MEDICORUM DECRETO RITE CONTULIT
IN HUIUS REI TESTIMONIUM HOC PUBLICUM DIPLOMA SIGILLIS MAIORIBUS LITERARUM UNIVERSITATIS ET ORDINIS MEDICORUM ADIECTIS ORDINIS EIUS DECANUS ATQUE RECTOR MAGNIFICUS IPSI SUBSCRIPSERUNT.

das Gebiet des Deutschen Reiches«. Auf diesem wichtigen Formblatt sind Formulierungen im Genus femininum – Kandidatin, Ärztin – noch nicht vorgesehen, sie werden ersatzweise handschriftlich eingefügt.

Aus Erfahrungen und Untersuchungen während ihrer Tätigkeit an der Kinderpoliklinik kurz nach der Eheschließung im Januar bis April 1921 erwächst ihre Dissertation.[71] Am 3. Februar 1922 wird sie magna cum laude promoviert zur Doktorin der Medizin.[72]

Die Zeit, in der sie ihre Doktorarbeit im Rigorosum verteidigt, ist geprägt von großen persönlichen Veränderungen. Das Haus im Degenhof ist gerade errichtet, sie ist schon länger berufstätig und mit ihrem ersten Kind schwanger.

Zukunftspläne: Suche nach dem Kompromiss zwischen Sibirien und Bielefeld

Im Jahr 1920 leben die beiden schon in enger Wohngemeinschaft in einem großzügigen Haus bei Freischarfreunden. Die gemeinsame Zukunft soll nach den Examina beider beginnen. Die Hoffnungen richten sich noch auf Sibirien, das große freie Land, das mit seinen unbegrenzten Weiten und der damit assoziierten Freiheit der privaten und beruflichen Lebensgestaltung lockt. Die Gruppe der Sibirienauswanderer hat dazu schon vieles organisiert. Traugott soll im Sommer 1920 eine Erkundungsfahrt zu dem avisierten Ziel unternehmen, dabei seine früheren Kontakte nutzen. Helene will derweil neben ihrer Promotion ihre fachpraktische Ausbildung beginnen. Die Auswanderungsträume stoßen auf wenig Verständnis der Familien. Traugott versucht zu erklären:[73]

> LiebeMutter,
> Du überschüttest uns immer wieder mit so lieben Dingen, mit Birnen u Kartoffeln und mit den lieben Briefen. Es scheint mir so, als hättet ihr nicht so eine rechte Vorstellung von unseren Plänen … Lene soll doch nach dem Examen nach Bielefeld in die Klinik. Und bei mir sieht es eben so aus, daß ich wohl vorläufig nicht für die Reise nach Sibirien in

Frage komme, da die Auswanderungsfragen offiziell erledigt werden sollen, zwischen den Regierungen. Es ist dies ja immer mein Glaube gewesen, daß diese volkswirtschaftlich so wichtige Frage endlich doch von den interessierten Vertretungen in Angriff genommen würde …

Die geplante Erkundungsreise Traugotts ist also nicht möglich, die politischen Verhältnisse erlauben keine auch noch so idealistisch motivierte Einreise des Baltendeutschen mit eigenem russischem Pass. Auch die anderen Auswanderungswilligen können später ihre Pläne zur Ausreise nicht verwirklichen.

Traugott hält aber noch an den Zukunftsplänen fest und will hierfür zwei Monate im Bergbau arbeiten. Er braucht Geld und kann als Arzt ohne Approbation keine Anstellung bekommen, zumal den aus dem Krieg zurückgekehrten Ärzten der Vorzug gegeben wird. Und seine Approbation bekommt er nicht ohne die Staatsangehörigkeit als Reichsdeutscher. Zudem weiß er, dass der Kohlebergbau in Sibirien mit seinen reichlichen Kohlevorkommen ein vielversprechendes Geschäft ist, von dem er sich eine gute Einkommensquelle für die große Auswanderergruppe verspricht.

Zunächst reist Traugott zu einem Treffen der Internationalen Quäker nach England. Helene muss den Sommer über an ihrer Promotion arbeiten. Zwischendurch gönnen die beiden sich wunderbare Wandertouren in den Alpen.[74]

Lieber Vater!
Nun kommt wieder dein Geburtstag heran. Wie soll ich dir nur meine Wünsche sagen? Ich muß immerfort an diese schönen Abende denken, die ich jetzt erlebt habe. Nach den sonnigen und nach den nebligen und stürmischen Tagen, immer wurde es abends still und klar. Der Himmel wird leuchtend und immer guckt die Sonne nochmal hervor. Alles wird still und friedevoll in dieser Schönheit. So soll es auch bei den Menschen sein, wie es die Natur uns zeigt.
Am Abend soll es still und friedevoll werden, mag der Tag noch so heiß oder stürmisch gewesen sein. Sieh, so wünsche ich Dir von gan-

zem Herzen neue Jahre, in denen von Frieden und Freude das Herz warm und froh ist. Und wenn es wahr ist, daß Eltern in dem Glück der Kinder wieder jung werden, dann mußt Du wohl sehr jung werden. Soviel junges Glück wie bei uns allen, ist wohl noch in wenigen Familien zu Hause.

Wir zwei haben jetzt gerade einige ganz wundervolle Tage hinter uns. Von Freitag abends bis Sonntag Abend waren wir im Gebirge. Das Wetter war strahlendschön und in der Gebirgsluft und Sonne verflogen die letzten Spuren meiner Grippe im Nu. So sehr sogar, daß wir auf die Alpspitze geklettert sind. Das kann man garnicht beschreiben, wie unglaublich schön es auf solchem Gipfel ist. Hinten die ewigen Schneeberge.

Ein spätsommerlicher Aufenthalt Helenes bei einer Freundin im badischen Süden Deutschlands soll erste Erfahrungen mit dem Leben auf dem Land ermöglichen. In einem Tagebucheintrag vom 12.1.1921 finden sich ihre Ideen für diesen Aufenthalt in der nahen gemeinsamen Zukunft:

Das ist nun heute mein Geburtstag. Das erste Mal wohl in meinem Leben ohne Geburtstagstisch und Feierlichkeit. Und doch ist es alles sehr feierlich, aber sehr ernst, still, nachdenklich. Wohin geht der Weg? Äußerlich scheint es sich deutlicher abzuheben als je. Ein Sommer auf dem Haslacherhof, Landwirtschaft lernen und als Bauern und Bauernärzte irgendwo in Deutschland. Die Auswanderungspläne mit in die Zukunft hinausgeschoben. Und doch, wir bleiben Auswanderer. Ist die Unruhe und Sehnsucht im Herzen nicht das Eigentliche am Auswandern?

Wie leicht haben es die Menschen, die ein Vorbild haben, dem sie nachgehen? Ja, hab ich nicht auch eins? Aber es ist kein »Bild«. Das muß das Leben erst daraus machen.

Ein Brief von Erwin macht mir viel zu schaffen. Er schrieb von der Ungeformtheit und Unharmonien des Lebens der Freideutschen (Biesental) und stellen es gegen die Harmonie und Schönheit des Frau-

> enlebens in Jarchlin / v. Bismarck, darin steckt wieder die Frage, die immer wieder zu mir kommt. Das Beides gilt es zu vereinigen, die Harmonie und Schönheit der Frauen zu Humboldts Zeiten, und das Kämpfen und Zugreifen im Strom und in allen Alltagsnöten und Schwierigkeiten und die Unabhängigkeit von Tradition und Gesetz, die das freideutsche Leben so ungeformt und jung macht.

Ideen und Konzepte wirbeln durch ihren Kopf, Ideale und Pragmatismus bestimmen wechselnde Gefühlslagen und Entscheidungswege. Helene sucht für ihre Zukunft als berufstätige Frau nach Leitlinien und Rollenvorbildern. So folgt sie, wie geplant, für einen Praxistest der Einladung der Freundin, die im Hegau, nahe der Schweizer Grenze, einen Hof bewirtschaften muss, den deren Vater für sie erworben hatte: den Haslacherhof.

Die Freundin muss sich in das Landleben auf einem Bauernhof einfinden und bittet Helene um Unterstützung bei der Heuernte. Unter anderem muss Heu aus einer etwas entlegenen Talwiese mit Heugabeln mühevoll den Hügel aufwärts zum Trocknen in die Sonne getragen werden.[75] Helene hilft – und freundet sich damit an, ihr Leben genau hier, in eben diesem wildromantischen Körbeltal zu verbringen.

Siedlungspläne im Körbeltal und Hochzeit im Januar 1921

Wie Helene sieht auch Traugott in diesem nicht besiedelten Tal die Möglichkeiten zu einem Leben zwischen autarker Lebensgestaltung und beruflicher Existenzsicherung. Ein Felsen bietet sich als festes Fundament für Gebäude an. Der Bach kann gestaut werden, um mit seiner Wasserkraft eine Turbine zur Elektrizitätsgewinnung zu betreiben. Und ein Vorteil überzeugt vor allem: Mitten auf dem Grundstück sprudelt eine Quelle, die nachhaltig sauberes Trinkwasser verspricht.

Kurzentschlossen wird das Gelände gekauft, erste Baupläne werden geschmiedet.

Kurz nach Silvester, am 3. Januar 1921, heiraten Helene und Traugott in München. Zur standesamtlichen Hochzeit gratuliert die Gruppe der Sibirienauswanderer mit einem schön gestalteten Buch mit guten Wünschen. Eine kirchliche Trauung im familiären Rahmen findet nicht statt – unkonventionell eben.

Aufbauzeit der Praxis und der Wohngebäude

1921: Das ereignisreiche Jahr 1921 kann mit hoffnungsvollen Ideen und Plänen beginnen. Die Bielefelder Familie unterstützt das junge Paar mittlerweile finanziell, sodass die Gründung einer Familie und eines Wohnsitzes, der auch gleichzeitig Arbeitsplatz ist, angepackt werden kann. Offensichtlich sind die Eltern froh, dass die Zukunft ihrer Tochter nicht in Sibirien liegt, sondern in Süddeutschland.

Die Landschaft ist idyllisch. Durch das Tal fließt der Körbelbach, und die Quelle befindet sich inmitten des neu erworbenen Grundstücks. Felsen dienen als Basis für die Bauten, Wassermühlen stehen in der Nachbarschaft, und die nächste Ortschaft Büßlingen ist wenige Kilometer entfernt. Oberhalb liegt Tengen mit der Burgruine. Zu keinem der Orte besteht Sichtkontakt, und nur landwirtschaftliche Wege verbinden die Orte. Die Grenze zur Schweiz verläuft durch den nahe liegenden Wald, in Büßlingen befindet sich ein kontrollierter Grenzübergang. Bauernhöfe, Felder und Viehweiden liegen verstreut in der Gegend, die nächsten industriellen Betriebe haben sich im 16 Kilometer entfernten Singen angesiedelt: z. B. »Maggi« und »Alu Singen«.

Der Bodensee lockt zum Segeln, die Berge in der Schweiz zum Wandern. Das nahe liegende Schaffhausen wird später vor allem mit seinem kulturellen Angebot die Basis für Freundschaften bilden. Enge berufliche Bande werden ebenfalls dort geknüpft, die sich in den Zeiten des Zweiten Weltkriegs bewähren.

Die beiden neu Vermählten kommen zunächst im Altenteil der nahe gelegenen unteren Beimühle des Müllers Schreiber unter. Helene zögert nicht, nach ihrer Approbation nun ihre Niederlassung als praktische Ärztin zu annoncieren.

Das Ehepaar Stackelberg plant für die Praxis und den Wohnbereich in kürzester Zeit Gebäude, deren Architektur sich an den Holzbauten des östlichen Kulturraums orientiert, an denen in Russland (Sibirien), Finnland und dem Baltikum.

Habe mich in der Gemarkung Tengen als
Aerztin
für allgemeine Praxis und Geburtshilfe
niedergelassen.
Sprechstunden von 1/29–10 Uhr vormittags bis auf Weiteres in der Beimühle (Müller Schreiber).
Telefon durch Tengen Nr. 9.
Frau Helene v. Stackelberg
Appr. Aerztin.
298

Anzeige der Ärztlichen Praxis, Anfang September 1921

Von ihrer Bleibe in der Schreibermühle aus organisieren sie die Errichtung ihrer eigenen Häuser. Die Bielefelder Familie unterstützt sie mit einem Startkapital, Freunde aus der Freischar und englische Quäker packen über den ganzen Sommer 1921 tatkräftig mit an.[76] Auch (bezahlte) Hilfen aus der direkten Nachbarschaft des nahen Dorfes ermöglichen den schnellen Aufbau des ersten Gebäudes, in dem sie zunächst zwei kleine Praxisräume einrichten: Helene kann ihren Beruf nun in eigenen Praxisräumen ausüben. Traugott dagegen muss noch auf seine Einbürgerung und seine Approbation warten, arbeitet aber schon in der Praxis mit.

Bereits im Herbst dieses Jahres, mitten in der Existenzgründung, kündigt sich das erste Kind des Paares an. Die beiden trauen sich offenbar vieles auf einmal zu. Der Bau des Haupthauses wird vorangebracht und der Graben für eine Ableitung des Körbelbachs wird am Rand des Waldgrundstücks gegraben. Eine Weihersenke sammelt das abgeleitete Wasser, staut es, damit das Wasser mit der Kraft der herunterfallenden Strömung über ein großes Wasserrad eine Turbine betreibt. Diese erzeugt den elektrischen Strom, der in mächtigen Batterien im Keller des Hauses gespeichert wird. Die technische Ausrüstung dazu stellen die engen Verwandten der Familie Lohmann, die Familie Hagen (Batterien) aus Soest.

Auch die Quelle wird gefasst. Das Wasser kann sich unterirdisch in einem Betonbecken sammeln und mit einer Pumpe in die Häuser geleitet werden. Das überschüssige Wasser wird dem Bach wieder zugeführt.

In dieser Aufbauphase des Degenhofs ist plötzlich die Zivilcourage der beiden gefragt: In großen Teilen Russlands herrscht eine verheerende Hungersnot. Der Völkerbund will helfen, Fridjof Nansen richtet einen Aufruf an freiwillige Unterstützer. Beide Stackelbergs wollen dem gern folgen, Helene aber ist aufgrund ihrer Schwangerschaft körperlich nicht so belastbar wie früher. Traugott berichtet seiner Mutter in Berlin-Steglitz:[77]

> Liebe Mama
> Ich und Lene wären um ein Haar jetzt dorthin gefahren. Die Helfaction von Deutschland aus liegt uns so am Herzen, daß wir unseren Hausbau hätten stehen lassen und die Praxis fürs erste unterbrechen wollen. Nun ist etwas Großes und Schönes dazwischen gekommen, daß wir es diesem schuldig sind diesmal ruhig zu bleiben. Und Lene ist sehr durch dies, was wir erwarten, mitgenommen. Die ganze Zeit jetzt kann sie nichts rechtes essen und ist sehr müde.
> Wir haben jetzt noch 3 liebe Jungens da, die helfen uns … Unser Haus ist noch nicht angefangen. Fürs erste wird noch der Keller ausgehoben. Wir haben zu unserem Glück eine prächtige Quelle, die haben wir gefasst.
> Der Besuch der vielen Freunde ist zuende.[78] Es waren sehr schöne Tage. Alle haben wir starke Eindrücke mitgenommen. Und es hat sich auch mancherlei angeknüpft an Freundschaften, die über Grenzen und Zeiten hinausziehen. Unser Leben ist jetzt so still und schlicht. Wir leben in einem Häuschen, das unserm Nachbarn gehört, dem Müller. Alles machen wir selbst, natürlich. Und abends haben wir schöne stille Stunden. Oft denken wir, wie schön es sein wird, wenn wir Dich und die Schwestern hier pflegen könnten.
> Die Praxis macht gute Fortschritte und bringt auch schon was ein. Wenn es so weiter geht, dann werden wir uns gut von dieser Arbeit ernähren können. Wir haben jetzt auch noch viel weiterlaufende Pläne, doch davon erzähl ich Euch noch nichts …?

Wie geht es den Schwestern? Wie insbesondere Irene?
Schön, daß es Großmama so dankenswert geht. Bitte grüß sie alle sehr herzlich von uns
Deine Kinder Lene & Traugott

Obwohl nur noch wenige Monate bis zur Geburt ihres ersten Kindes verbleiben, ist Helene damit einverstanden, dass Traugott im Januar 1922 diesem internationalen Hilfeersuchen folgt. Ist er doch der russischen Sprache mächtig und verfügt über Erfahrungen mit Land und Leuten. Ungewiss ist, wie das neue bolschewistische Regime darauf reagiert, ungewiss ebenso, ob todbringende Krankheiten auch die Delegation aus dem Ausland ereilen würden.

Eines Nachts bringt sie ihren Mann mit ihrer kleinen Pferdekutsche zum Bahnhof. Am nächsten Tag ein zweites Mal, weil der Zug am Vortag nicht gefahren ist. Sie selbst bleibt zurück, arbeitet in der Praxis und organisiert den Alltag im winterlichen Körbeltal. Sicherlich ringt sie innerlich damit, dass ihre körperliche Befindlichkeit sie zum Zurückbleiben zwingt, und sicherlich wird sie durch die Ungewissheit des Ausgangs dieser doch bedrohlichen Reise belastet sein.

Traugott verfasst für den Völkerbund eine Bestandsaufnahme des notwendigen Bedarfs für eine schnelle Hungerhilfe, und er beschreibt den notwendigen medizinischen Versorgungsbedarf.

Im April bringt Helene ihr erstes Kind zur Welt, Tochter Ulla. Jetzt sind sie eine kleine Familie, mit Mutter, Vater und Kind, auf dem Land, mit Selbstversorgung und vielen Wünschen an ein erfülltes selbstbestimmtes Leben.

Aufbauzeit ab 1922

Die Aufbauzeit des Degenhofs ist eine Zeit harter körperlicher Arbeit, die ihre Energie aus der Spannung einer gemeinsamen Vision der beiden starken Partner zieht. Zwar sichern erste Einkünfte in der Praxis zusammen mit den regelmäßigen Zuschüssen aus Bielefeld das tägliche Auskommen, aber der Aufbau des Wohnhauses und die Nutzgartenanlage fordern neben der tatkräftigen Arbeit auch viel Geld.

Ein großflächiger Rasensportplatz wird angelegt und soll ein Übungsplatz zur körperlichen Ertüchtigung werden. Gemüsegarten, Beerensträucher und Obstbäume können mit ihren Früchten nach und nach die Speisekarte bereichern und eine gute Vorratshaltung für den Winter ermöglichen. Walnüsse, Holunderbeeren und Zibarten werden neben Äpfeln und Birnen im Herbst eingemietet oder eingeweckt. Den Rest ernten Eichhörnchen, Mäuse oder auch Siebenschläfer. So teilen Menschen und Tiere das Prinzip der Selbstversorgung, vermutlich aber mit unterschiedlicher Leistung beim Anbau der Nutzpflanzen.

Einige Haustiere beleben ebenso das Degenhofleben und sollen für den Alltag von Nutzen sein, was nicht immer gelingt, wie in Traugotts Erzählung »Doktors Vieh« amüsant nachzulesen ist. Schafe grasen auf Wiesen rund ums Haus, das Rennschwein und die Hunde genießen ebenso wie die Menschen das Landleben. Esel und Pferd erleichtern die Bewältigung der beschwerlichen Alltagswege – auch wenn der Esel nicht immer gut gestimmt ist und dann beim Laufen bockt.

Bald unterstützen andere Pferdestärken die berufliche und private Mobilität: Ein Auto wird angeschafft, sodass die Landärztin auch in entlegeneren Bauernhöfen ihre PatientInnen besuchen kann. Denn das ist im Laufe der Zeit neben der Praxis im Degenhof ihr zweites wichtiges berufliches Standbein: die Hausbesuche. Im Laufe der Zeit organisiert sich Helenes Alltag als Ärztin. Sie hält morgens regelmäßig Sprechstunden ab, nimmt pünktlich um 12 Uhr das Mittagessen ein, danach folgen eine kurze Mittagsruhe und anschließend Hausbesuche, notfalls auch nachts, wenn per Telefon um ärztliche Hilfe gebeten wird. Zu diesen Einsätzen fährt Helene in rasantem Tempo über die wenig erschlossenen Landwege, was ihr den Ruf als »rasende Helene« einbringt. Ihr muss man schnell ausweichen, wenn sie mit ihrem Auto um die Kurven saust und dabei auch dichte Staubwolken hinterlässt.

Am 5. November 1923 wird nach der Tochter Ulla die zweite Tochter Brita geboren. Der beruflich anspruchsvolle Alltag, den sie sich bis zum Jahr 1925 noch mit Traugott in der Degenhofpraxis teilt, die Schwangerschaften, Geburten und die Kinderversorgung, die Haushaltsführung und das mühevolle Erschließen des Geländes zehren an den Kräften. Ihr letzter Tagebucheintrag offenbart einen tiefen Erschöpfungszustand kurz nach der Geburt ihrer zweiten Tochter. Sie verlangt ihrem Körper die gewohnte Energie ab, will ihren Alltag physisch und mental ausgeglichen angehen können – von Mutterschutz und Wochenbett schreibt sie nichts. Sie will nicht erschöpft sein, sucht wohl nach dem kraftspendenden Halt früherer Tage und überlegt, wie ihre großen Lebensideale umgesetzt werden können. Sie will mehr als die bloße Existenzsicherung für sich und auch für ihren Mann, für seine künstlerischen Ambitionen. Und sie sind noch beflügelt von den Lebensentwürfen der Jugendzeit und dem Charisma der freier werdenden Lebensgestaltung. Vor allem in den Metropolen generieren die goldenen 20er Jahre noch großartige Alltagsvisionen und Ideen zu gesellschaftlichen Neuerungen und individuellen Freiheiten. Doch sie umzusetzen in ein Leben in der Abgeschiedenheit eines abseits des pulsierenden Mainstreams liegenden Tals, grenznah zur Schweiz und auch weit entlegen zu den umliegenden Ortschaften, das gestaltet sich nicht so leicht.

Dieser Zwiespalt beschäftigt sie in der Silvesternacht 1923 / 24, es ist der letzte Tagebucheintrag. Dabei hadert sie mit sich und ihren Ansprüchen.

> Mit Fackeln sind sie durch die Winternacht abgezogen und es ist ganz still hier und feierlich. Neben mir der Weihnachtsbaum und Klein-Brigitta[79] in ihrer Wiege u. schläft. Ein Haus und zwei Kinder drin ist unser eigen. Mancherlei Krankheit und Not und noch mehr Freude und Sonne haben die 3 Jahre gebracht, seitdem ich dieses Buch zuletzt aus der Hand legte. Und manches ist klar geworden und zur Reife gekommen. Ich weiß, was ich zu tun habe und was gefordert ist von mir. Und doch stehen wir noch ganz am Anfang, das Eigentliche muß noch kommen. Merkwürdig, wie unwesentlich mein eigenes Leben mir erscheint in den Gedanken an die Zukunft. Immer: daß Traugott sich entfalten kann und das was in ihm verborgen steckt u. ihn quält ans Licht kommen möchte, ihm und anderen zum Segen. Es ist aber

wohl gut, wenn ich auch mich selber einmal genau betrachte. Wär ich zufrieden mit der Lene, die da heute müde auf dem Sofa liegt, wenn ich sie mit den Augen anschaute, die sonst auf diesen Blättern geruht haben? Nein. Schlappheit ist da, die früher unbekannt war. Nicht das Körperliche. Da fängt eine geistige Müdigkeit und Unselbständigkeit an sich einzunisten, die herausgeschmissen werden muß. Du mußt Zeit und Ruhe finden, die Dinge selbst durchzudenken und auf eigene Faust Neues hineinzubringen in den Gedankenkreis. Erstens ist's für dich selbst nötig und dann tust du Mann und Kindern Unrecht, wenn du über die Marthasorgen die Maria in dir vernachlässigst.[80] Und: Laß dich nicht von deinem Körper unterkriegen und sieh dich vor, daß nicht am Barometer der Stimmung im Haus der Gesundheitszustand der Mutter abgelesen werden kann. Nun mit Mut und Freude in das neue Jahr. Die herbe klare Winterluft und das sonnenstrahlende Frostfenster am Tag mag sein Symbol sein.

Helene ist eine Ärztin, die ihre Arbeit sorgfältig dokumentiert und reflektiert. Medizinische Themen bestimmen die Gespräche bei gemeinsamen Mahlzeiten mit ihrem Mann, sorgfältig geführte Karteien über die Behandlungsverläufe erinnern an die frühe Prägung in naturwissenschaftlichen Denkstrukturen. Dazu tritt eine tiefe mitmenschliche Fürsorge und ein Engagement, das sich ihren jugendlichen Ideen in Bezug auf die Änderung der gesellschaftlichen Gesundheitsversorgung verpflichtet sieht. Auch in anderen Städten setzen viele Frauenorganisationen in dieser Zeit ihr oftmals ehrenamtliches Engagement in solide und bis heute noch bestehende professionelle Wohlfahrtsorganisationen um.[81]

Die neuen Siedler des Körbeltals bekommen denn auch anfangs des Öfteren zu spüren, dass sie »Zugereiste« sind, Leute mit eher nonkonformen Lebensauffassungen eben. Sind sie mit ihren Kontakten zu Ausländern vielleicht sogar Spione oder gar Angehörige einer religiösen Sekte (Quäker)? Jedenfalls sind sie Leute mit ungewöhnlichen Lebensformen und Überzeugungen, die sie auch im beruflichen Rahmen zu erkennen geben und die sie auch öffentlich machen z. B. in Vorträgen zum § 218 oder in couragierten Auseinandersetzungen vor Ort.

In einer Gemeinschaft Gleichgesinnter wäre es leichter, Neues auszuprobieren und dabei mutig gegen mögliche Konventionen zu verstoßen. Helene hat ihr bisheriges Leben immer in Gemeinschaft mit anderen verbracht. Sie ist die Jüngste von fünf Kindern, deren Verbundenheit lebenslang hält. Im Studium sind da immer die Freundin Margarete und die Freischargruppen gewesen, mit denen lebhafte Treffen stattfanden, bei denen die jugendliche Welt bergsteigend und mit hoffnungsvollen Zukunftsplänen erobert werden konnte und wo auch private Lebenskonzepte entworfen wurden.

Schon 1919 stellt Helene in ihrem Tagebuch Überlegungen an zu möglichen Rollenvorbildern für sie als Mutter und Frau mit beruflichen Ambitionen.[82]

Als die Ideen mit der Gründung des Degenhofs Gestalt annehmen, als der Aufbau der Hausarztpraxis starke Anforderungen stellt, widmet sie sich dem in ihrer zupackenden schnörkellosen Art, die sie von der resoluten Haushaltsführung ihrer Mutter gelernt hat und die sie schon erfolgreich bei der Überwindung der Hürden in der Studienzeit anwenden konnte.

Vorstellung und Realität sind also noch kein Gegensatz, auch nicht, als innerhalb der Gründungsjahre kurz hintereinander ihre beiden Töchter geboren werden.

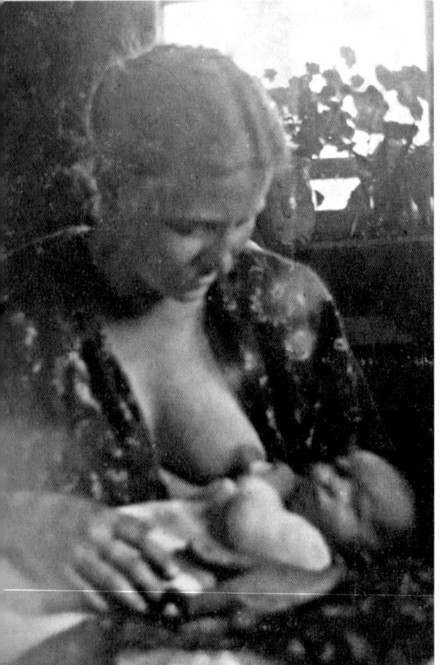

Die Mutterrolle nimmt sie sehr ernst, sie stillt die Kinder und versorgt sie nach Möglichkeit selbst. Entlastet wird sie durch wechselnde Kindermädchen und andere Hausangestellte, die Versorgung der Kinder ist aber, wie damals üblich, selbstverständlich Frauensache. Ihr hilft keine Entourage von Bediensteten, keine Köchin oder Haushälterin – wie einst in Estland auf dem Gut Kreuzhof oder im Stadthaus der Familie von Stackelberg in Reval.

Mit der Gründung der Hausarztpraxis von Traugott 1926 in Singen trennen sich im Alltag die beruflichen Lebenswelten stärker als vorher. Helene muss nun vermehrt die aktuellen Pflichten für den Garten, die Tiere und die allgemeine Haushaltsorganisation übernehmen. Besucher müssen mitversorgt, die handwerklichen Arbeiten organisiert bzw. selbst ausgeführt werden.

Sprechzimmer im Kleinen Gästehaus, bis der Anbau des großen Hauses fertig ist (1928), 1927 dienstags Mithilfe in der Singener Praxis[83]

Traugott nimmt im Laufe der Zeit am gesellschaftlichen Leben von Singen teil. Dort engagiert er sich zum Beispiel als Vorsitzender der Friedensgesellschaft, trifft Freunde und Freundinnen, tauscht sich mit Kollegen der Bildenden Kunst aus, genießt die Kontakte.

Praxisschild vor dem Wartezimmer im Großen Haus

Helene verbleibt im Degenhof mit inzwischen drei Kindern (Sohn Jürgen, geboren am 26. Dez. 1925). Sie passt ihre Rolle als Haushaltsvorstand an die Rolle einer berufstätigen Landärztin und Mutter an. Nach wie vor hat sie einen genau getakteten Alltag. Helene ist auch zu allen Tages- und Nachtzeiten für Notfälle zu erreichen. Die meisten Abende und Wochenenden werden gemeinsam verbracht. Im Laufe der Jahre wachsen vor allem die Töchter zu kleinen Kameradinnen der Eltern heran.[84] Oft fehlt es an unterstützendem Hilfspersonal: Viele Bemerkungen in den wenigen Briefen dieser Zeit lassen darauf schließen, dass Hausdamen, Küchenhilfen, Gärtnerhilfen und Kindermädchen immer wieder gesucht werden müssen.[85]

Erst im Jahr 1942 kommt mit Emilie Wetzstein aus dem nahe liegenden Büßlingen eine Haushaltshilfe in die Familie, die über Jahrzehnte der Familie auf dem Degenhof verbunden bleibt.

Sie ist den vielen Enkeln aus späteren Zeiten noch gut im Gedächtnis, teils mit ihrer fürsorglichen Strenge, aber auch mit ihrer hervorragenden Fähigkeit, Pilze und Brombeeren von geheim gehaltenen Plätzen in den nahe liegenden Wäldern zu holen. Und sie ist imstande, die leckersten Kuchen und die beste Zwiebeldünne der Gegend zu backen.

Dass sie eine wichtige Stütze von Helene ist, kann aus einer Notiz entnommen werden, die Helene kurz vor ihrem Tod ihrem Mann aufschreibt:

> 24.III. 63 Lieber Tocka! Bitte löse Du mein Versprechen an Emilie ein. Ich versprach ihr 5.000 M. falls sie bis zu meinem Tode bei uns bleibt. Deine Lene

Emilie bleibt, und darüber hinaus bewirtschaftet sie den Degenhof noch lange über den Tod auch des Hausherrn hinaus. Sie ist es, die am Abend des 8.11.1970 seinen plötzlichen Tod miterlebt.

Der Wunsch vom gesunden autarken Leben hat also die gewünschte Form angenommen: Der Degenhof, seine Lage im Körbeltal und die Idylle der umgebenden Natur lassen die Idee zur Aufwertung als Luftkurort reifen. Das große Gästehaus ist auch errichtet. Es wird später in den 40er Jahren eine gute Unterkunft für Menschen, die Rehabilitation und Erholung suchen, aber auch für Flüchtende oder Ausgebombte, die eine Bleibe brauchen.

Mit dem Kurbetrieb vermehren sich aber auch die organisatorischen Aufgaben für die pflichtbewusste Helene, der nach eigenen Aussagen morgens beim Aufwachen zuerst die Kurgäste und deren Versorgung in den Sinn kommen. Mit aller Kraft hilft Helene mit, den von ihr und ihrem Mann geschaffenen naturheilenden Ort anderen gegenüber zu öffnen. Ansehnlichen finanziellen Gewinn können sie zu keinem Zeitpunkt daraus ziehen, wohl aber ihre Kontakte zu interessanten und anregenden Menschen aufrechterhalten und vermehren. Das ist besonders für Helene wichtig, die ja eher selten aus dem Netz ihrer vielfältigen Alltagsverpflichtungen freikommt – es sei denn für eine paar Tage zum Skifahren oder zu Ausflügen in die nahe liegenden südlicheren Länder und zu Besuchen von und bei Familienmitgliedern.

Nahezu ihre gesamte Energie wandert in die Organisation des Degenhofs und ihres Berufs. Die Ehe und das Familienleben ordnen sich den Berufs- und Versorgungspflichten Helenes zu. Persönliches und ganz Privates, die ganz intime Ressource einer Ehe und auch einer Familie treten bei Helene hinter der Pflichterfüllung zurück. Für sie ist die eigene Berufsarbeit elementar. Ungeduldig äußert sie sich in Krankheitszeiten, dass sie wieder »Praxis« machen will. Bei den Haushalts- oder sonstigen Pflichten setzt sie mehr auf Entlastung durch Angestellte, steckt aber beim Umfang ihrer Berufsausübung nicht zurück. So ist der Familienalltag fordernd, wird aber durch viele Freuden und festliche Ereignisse bereichert. Zahlreiche Fotos und Briefberichte zeigen ein fröhliches Familienleben.

Helenes ständige Überbelastung ist kein Thema in ihren eigenen Briefen. Nur Traugott schreibt darüber manchmal, wenn er seiner Mutter über das Leben im Degenhof berichtet. Er und sie selbst finden wohl keinen Weg, die Ansprüche ihres Wunschberufs, die Pflege ihrer Wunschfamilie und ihres Wunschlebensorts so zu balancieren, dass für sie der private Rückzug möglich gewesen wäre, in dem Helene ihre physischen und psychi-

Ulla, Helene, Brita, Jürgen, Sommer 1929

schen Kräfte hätte regenerieren können. Privatleben ist nicht denkbar ohne die Familie, die Praxis, die Alltagsarbeit. Dass sie damit einen Mehrfachspagat lebt, ist ihr wohl nicht bewusst. Nur lassen die sich häufenden Berichte von Krankheiten in den Briefen ab den 40er Jahren darauf schließen, dass auch Helenes Kraft ihre Grenzen findet.

Die 30er Jahre

Für das Ehepaar wird dieses Jahrzehnt wie für viele andere Menschen eine ungeheure Herausforderung. Dies vor allem für Helene, die nicht über die Lebenserfahrung ihres Mannes verfügt. Er musste ja schon in seiner frühesten Jugend das Verlassen der Heimat in Estland, die Umsiedlung nach Berlin und vor allem einen Überlebenskampf in der sibirischen Verbannung bewältigen. Er musste sich wechselnden staatlichen Herrschaftsverhältnissen anpassen, sein drohendes Todesurteil ertragen und Beherrschung in jeder Form ertragen lernen.

Zunächst geht das Leben im Idyll des Körbeltals weiter. Die Kinder besuchen die Schule, Helene wird mehr und mehr zur vertrauten Frauenärztin der Umgebung. Traugott führt die Praxis in Singen und organisiert sich im Freizeitbereich mit gesellschaftspolitisch interessierten Leuten.

Der früher so regelmäßige Briefwechsel zu den Eltern Lohmann verringert sich. Da die Mutter Elisabeth Lohmann 1930 stirbt, können die familiären Mitteilungen nicht so wie vorher vor allem an die Mutter adressiert werden. Mit den Bielefelder Geschwistern bleibt ein enger familiärer Kontakt, wichtige Feste werden miteinander gefeiert.

Helenes Schwester Elli ist eine regelmäßige Besucherin im Degenhof, da sie ja als Lehrerin ohne eigene Kleinfamilie in den Ferien Zeit finden kann, um in den Süden zu ihrer Schwester zu reisen. Bei ihren Aufenthalten fertigt sie Aquarelle der Umgebung an, die von Muße und Entspannung in der Landschaft des Hegau zeugen. Von Besuchen in Helenes Geburtsstadt Bielefeld erzählt der für eine Familienchronik verfasste Text der Nichte Margret Gromann. Sie zeichnet die Besonderheit der Stackelberg-Familie anlässlich eines Besuchs im ostwestfälischen Bielefeld nach:[86]

Stackelbergs, die Weitgereisten, brachten immer einen Hauch Abenteuerlichkeit mit. Sie kamen mit dem Auto, nicht mit der Bahn wie gewöhnliche Leute, wollten hingegen Straßenbahn fahren, weil sie das nicht kannten, hatten einen finnischen Dolch im Gürtel stecken, mit dem sie kleine Schiffe aus Rinde schnitzten, oder auch Flöten und verzierte Stöcke, die sie »Bengel« nannten. Sie sprachen auch sonst fremdartig, sagten Sparrenburk statt Sparrenburch und abhauen statt abschneiden. Außerdem hatten sie schon mal das Christkind gesehen, wie es auf dem Esel draußen durch den Schnee ritt. Und sie konnten barfuß über eine pieksige Wiese oder gar einen Aschenweg laufen. Und Ulla hatte keine Angst, einen Regenwurm in den Mund zu nehmen. Wenn Mutti uns nicht schon sehr früh in den Ferien mit nach Tengen zu Stackelbergs genommen hätte und wir unter ihren sicheren Rockschößen diese fremdartige Welt auf dem Lande aus der Nähe kennengelernt hätten, würde ich meine Scheu vor den exotischen Eigenschaften der Kusinen und des Vetters aus Tengen bis heute nicht verloren haben.
Am exotischsten schien uns – mit Recht – Onkel Traugott … Diese Anhäufung von Gutbürgerlichkeit war für ihn sicher eine echte Anfechtung, wie ich nachträglich der Gerechtigkeit halber zugestehe. Zu jemandem, der ein baltischer Baron, ein Kommunist, ein Maler, ein Phantast, in gewisser Weise ein Abenteurer, nur nebenbei so etwas Bürgerliches wie Arzt ist, passt Bielefeld, Nebelswall 5, wirklich nicht … Tante Lene wurde allseits respektiert, verehrt und bewundert – und ein bißchen gefürchtet, denn sie konnte sehr energisch sein. Ein bißchen Bauchweh oder ein aufgeschlagenes Knie wurden von der Frau Doktor zwar begutachtet, evtl. mit einem Pflaster verklebt, aber mit einem kurzen »Ach was!« statt einem Mitgefühl quittiert. Wir waren anderes gewöhnt: ein gramzerfurchtes Gesicht und jede Menge Mitleid … Aber Tante Lene konnte schon zu einem Idol werden. Mit Mutti am Klavier zusammen spielte sie wunderbar Geige. Sie konnte alles, wußte alles.

Auch zur Mutter Stackelberg und den Schwestern und Brüdern aus den zwei früheren Ehen des Vaters wird der Kontakt aufrechterhalten. Die Kleinfamilie im Degenhof lebt bewusst und aktiv in einem Netz enger

Verbindungen zwischen ihren Großfamilien Stackelberg und Lohmann. Die Stackelberg-Familie hält bis zum Krieg und danach wieder große internationale Treffen des offiziellen Familienverbandes ab.

Wie Helene 1932 die aktuelle gesellschaftspolitische Situation wahrnimmt, beschreibt sie in einem Brief an ihren Vater, den sie zu beruhigen versucht:[87]

> Lieber Vater! …
> Aber heute, wo alles wieder ins Wanken geraten ist, muss man doch froh sein, wenn man noch halbwegs festen Boden unter den Füßen hat. Vielleicht kriegen wir unter Herrn von Schleichers Regie nun einen stetigeren Kurs u. dann wird auch die Industrie wieder vorangehen. Die Menschen, die drinstehen im wirtschaftlichen Kampf sind gewiß nicht zu beneiden u. du hast deinen Teil am Kampf ums Dasein reichlich mitgekriegt. Versuch doch einfach immer wieder wegzugucken, wenn es so trüb u. traurig aussieht u. dir Freude zu suchen, wo man sie noch finden kann! Die Jungen werden sich schon irgendwie im Leben zurecht finden solange sie gesunde Arme, Beine und Hirn haben u. wenn das Leben sie hart anpackt, dann müssen sie eben wieder hart zugreifen u. die Zähne zusammenbeißen. Wir wissen doch nicht im Geringsten, wie das Leben mit ihnen umspringen wird. Schon bei uns ist es so anders gekommen, als man sich wohl dachte u. letzten Endes hängt das Glück doch nur zum kleinen Teil von äußeren Dingen ab.
> So, nun Schluß. Ich lag ein paar Tage mit Angina u. Schnupfen etwas auf der Nase, daher die etwas verzögerte Antwort. Heute strahlt die Sonne u. die Erkältung ist im Weggehen. Sonst geht es hier sehr gut. Das wünsche ich dir auch von Herzen.
> Viele liebe Grüße von deiner Lene

1931 findet mit Unterstützung der Degenhofbewohner auf der Haide, einer Wiese am nahen Wald, ein Sommerlager der »Kinderfreunde« Singen statt. Kindern aus ärmeren Familien wird ein aufregendes Ferienerlebnis geboten. Die Stackelberg-Kinder beteiligen sich mit Begeisterung.[88]

Der Berufsalltag der Ehe und der Familie muss geordnet weitergehen. Vater Traugott ist weiterhin über den Tag in Singen beschäftigt. Das interne Familienleben organisiert sich um die Mutter herum, die den großen Teil der innerfamiliären Sorgearbeit erledigt.

Die Frage, ob Helene sich von dieser Konstellation überfordert fühlt, ob sie die ländliche Zurückgezogenheit belastet und ob das Fehlen der besten Freundinnen ihr viel ausmacht, das beantworten einige Aussagen Traugotts in späteren Briefen.[89]

> Im Sommer haben wir ja unsere Kurgäste d. h. mehr und mehr hat sich's zu einer Art Sanatorium entwickelt, wo wir Patienten richtig behandeln. Das ist ja viel natürlicher, da wir ja Ärzte sind. Im vergangenen Sommer hatten wir unsere Häuser stets gut besucht & haben sehr schöne Erfolge erzielt. … Es war aber für uns selbst, besonders für Lene sehr nett … Jedenfalls ist es eine große Bereicherung für unser Leben.

Die Bielefelder Fabrik der Familie Lohmann gerät zum wiederholten Mal in Schwierigkeiten, wie Traugott an seine Mutter schreibt:[90]

> In Bielefeld sieht es sehr trübe aus. Die Fabrik ist fast geschlossen, es arbeiten nur noch ein paar Leute – wie lange noch? Der Export nach England [der das Hauptgeschäft ausmachte] hat ja aufgehört …

Die Weimarer Republik gilt inzwischen als gescheitert. Die jungen demokratischen Organe haben nicht die Erfahrung und die notwendige Macht, um die Weltwirtschaftskrise und den damit verbundenen wirtschaftlichen und politischen Zusammenbruch Deutschlands zu überwinden. Beschäftigungslosigkeit und Verarmung, Hunger, Krankheit und Tod sind die Folge.

Wie kann man sich dagegenstemmen? Doch nur gemeinsam, das zeigt auch die Zeit des revolutionären Aufbruchs in den 20er Jahren! An diesem Punkt bietet sich eine Ideologie an, die die Volksgemeinschaft stärken und durch Heilsversprechungen und demagogische Verführungen in die Zeit eines Dritten Deutschen Reiches führen will.

Wie stellt sich Helene, wie stellen sich Traugott und Helene zu den sich verändernden politischen Verhältnissen, den Versprechungen und Lockungen der nationalsozialistischen Propaganda?

Verständigt sie sich darüber mit ihrer Familie in Bielefeld? Oder mit den alten Vertrauten aus der Freischar? Verabreden sie vielleicht nach einer Analyse der gesellschaftlichen Zustände sogar gemeinsame Verhaltensstrategien?

Schon im Februar 1931 schreibt Traugott an Knud Ahlborn nach Sylt:

> Mit der Freiburger Freischar hatten wir im Wintersemester bisher nur schriftlich Verbindung und hoffen uns demnächst zu treffen. [Man will sich auf einem Bundestag der Freischar treffen.] Ich selbst werde mich an der Diskussion beteiligen, habe in der letzten Zeit als Vorsitzender der hiesigen Friedensgesellschaft auf verschiedenen unserer Versammlungen angeeckt vor allem bei den Sozialdemokraten und auch bei den Nationalsozialisten … habe eine ganze Zeitungspolemik hinter mir … Ich glaube, daß es zum mindestens eine Rückenstärkung für diejenigen unter uns ist die politisch arbeiten, wenn sie die Stellung der Freischar hinter sich fühlen.

Man trifft sich aber als große Gruppe erst 1936 zu Pfingsten in einem Städtchen bei Heidelberg.

> Es waren etwa 50 der alten Freunde zusammengekommen, z. T. mit ihren Kindern … Es war sehr schön und ermutigend alle diese lieben Menschen wieder zu sehen und mit ihnen seine Erfahrungen zu teilen und sich vertrauensvoll auszusprechen.[91]

1933: Mit der Übernahme der politischen Macht durch die NSDAP drängt sich deren nationalsozialistische Ideologie mit ihrem doktrinären und gewaltsamen Vorgehen in alle gesellschaftlichen Bereiche hinein. Alle in Deutschland lebenden Menschen und Institutionen haben sich dem Diktat der neuen Machthaber zu beugen. Und das bis ins letzte abgeschiedene Tal kurz vor der Grenze zur neutralen Schweiz, die ihrerseits Überwachungsaktivitäten für »Verdächtige« im Nachbarland entwickelt. Dazu gehören auch die Bewohner des Degenhofs.

Auf deutscher Seite werden fleißig Briefe und Pakete geöffnet. Fahrten mit dem Auto werden nachverfolgt und die Anwesenheit von Freunden und Besuchern wird registriert.[92]

Helene und Traugott wissen davon und halten dennoch Kontakt zu guten Freunden, auch in der Schweiz. Helenes Schwestern und alle anderen Mitglieder der Lohmann- und der Stackelberg-Familie sind weiterhin regelmäßige Gäste im Degenhof.

Unmittelbar nach dem 9.3.1933, dem Tag der offiziellen Machtübertragung auf die Hitlerpartei in Baden, vollziehen sich dort in allen behördlichen Einrichtungen juristische Veränderungen, die ebenfalls Auswirkungen auf die Berufspraxis von Ärzten haben. So wird das »Erbgesundheitsrecht« gesetzlich verfügt, das in eigens dafür eingerichteten Erbgesundheitsgerichten in letzter Konsequenz Menschen mit physischen und psychischen Einschränkungen die Etikettierung als lebenswert oder -unwert zuweist. Das Staatsrecht unterstellt die ethischen Grundsätze eines Berufsstandes, der durch den hippokratischen Eid zur Rettung und Erhaltung des Lebens verpflichtet ist, seiner auch strafrechtlich sanktionsfähigen Vorherrschaft. Damit bahnt das Staatsrecht absichtsvoll die spätere tödliche Praxis der Euthanasie an.

Die Entscheidungen über Sterilisationen im Erwachsenenalter werden ebenfalls in die vorrangig gerichtliche Zuständigkeit überführt sowie die Erlaubnis zu medizinischen Versuchen an Menschen, kleinen und großen, Zwillingen und »Artfremden«, Föten und Erwachsenen. Und deren Tötung. Unvorstellbar ist das heute.

Dazu mutet im argumentativen Vergleich ein Artikel als zutiefst widersprüchlich an, der zeitlich früher verfasst und von einem anonymen »Medicus« in der Deutschen Bodenseezeitung schon 1931 als Kommentar zur § 218-Debatte veröffentlicht worden ist:[93]

> Die Frage nach dem Recht auf Leben ist keine ärztliche Frage … Das Leben des Kindes hat seine Berechtigung nicht in einem ärztlichen Richterspruch (es ist sowieso nicht die Aufgabe des Arztes, zu richten) … Wenn Ärzte durch das Ausstellen von Indikationen [z.B. die Stackelbergs] dennoch darüber urteilen, … sind solche Urteile reine Kompetenzüberschreitungen … Wenn Ärzte für die Aufhebung des

> Paragraphen 218 eintreten, sind sie nichts anderes als die vielen heimlichen und öffentlichen Vernichter des Volkes … Die Folgerung aus der Not der Zeit heißt nicht Aufhebung des Paragraphen 218, sondern Schaffung von Platz und Raum für das Volk gemäß dem Generalbefehl, der an die Menschheit erging: Wachset und mehret euch und erfüllet die Erde! In diesem Sinne eine Volksbewegung zu schaffen, wäre fürwahr eine der Edelsten würdige Tat.

Später wird Traugott von Stackelberg sich einige Male mit den Singener Sozialbehörden anlegen, weil er aus ärztlicher und humanistischer Sicht Entscheidungen widerspricht, Frauen gegen ihren Willen zwangssterilisieren zu lassen. Auch befürwortet er bei sozialer Indikation das Recht auf Abtreibung.

Die Auswirkungen der nationalsozialistischen Frauenpolitik auf Helenes Leben

Die politischen Folgen der neu gewählten nationalsozialistischen Regierung kommen unausweichlich näher und greifen tief ins Innerste der Familien ein. Sie offenbaren das, was ideologisch mit den Frauen des neuen Reichs vorgesehen ist: die Rolle rückwärts an Heim und Herd. Die Propaganda transportiert die Rollenentwürfe von Frauen, die als Mütter vieler Kinder zu ihrer wahren Berufung finden sollen. Die Ehemänner müssen sich in den Dienst des neuen Staates stellen, die Frauen ebenso, indem sie pflichtbewusst das traute Heim und die Kinder versorgen. Das Handbuch für »Die deutsche Mutter und ihr erstes Kind« von J. Harrer greift die vorherrschenden Denkmuster über die Mütterpflichten und Haltungen auf und verstärkt sie zu einem Regelwerk der perfekten Versorgungs- und Erziehungsmaschinerie einer entpersönlichten Mutter-Kind-Beziehung[94]. Die Intimität, die Kindern von ihren ersten Bezugspersonen entgegengebracht werden kann und muss, wird durch Vorschriften zu Härte, Pflicht und Distanz erstickt: Ein totalitäres Rollenkonstrukt für die Mutter, die damit auch dem Kind das Einleben in Gehorsam und Unterordnung vermittelt.

Im März 1933 bringt Helene ihr viertes Kind, Dider(i)k, zur Welt. Dider(i)k ist fast dreieinhalb Monate zu früh geboren und kann eine Neugeborenengelbsucht nicht verkraften. Er stirbt fünf Tage nach seiner Geburt.

Im April 1933 wird sie aufgefordert, ihre Berufstätigkeit zugunsten der ihres Mannes aufzugeben. Der sogenannte Doppelverdienererlass verbietet die weitere Berufstätigkeit der Frauen. Der Entzug der kassenärztlichen Zulassung droht.

Helene legt Widerspruch ein und hat Erfolg. Sie kann weiterhin ihren Beruf ausüben, vermutlich wegen der strukturellen Unterversorgung des ländlichen Bezirks.

Aber alle berufstätigen Frauen sind erstmal gewarnt. Sie wissen nun, dass der Staat auch in Zukunft in ihre Berufstätigkeit eingreifen kann.

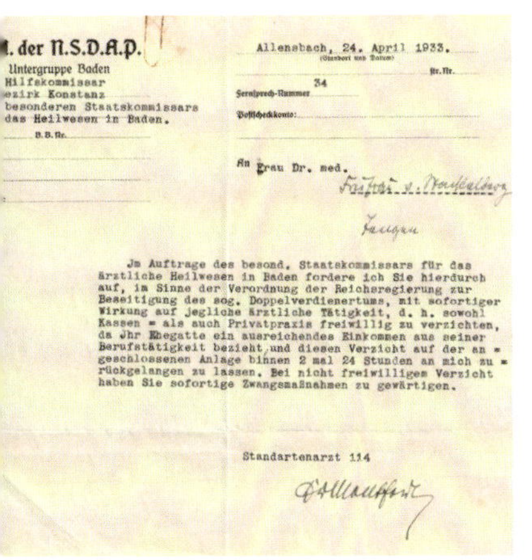

…. der N.S.D.A.P.
Untergruppe Baden
Hilfskommissar
…ezirk Konstanz
…besonderen Staatskommissars
…das Heilwesen in Baden.
B.B.Nr.

Allensbach, 24. April 1933.
(Standort und Datum)
Nr.Nr.
34
Fernsprech-Nummer
Postscheckkonto:

An Frau Dr. med.
[illegible]

Im Auftrage des besond. Staatskommissars für das ärztliche Heilwesen in Baden fordere ich Sie hierdurch auf, im Sinne der Verordnung der Reichsregierung zur Beseitigung des sog. Doppelverdienertums, mit sofortiger Wirkung auf jegliche ärztliche Tätigkeit, d. h. sowohl Kassen = als auch Privatpraxis freiwillig zu verzichten, da Ihr Ehegatte ein ausreichendes Einkommen aus seiner Berufstätigkeit bezieht, und diesen Verzicht auf der an = geschlossenen Anlage binnen 2 mal 24 Stunden an mich zu = rückgelangen zu lassen. Bei nicht freiwilligem Verzicht haben Sie sofortige Zwangsmaßnahmen zu gewärtigen.

Standartenarzt 114

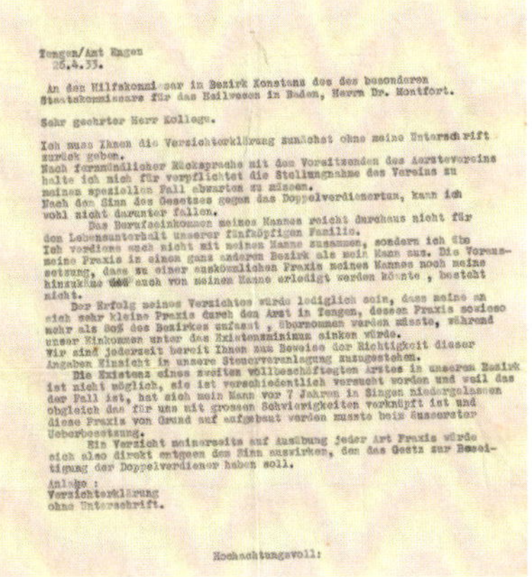

Tengen/Amt Engen
26.4.33.

An den Hilfskommissar im Bezirk Konstanz des des besonderen Staatskommissars für das Heilwesen in Baden, Herrn Dr. Montfort.

Sehr geehrter Herr Kollege.

Ich muss Ihnen die Verzichterklärung zunächst ohne meine Unterschrift zurück geben.
Nach fernmündlicher Rücksprache mit dem Vorsitzenden des Aerztevereins halte ich mich für verpflichtet die Stellungnahme des Vereins zu meinem speziellen Fall abwarten zu müssen.
Nach dem Sinn des Gesetzes gegen das Doppelverdienertum, kann ich wohl nicht darunter fallen.
Das Berufseinkommen meines Mannes reicht durchaus nicht für den Lebensunterhalt unserer fünfköpfigen Familie.
Ich verdiene auch nicht mit meinem Manne zusammen, sondern ich übe meine Praxis in einem ganz anderen Bezirk als mein Mann aus. Die Voraussetzung, dass zu einer auskömmlichen Praxis meines Mannes noch meine hinzukäme die auch von meinem Manne erledigt werden könnte, besteht nicht.
Der Erfolg meines Verzichtes würde lediglich sein, dass meine an sich sehr kleine Praxis durch den Arzt in Tengen, dessen Praxis sowieso mehr als [illegible] des Bezirkes umfasst, übernommen werden müsste, während unser Einkommen unter das Existenzminimum sinken würde.
Wir sind jederzeit bereit Ihnen zum Beweise der Richtigkeit dieser Angaben Einsicht in unsere Steuerveranlagung zuzugestehen.
Die Existenz eines zweiten vollbeschäftigten Arztes in unserem Bezirk ist nicht möglich, sie ist verschiedentlich versucht worden und weil das der Fall ist, hat sich mein Mann vor 7 Jahren in Singen niedergelassen obgleich das für uns mit grossen Schwierigkeiten verknüpft ist und diese Praxis von Grund auf aufgebaut werden musste beim äussersten Ueberbesetzung.
Ein Verzicht meinerseits auf Ausübung jeder Art Praxis würde sich also direkt entgegen dem Sinn auswirken, den das Gesetz zur Beseitigung der Doppelverdiener haben soll.

Anlage:
Verzichterklärung
ohne Unterschrift.

Hochachtungsvoll:

Helene beugt sich dem nicht, sie legt Widerspruch ein.

Und ab sofort bestimmt die Partei auch über fachliche Entscheidungen der ärztlichen Kammern: Die Zuständigkeiten für amtsärztliche Tätigkeiten werden neu bestimmt und der Entscheidungsbefugnis parteitreuer Juristen ausgeliefert.

Ähnlich verhält es sich mit dem Verbot für Ärztinnen mit der religiösen Zugehörigkeit zum Judentum: Das sofortige Berufsverbot für sie bewirkt beispielsweise in Berlin, dass 50 Prozent der Kinderarzt-Praxen schließen müssen. Schnell revidieren die Behörden das Verbot, um die Versorgung zu gewährleisten. Später dann – während des Holocaust – wird es für diese Ärztinnen dennoch schwer, überhaupt zu überleben.[95]

Langsam reift für die Degenhofbewohner ein Plan, der schon zu Beginn ihrer Liebesbeziehung ihre Zukunftsvisionen beflügelte: die Auswanderung.

1934 reisen Helene und Traugott nach Estland, um nach einem Haus auf einem der früheren Güter der Stackelberg-Familie zu suchen. Sie wollen sich dort eine neue Existenzgrundlage fernab von Nazideutschland in einem – zumindest für Traugott – vertrauten Lebensraum schaffen. Die Aussicht auf ein neues Zuhause verringert sich und wird ganz zunichte gemacht, als sie bei einer späteren zweiten Reise feststellen müssen, dass alle Deutschbalten enteignet und zwangsausgesiedelt werden.[96]

Immerhin lernen die Kinder durch den Estland-Aufenthalt die frühere Heimat ihres Vaters und die verbliebenen weitläufigen Verwandten kennen.

Das Weiterleben in der deutschen Wirklichkeit unter der Hakenkreuzflagge

Das Ehepaar entscheidet sich, im Degenhof zu bleiben. Verbunden ist damit die Entscheidung, sich dem Konformitätsdruck des neuen Regimes zu stellen.

Helene und Traugott werden ab Mai 1937 als Mitglieder der NSDAP geführt, Helene als PA (Parteianwärter).

Wie kommt die Entscheidung zum Parteieintritt zustande? Welche Zwänge bewirken, dass die beiden, die sich ideologisch bisher nur den Grundätzen der Freischar und den eher weltoffenen Quäkern verbunden fühlten, einer faschistischen Partei beitreten wollen?

Wie kommt eine politisch kluge Frau wie Helene zu einer solchen Entscheidung? Brannte sie doch nach dem Ende der Monarchie für einen Aufbruch in eine demokratische Gesellschaft und setzte sich schon als junge Ärztin für eine Volksmedizin ein. Bisher wollte sie die Grundsätze des Freidenkertums in Lebensreform-Konzepte umsetzen – und ging mit gutem Beispiel voran.

In Theodore Abels Sammlung von Biogrammen früher Nationalsozialisten[97] wird der Weg einiger Parteiangehöriger dokumentiert, die – geprägt von der Jugendbewegung – zu den nationalen und nationalsozialistischen Programmatiken fanden. Verbindende Ideale wie das der Volksgemeinschaft und der Volksfürsorge, die Abschaffung von Eliten der bisherigen Gesellschaft und damit verbunden die Gleichheit aller Volksgenossen: Das waren die häufig genannten Vorstellungen der Menschen, die sehr früh und freiwillig in die NSDAP eingetreten sind.

Verspricht sich auch Helene von dieser neuen staatlichen Kampagne eine Reform ihres Berufsfeldes hin zu einer verbesserten Volksfürsorge? Oder hat diese Entscheidung pure existenzsichernde Gründe, drohte doch die Aberkennung der kassenärztlichen Zulassung? Und ist dies ein notwendiger Schritt, um sich dem wachsenden Anpassungsdruck durch eine formale Mitgliedschaft und eine Teilnahme an einer niedrigen Organisationsform der Partei zu entziehen? Ist dies also das Manöver einer gesteuerten Scheinanpassung, um sich der ewigen Bespitzelung und im Fall von Traugott auch der hartnäckigen Verdächtigungen als russischer Spion zu entziehen?

Oder entwickeln sie einen Minimalkonsens zu einigen Teilen der nazistischen Programmatik, die den Aufbruch aus wirtschaftlicher und gesellschaftlicher Depression verspricht und die mit Volksnähe und Gemeinwohl lockt, mit »Kraft durch Freude« und der Veradeligung urdeutscher Tugenden. Die NSDAP verspricht, die Gesundheitsfürsorge voranzubringen und die Gleichberechtigung aller, um ein Volkskörper zu werden, der den Gefahren von außen trotzig die Stirn bietet und nach innen den Volkskörper von schädlichen kranken Elementen befreit.

Es sind dies die Fragen der Nachgeborenen. Die Fragen derer, die fassungslos auf eine Zeit zurückblicken, in der jeden Tag von Neuem Unvorstellbares und letztlich unbegreiflich Ungerechtes und Entwürdigendes getan worden ist – mit und an unseren Vorfahren und an Millionen anderer Menschen. Eine Zeit, die uns mit Bildern in Größenordnungen verfolgt, die unsere Empfindungskapazitäten überschreiten, die von uns neue Definitionen der heiklen Zuordnung von »Täter« und »Opfer« fordert und die Millionen Menschen das Recht auf Leben nahm. Sie gab wichtigtuerischen Gestalten die Möglichkeit zur Ermächtigung auch in regionalen Zusammenhängen wie einem Dorf, einer Stadt, einem Häuserblock. Diese nahmen dann als wichtige Dirigenten eines vielstimmigen denunziatorischen Netzwerks rechtswidrig lebensbedrohende Schuldzuweisungen vor.

Viele drängende Fragen müssen für uns unbeantwortet bleiben, da fast alle Briefe und sonstige Unterlagen vernichtet wurden. Wohl zum Schutz aller Beteiligten, da immer wieder auch Hausdurchsuchungen drohten. Und dennoch suchen wir nach Antworten, denn »ohne Erinnerungsarbeit gibt es kein Gefühl der Kontinuität des eigenen Lebens – und ohne diese gibt es keine positive Identität«, wie es ein Zeitzeuge formuliert. [98]

Die Kriegsbiografie von Helene und ihrer Familie

Helenes Landarztpraxis für »Allgemeine Medizin und Geburtshilfe« erwirtschaftet nur gemeinsam mit der Singener Praxis die notwendigen Lebenskosten. Die Konkurrenz von anderen ortsansässigen Arztpraxen sowohl in Tengen als auch in Singen schmälert die Einkommensmöglichkeiten. Neuordnungen der ärztlichen Zuständigkeiten sowohl bei den Aufgabenfeldern als auch bei den Bezirken schränken die Anzahl von Helenes PatientInnen ein.

Helene wird 1939 nach der zwei Jahre währenden Anwärterschaft in die Partei aufgenommen und wird Mitglied der Frauenschar im Deutschen Frauenwerk / Gau Baden. Sie widmet sich von 1939–1942 in Büßlingen als »Stützpunktleiterin« der Vermittlung gesundheitsfördernder Maßnahmen[99] und der sozialmedizinischen Mutter-Kind-Betreuung.

Im Nachlass befindet sich zudem eine Broschüre des Ministeriums für Volksgesundheit, das genaue Vorgaben für die Errichtung von Volkssaunen enthält. Darin sind bis ins Detail die notwendigen großen und kleinen

Handtücher für die Besucher eines Häuserblocks in der Großstadt aufgelistet.

Die fürsorgerische Arbeit mit Frauen und ihren Kindern, also das Arbeitsfeld, das Helene schon in ihrem Studium als Konzept der Gesundheitsprophylaxe für Familien verwirklichen wollte, ist mittlerweile fast vollständig unter die parteipolitisch dominierte Behördenaufsicht gestellt. Sogenannte »Braune Schwestern« mischen sich unabgesprochen in die Behandlungen ihrer PatientInnen ein, bespitzeln sie und untergraben so ihre ärztliche Autorität. Helene beschwert sich darüber in einem Schreiben an den zuständigen Vorstand des Ärztevereins, Dr. Schaal.

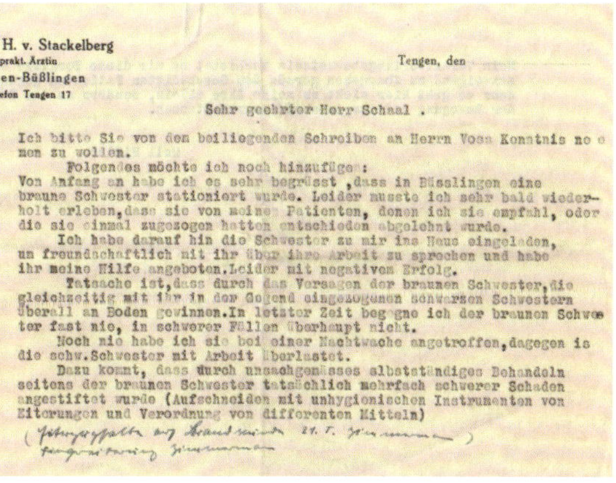

ed. H. v. Stackelberg
prakt. Ärztin
engen-Büßlingen
Telefon Tengen 17

Tengen, den

Sehr geehrter Herr Schaal .

Ich bitte Sie von dem beiliegenden Schreiben an Herrn Voss Kenntnis ne
men zu wollen.
Folgendes möchte ich noch hinzufügen:
Von Anfang an habe ich es sehr begrüsst ,dass in Büsslingen eine braune Schwester stationiert wurde. Leider musste ich sehr bald wiederholt erleben,dass sie von meinen Patienten, denen ich sie empfahl, oder die sie einmal zugezogen hatten entschieden abgelehnt wurde.
Ich habe darauf hin die Schwester zu mir ins Haus eingeladen, um freundschaftlich mit ihr über ihre Arbeit zu sprechen und habe ihr meine Hilfe angeboten.Leider mit negativem Erfolg.
Tatsache ist,dass durch das Versagen der braunen Schwester,die gleichzeitig mit ihr in der Gegend eingezogenen schwarzen Schwestern überall an Boden gewinnen.In letzter Zeit begegne ich der braunen Schwester fast nie, in schwerer Fällen überhaupt nicht.
Noch nie habe ich sie bei einer Nachtwache angetroffen,dagegen is die schw.Schwester mit Arbeit überlastet.
Dazu kommt, dass durch unsachgemässes selbstständiges Behandeln seitens der braunen Schwester tatsächlich mehrfach schwerer Schaden angestiftet wurde (Aufschneiden mit unhygienischen Instrumenten von Eiterungen und Verordnung von differenten Mitteln)

1935 organisiert Traugott sich in der SA-Reiterstaffel in Engen

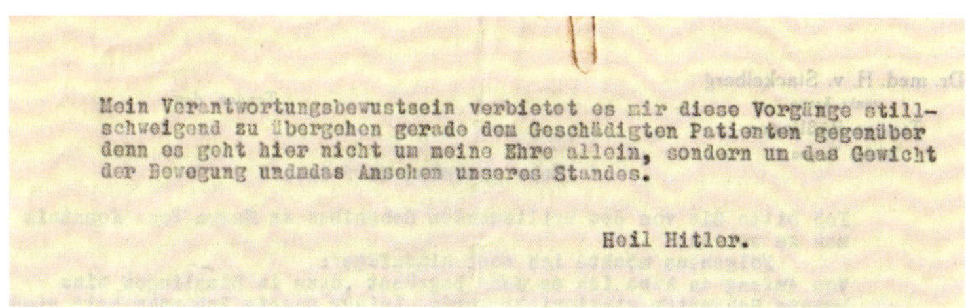

Mein Verantwortungsbewustsein verbietet es mir diese Vorgänge stillschweigend zu übergehen gerade dem Geschädigten Patienten gegenüber denn es geht hier nicht um meine Ehre allein, sondern um das Gewicht der Bewegung undmdas Ansehen unseres Standes.

Heil Hitler.

und wird damit automatisch Parteimitglied. Er vertritt später eine Zeit lang deren Leiter, übernimmt also vorübergehend eine leitende Funktion, was einen späteren Erklärungsbedarf heraufbeschwört.

Das Paar tritt später und schon in Kriegszeiten einige Male mit den Insignien ihrer Parteizugehörigkeit auf.

Die weiterführende Schule besuchen die Mädchen im Singener Gymnasium. 1941 legen sie dort das Kriegsabitur ab und besuchen anschließend für ein Jahr die Fachoberschule für Frauen des Internats Salem-Spetzgart am Überlinger See.

Sohn Jürgen macht 1936 zehnjährig begeistert eine Fahrt mit dem »Jungvolk«. Er besucht ab 1941 das Internat Schloss Salem und lebt dort nach eigener Aussage richtig auf. Er konnte wohl in der Nachbarschaft des Degenhofs nicht die Jungenfreundschaften knüpfen, die er gerne gehabt hätte. Die Mädchen hingegen haben vor allem Freundschaft miteinander, aber auch mit Mädchen aus dem nahen Büßlingen oder auch Tengen.

Die Töchter Ulla und Brita engagieren sich in der gleichgeschalteten weiblichen Jugendorganisation der Hitlerjugend, dem Bund Deutscher Mädel. Ulla ist Gruppenführerin und nimmt an ideologischen Schulungen teil. Beide Mädchen absolvieren später nach dem Abschluss in Salem-Spetzgart mit Begeisterung den vorgeschriebenen Arbeitsdienst.

1938 wird die Bielefelder Fabrik der Familie Lohmann an einem neuen Standort unter der Leitung von Helenes Bruder Walter in Schloss-Holte bei Bielefeld neu eröffnet. Helenes Vater ist 1936 bereits verstorben und hinterlässt den Kindern noch ein für sie erfreuliches und im Degenhof dringend benötigtes Erbe.

Bis 1939 geht das private Familienleben auf dem Degenhof trotz Überwachung und Bespitzelung und trotz manch anderer Bedrängnisse von außen grundoptimistisch weiter. Immer bleiben wohl die finanziellen Sorgen, aber immer wieder kommt die Familie mit den Unterstützungen aus Bielefeld und mit eigenen Zusatzeinnahmen durch Traugotts Bilder über die Runden. In der Freizeit wird auf dem Bodensee gesegelt, im Winter kann in den Schweizer Alpen Ski gefahren werden.

Das Ehepaar Stackelberg heißt 1939 den Zweiten Weltkrieg aus menschlichen und ideologischen Gründen nicht gut. Allerdings sind schriftliche Zeugnisse dieser Überzeugung nicht zu finden – aus leicht erklärbaren Gründen. Erstaunlich ist aber, dass Traugott in Briefen, die er seiner Mutter nach Berlin-Steglitz schreibt, kräftige patriotische Töne anschlägt. Da geht es um die Angst vor der bolschewistischen Gefahr, eine Erfahrung, die in Estland seit Generationen durch die russische Besetzung des Baltikums reale Ursprünge hat. Oder es geht um das Vaterland, das erhalten bleiben muss, sowie um Dienste, die jede und jeder für das Vaterland erbringen muss.

Als notwendigen Dienst am Vaterland tritt auch Sohn Jürgen gegen Ende des Krieges noch seinen Wehrdienst an, und die Töchter absolvieren nach ihrem Abitur ihren Arbeitsdienst.

Die Singener Praxis, in der Helene zeitweise mitarbeitet, wird von vielen Menschen, die aus den von Deutschland besetzten osteuropäischen Ländern zwangsdeportiert worden sind, besucht. Die Kranken werden dort ohne jeglichen Vorbehalt behandelt und oftmals in ihrer Sprache von Traugott begrüßt und meistens freundlich beraten und ärztlich versorgt.

Helene erhält die ärztliche Zuständigkeit für Higas, das sind Hilfsgrenzangestellte, die das Körbeltal und seine Abschottung zur Schweiz überwachen. Die Sprechstunden und die Hausbesuche gehen wie gewohnt weiter.

Sprechzimmer im Großen Haus, August 1940

Ihre grundlegende Loyalität zu den von ihr behandelten PatientInnen gibt Helene nie auf. Stets lässt sie sich von ihrer Pflicht rufen, lässt für einen Krankenbesuch auch in weit entlegenen Anwesen alles andere stehen und liegen. Einer mündlichen Erzählung zufolge riskiert sie gegen Ende des Krieges sogar ihre Verhaftung, weil sie – mit gesammeltem Zahngold im Gepäck – über die grüne Grenze nach Schaffhausen wandert, um das Gold dort gegen das damals gerade neu erhältliche Penicillin einzutauschen. Mit diesem Medikament kann sie einigen Frauen mit Lungenentzündung das Leben retten.

Sie hilft vielfach den Frauen bei frauenspezifischen Problemen, bei gewollten und ungewollten Schwangerschaften mit ihren ärztlichen und beraterischen Möglichkeiten. An den ärztlichen Maßnahmen zur Zwangssterilisation von Frauen und Männern, die im Umfeld der Klinik im nahe liegenden Blumenfeld umgesetzt wird, beteiligt sie sich nicht.

Beide Töchter beginnen ihr Studium noch während des Krieges. Brita immatrikuliert sich in Stuttgart für das Fach Architektur, Ulla in Freiburg für

Medizin. Brita wird in Stuttgart im Rahmen kriegsnotwendiger Einsätze zeitweise als Straßenbahnschaffnerin verpflichtet.

Die Gebäude des Degenhofs sind seit 1925 um den Bau einer Garage in direkter Nähe zur Straße erweitert worden. Zum Schutz vor möglichen Angriffen werden 1944 rote Kreuze auf weißem Grund auf die Türen der gut sichtbaren Garage gemalt: Eine doppelte Absicherung, da dieses Symbol, wie auch heute noch, manchmal mit der Schweizer Flagge verwechselt wird.

1943 erkrankt Helene schwer, erholt sich nur langsam davon. Sie nimmt sich selbst in die Pflicht und will schnell ihre Sprechstunden aufnehmen. Nach und nach macht sie wieder Hausbesuche. Dabei nimmt sie intensiv am Leben und Lieben ihrer Kinder teil, sorgt weiterhin materiell und mitfühlend für sie. So berät sie ihre Tochter Brita bei der Wahl ihres Partners und späteren Ehemanns.

1944 muss sie erneut in die Klinik und wird über Wochen in Heidelberg behandelt. Sie ist extrem geschwächt. Die auftretende Blutarmut kündigt schon damals die später bei ihr auftretende unheilbare Leukämie an. Der intensiven Anfangsbehandlung werden noch viele folgen: Helene muss sich immer wieder auf Phasen körperlicher Erkrankung und Schwächung einstellen. Traugott teilt seiner Mutter mit, in welchem Zustand sich seine Frau befindet:[100]

> Bei Lene war ich am Montag. Sie ist noch sehr, sehr schwach. Wohl ist sie nicht mehr dauernd im Bett, liegt aber wohl den ganzen Tag. Ein kleiner Spaziergang, nicht weiter als etwa von deinem Zimmer bis an das Ende des Gartens hat sie so angestrengt, daß ich sie die Treppe hinauftragen musste und sie ganz ohnmächtig, ganz blau vor Herznot in ihr Bett sank. Es wird noch sehr lange gehen, bis sie wieder auf der Höhe ist.

Trotzdem kehrt sie bald zur Hochzeit der Tochter Ulla zum Degenhof zurück.

Zu Pfingsten 1944 heiratet Ulla den Mediziner und späteren Professor Alkmar von Kügelgen. Die junge Familie wird bis zu ihrem Umzug nach Schallstadt bei Freiburg im Jahr 1950 bei den Eltern im Degenhof wohnen. Um ihnen eine familiäre Privatsphäre zu ermöglichen, wird im Gästehaus ein

Wohnzimmer für sie hergerichtet. Danach wechselt sie als inzwischen fünf köpfige Familie nach Freiburg und später nach Kiel.

Brita, Tochter Nummer zwei, heiratet 1947 den Architekten Bernhard Wirminghaus und zieht mit ihm nach Köln. Von dort aus muss sie regelmäßig in ihre Studienstadt fahren.

Ulla und Brita haben zum Zeitpunkt der Hochzeit ihr Studium noch nicht beendet. Der Krieg erschwert das Studieren, später dann melden sich die ersten Babys an und fordern die Versorgung durch ihre Mütter. Beide Töchter finden eine starke Unterstützung durch Helene, die unbedingt möchte, dass diese ihre Studien erfolgreich abschließen. Doch es gelingt in beiden Fällen nicht: Britas Diplomarbeit, nach der Geburt ihres ersten Kindes verfasst, wird nicht anerkannt, sodass die bis dahin erfolgreichen Prüfungen leider nicht zum angestrebten Diplom führen. Die zeichnerisch begabte Brita wird sich in der Folge nur noch bei Bauzeichnungen im Büro ihres Mannes und planerischen Überlegungen von Hausbauten beteiligen.

Das Kriegsende im Degenhof und die »Suspendierung von der Ausübung ärztlicher Praxis«

Nach dem Kriegsende arbeitet Helene in gewohnter Form in ihrer Landarztpraxis weiter. Wie genau die Familie das Kriegsende erlebt, ist nicht dokumentiert. Im Degenhof halten sich weiterhin immer viel Besucher und Gäste auf. Also nach wie vor gibt es viel Berufs- und Hausarbeit für Helene, wie sie ihrer Tochter schildert:[101]

> Meine liebe Brita! Es ist Montagfrüh nach der Sprechstunde und ich hab noch ein bisschen Zeit bis zum Mittagessen … So, inzwischen ists 12 Uhr nachts geworden, ich musste nach Tisch los, Schlatt, Wiechs, Tengen. Es ist Sauwetter, eiskalt. …«

Bald danach folgt ein Ereignis, das Helene und Traugott bis ins Innerste treffen muss: Aufgrund ihrer zeitweiligen Parteizugehörigkeit werden beide im

Anlage II –

Dr.med. Helene v. Stackelberg — Tengen, den 17. I. 1946
prakt. Ärztin
Tengen, Kreis Konstanz

Betr.: Meine Suspendierung von der Ausübung ärztlicher Praxis.
Bezug: Bezirksärzteschaft Konstanz (Dr. Deeg) vom 27. XII. 1945.

Mit dem Bezugsschreiben wurde mir mitgeteilt, daß mir auf Grund von Gesetz Nr. 8 der Militärregierung die Berechtigung zur Ausübung ärztlicher Tätigkeit mit Wirkung vom 1. 1. 46 auf die Dauer von 3 Jahren im Bereich der Bezirksärzteschaft Konstanz entzogen wird.

Ich bitte um Einleitung eines Rekursverfahrens, bzw. um die Erlaubnis meine Praxis weiter ausüben zu dürfen.

Anlage vom 17.1.1946, vorgelegt im Rekursverfahren vor der Spruchkammer des Badischen Staatskommissariats für politische Säuberung in Freiburg

Rahmen der Gesinnungsüberprüfung der französischen Administration mit einem vorläufigen Praxisverbot belegt. Und sie müssen sich einem Verfahren durch die Kommission der französischen Besatzungsmacht stellen. Sie verfassen ihre Stellungnahmen, erhalten die notwendigen Entlastungsschreiben durch Menschen, die mit ihnen Kontakt hatten. Nach heutigem Wissen ist es sehr wahrscheinlich, dass das zeitweilige Berufsverbot und die mehr als routinemäßige Überprüfung durch persönliche Animositäten befördert worden sind.[102]

Abschrift
des Schreibens von Helene von Stackelberg an
Gouvernement Militaire Baden, Service de la Denacification vom 17.1.1946
Staatsarchiv Freiburg STAF D180-2 63647 Stackelberg Helene, S. 17, 18, 12

Dr. med. Helene v. Stackelberg
Tengen, den 17.I.1946
prakt. Ärztin
Tengen, Kreis Konstanz

Betr.: Meine Suspendierung von der Ausübung ärztlicher Praxis
Bezug: Bezirksärzteschaft Konstanz (Dr. Deeg) vom 27.XII.1945
Mit dem Bezugsschreiben wurde mir mitgeteilt, daß mir auf Grund

von Gesetz Nr. 8 der Militärregierung die Berechtigung zur Ausübung ärztlicher Tätigkeit mit Wirkung vom 1.1.46 auf die Dauer von 3 Jahren im Bereich der Bezirksärzteschaft Konstanz entzogen wird.
Ich bitte um Einleitung eines Rekursverfahrens, bzw. um die Erlaubnis meine Praxis weiter ausüben zu dürfen.
Da ich die Gründe, die zu meiner Suspendierung führen, nicht kenne, ist eine endgültige Stellungnahme meinerseits nicht möglich. Ich bitte um Mitteilung dieser Gründe. Ich nehme an, daß die Parteizugehörigkeit nicht der Grund meiner Absetzung sein kann, da fast sämtliche Ärzte des Bezirks der Partei oder einer ihrer Gliederungen angehörten und trotzdem ihre Praxis weiterführen dürfen.
Die gesamte Bevölkerung meines Praxisgebietes ist – wie ich selber – völlig überrascht und befremdet über meine Amtsenthebung. Es ist allgemein bekannt, daß ich keinerlei ärztliche Tätigkeit für die Partei ausgeübt habe, daß mein Mann und ich wegen unserer politischen Einstellung bei den Parteistellen unbeliebt waren und daß wir von der Gestapo beobachtet wurden. (Zeuge: Dr. Schaal, Konstanz und der ehemalige Ortsgruppenleiter von Tengen, Rösch).
Meine politische Einstellung war und ist: Streben nach sozialem Ausgleich, Verständigung der Völker und Arbeit für den Frieden. Gekennzeichnet wird diese Einstellung durch mehrere internationale Studententreffen in unserem Hause, Besuch zahlreicher ausländischer Freunde (Zeugnis: Gästebuch des Hauses und Photographien), Beitritt zur »Gesellschaft der Freunde« (Quäker) (Mitgliedschaft seit 1918 bis heute), Arbeit in der Friedensgesellschaft vor 1933. Im Jahre 1932 [es war 1931] ermöglichten wir der Singener Arbeiterjugend ein Ferienlager auf unserem Grundstück. Es handelte sich um erholungsbedürftige Kinder aus Singen. Die politische Einstellung war mir gleichgültig.
Dreimal nahm ich in der Zeit vor 1933 unbemittelte Mädchen, die uneheliche Kinder erwarteten[,] unentgeltlich bis zur Geburt und darüber hinaus in mein Haus auf.
Ich gehörte der Deutschen Jugendbewegung an, Wandervogel, Deutsche Akademische Freischar. Von den politischen Parteien stand ich der Demokratischen Partei am nächsten, ohne ihr anzugehören. Die

Nationalsozialisten lehnte ich ab und trat auch [trotz] wiederholter Aufforderungen zunächst nicht in die Partei ein. Ich bin kein politischer Mensch. Auch dem NS-Ärztebund trat ich zunächst nicht bei. Im Lauf der Jahre übernahm dieser und durch ihn das Amt für Volksgesundheit sämtliche sozialärztliche Funktionen, Mutter- und Säuglingsberatung, NSV-Erholungsfürsorge, Kindergarten und Krippen, Betreuung der Hitlerjugend und der Schuljugend. Da mich als Ärztin diese Tätigkeit besonders interessiert und der Kollege, der diese sämtlichen Funktionen ausübte, ein beruflich stark überlasteter Chirurg war, ersuchte ich um Aufnahme in den NS-Ärztebund, wurde jedoch nicht aufgenommen.
Meine Einstellung zur Partei änderte sich im Lauf der Jahre insofern, als ich glaubte, daß es Hitler mit den sozialen Reformen und mit der Überbrückung der Standesgegensätze Ernst sei und daß er wirklich Friedenspolitik treiben wolle. 1937 forderte mich der Ortsgruppenleiter von Tengen erneut auf, zur Partei beizutreten, der die Tengener Kollegen schon seit 1933 angehörten. Er erklärte mir, daß nach meiner Aufnahme die beruflichen Behinderungen wegfallen würden. Ich erklärte mich einverstanden, maß der Sache jedoch keine besondere Bedeutung bei. Ich wurde seit 1937 als PA geführt und 1939 wurde mir eine Mitgliedskarte zugeschickt. Ich verpflichtete mich lediglich einen geringfügigen monatlichen Beitrag zu zahlen. Irgendwelche Gelöbnisse oder Vereidigungen wurden nicht gefordert. In den NS-Ärztebund wurde ich auch nach dem Eintritt in die Partei nicht aufgenommen. Auf Befragen erklärte mir der damalige Vorstand des Ärztevereins, Dr. Schaal, (der Vorsitzende des NS-Ärztebundes Dr. Hieber weigerte sich überhaupt, mit mir zu verhandeln), daß wir wegen unserer politischen Einstellung verdächtig seien, daß ein dickes Aktenbündel über uns existiere und daß die Gestapo uns ständig beobachte. Er ließ mich wissen, daß unter den Kollegen Feinde seien, die unsere gesellschaftliche, berufliche und politische Stellung unterwühlten. (Als Zeuge für diese Angaben kann ebenfalls der ehemalige Ortsgruppenleiter von Tengen, Rösch, befragt werden).
Im Winter 38 / 39 teilte mir der Ortsgruppenleiter von Tengen mit,

daß er mich für die Leitung der Frauengruppe des Frauenwerkes im Stützpunkt Büßlingen bestimmt habe. Ich leitete die Gruppe in den Wintermonaten 39 bis 42. Die Frauenwerksgruppe hatte maximal etwa 80 Mitglieder. An den Veranstaltungen beteiligten sich durchschnittlich 10–25 Frauen. Der Hauptgrund für die Übernahme war die immer wieder mit großer Hartnäckigkeit vorgetragene Bitte meiner Patientinnen. Durch den Ausschluß vom Amt für Volksgesundheit hatte ich wenig Gelegenheit, in sozialer und gesundheitlicher Beziehung auf die Frauen einzuwirken, was mir als Hausärztin sehr am Herzen lag. Andererseits bestand nach der Auflösung sämtlicher anderen Vereine nur im Frauenwerk die Möglichkeit hierzu. Den Frauen in dem abgelegenen Dorf fehlte es völlig an praktischer und geistiger Anregung und ich fühlte als einzige gebildete Frau auch deshalb die Verpflichtung, der Bitte der Frauen nachzugeben. Vor der Übernahme ließ ich mir von der damaligen Kreisfrauenschaftsleiterin in Konstanz die Versicherung geben, daß man im Rahmen der Frauenschaft weder politische noch antikirchliche Propaganda von mir verlangen würde. Ich stehe auf dem Standpunkt, daß die Landfrau die Bindung an die Kirche nötig hat und nicht für Politik taugt. Meine Tätigkeit im Frauenwerk war so, wie sie in jedem Frauenverein irgendeiner politischen oder konfessionellen Prägung hätte sein können. Die Hauptsache war: praktische Arbeiten (Nähen, Flicken, Ausbessern von Kleidern, Stricken, usw.). Es wurden an jedem Abend alte Volksmärchen gelesen oder erzählt und ich versuchte den Frauen geeignete Abschnitte aus der Deutschen Kunst und Kultur, Musik und Dichtung nahezubringen. Außerdem belehrte ich sie über die im Kriege ganz besonders wichtigen Ernährungsfragen, Hygiene, Gesundheitsführung, Säuglings- und Krankenpflege, Gartenbau und machte leicht[e] gymnastische Übungen mit ihnen. Ich brachte Landkarten, auf denen die Frauen verfolgen konnten, wo ihre Söhne und Männer an der Front standen und erzählte über Land und Leute dieser Länder. Da das Propagandamaterial, das ich zugeschickt bekam, mir immer weniger gefiel und ich merkte, wie ich in Gegensatz zu der allgemeinen Richtung der Frauenschaft geriet, – so stellte ich mich in bewußten Gegensatz zu der Behandlung der ausländischen

Arbeiter – benutzte ich die erste Gelegenheit, eine schwere Krankheit im Frühjahr 1943, um aus der Frauenschaftstätigkeit auszuscheiden. Ich kann nicht glauben, daß diese soziale volksbildende Tätigkeit als ein Verbrechen angesehen werden kann, das meine Amtsenthebung fordert.
Ich bin durch die 25jährige hausärztliche Tätigkeit so sehr mit den Familien meiner Landpraxis verwachsen, daß ich mir das Leben ohne die Sorge für sie nicht mehr vorstellen kann. Ich weiß, daß die Bevölkerung sehr an mir hängt und daß ich durch die lange Erfahrung ihnen mehr als nur ein Helfer in Krankheitsnöten sein kann. Da die heranwachsenden 3 Kinder meine tägliche Fürsorge nicht mehr nötig haben, bin ich zeitlich und gesundheitlich in der Lage, die ärztliche Arbeit gut zu verrichten. Daß wir wirtschaftlich für unsere drei Kinder sorgen müssen und die Einnahmen der Kassenpraxis meines Mannes dazu nicht ausreicht, sei nur nebenbei erwähnt.
Ich habe meine Patienten, die mir das vorschlugen, gebeten, keine Bittgesuche an die Militärregierung zu richten, kann aber, falls es gewünscht wird, jederzeit hunderte von Unterschriften von Patienten bringen, die auf meine Hilfe nicht verzichten zu können glauben.
Eine Bestätigung meiner Angaben geht aus den beiliegenden Schreiben der Pfarrer von Tengen und Büßlingen und der Bürgermeister von Tengen, Büßlingen, Beuren, Binningen, Schlatt, Wiechs, Blumenfeld hervor. [handschriftliche Ergänzung:] die übrigen Atteste können auf Anforderung nochmals geliefert werden. Abschriften liegen bei dem Original Rekurs.

Es fällt schwer, bei dem Nachsinnen über dieses Schreiben mit dem Wissen von heute nachzuvollziehen, ob die menschenverachtenden entsetzlichen Gefahren der Nazi-Politik schon bald so deutlich waren, dass das Arrangement mit den diktatorischen politischen Verhältnissen unter keinen Umständen zu vertreten gewesen wäre. Dass sie kein politischer Mensch sei, kann nur so verstanden werden, dass sie nicht parteipolitisch im Sinne der Nazipropaganda aktiv war. Sie sah sich wohl dazu genötigt, sich ausdrücklich von den politischen Inhalten des nationalsozialistischen Regimes zu distanzieren und sich somit als unschuldig im Sinne der offiziellen Anschuldigungen zu bekennen. Dass sie in der Vergangenheit bewusst politisch aktiv war und ihr Leben auch nach ethischen und politischen Grundsätzen ausrichtete, ist in ihren schriftlichen Äußerungen immer wieder zu erkennen. Liest man zum Beispiel in ihrem Tagebuch von 1918 nach, so findet sich ihre Reflexion eines Diskussionsbeitrags, in dem sie erstaunlich reife und bis heute diskussionswürdige politische Aussagen formuliert: [103]

> Vor hundert Jahren war der Sozialismus der große neue Gedanke, der seinen Siegeszug durch die Welt antrat. Freiheit des Einzelnen, freie Entwicklungsmöglichkeit für alle!
> Aus der Freiheit entstand das Wirtschaftsleben des Kapitalismus in der Blüte, zu der er jetzt erwacht ist. Und es versagt der Liberalismus, dem Sinn der Idee wird man untreu, die Freiheit, ja, in der Politik, aber im Wirtschaftlichen wird sie zur Formel. Man sieht nicht oder man will nicht sehen, daß die Voraussetzung für Freiheit mitmenschliche Gleichheit, das Vorhandensein arbeitslosen Einkommens ist. Im Innern der Freiheit kämpft man für das Unrecht der kapitalistischen Ordnung. Diese Weltauffassung ist überlebt.

Helene 1946 (Foto: Atelier Koenen-Tasche, Düsseldorf)

> Und nicht zuletzt das auf Autarkie ausge-

richtete Wohnen, die Selbstversorgung, die Verbindung von Familie und Berufsleben sowie die auf soziale Gleichbehandlung ausgerichtete ärztliche Tätigkeit offenbart ihre politische Bewusstheit, die sie ganz praktisch im Alltag immer wieder bewies. Dass die Utopie der Freiheit auch innerhalb der ehelichen Beziehung nicht ohne Brüche oder Grenzziehung umzusetzen ist, ja wohl innerhalb des intensiven Geflechts täglicher Notwendigkeiten zumindest von ihr als Frau nicht – wie in der jugendlichen Schwärmerei fantasiert – gleichwertig gelebt werden kann, das muss sie später wohl schmerzhaft erkennen.

Der Prozess der Entnazifizierung schleppt sich von 1946 bis 1948 dahin. Beiden kann keine nazistische Indoktrination nachgewiesen werden. 1948 dann wird nach langen Versuchen, das Prüfverfahren beim Säuberungskommissar in Freiburg zu beschleunigen, die Einordnung als »Mitläufer ohne Sühne« ausgesprochen. Eine Geldstrafe fällt an und das Berufsverbot wird aufgehoben.

Helene behält das Mutterkreuz, das sie als Mutter von drei Kindern »vom Führer« erhalten hat, bis an ihr Lebensende in ihrer Schublade. Der Enkel entsorgt es unmittelbar bei der Sichtung des Nachlasses. Vielleicht hat er den ganz individuellen Stolz seiner Großmutter auf ihre Leistung als berufstätige dreifache Mutter aus diesem kleinen Metallstückchen nicht entschlüsseln können.

Bis heute liegen keinerlei Hinweise für ein aktives Teilen des aktiven nationalsozialistischen Gedankenguts vor.

Wie aber bestreiten die Stackelbergs nun ihren Lebensunterhalt? Wie funktioniert die ärztliche Versorgung in diesem weitläufigen ländlichen Gebiet, jetzt, da auch weitere Ärzte »freigestellt« sind?

Die Phase der Entnazifizierung wird auch mit Aufenthalten bei Verwandten, den Hausbesuchen als Einkommensquelle und dem Verkauf der Bilder von Traugott bewältigt.

Bekannt ist, dass die Bezahlung mit Naturalien die pekuniäre Bezahlung ersetzt und dass sich zur milchgebenden Kuh und zu den Schafen ein kleines Schwein gesellt. Die Bearbeitung des Nutzgartens wird intensiviert, das Ernten und Konservieren der Früchte und des Gemüses ist für das Überleben enorm wichtig. Diese Bewirtschaftung ist wohl sehr ertragreich, wie aus einem Begleitschreiben zu einem Paket an Tochter Brita in Köln zu erfahren ist:[104]

> Heute gingen zwei Pakete je 7 kg ab, hauptsächlich Kartoffeln. In dem einen dazu 1 Förmchen Butter, im zweiten ein paar Äpfel, eine Tüte Nüsse + Sirupsaft von Emilie und getrocknete Birnen. Davon kann man schön Birreweck machen …
> Gestern war ein schöner stiller Sonntag hier … kein Besuch hier, und die etwas aufregenden Patienten, deren Besuch mich letzte Woche neben einer riesigen Wäsche recht in Atem gehalten haben, verhielten sich am Sonntag hübsch ruhig …
> Stell dir vor, wir haben seit gestern ein niedliches kleines Schweinchen. Wir wollen es füttern, solange wir die Schwarzbunte haben. Jetzt wiegt es 15 Pfund. Allmählich werden wir zu richtigen Bauern …

Auch die verlässliche Unterstützung durch die Bielefelder Familie ermöglicht die lebensnotwendige Grundsicherung. Dadurch können sie ein Auto finanzieren, mit dem die Praxis der ärztlichen Hausbesuche eingeschränkt fortgesetzt wird.

Überhaupt findet sich in gerade diesem Brief das gesamte Spektrum der Themen, die das Leben im Nachkriegsdegenhof bestimmen:

> Morgen fahre ich nach Singen u. lese meine Entbräunungsakten durch, bzw. die Anklageakten. Dann erfahre ich vielleicht auch, für was für ein Verbrechen ich eigentlich bestraft werde. Eigentlich sollte am 31.X. meine Sache verhandelt werden, aber mein Rechtsanwalt kann an dem Tag nicht u. deshalb muß mein Termin verschoben werden. Aber Dr. H. kommt dran und zu seinem größten Verwundern, nicht gerade zu seiner Freude, muß Vater als Zeuge erscheinen. Ich bin bloß froh, daß ich das nicht muß, denn ich mixe mich nicht gerne in diese Angelegenheiten.
> Heute war ich nach längerer Zeit wieder in Schlatt. Es ist so schön, dort auf Schritt und Schritt zu spüren, daß diese Menschen darauf warten, daß ich wieder richtig Praxis mache. Und mit welchem Vertrauen diese armen, elenden Menschen, die recht krank sind, einfach meine Hilfe fordern.

… Sonst könnte hier manches noch schöner sein … Aber sehr erfreulich war ein Wochenendbesuch von Ilse Vogt u. ihrer Freundin u. Mitarbeiterin, da ist die alte Freundschaft in aller Wärme erneuert. Die Beiden waren auch ganz beglückt von diesen Tagen. So, nun Schluß. Übrigens: wir haben jetzt soviel Kartoffeln, daß für Euch genug hier liegen … Fett bekommst Du auch Weihnachten mit. Und grüß Bernhard! Mutter

Nach der Aufhebung des Berufsverbots können die morgendlichen Sprechstunden im Degenhof nun endlich wieder stattfinden, und auch Traugott nimmt in Singen seine hausärztliche Tätigkeit wieder auf. Dies zunächst nur mit weniger Sprechstundenpräsenz, da er inzwischen neben dem Malen von Bildern seine schriftstellerische Tätigkeit mit einem ersten Buchmanuskript begonnen hat: »Geliebtes Sibirien« entsteht.

Kleine Reisen in die Schweizer Berge unterbrechen den Alltag. Die Kontakte zu guten Freunden werden wieder aufgenommen. Auch die alten Freischarfreunde treffen sich in größerem Kreis. Traugott erhält eine Einladung der Landesleitung der Freien Jugend, zu etwa 300 TeilnehmerInnen über Völkerverständigung zu sprechen.

In der gesamten Nachkriegszeit wird Helene immer mehr durch Krankheits- und Erschöpfungsphasen in ihrem ungebrochenen Schaffenswillen zurückgeworfen. Sie muss immer häufiger das Bett wegen Infektions- und anderer Entzündungskrankheiten hüten. Das berufliche Aussetzen belastet sie jedes Mal schwer, und immer wieder äußert sie in Briefen an ihre Tochter das Verlangen, bald wieder »Praxis machen« zu können.

Ihre Schwester Hertha ist an Leukämie erkrankt. Helene begleitet sie über lange Monate bei der Behandlung, pflegt sie im Degenhof und stützt sie sehr in ihrer schweren Krankheit. Sie selbst leidet sehr stark mit, da Hertha immer ihre große Vertraute war und sie für sich ein ähnliches Schicksal fürchtet. Eine erste Diagnose bestätigt dies nicht, der Verdacht auf Leukämie bleibt jedoch bestehen.

Im Degenhof werden weiterhin Gäste aufgenommen, die Behandlung, heilsame Erholung oder Zuflucht suchen. Im Außenbereich hilft in der Zeit Herr Schulz aus der Nachbargemeinde bei der Wartung des Weihers, der ja in einem Wehr gestaut werden muss, um dann mit dem herabstürzenden Wasser das Wasserrad und damit die Turbine anzutreiben.

1946 erhält das Ehepaar Grenzkarten zum täglichen Grenzübertritt in die Schweiz. Ein befreundeter Arzt, der in der Schweiz lebt, hat für sie die dazu notwendige Bürgschaft übernommen. Bei den ersten Besuchen in Schaffhausen ist Helene überwältigt von der Üppigkeit der Waren und der Menschen in der Innenstadt. Sie beschreibt das in einem Brief an ihre Tochter Brita:[105]

> Die Menschen sind ganz reizend. Ich kam mit Geschenken beladen heim. Und die Schaufenster! Na! Jeder dritte Laden lag voll mit den herrlichsten Schleckereien und das Wasser lief einem nur so im Mund zusammen. Die Rückfahrt (mit dem Rad) verlief nur leider nicht so schön, obwohl ich in Schlatt nur 2 Pellkartoffeln mit etwas Butter genossen hatte u. kam so total erledigt in Büßlingen an Zuhause an. Dann gleich Spritze, und heute noch eine u. nach einer Woche noch eine … Vater war in Freiburg wg. Rehabilitation, die so gut wie sicher ist … Im Gästehaus wird für die Familie v. Kügelgen ein Wohnzimmer hergerichtet, und oben im Gästehaus das Atelier für Traugott. Hier kann er nun malen und schreiben: er beginnt mit der Überarbeitung der Tagebuchaufzeichnungen.

1946 findet auch ein erstes Zusammensein mit Quäkerfreunden in Lörrach statt:[106]

> Eine religiöse Gemeinschaft ohne Dogma. Wir kamen sogar zu der Überzeugung, dass man als Quäker eigentlich keiner Kirche angehören kann. Der Glaube an das Göttliche, das Gute im Menschen, die Liebe zu ihm u. das Bestreben zu helfen, aufrichtig u. einfach zu leben, die Ablehnung des Krieges, das sind die einfachen Grundsätze dieses Lebensweges. Es sollen von Quäkerstiftungen Internatsschulen in Deutschland gegründet werden …

Helene und ihre erwachsenen Kinder

Der Kontakt zu den erwachsenen Kindern wird mit Briefen und Paketen intensiv gepflegt. Man sendet sich Stoffe oder gute alte Kleidungsstücke, aus denen dann neue genäht werden. Man versorgt sich gegenseitig mit Lebensmitteln oder auch Einrichtungsgegenständen, tauscht sich über mancherlei Nützlichkeiten per Brief aus.

Die Zahl der Enkelkinder steigt, und die Großeltern im Degenhof nehmen lebhaft Anteil an deren Entwicklung.

Die Enkel sind gern mit den kinderliebenden Großeltern zusammen, an Festtagen wie Weihnachten, Ostern oder Pfingsten. Und es wird erwartet, dass Kinder und Enkel ihre Sommerferien am Bodensee und im Degenhof verbringen. Aus diesem Grund finden regelmäßig im Sommer am Untersee Zeltferien der Großfamilie statt. Der Großvater beteiligt sich mit Segeltouren, die Kinder freuen sich über das Herumplantschen und Schwimmen im Wasser. Ein kleines Dingi wird von den größeren Enkeln dazu benutzt, sich auch mal allein auf kleine Paddelabenteuer im Schilf zu begeben. Und natürlich verbringt man auch am Degenhof selbst entspannte Besuchszeiten miteinander.

Besonders Helene vermisst die enge Gemeinschaft mit ihren Kindern. Auch Jürgen ist jetzt, nach seinem Militärdienst, in verschiedenen Studienstädten unterwegs.

In ihrem Inneren nimmt sie weiterhin sehr eng am Leben der auswärtigen Töchter teil. Zusammen mit ihrer Tochter Ulla, die mit ihrer Familie noch im Degenhof wohnt, nimmt sie Britas Tochter Cora über mehrere Monate in ihre Obhut, weil Brita die Diplomarbeit für ihr Examen verfassen muss. Als die Diplomarbeit 1949 dann nicht zugelassen wird, tauchen auch bei ihr innere Zweifel darüber auf, dass vor allem sie ihre Tochter dazu gedrängt hat, ihr Studium zu beenden. Das möchte sie ihrer Tochter erklären:[107]

> Liebe Brita!
> Nun ist also die lange befürchtete Entscheidung gekommen u. wir müssen uns damit abfinden … das Ganze wird erst schlimm, wenn du dich in Deinem Inneren davon beeinflussen läßt … Ich hab mir in all der letzten Zeit viel Gedanken darüber gemacht, ob es richtig war, Dich zur Beendigung des Studiums zu veranlassen. Ich ging von der Überlegung aus, daß es nicht gut sei, eine halbfertige Sache liegen zu lassen. Ich habe aber nicht bedacht, daß ein Hochschulstudium eben so große Anforderungen stellt, daß man ganz und gar darin aufgehen muss, um den gestellten Anforderungen zu genügen. Und das war bei Dir schon in den letzten Studiensemestern nicht mehr der Fall, geschweige denn, als Du als Frau neben den Erlebnissen von Ehe u. Schwangerschaft diese Arbeiten mehr aus Pflicht als aus Neigung machtest. Da dein eigentlicher Beruf doch in der Ehe u. all dem Schönen u. Reichen, was sie an Freuden bringt, liegt, ist das Ganze nicht so tragisch. Wir machen einen dicken Strich darunter, und du bleibst, was du immer warst …

Eine bemerkenswerte Zweckargumentation, die so gar nicht ihrem eigenen Lebenskonzept entspricht und wohl vorrangig der Tochter eine Brücke zu einem Leben mit einem Hausfrauenberuf bauen soll. Zudem verweist sie darauf, dass Brita ihre architektonischen Kenntnisse ja auch als Helferin und Kameradin ihrem Mann zur Verfügung stellen kann. Was diese später auch macht, da ihr Mann in der Phase seiner Selbstständigkeit als Architekt sein Büro im eigenen Haus hat. Die Idee, dass die Betreuung von Kindern und die Arbeit im Haushalt auch von den Ehemännern mit übernommen werden sollte, dass Kitas eingerichtet werden müssen, ist damals nicht in den Köpfen, auch nicht in Köpfen von Frauen. Nicht selten bewältigen berufstätige Frauen bis heute noch den Großteil der Familienarbeit. Die Vereinbarkeit von Familie und Beruf bleibt ein hochbrisantes privates und ebenso auch gesellschaftspolitisches Thema – vor allem für die Frauen eine tägliche Herausforderung. Erfreulich ist aber die Wertschätzung der Familienarbeit als Arbeitsfeld, das einen beruflichen Status verdient.

Um Helene wird es nun, ab 1950, im Degenhof spürbar einsamer. Die kleine Enkeltochter ist wieder in Köln bei ihren Eltern, und das Ehepaar von Kügelgen sucht in der Nähe von Freiburg nach einem eigenen Haus. Um ihren Geburtstag herum befällt sie, wie sie es ihrer Tochter Brita beschreibt, der schon traditionelle Katzenjammer.[108]

> Es ist auch soviel Praxis, daß ich garnicht zum »Studieren« komme, aber die ekligen Neuralgien sind weg. Gestern 21 Besuche. Vorher 25 Patientenberatungen … Heute auch Babyparade in Büßlingen und Schlatt, immer eine nette u. erfreuliche Sache.
> Durch die finanzielle Misere bin ich erst mal durch eine Sendung von Onkel Walter und die eigentlich miese Auszahlung der Kassen fürs III. Quartal 49 durch.
> Meinen Geburtstag haben wir entre nous gefeiert … Ein Ständchen von den Geschwistern W[etzstein]. von so einem rosa-himmelblau-triefenden Lied vom treuen Mütterlein! Vater brachte 20 neue Teller mit, Porzellan, einfach weiß … Nur stellten wir hier bei der Gelegenheit mal wieder fest, daß hier herum kein einziger Mensch wohnt, mit dem man so einen Kaffeeklatsch inszenieren könnte … die Baronin v. d. O. [eine Bewohnerin des Gästehauses] geht im Februar weg, nimmt auch nur faute de mieux mit uns vorlieb. Aber das ist nicht so schlimm. Der Schwerpunkt des Lebens liegt doch in der Arbeit u. in der Familie u. dann gibt's noch Bücher, die gute Kameraden sein können. … Sag mal, Britzelein, wer soll dich denn pflegen, wenn Euer Zweites da ist? … Wann genau kommt eigentlich das Kind? Mitte April?

Genau! Am 17. April 1950 wird Britas und Bernhards Sohn Diderk geboren.

1949 ist die Bundesrepublik Deutschland gegründet worden, Westdeutschland wird wieder ein fast souveräner Staat, wenngleich auch abgetrennt durch den Eisernen Vorhang. Der Ost-West-Konflikt lässt immer wieder Kriegsängste erwachen. Deutschland wird letztendlich durch die Gründung eines zweiten deutschen Staates, der Deutschen Demokratischen Republik, in eine fragile Balance gebracht.

Wie intensiv diese gesellschaftlichen Umwälzungen die Degenhofidylle erreichen, wird in den Briefen nicht deutlich. Sicherlich hat die Kriegs- und Nachkriegssituation die Kräfte erschöpft, das Überleben im Berufsverbot musste mit knappen Mitteln organisiert werden. Helene kann jedenfalls die von Tochter Brita geäußerten Sorgen über die unmittelbare Zukunft nicht vollends teilen, tröstet mit Optimismus und Vertrauen.

Im Februar 1950 zieht die Familie von Kügelgen endgültig aus dem Degenhof aus, ein tiefer Einschnitt in Helenes Leben. An Brita schreibt sie[109]:

> Diesen ersten einsamen Abend will ich nicht zuende gehen lassen, ohne dir von den letzten turbulenten Tagen zu berichten. Ich sitze hier in einem sehr behaglich eingerichteten Musikzimmer an dem großen Tisch, der als Vaters Schreibtisch am Ende des Sofas steht … eben ist elektrisch sehr schön warm geheizt. An den Wänden 3 farbige und 2 Tuschmalereien von Vater. Ich hab nun mal ein richtiges Wohnzimmer und freu mich darüber. Sonst ist es natürlich nicht leicht für mich, nach den vielen Jahren des Zusammenlebens mit Ulla nun plötzlich niemand mehr zu haben, bei dem man Verständnis für alle Fragen u. Probleme findet u. der auch mit allem Entsprechenden zu mir kommt. Aber dieser Übergang zur Einsamkeit mußte ja mal kommen, und ich hoffe, es wird mir gelingen, das Neue fruchtbar u. wertvoll zu gestalten. Mit Vater kann man ja nicht reden wie mit Euch. Ihm kann man zuhören u. alles Interessante und Schöne, was er zu bringen hat, aufnehmen, aber auspacken den eigenen Kram, das kann man bei ihm nicht. Ich werde lernen müssen, ohne dieses Auspacken auszukommen …

Die erwachsenen Kinder haben endgültig das Nest verlassen, und offensichtlich muss vor allem die Mutter sich an den Zustand gewöhnen, den sie so noch nie hatte: ein Alltagsleben mit ihrem Ehemann, natürlich auch Haus- und Gartengehilfen und Besuchern, aber ohne jemand ganz Vertrauten. Diejenige, die immer viel in Gemeinschaften war, muss sich jetzt in ihr Alleinsein mit ihrem Ehepartner einfinden. Der Kontakt zu ihren Kindern bleibt lebhaft und interessiert.

Und wie den Schilderungen in den Briefen von 1950 und 1951 zu entnehmen ist, sucht besonders sie eine intensive Verbindung zu ihnen – hat sie doch gerade mit ihnen das gefühlte und auch von außen zugeschriebene Besonderssein geteilt und mit ihnen eine Gemeinschaft mit einigen eigenen Normen und Ideen geschaffen. Und nun fehlen diese engsten Vertrauten!

Zweisamkeit. Familie und langsamer Abschied von Beruf und Leben

Das Ehepaar übt sich nun aber aktiv in der neuen Zweisamkeit. Traugott ist seit Erscheinen seines Buchs zwar noch häufiger als sonst unterwegs zu Dichterlesungen. Seine Vorträge führen ihn zu etlichen Treffen mit interessierter Zuhörerschaft.

Durch neue Kontakte zu Künstlern und interessierten Leserinnen und Lesern gewinnen beide, Helene und Traugott, Freundschaften, dies vor allem in der Schweiz. Auch für Besuche bei Arztkolleginnen und -kollegen ist jetzt mehr Zeit und Muße.

Anfang 1952 ist Helene längere Zeit so krank, dass sie nicht arbeiten kann. Wie nicht anders zu erwarten, kann sie das nur schlecht aushalten, ist aber letztendlich sehr geschwächt. Aber sie gewöhnt sich an die ruhigeren Zeiten, denn sie schreibt an ihre Tochter Brita: [110]

> Die Zweisamkeit bei uns im Degenhof ist wunderschön. Wir verstehen uns so gut, Vater und ich. Abends sind wir mit uns ganz unter uns mit den Hunden. Im Morgengrauen kommt dann Emilie und heizt und bringt uns das Frühstück ins Musikzimmer, wo ich noch gern im Bett liege.

Aber sie spielt auch wieder im Collegium musicum in Schaffhausen mit ihrer Bratsche mit.[111]

> Die Leute können eine Menge und ich muß mich tüchtig anstrengen, um ordentlich mitzukommen … Das moderne Zeug ist ekelhaft schwer zu spielen! Keine anständige Tonart, nichts wie Kreuze und

> Been. Man lernt aber die Töne auf der Bratsche gut kennen. Wenn ich übe, schreie ich die Namen der Noten dazu, es muß für einen Außenstehenden recht ulkig klingen.

Auch im Oktober und November 1952 ist sie wieder für eine längere Zeit krank und muss mit Fieber im Musikzimmer das Bett hüten.[112]

> Mein Hinterviertel ist schon ganz marode vom vielen Liegen. Es ist sonst ja wohl sehr einsam hier, aber fürs Gesundwerden ist das ganz gut. Ja, ja, es geht abwärts mit eurer ollen Mutter »man kann sie sie bald nicht mehr brauchen« wie mal ein teilnehmendes Enkelkind sagte …

Und später, Ende Oktober:

> Heute wollte ich eigentlich zum ersten Mal aufstehen, kriegte aber aus heiterem Himmel einen ganz entsetzlichen Durchfall, der mich wieder so schlapp gemacht hat, dass mir das Aufstehen vergangen ist … Ich bin ja abscheulich mager geworden und sehe zum Ausspucken aus, leider. Das muß nun aber anders werden, ich hab nicht die Absicht, zu resignieren … Vater sieht ja mein Collegium musicum nicht so gerne, aber letzten Endes freut er sich doch daran … für eine Ehe ist es bestimmt sehr gut, wenn man irgendeine Sache ganz selber hat …

In den folgenden Jahren rappelt sich Helene immer wieder auf, entwickelt Lebensmut, freut sich darüber, weiterhin als Ärztin zu arbeiten. Sie kann nun leichter als in der Familienphase und in der Nazizeit dem nachgehen, was ihr am Herzen liegt: der Kontaktpflege mit den Menschen, die ihr wichtig sind. Natürlich sind dies die Familien ihrer Kinder, aber auch die Bielefelder und die Stackelberg-Familie kann nun häufiger besucht werden – wenn denn ein Auto vorhanden ist. Helene ist eine leidenschaftliche Autofahrerin. Wie rasant sie fährt, berichtet Traugott seiner Tochter in einem Brief von 1955:

> Mutter liegt heute etwas zu Bett. In der Nacht war ihr furchtbar schlecht + sie hat tüchtig brechen müssen. Wahrscheinlich hat sie sich gestern furchtbar aufregen müssen, weil sie mit ihrem neuen Wagen mit aller Wucht in meinen gefahren ist, der vor meiner Garage stand. Sie hatte es natürlich gesehen, aber als sie rückwärts aus ihrer herausfuhr, schon wieder vergessen. Nün war ihr hinterer Kotflügel ziemlich eingedätscht + meiner an der Flanke, aber der Schaden ist restlos zu beheben …

Mobilität ist eben ihr Lebenselixier. Wann immer es geht, ist sie in Bewegung, mit und ohne Auto, sei es bei der Gartenarbeit oder im aufwendigen Haushalt. Sie kümmert sich sogar um die komplizierten Versorgungsanlagen des Hauses, mit deren Technik sie sich bestens auskennt. Noch abends spät – häufig nach auswärtigen Krankenbesuchen – verfasst sie lange Briefe, mit denen sie den Kontakt zu ihren Lieben stetig aufrechterhält.

Das Ehepaar genießt auch gemeinsame Reisen, zum Skifahren in die Berge oder im Sommer in den Süden. Über neue anregende Kontakte berichtet Traugott seiner Tochter. Lange Zeit konnten sie die entspannende Normalität solcher Besuche nicht gemeinsam genießen. [113]

> Gestern hatten wir einen sehr netten Besuch, den Generaldirektor von den verschiedenen Eisen- und Stahlwerken – genannt Fitting, Ernst Müller und Frau. Wir waren lange im Wald spazieren + nachher sassen wir sehr gemütlich Kaffeetrinkend im Kaminzimmer. Ich las auch was neues vor. Sonnabend war die traditionelle St. Niklaus-Feier im Rotary – sehr hübsch gemütlich, tolles Festessen, Tanz und Geschenke. Ein Berner Mundartdichter las unverständliche Dinge, die selbst die Schaffhauser nicht verstehen konnten. Übermorgen dichterlese ich im Konstanzer Theater zur Feier des Stadttechnikums, 600 Studenten. Freitagnacht Zürich, Skandinavischer Club, grosse Toilette, immer sehr feierlich, alles mit lebenden Kerzen erleuchtet. Traditionelles Julessen, St. Lucia, Weihnachtsbaum, nordische Tänze und auch europäische. Sehr nette + gute Leute. Wir sind also nicht mehr in der Stille unseres Tals vergraben.

Besonders Traugott ist viel unterwegs, obwohl auch er gesundheitliche Probleme hat. Er genießt die öffentliche Anerkennung, die ihm als Schriftsteller und Maler inzwischen entgegengebracht wird.

1959 erhärtet sich bei Helene ein Verdacht, der schon länger im Raum steht: Ihr Blutbild ist nicht in Ordnung. Nach einer gründlichen Untersuchung in der Freiburger Klinik steht es fest, dass sie an Leukämie leidet. Sie muss die Krankheit schon länger in sich getragen haben, nur so erklären sich ihre vielen lang andauernden Krankheitsphasen. Immer wieder rebelliert ihr Magen-Darm-Trakt, Infektionskrankheiten häufen sich, ständig muss sie Medikamente nehmen.[114]

> Mutter nimmt seit einiger Zeit Magensaftpräparate und gegen die Schmerzen Zäpfchen. Seitdem scheint das rigorose Abnehmen gestoppt zu sein. … Hoffentlich wird die sorgfältig ausgewogene Medikation und Diätbehandlung weitere Erfolge bringen. An sich ist die Knochenmarkserkrankung nicht bösartig, mehr chronisch …
> Mutters Zustand ist wechselnd. Wenn sie im Bett ist – meistens bis Mittag, meint sie wunder was für ein Kerl zu sein und erklärt sie wäre gesund und wolle wieder Praxis machen. Wenn sie aber eine Weile auf ist, so strengt sie das doch sehr an und sie wird sehr bald müde. Kann aber ohne Schlafmittel so gut wie garnicht schlafen. … Psychisch hat sie sich sehr verändert, … mal zuversichtlich, mal deprimiert, mal aufgeregt – über nichts, dann wieder lieb und gütig. Früher war sie doch immer so ausgeglichen … Eben ist die Friseuse da, um Mutters Haare zu machen. Mutter findet, daß sie inzwischen wie eine alte Hexe aussehe. Aber das ist garnicht wahr. Natürlich hat sie durch die Abmagerung viele Runzeln im Gesicht bekommen und der Ausdruck ist sehr viel wechselnder, die Augen erscheinen größer, ich finde daß sie richtig schöner geworden ist …
> Ich mache also weiterhin die Praxis und gebe mir Mühe es recht zu machen. Mutter hat schon überall herum geschrieben nach einem Vertreter, aber bisher ohne Erfolg.

Helene selbst schreibt zu ihrer körperlichen Krise:[115]

> Natürlich ist es kein angenehmes Gefühl, so ein bißchen auf dem Vulkan zu leben. Die Geschichte kann noch jahrelang so halten, kann aber auch sehr schnell umschlagen. So war es z. B. bei Mausi Augele … von der wir ja schnell Abschied nehmen mußten … Jedenfalls strahlt uns die Sonne noch u. wir wollen das Leben dankbar genießen, solange es uns läßt und durch keine uferlosen und nutzlosen Ängste uns die Freude am Dasein trüben lassen.

Und später:

> Eben lebe ich wie Gott in Frankreich, tue nichts u. werde nach Takt und Noten verwöhnt. Vater ist rührend lieb u. ein bißchen zu besorgt. Zuerst hat er wohl einen furchtbaren Schreck gekriegt. Ich hatte den Eindruck als sähe er meinen Tod in der nächsten Zeit vor Augen. Inzwischen sieht er endlich die Sachlage ruhiger u. klarer. Natürlich müssen wir ernstlich an unsere Nachfolge hier denken, aber ich hoffe, daß ich den Kram hier etwas eingeschränkt doch noch ein paar Jahre machen kann. Vater strengt das Angebundensein u. das auf den Pfiff hören was die Praxis ja mit sich bringt mehr an als mich. Ich finde, daß er eigentlich Schonung nötiger hätte als ich … Wenn ich nichts tue, fühle ich mich oft pudelwohl, aber das wechselt leider so mit Zuständen absoluter Schlaffheit, und das ist dann recht deprimierend. So, Schluß davon. Unsere Dahlien u. Rosen blühen wundervoll …

Natürlich lässt sie sich letztlich nicht unterkriegen und unternimmt in guten Phasen sogar einige Reisen zu den Verwandten in Köln und Bielefeld oder nach Langeoog in das Dönhoffsche Haus. Oder sie verreist mit Traugott auch zu längeren sommerlichen Ferienaufenthalten und kann das auch genießen, wie sie in ihren fast regelmäßigen Wochenbriefen an Brita schreibt:

> Dann reisen wir nochmal in den Süden. Wir lassen uns das Leben nicht vergraulen.

Auch freut sie sich über die Besuche in Kunstausstellungen, z. B. in Schaffhausen.[116]

> Neulich waren wir bei einer wunderbaren Kunstausstellung: Triumpf der Farben – Les Fauves, die Wilden. Das sind die Vorläufer der jetzt Modernen: Braque, Kandinsky, Kirchner ... Die Bilder haben mich als Studentin sehr aufgeregt. Jetzt sehe ich sie gelassen an und finde sie teilweise sehr schön. Fast immer begreift man ja, was dargestellt ist ... und das ist mir bei den Abstrakten z. Zt. total dunkel. Vielleicht werde ich es in 20–30 Jahren auch anders ansehen, aber dafür ist es nun mal für mich zu spät. Na, es gibt andere Dinge, die mehr an den Lebensnerv gehen als das Unverständnis abstrakter Kunst.

Bücher werden ihr mehr denn je gute Kameraden, sie liest viel, betont immer wieder, dass sie Bücher gern um sich hat. Sie und Traugott kennen einige zeitgenössische Schriftsteller persönlich, z. B. Werner Bergengruen, Hermann Hesse oder Fritz Mühlenweg. Über Thomas Mann, dessen »Buddenbrooks« sie zweimal liest, schreibt sie[117]:

> Eben lese ich Thomas Mann. Schreiben kann er fabelhaft, aber oft entsetzlich langatmig und fast immer dekadent oder doch hoffnungslos und niederdrückend. Schade, er kann so großartig Situationen und Menschen schildern. Immer sucht er sich Dinge heraus, die ungesund sind.
> Stackelberg ist mir lieber. Vater schreibt wieder und zwar sehr gut, ich bin so froh.

Helenes angegriffener Gesundheitszustand erfordert und bewirkt schließlich eine Modernisierung des Hauses.[118]

> In zwei Wochen soll ja die neue Heizung eingebaut und der Eßzimmerofen abgerissen werden. Das wird noch einigen Staub machen ... Oben im Schlafzimmer: Statt der beiden schmalen Türen mit dem Brett und Spiegel haben wir beim Ritzi Fritz eine ganz breite Glastür

> bestellt (4 qm groß, zweiflügelig, Hebetür) ... Da kann Mutter dann wunderschön liegen und hat das ganze schöne Tal vor sich und die Sonne scheint ja den ganzen Tag hinein. Ich glaube, daß das eine sehr schöne Neuerung sein wird ...
>
> Letzte Woche haben wir einen Badegasofen bekommen. Da der Bach trotz der Regentage immer noch wenig Wasser hat, ist es sehr schön, auf diese Weise immer warmes Wasser zu haben.

Aus Anlass der Renovierung hält Traugott eine Rückschau:[119]

> Als wir unser Häuschen bauten, wenn es auch eigentlich noch garnicht so lange her ist waren wir noch nicht viel weiter in technischer Beziehung, als es unsere Vorfahren in 100 Jahren waren.
>
> Daran merken wir, nun alt geworden, dass wir aus einer anderen Zeit stammen, einer Zeit, die mit uns wohl endgültig zuende gehen wird. Nun, wir liebten und wir lieben das alte und »primitive«, das einfache Leben.
>
> Segelboote sehen wir lieben als Motorboote und Pferde als Autos. Den Geruch des Holzrauches lieber als den von Öl und Briketts.
>
> Trotzdem bauen wir uns Überlandstromleitung und Ölfeuerung ein – weil wir erkannt haben, daß wir dadurch unabhängiger von menschlicher Arbeitskraft (und Laune) werden. Daß wir mehr Ruhe gewinnen für die eigentlichen Dinge des Lebens.

Helene muss sich damit abfinden, mit ihrer chronischen Krankheit zu leben. Ihre tägliche Arbeit als Ärztin kann sie mit fortschreitender Krankheit nicht mehr bewältigen, obwohl sie es immer wieder mit neuem Elan versucht. Sie muss die Beendigung ihrer aktiven Berufszeit in den Blick nehmen. Aber es findet sich trotz längerer intensiver Suche niemand für eine Übernahme der Praxis. Die Sorge um die Zukunft des Degenhofs bleibt also bestehen. Gezwungenermaßen muss Helene eine Entscheidung treffen, die ihr als Frau, die sich in hohem Maße mit ihrem Ärztinnendasein identifiziert, unermesslich schwer fallen muss: Sie beendet am 1. Juli 1961, nach 40-jähriger Tätigkeit, ihre Arbeit in der kassen-

Wegen einer chronischen Erkrankung muß ich leider meine

ssenpraxis ab 1. Juli

hließen

Privatpatienten können nach Vereinbarung weiterhin behandelt werden.

Ich danke allen, die mir in den 40 Jahren meiner ärztlichen Tätigkeit ihr Vertrauen geschenkt haben.

r. med. Helene

. Stackelberg

TENGEN/HEGAU

ärztlichen Praxis. Private PatientInnen will sie nach Absprache noch weiterbehandeln.

Am 14. Juni schreibt sie an ihre Tochter:

> Nun ist bei mir Endspurt in der Praxis u. alle wollen sie nochmal von mir behandelt sein. Viele Male jeden Tag gibt es Tränen bei den Patienten, die sich nun ganz verlassen vorkommen. Und mir ist auch nicht wohl dabei … Ich selber bin schlapp u. empfindlich u. garnicht leistungsfähig. Vielleicht ist das gut, sonst fiele mir das Aufhören bestimmt noch viel saurer …

Danach lebt sie noch drei Jahre, im zermürbenden Wechsel zwischen kurzen guten Phasen und langen schmerzlichen, die immer wieder verbunden sind mit Bluttransfusionen und Krankenhausaufenthalten.

Eine anrührende Geschichte aus den familiären Erzählungen ist an dieser Stelle hinzuzufügen: Gegen Ende ihrer Lebenszeit im Jahr 1964 kann Helene sich zu Hause im Degenhof aufhalten. Eines Tages wird sie von einer Musik überrascht, die draußen vor ihrem Schlafzimmerfenster gespielt wird. Ihr Schaffhauser Kammerorchester musiziert überraschend und zu ihrer übergroßen Freude im Freien vor ihrem Haus auf der Wiese einige ihrer Lieblingsstücke.

Am 21.10.1964 um vier Uhr fünfzig stirbt sie in der Klinik in Schaffhausen.

Das Leben im Degenhof geht weiter. 1967 schreibt

Degenhof-Tengen, 21. 10. 1964

Allen Verwandten und Freunden geben wir bekannt, daß meine geliebte Frau, unsere Mutter, Schwester und Großmutter

Dr. med. Helene Freifrau v. Stackelberg
geb. Lohmann

nach jahrelangem schwerem, tapfer getragenem Leiden durch den Tod erlöst wurde.

Traugott v. Stackelberg
Ursula v. Kügelgen, geb. v. Stackelberg
Alkmar v. Kügelgen
Brita Wirminghaus, geb. v. Stackelberg
Bernhard Wirminghaus
Jürgen v. Stackelberg
Jantra v. Stackelberg, geb. Henning
und elf Enkelkinder
Walter Lohmann, Bielefeld
Ilse Lohmann
Elisabeth Lohmann

Die Beerdigung findet am Sonnabend, den 24. Oktober 1964, 15 Uhr auf dem Friedhof in Tengen statt.

Traugott an seine Tochter Brita:[120]

Ich sitze in meinem Zimmer an der Glastür und sehe ins Tal hinaus. Die Wiesen sind grün geworden und von den Eichen sind jetzt erst die letzten rostroten Blätter verweht. Die Forsythie an der Ecke des Rasenplatzes leuchtet wie ein goldgelbes Feuer. Die Buchen im Wald sind rotviolett, die Knospen an den Obstbäumen sind prall und versprechen eine gute Blüte … Im Planschbecken ist ein grosser Kieshaufen und mehrere Basaltsteine liegen am Rande. Daraus soll um den Weiher ein 30 cm hoher und 80 cm breiter Rand entstehen, damit er bis oben gefüllt werden kann … Im Felsen und am Bach blüht es gelb, blau, rot und weiß. Heute ist der Himmel grau. Morgens und abends treten Rehe heraus und zuweilen auch zwei Gemsen, ein Gamsbock und eine Geiss. Ich beobachte sie durchs Glas.

Selbstverständlich sind Bratsche und Geige, Noten und Photos und sogar Kinderbücher unangetastet und sorgfältig versorgt …

Ich war eben bei Mutters Grab und habe zwischen die Koniferen gelbe Stiefmütterchen und eine niedrige Azalee, Frühlingsheide und Aurikelchen setzen lassen. Es war sehr schön oben, die Ferne diesig, das bedeutet, daß morgen auch schönes Wetter sein wird.

5 Der von Helene sehr geschätzte Schwager Georg Kaiser widmet ihr zur Konfirmation Ostern 1910 ein Exemplar des Neuen Testaments: »Meiner lieben Lene zur Konfirmation. Georg«.

6 Wohnung: Am Damm 13, ab 1898 Nebelswall 5, Firma: Am Damm 10, später Lutterstr. 35 und schließlich in Schloß-Holte.

7 Martha Dönhoff (1875–1955); Wikipedia gibt Auskunft über Martha Dönhoff: https://de.wikipedia.org/wiki/Martha_Dönhoff, abgerufen 21.8.2021.

8 In: Ellscheid o.J. [1983]: Der Stadtverband Kölner Frauenvereine. S. 43.

9 Die Fotografin Elisabeth Bäumer (1875–1959) ist eine jüngere Schwester der Frauenrechtlerin Gertrud Bäumer (1873–1954), die von 1919–1932 als Abgeordnete (DDP) Mitglied des Reichstags ist.

10 Vogelsang, Reinhard 1988: Geschichte der Stadt Bielefeld, Bd. II, Von der Mitte des 19. Jahrhunderts bis zum Ende des Ersten Weltkrieges. S. 44.

11 Helene von Stackelberg (HvSt), 1932 an ihre Eltern.

12 Elli 1884–1974, Wilhelm 1886–1926, Walter 1888–1973, Hertha 1890–1955, Helene 1895–1964.

13 Röpke, Lotte 1989: Ergänzungen zum Familienbuch, unveröffentl. Manuskript, S. 55.

14 In: Gromann, Margret 1995: Bernhard Bavink. Lehrer, Wissenschaftler, Philosoph. Bielefeld 1995, S. 117.

15 Ibd., S. 118.

16 Die vermutete Verstrickung Bavinks in die Euthanasieprogramme der Nationalsozialisten wird lange nach seinem Tod in den 80er Jahren kritisch überprüft. Da eine Mitverantwortung gesehen wird, erhält die Schule, an der er lange Jahre tätig gewesen ist, das 1947 nach ihm benannte Bavink-Gymnasium, einen neuen Namen. Es wird umbenannt in »Gymnasium am Waldhof«. Die Büste von Bernhard Bavink bleibt aber weiterhin im Schulgebäude aufgestellt. Die Familie sieht ihn nicht als einen Wegbereiter der nationalsozialistischen Euthanasieprogramme. Nachgewiesen ist seine Überzeugung, durch medizinische Techniken Erbkrankheiten zu verhindern. Seine Tochter Margret Gromann veröffentlicht 1995 seine Memoiren, um eine objektive Auseinandersetzung mit dem Wissenschaftler und dem Privatmenschen zu ermöglichen.

17 Deutschnationale Partei.

18 Brief Helene 1919.

19 Röpke, Lotte 1989: Ergänzungen zum Familienbuch. S. 55–61.

20 Helene an die Familie, 1.5.1915.

21 Ihr Konfirmationspate und Schwager, s. Anm. 5.

22 Ausschnitt aus einem Brief Helenes an ihren Vater, 3.12.1932. Helene versucht, ihrem 84-jährigen Vater (1847–1936) etwas Mut zuzusprechen, der sich Sorgen um die Firma macht, die nun von seinem Sohn Walter geleitet wird.

23 Vogelsang, Reinhard 1988: Geschichte der Stadt Bielefeld. S. 281.

24 Vgl. Vogelsang, Reinhard 1988: Geschichte der Stadt Bielefeld, Band II. Bielefeld 1988.

25 Röpke, Lotte 1989: Ergänzungen zum Familienbuch, unveröfftl. Manuskript, S. 219.

26 80 Jahre später werden dort auch zwei ihrer Urenkelinnen studieren.

27 Helene an die Familie, 17.2.1917.

28 Helene an die Familie, Bonn 26.7.1917.

29 Illies, Florian 2012, 2016³: 1913 Der Sommer des Jahrhunderts. S. 319.

30 Hasselblatt, Meinhard, in: Tagebuch Helene April 1918.

31 Siehe Abschnitt »Freundschaften, Verwandtschaften«, S. 241.

32 Tagebuch Helene Dezember 1918 und Januar 1919.

33 Vgl. Helenes Briefe vom November 1918.

34 Helene an die Familie, 27.5.1918.

35 Siehe oben zur Göttinger Woche und dem Tagebuch.

36 Helene an die Eltern, 31.5.1918.

37 Helene an die Familie, 5.10.1918.

38 Helene 28.10.1918, (verspäteter) Geburtstagsbrief an den Vater.

39 Helene an die Familie, 25.11.1918.

40 Weidermann, Volker 2017: Träumer – Als die Dichter die Macht übernahmen.

41 Helene an die Familie, 26.11.1918.

42 Siehe Protokollheft der »Gruppe freiheitlicher Akademiker / Arbeitsgemeinschaft demokratisch-sozialer Akademiker«, s. S. 205 f.

43 Vgl. Kölner Frauengeschichtsverein (Hg.) 1995: 10 Uhr pünktlich Gürzenich. Hundert Jahre bewegte Frauen in Köln.

44 Siehe den Titel von Weidermann, Volker 2017: Träumer. Als die Dichter die Macht übernahmen.

45 Vgl. Helwig, Werner 1960/1980: Die Blaue Blume des Wandervogels. Vom Aufstieg, Glanz und Sinn einer Jugendbewegung, erw. Ausgabe 1980.

46 Seidelmann, Karl: Das Wesen der Freischar und ihre Führer. In: Helwig, Werner 1980, S. 251.

47 Vgl. Protokollheft der »Gruppe freiheitlicher Akademiker / Arbeitsgemeinschaft demokratisch-sozialer Akademiker«, s. S. 205 f.

48 Brief vom 18.12.1918.

49 Brief an die Mutter vom 21.12.1918.

50 In: Hörner, Unda 2018: 1919, Das Jahr der Frauen. S. 61.

51 Eine zeitliche Extrapolation in die BRD 2020, 14 Tage nach den rassistischen Morden in Hanau!

52 Vgl. Franken, Irene 1995: Köln. Der Frauenstadtführer.

53 Vgl. Ellscheid, Rosemarie o. J. [1983]: Der Stadtverband Kölner Frauenvereine. S. 23.

54 Ibd.

55 Wolff, Emmy (Hg.) 1928: Frauengeneration in Bildern.

56 Brief von Else Wirminghaus vom 23.7.1928 an Else Schuler in Göttingen.

57 Helene an ihre Mutter, 3.5.1919.

58 Aus dem Brief vom 5.3.1919 an die Eltern.

59 Helene, 8.7.1919.

60 12.8.1919.

61 Helene nennt Traugott zeitweilig Klaus, Kurzform seines Zweitnamens Nikolaus.

62 Traugott von Stackelberg (TvSt) an Elisabeth Lohmann, 10.12.19.

63 Dazu weiter unten im Kapitel über Traugott.

64 Siehe unten über die Auswanderungspläne.

65 Vgl. Weidermann, Volker 2017: Träumer. Als die Dichter die Macht übernahmen.

66 Helene, 17.5.1920.

67 Siehe Kapitel über Traugott.

68 TvSt Tagebuch.

69 Siehe Brief von Traugott an Olga in Sibirien vom 19. Juni 1918, s. S. 191.

70 Brief Helene, 19.5.1920.

71 »Beitrag zur Frage der Enuresis nocturna mit besonderer Berücksichtigung der Behandlungsergebnisse der Münchner Kinderpoliklinik in den Jahren 1920–1921 und eigener Versuche mit Oleum Cupressi«. (München 1922.) 32 s. 4° (Mschr.) 3.2.1922.

72 Einer der sie betreuenden Professoren ist Ferdinand Sauerbruch. Siehe Deichmann, Ute 1992.

73 Helene und Traugott an Mutter Lohmann vom 29.9.1920.

74 Helene an den Vater, 28.10.1920.

75 Erzählung von Heide Finsler, Landwirtin in zweiter Generation auf dem Haslacherhof.

76 Siehe Liste der Überwachungsbehörde mit 20 Namen und Personendaten, 9 davon aus England, s. S. 221.

77 6.9.1921.

78 Siehe Anm. 77.

79 Zweite Tochter: Brita *5.11.1923.

80 Vgl. Helenes Tagebuch, S. 19.

81 Vgl. Ellscheid, Rosemarie o. J. [1983]: Der Stadtverband Kölner Frauenvereine.

82 Vgl. Abschnitt »Zukunftspläne: Suche nach dem Kompromiss zwischen Sibirien und Bielefeld« S. 89.

83 Karte von TvSt, 25.11.1927.

84 HvSt, Brief vom 16.12. 1929.

85 HvSt, Brief vom 24.3.1943.

86 Gromann, Margret 1989.

87 HvSt, Brief an Vater Lohmann 3.12.1932.

88 Siehe Abschnitt »Ferienzeltlager der Kinderfreunde (1931)«, S. 276.

89 TvSt Brief an seine Mutter 1931.

90 TvSt an seine Mutter, 16.11.1931.

91 TvSt an seine Mutter, 9.6.1936.

92 Siehe Abschnitt »Vermutete Umtriebe, 1933«, S. 285.

93 Deutsche Bodenseezeitung 1931, Nr.134, S. 3.

94 Harrer, Johanna 1934: Die deutsche Mutter und ihr erstes Kind, München. – Aus dem Vorwort: »An die deutsche Frau ... Auf uns Frauen wartet als unaufschiebbar dringlichste die eine uralte ewig neue Pflicht: Der Familie, dem Volk der Rasse Kinder zu schenken«.

95 Schramm, Hilde 2012: Meine Lehrerin Dr. Dora Lux,1882–1959 Nachforschungen. S. 184 ff.

96 Dies war später auch einem Register im Stadtarchiv von Tallinn zu entnehmen, das mit dem Jahr 1939 geschlossen wurde, weil es keine zu registrierenden »Aussiedlungen« mehr gab.

97 Giebel, Wieland (Hg.) 2018: »Warum ich Nazi wurde«. Biogramme früher Nationalsozialisten, Die einzigartige Sammlung des Theodore Abel.

98 Ermann, M. In: Bode, Sabine 2009: Kriegsenkel, Die Erben der vergessenen Generation. S. 27.

99 Original-Ton der Tochter Brita: »Mutter wollte den Landfrauen vermitteln, dass sie weniger Speck und mehr Gemüse kochen sollten ...«.

100 TvSt an seine Mutter, 5.5.1944.

101 Brief an Brita vom 26.8.1946.

102 Vgl. Abschnitt » ›Politische Säuberung‹, Entnazifizierung«, S. 304.

103 Tagebuch Helene 16.12.1918, S. 21–24.

104 Brief an Brita, 10.11.1947.

105 Brief vom 12.5.1946.

106 Aufzeichnungen HvSt 1946.

107 Brief vom 12.7.1949.

108 Brief vom 21.1.1950.

109 Brief vom 13.2.1950, alle folgenden Briefe an Brita, ihre Tochter in Köln.

110 Brief vom März 1952.

111 Brief vom 1.2.1952.

112 Briefe vom 23. und 28.10.1952.

113 Brief TvSt an Brita vom 12.12.1955.

114 Brief TvSt, 25.9.1959.

115 HvSt an Brita und Bernhard, 1.9.1959.

116 HvSt, 21.10.1959.

117 HvSt, 12.6.1963.

118 TvSt, Okt. 1959.

119 TvSt, 2.11.1959.

120 TvSt, 29.4.1967.

Traugott (1891–1918)

Etwas Familiengeschichte. Reval[121]

Caroline Charlotte von Stackelberg (1857–1953)

Es ist ein herrlicher klarer Wintertag, als Caroline Charlotte von Stackelberg, geborene Deringer, frühmorgens am 18. März 1891 ihr viertes Kind, ihren zweiten Sohn zur Welt bringt. Lange dauert die Geburt, denn eigenwillig hat das Ungeborene in Steißlage verharrt. Dreierlei hat die Geburt schließlich befördert: der Hausarzt, Dr. Berg, hat das Beste unter diesen Umständen getan, nämlich nichts, der Vater des Kindes hat sich am Bett niedergekniet und inbrünstig gebetet, und die Mutter des Kindes hat sich zwischen den Wehen beruhigen können mit dem Blick auf das dunkelblaue Meer.

Das Kind erhält als Vornamen den seines Vaters Nikolaus, den seines Großvaters Johannes und den seines Taufpaten Traugott Hahn.

Traugott Nikolaus Johannes Freiherr von Stackelberg ist Spross einer weit verzweigten Familie, die seit etwa 700 Jahren in Livland und Estland ansässig ist. Deren Vorfahren sind einst als Ordensritter oder mit der Hanse aus dem Harz hierhergekommen. Großvater Johannes[122] kämpft als junger Leutnant in der russischen Armee gegen Napoleon. In Livland und im Pleskauschen Gouvernement besitzt er große Güter, recht wohlhabend ist er durch den Anbau von Kartoffeln und Gerste sowie durch die Herstellung von Wodka. Er wird Adelsmarschall und Mitglied des Reichsrats.

Nikolaus Gustav Bruno von Stackelberg (1832–1902)

Sein Sohn Nikolaus ist ein erstaunlich moderner und sozial denkender Mensch. Er möchte, beeinflusst von seiner gebildeten und frommen Mutter, Auguste Karoline Juliane,[123] geb. von Samson-Himmelstjerna, als Geistlicher wirken. Doch sein Vater lässt ihn nicht Theologie studieren. So wendet sich Nikolaus dem Studium der Rechte zu und wird einige Jahre Offizialverteidiger am Friedensgericht in Pleskau. Ein wichtiges Anliegen ist ihm, die Rechte der Bauern zu verbessern, die bis dahin Leibeigene der Gutsbesitzer gewesen sind. Auch der Thronfolger und spätere Zar Alexander II. verfolgt das Ziel der Aufhebung der Leibeigenschaft. Nach der Thronbesteigung erfolgt 1861 tatsächlich die Bauernbefreiung. An der Kodifizierung ist – auf Wunsch des jungen Zaren – Nikolaus von Stackelberg maßgeblich beteiligt. Er wirkt weiterhin als Friedensvermittler in etlichen Streitfällen, die durch die neue gesetzliche Lage entstanden sind. Er spricht sehr gut Russisch, genießt das Vertrauen der russischen Gutsbesitzer und wird von ihnen, nachdem sein Vater gestorben ist, auch zum Adelsmarschall gewählt. Nikolaus von Stackelberg ist in dieser Funktion ihr Vertreter und Fürsprech beim Zaren. Diese Rolle aber erweckt das Misstrauen der livländischen Ritterschaft, die sich zu der Zeit Tendenzen zur Russifizierung der baltischen Länder seitens nationalistischer Kreise und auch der orthodoxen Kirche ausgesetzt sieht. Nikolaus v. St. befindet sich in gewisser Weise zwischen den Fronten. Auch für seinen Vater bedeutet die von Nikolaus mitbetriebene Bauernbefreiung eine Abkehr von den tradierten Verhältnissen. Gleichwohl aber beeindruckt den Vater, dass der Sohn die Gunst des Zaren und das Vertrauen der Gutsbesitzer gewonnen hat. Nikolaus kehrt auf das Gut Lasrowo bei Petschur zurück, das er zum bestandenen Abitur geschenkt bekommen hat. Der Vater hebt auch das Verbot des Theologiestudiums auf, sodass er mit ihm beginnen kann. Nach dem Tod des Vaters Johannes im Jahr 1863 verkauft Nikolaus einige der im Pleskau'schen Gouvernement gelegenen Güter, um eine Institution nach dem Vorbild von Bethel oder auch Neu Dettelsau aufzubauen.

In Dorpat beendet er sein Theologiestudium und wird 1867 als Pastor-Diakonus an die größte Kirche in Reval, die Olai-Kirche, berufen. Im selben Jahr wird das Hilfswerk gegründet und mithilfe eines Großteils des Vermögens von Nikolaus gestiftet.

In den Jahren vor und nach Traugotts Geburt reisen seine Eltern oft nach Deutschland und in die Schweiz. So bestehen gute Kontakte zu Christoph Blumhardt in Bad Boll, Wilhelm Löhe in Neuendettelsau und Friedrich von Bodelschwingh in Bethel bei Bielefeld, Theologen und Sozialpolitiker wie Nikolaus selbst. Übrigens wäre Traugott fast in Bethel – unweit des Geburtsortes seiner späteren Ehefrau Helene – zur Welt gekommen und nicht in Reval, dem heutigen Tallinn.

Das Hilfswerk umfasst Krankenhäuser, eine Diakonissenanstalt, ein Haus für psychisch Kranke und ein Heim für verwahrloste Kinder.

Diakonissenanstalt, Reval

Dabei sind Unterschiede der Religion oder der Nationalität ohne Belang: Esten, Russen und Deutschen wird in den Anstalten gleichermaßen im Sinne christlicher Nächstenliebe geholfen.

Die Offenheit gegenüber der orthodoxen Religion und Kirche passt den obersten Vertretern der lutherischen Landeskirche nicht; das Konsistorium verbietet Pastor Stackelberg das Predigen und enthebt ihn seiner Ämter an St. Olai. Und ein Weiteres entfernt ihn von der Amtskirche. Um die Zeit der Geburt von Traugott entwickelt er eine abweichende Haltung zur Kindstaufe. Diese sei weder von Christus eingesetzt noch im frühen Christentum üblich gewesen. Eine Heilswirkung dieses Sakraments sei an den Glauben des Täuflings gebunden und der sei ihm als Säugling ja noch nicht gegeben. Die Taufe des Sohnes geschieht auf Drängen von Caroline.

Sie ist die dritte Ehefrau von Nikolaus von Stackelberg. Zwei Ehefrauen sind jeweils nach etwa 10-jähriger Ehe gestorben. Aus der ersten Ehe mit Vera von Brümmer stammen ein Sohn, Hermann, und zwei Töchter, Maja und Vera. Aus der zweiten mit Marie Christine von Helffreich eine Tochter, Elisabeth. 1884 heiratet Nikolaus Caroline, die Tochter seines Studienfreundes Robert Deringer, der Pfarrer in Sauken / Kurland ist. Caroline ist etwa dreißig Jahre jünger als ihr Mann – sie ist etwa so alt wie Hermann, der älteste Sohn von Nikolaus. Diese Ehe ist besonders glücklich und harmonisch. Aus ihr entstammen sechs Kinder: drei Töchter – Hanna, fast vier Jahre älter als Traugott, die mehr als zwei Jahre ältere Irene und Ruth, sieben Jahre jünger –, drei Söhne – der fünfeinhalb Jahre ältere Nathanael, Traugott und der eineinhalb Jahre jüngere Bruder Johannes. Die Mutter Caroline ist in erster Linie für ihren Mann da, sie bewundert ihn und versucht alles so einzurichten, dass er sich wohlfühlen kann. Er braucht ihren Beistand in für ihn schwierigen Zeiten, die seine Agilität hemmen und ihn bis in Depressionen hinein bedrücken. Von der lutherischen Amtskirche hat er sich gelöst. Gleichwohl nimmt er den christlichen Glauben sehr ernst. Gott wohne nicht in Häusern oder Tempeln, die von Menschenhand gemacht seien. Wer Gott anbete, solle das im Geist und in der Wahrheit tun. Es gebe nur *einen* Gott, *eine* Wahrheit, *eine* Gerechtigkeit. Für den kleinen Traugott ist dies alles nicht so gewiss. Seine Amme erzählt ihm von den Geistern, den Trollen und Wichten, die in den Wäldern leben. Die Menschen bemerkten sie fast nie, die Tiere, etwa Pferde und Hunde, sehr wohl. Diese Ansicht gefällt

Traugott besser als die vom einzigen allmächtigen Gott, der straft und belohnt und den man fürchten und lieben muss. Den mächtigen Gott lieben? Fürchten schon, aber lieben nicht. Zum Verhältnis von Wahrheit und Macht erlebt der etwa sechsjährige Traugott eine Situation, die sich ihm tief einprägt. Sein Vater hat ihn gerufen. Traugott hat aber den Ruf nicht vernommen, folgt ihm daher nicht. Der Vater fragt, ob er den Ruf nicht gehört habe. Wahrheitsgemäß verneint Traugott. Der Vater aber ist überzeugt, dass sein Sohn ihn gehört haben muss, und bestraft ihn. Er muss sich in den Winkel des Zimmers stellen. Nach einiger Zeit fragt er wieder: »Gibst du zu, dass du es gehört hast und vorhin gelogen hast?« Traugott verneint wiederum. Dann redet der Vater ihm gut zu: Gott sehe alles, ihn könne man nicht belügen. Deshalb wundert sich Traugott, dass einer, der mehr Macht hat als er, verlangt, dass er lüge. Und auf die nachsetzende Frage des Vaters, ob er immer noch behaupte, er habe den Ruf nicht gehört, antwortet er: »Nein!« Wobei offen bleibt, ob er von der Behauptung ablässt oder das Nicht-Hören bestätigt.

Stackelberg-Haus in Tallinn (Aufnahme von 2012), Außenfront

Zum Hauswesen des Stadthauses in Reval auf dem Domberg, in dem die Familie in den Winterperioden lebt, gehört viel Personal: Haushälterin, Köchin, Küchenmädchen, Stubenmädchen, Holz- und Wasserkerl sowie die Amme Alma. Sie ist Traugotts erste

Stackelberg-Haus in Tallinn (Aufnahme von 2012), Vorderfront auf dem Domberg

Bezugsperson, sie spricht mit ihm Estnisch. Ihr ist er in tieferer Herzlichkeit verbunden als seiner Mutter. Auch seine Halbschwester Elisabeth betrachtet er eher als Mutter. Sie wohnt in Hohenhaupt, in der Nähe von Reval. Mehrmals läuft der kleine Traugott dorthin. Er genießt schon als Sechs-, Siebenjähriger relativ große Bewegungsfreiheit, spaziert allein in die Stadt hinunter und zum Hafen. Mit acht Jahren bekommt er dann ein kleines Boot, mit dem er sich, oft mit einem Freund zusammen, auf das Meer hinaus traut. Noch viel abwechslungsreicher sind die Sommerzeiten in Strandhof, das etwa 20 Kilometer vor Reval nahe am Meer liegt, und die Aufenthalte während der Pfingst-, Michaelis- und Weihnachtsferien auf dem Gut Kreuzhof, das der Vater seinem ältesten Sohn Hermann geschenkt hat.

Strandhof bei Reval (Aufnahme von 1934, Estlandreise der Familie Stackelberg)

In Strandhof gibt es viel Platz: Wohnzimmer, sieben Schlafzimmer, Glasveranda und Nebenräume. Fußläufig nah ist die Küste, umsäumt von Bäumen. Mit dem Boot geht es aufs Meer, Traugott und sein Freund Liowa von Perret vergnügen sich auch damit, ihre Schwestern zu necken. Nicht ganz so ungebunden wie hier ist das Leben in Kreuzhof.

Kreuzhof ist weiter vom Meer entfernt, etwa vier Kilometer. Hier locken die Wälder, der Park mit einem von Quellen gespeisten Teich, über den weiße gewölbte Brücken führen. Pferde- und Viehställe, Vor-

Gut Kreuzhof

ratshäuser, eine Brennerei, Obst- und Gemüsegärten umgeben das Gutshaus. Im Herbst geht es auf die Jagd, zu Pfingsten auf die Birkhuhnbalz. Traugott nimmt selbstverständlich daran teil, oft streift er aber auch allein durch die Umgebung.

Das Leben in der Stadt ist für die Kinder weniger abwechslungsreich. Nachmittags spazieren sie durch die Stadt in Begleitung einer der Hauslehrerinnen und üben sich in französischer Konversation. Einige Male werden sie zu Konzerten mitgenommen. Besonderen Eindruck macht dem neunjährigen Traugott der Besuch einer Kunstausstellung zusammen mit seinem Vater. In der Domschule werden Bilder des russischen Malers Wereschtschagin gezeigt. Die Werke stellen Szenen aus dem Feldzug Napoleons nach Russland im Jahr 1812 dar. Es ist der Krieg, in dem der Großvater Johannes auf der russischen Seite beteiligt gewesen ist. In realistischer Weise und keineswegs den Krieg und das Militär glorifizierend werden die Schrecken des Krieges deutlich: verendete Pferde, tote Soldaten, zerbrochene Räder, ausgebrannte Dörfer und Städte. Auf einem der Bilder ist das Kloster der Jungfrauen vor den Sperlingsbergen zu sehen. Dort oben hat der Großvater als 19-Jähriger mit seiner Batterie gelegen, als Moskaus Vorstädte niederbrannten. Vater und Sohn sprechen über die Bilder und ihre Eindrücke. Diese sowie die Gespräche hinterlassen in Traugott die deutliche Vorstellung, dass Kriege das Schlimmste sind, was der Menschheit geschehen kann. Er hat auch das Gefühl, dass dieser Besuch und die ernsten Gespräche in gewisser Weise ein Vermächtnis seines Vaters für ihn gewesen sind.

Etwa ein Jahr später, am 17. Februar 1902, stirbt der Vater in seinem 70. Lebensjahr. Traugott ist fast zwölf Jahre alt. Am äußeren Ablauf des Lebens ändert sich zunächst nichts, weiterhin wechseln die Wohnorte – im Winter Reval, im Sommer Strandhof, in den kürzeren Ferien Kreuzhof.

Im Frühsommer 1903 nimmt die Mutter Baron Wrede und seine Frau in das Haus in Reval auf. Baron Rabbe Wrede, der Präsident des finnischen Senats und Rektor der Universität von Helsingfors, war von der russischen politischen Polizei aus seinem Heimatland verwiesen worden. Traugott wird zum ersten Mal klar, dass Mächtige durch Gewalt über das Leben eines Menschen verfügen können – jenseits von Recht und Gesetz. Gerade dafür, für Gerechtigkeit, Recht und Freiheit, ist Wrede eingestanden. Erst nach einem Jahr wird er begnadigt und darf auf sein Gut in Finnland zurückkehren.

Traugott besucht seit seinem zehnten Lebensjahr das Nikolai-Gymnasium in Reval. Er fühlt sich dort wohl. Die meisten seiner Mitschüler stammen aus deutschen Familien. Russisch ist die Unterrichtssprache. Über die in der Bibliothek vorhandenen Werke russischer Autoren wie Puschkin, Lermontov, Aksakov, Turgenjew und Tolstoi werden ihm die russische Sprache und Welt lebendig, vor allem die Welt derjenigen, die politischer Verfolgung ausgesetzt sind.

Am Sonntag, 9. Januar 1905, versammeln sich auf dem großen Markt in Reval viele Menschen, darunter Bauern aus der Umgebung und Arbeiter. Traugott erlebt das aus der Nähe mit, weiß aber nicht genau, was die Menschen wollen. Er spürt jedoch, dass es etwas sein muss, was die russische Regierung mit Gewalt verhindern will. Es werden Reden gehalten und estnische National- und Volkslieder gesungen. Plötzlich erscheinen russische Soldaten und umzingeln den Marktplatz. Die Esten werden in russischer Sprache aufgefordert, auseinander zu gehen. Kaum einer von den Versammelten versteht Russisch, es bleibt ihnen auch keine Zeit, den Rufen zu folgen. Die russischen Soldaten zielen in die Menge und töten mehr als hundert Esten. Traugotts Sympathien gehören – anders als bei vielen Deutschen – den Esten.

Der Vater hat vor seinem Tod seiner Frau geraten, mit den Kindern die Heimat zu verlassen und ins Ausland zu ziehen, damit sie eine

Schule in einem Land besuchen könnten, wo Freiheit und Gerechtigkeit herrschten. Finnland ist ein solches Land, das der Vater bewundert hat. Dort gibt es keine Untertanen und keine von alters her privilegierten Stände. Im Frühjahr 1905 reist der vierzehnjährige Traugott allein für drei Wochen nach Finnland und hält sich bei den Eheleuten Wrede auf. 1914 wird er weitere Mitglieder der Familie Wrede aufsuchen.

Aber nicht Finnland ist Ziel des Umzugs. Die Mutter beschließt, im Sommer 1906 mit den Kindern nach Deutschland überzusiedeln – in das »Land der Ordnung, des Geistes, des Fleißes und Reichtums[124]. Vielerlei muss geregelt werden, Hausrat und Mobiliar inventarisiert und verpackt, Genehmigungen und Papiere vom Zoll, von der Gouverneurskanzlei, von der Polizei müssen besorgt werden. Traugott ist der Einzige in der Familie, der Russisch versteht und spricht, weshalb er eine große Verantwortung trägt. Mit dem Schiff geht es nach Swinemünde und Stettin, von dort per Bahn nach Berlin.

Berlin

In Steglitz, das damals ein stiller idyllischer Villenvorort ist, findet die Familie bald eine Wohnung, die sie bezieht. Die Söhne werden in der benachbarten Oberrealschule angemeldet. Nach einer Prüfung kommen die beiden zunächst in Klassen, die jahrgangsmäßig unter denen sind, die sie in Reval besucht haben. Traugott wird bis zur Prima zwei Klassenstufen überspringen, sodass er dann wieder mit Gleichaltrigen zusammen lernt.

Traugott ist begierig darauf, die Stadt kennenzulernen. Gleich am ersten Sonntag fährt er nach Berlin und steigt in die Ringbahn ein, die ihn in fast drei Stunden um die Großstadt herum fährt. Aus der Perspektive der Bahnlinie gefällt ihm die Stadt nicht. Häuser, Straßen, Stationen scheinen gleich zu sein: groß, schmutzig, unansehnlich. Aber mit anderen Verkehrsmitteln gewinnt er positivere Eindrücke. Mit dem Fahrrad unternehmen die Brüder Ausflüge in die wunderschöne Umgebung der schrecklichen großen Stadt. Mit dem Pferdebus gelangt Traugott zu eigenen Erkundigungen ins Zentrum Berlins. Er besucht Kunstausstellungen, Galerien und Schlösser. Besonders angetan ist er vom Völkerkundemuseum und dem Marinemuseum. Für die Galerie Schulte unter den Linden, die in regelmäßigen Abständen verschiedene Maler und Bildhauer ausstellt, besorgt er sich ein Schülerabonnement.

In den ersten Jahren an der Schule fühlt er sich, zumal er älter ist als die Klassenkameraden, eher allein. Doch in den höheren Klassen findet er wirklichen Kontakt zu den Mitschülern. Einer ist der Sohn des damals gefeierten Musikers Benvenuto Busoni, ein anderer ist Fritz Porten, der Bruder der später als Filmschauspielerin berühmten Henny Porten. Im Ruderverein der Schule engagiert sich Traugott als Zeugwart der Boote. Bei der Vorbereitung des jährlichen Festes des Rudervereins wirken Fritz, Henny und Traugott gemeinsam. Es bleibt nicht aus, dass sich Traugott über beide Ohren in die schöne Henny verliebt. Im Frühling spielen sie zusammen Tennis und flanieren bei Mondenschein durch den Sedanpark.

Traugott 1908 (Foto: Atelier A. Wertheim Berlin)

In der Schule gibt es in der Regie der älteren Schüler einen wissenschaftlichen Verein, bei dessen Treffen die Schüler abwechselnd Vorträge halten. Mit einem Mitschüler, der sich als Sozialist bezeichnet und von Klassenkampf spricht, besucht Traugott sonntags junge Arbeiter, um deren Situation besser kennenzulernen und mit ihnen zu diskutieren.

Die Schule verfügt über eine eigene Sternwarte. Traugott, mit deren Verwaltung betraut, hat den Schlüssel für den Zugang, was er abends und auch nachts zu Beobachtungen mit dem Teleskop nutzt. Diese Beobachtungen haben auch eine starke geistige Wirkung auf ihn, zeigen sie ihm doch, wie verhältnismäßig wenig bedeutend persönliche Anliegen sind, ja, die Welt der Menschen und ihre Geschichte – in Ansehung des unendlichen Alls. Diese Relativierung des Irdischen sieht er als für ihn sehr heilsam an, zumal er spürt, dass sein Selbstbewusstsein ihm ansonsten zuweilen im Wege steht.

Auf Wunsch der Mutter schließen sich Traugott und sein jüngerer Bruder Hansi einer Schülergruppe an, die einmal in der Woche über religiöse Fragen spricht. Es ist dies eine Art Vorstufe zur C. S.V., der Christlichen Studentenvereinigung. Eine nachhaltige Wirkung dieser Treffen verspürt Traugott nicht, wichtiger sind ihm Treffen mit den Wandervögeln. Da fühlt er sich frei und verstanden. Sie unternehmen Wanderungen in einsame Gegenden rund um Berlin, zu alten Klöstern, Schlössern und romantischen Dörfern. Abends sitzt man ums Lagerfeuer und diskutiert, zum Beispiel über »Vorurteilsfreiheit«[125]. Traugott befindet sich auf der anstrengenden Suche nach Wahrheit, nach Wahrheiten. Mit der kritischen Haltung gegenüber Autoritäten verbindet er die Freisetzung und Entwicklung des eigenen Verantwortungsbewusstseins und selbstständigen Handelns. In den Ferien besucht er die Verwandten und Freunde in Estland und Kurland. Er merkt, dass er sich selbst verändert hat.

Auch äußere Veränderungen gibt es. Am selben Tag im Mai 1911, an dem er mit Erhalt des Reifezeugnisses seine Schullaufbahn abschließt, findet der Umzug der kleinen Familie Stackelberg – Mutter mit zwei Söhnen und drei Töchtern – nach Berlin-Lichterfelde statt. Bevor Traugott sich zum Sommersemester 1911 an der Königlichen Friedrich-Wilhelms-Universität in Berlin immatrikuliert, hat er eineinhalb Monate Zeit, die er für eine Reise nach Russland und Estland nutzt. In Moskau möchte er Onkel Robert, einen Bruder seiner Mutter, und Tante Julinka zu ihrer Silberhochzeit besuchen und auch die angebetete Kusine wiedersehen.

Nicht nur familiäre Beziehungen verbinden ihn mit Russland. Er hat sich intensiv mit russischer Literatur – Dostojewski, Ljeskow, Gorki – befasst und weiß den Wert der russischen Geisteswelt zu schätzen. Aber in Moskau leben? Er würde sich dort auf Dauer doch nicht wohlfühlen, dort ist er nicht zu Hause. In Berlin aber auch nicht.

In St. Petersburg trifft er seinen alten Freund Liowa Perret wieder. Er ist dort Schüler des Lyzeums, in dem sein Vater Französisch lehrt. Sie fahren den Newski Prospekt entlang, besuchen das Winterpalais und spazieren am Strand. Sie sind sich einig, dass ihr Zuhause und ihre Heimat nicht so sehr geografisch oder historisch eingegrenzt sind, sondern »offene Horizonte«[126] haben.

Ein Zuhause ist Kreuzhof, wo Traugott anschließend die Familie seines älteren Halbbruders Hermann besucht. Er nimmt an Jagden und Einladungen zu Gesellschaften auf Nachbargütern teil. Daneben aber ist es Traugott wichtig, sich mit seinem als Landwirt erfahrenen Bruder über die Berufswahl zu beraten. Traugott erscheint es sehr verlockend, ebenfalls Landwirt zu werden, wie es seine Vorfahren seit Jahrhunderten gewesen sind. Hermann macht ihm jedoch deutlich, dass eine erfolgreiche Landwirtschaft nicht mehr so zu führen sei, wie es noch die Vorfahren gemacht haben. Ein Weg sei es, in einem modern geführten Gut zu lernen, auszuprobieren und hinterher auf einer Hochschule die theoretischen Kenntnisse zu erwerben. Außerdem sei es wichtig, ein eigenes Gut zu besitzen. In einem gepachteten könne man nicht so selbstständig agieren. Von der Mutter weiß Traugott, dass sie es gern sehen würde, wenn er Pfarrer werden würde – wie ihre Vorfahren und auch Traugotts Vater. Das aber kommt für Traugott nicht in Betracht; die Schwierigkeiten, denen sein Vater ausgesetzt gewesen ist, sind ihm noch erinnerlich. Traugott beschließt, sich in der medizinischen Fakultät einschreiben zu lassen und daneben noch weitere Fächer und Übungen zu belegen, die ihn interessieren. So besucht er neben den Pflichtkursen in Anatomie und im Präpariersaal auch das Atelier von Professor von König, um sich im Porträt- und Aktzeichnen zu üben. Er hört Vorlesungen von Wölfflin in Kunstgeschichte, von Erich Schmidt in Literaturgeschichte sowie zu philosophischen Themen.

Freiburg

Nach zwei Semestern wechselt er zum Wintersemester 1912 / 13 gemeinsam mit Herbert, dem Sohn des Halbbruders Hermann, an die Universität in Freiburg. Das Leben dort findet er einfacher, freier und fröhlicher als in Berlin.

Die häufigen Wechsel der Studienorte haben in der Familie Stackelberg übrigens eine Tradition: Der Vater und auch Hermann haben in Dorpat und Leipzig studiert, Nathanael, der älteste leibliche Bruder von Traugott, ist in Helsingfors, Berlin und Paris Student gewesen, Johannes, der jüngere Bruder im bereits russischen Dorpat und an deutschen Universitäten.

Freischar

Traugott findet in Freiburg 1912 Anschluss an eine Gruppe von Kommilitonen, die der Deutschen Akademischen Freischar angehören. Die meist norddeutschen jungen Menschen sind geprägt durch die Jugendbewegung, besonders den Wandervogel, dem er ja schon in Berlin angehört hat. Verantwortungsbewusstsein, Mut und Selbstbeherrschung in allen Bereichen des Lebens sind die Anliegen der Freischar-Studenten. Sie sind die Selbstverpflichtung eingegangen, an einem Tag der Woche etwas zu tun, was alle ihre körperlichen und geistigen Kräfte völlig in Anspruch nehmen soll. Oft fahren sie am Freitagabend mit der Höllentalbahn in den Schwarzwald, um dort Ski zu fahren. Traugott macht mit einem selbst konstruierten Gleitflieger, der aus zwei zusammenklappbaren Flügeln besteht, mutige Luftsprünge bis zu fünfzehn Metern. Abends sitzt die Gruppe dann in einer kleinen Schwarzwaldwirtschaft am warmen Kachelofen und diskutiert. Die Zusammenkünfte sind grundsätzlich alkoholfrei, geraucht wird ebenfalls nicht. Traugott erzählt Geschichten aus Estland und Russland. Der Sonntagvormittag wird mit einer Feierstunde eingeleitet, in der Gedichte und andere Literatur vorgelesen werden. Traugott charakterisiert seine Freunde so: Sie »sind ritterliche, disziplinierte sportliche und vorurteilsfreie gebildete Burschen«[127].

Tagebuch I (1911–1920)

An dieser Stelle nun soll die Erzählung sich etwas wegbewegen vom Fortgang der Ereignisse und eine weitere Stimmlage aufnehmen – die der Selbstreflexion im Tagebuch.

Jedem Menschen ist es ja gegeben, zu reflektieren – über sein eigenes Tun, über das Tun anderer –, nachzudenken über eigene Möglichkeiten, Stimmungen, Hoffnungen, Ängste, über Mängel, Kräfte und Schätze, sich zu besinnen auf Maximen, Leitvorstellungen und Grundeinstellungen und diese immer wieder zu prüfen, zu bestätigen oder auch zu revidieren. Die vita activa, das tätige Leben, wird auf diese Weise in der Kontemplation eingeholt, begleitet und vorbereitet.

Sehr oft verschwindet die Kontemplation in der Fülle der vita activa und der Rastlosigkeit des alltäglichen Geschäfts. Oft aber geht sie ein in Gespräche mit nahe stehenden Menschen. Zuweilen findet sie ihren nachvollziehbaren Ausdruck in Briefen, Stellungnahmen und anderen Texten, auch in gewisser Weise in künstlerischer Form.

Traugott malt Bilder, verfasst literarische Texte, äußert sich in Aufsätzen, schreibt Briefe, stellt eigene Lebensrückblicke zusammen, teilt sich in Interviews mit Journalisten mit und führt Tagebücher.

Zwei Tagebücher sind erhalten. Sie haben ein handliches Format: 16 x 20 cm, sind gebunden und umfassen jeweils über 200 Seiten. Das von Traugott als »Das erste Buch« bezeichnete hat einen roten Umschlag, das zweite einen schwarzen.

Im »Ersten Buch« sind 42 Eintragungen versammelt aus den Jahren 1911 bis 1920, sie sind jedoch ungleich auf die Jahre verteilt: 1914 eine Eintragung, 1915 keine, 1919 dreizehn, sonst zwei bis sechs pro Jahr. Es ist also kein ausführliches Diarium mit Einträgen zu jedem Tag oder jeder Woche, es enthält vielmehr Versuche der Vergewisserung seines Glaubens, der Selbsteinschätzung, Maximen und Reflexionen über grundlegende Themen wie Freiheit, Wahrheit, Liebe, Beziehungen zu anderen Menschen, Gemeinschaft, Gesellschaft und anderes.

Diese Ausführungen dürften in zweifacher Weise zu lesen sein: einmal – bei aller Diskontinuität – nach ihrer immanenten Diskursivität, ihrem inneren Zusammenhang, zum anderen auf der Folie der äußeren Ereignisse.

Im Tagebuch werden lediglich die Studienzeiten in Berlin und Rostock, dann die Bekanntschaft mit Olga und das Zusammenleben mit ihr bis Frühjahr 1918 sowie schließlich die Beziehung zu Helene aufgenommen.

Wichtige historische, politische Ereignisse finden im Tagebuch 1 keine Erwähnung. Es wäre aber wohl ein Missverständnis, daraus auf eine historische, politische Ignoranz des Tagebuchschreibers zu schließen. Es dürfte eher die Annahme richtig sein, dass Traugott im Tagebuch 1 versucht, sich über seine individuellen Themen klar zu werden. An anderen Stellen geht er später dezidiert auf historische Ereignisse und Zusammenhänge ein.[128]

Im Folgenden wird versucht, einige Themen des Tagebuchs 1 in ihrem inneren Zusammenhang aufzuschließen.

In Pirowskoje, etwa 250 Kilometer von Krasnojarsk entfernt, schreibt er während seiner Verbannungszeit in Sibirien am 19. Januar 1916:

> Es steht viel Unsinn drin [im Tagebuch] und vieles was ich über Bord geworfen habe – jetzt im Sturm, wo es drauf ankommt. Aber Wahrheit ist es, nackte Wahrheit. Nicht selbstbespiegeln wollen wir uns, aber in einen Spiegel wollen wir doch hinein sehn.

Vier Jahre später, am 14. März 1920, vier Tage vor seinem 29. Geburtstag, beschließt er in München »Das erste Buch« mit den Sätzen:

> Das erste Buch ist nun zuende.
> Ich hab manchmal gedacht, was hat er doch für Zeugs da vorn hineingeschrieben! Und siehe, in alle dem ist Wahrheit. Wenn auch das Furchtbare selbst vielleicht nicht darinnen steht. Seht mir ins Gesicht. Seht ihr die Falten wohl auf der Stirn? Und in den Augen das Siegel der Zeit? Da allein steht, was ich dennoch keinem Menschen gesagt hab von dem Weh und von der Freude. Von Weh & Freude, die zu groß war.

»Weh & Freude« können wohl anhand anderer Zeugnisse rekonstruiert werden. Aber welche Stellen hält der Verfasser in der Rückschau für

»Unsinn« und »Zeugs«? Immerhin hält er für sich fest und weist den späteren Leser[129] darauf hin, dass Wahrheit »in alle dem ist« – mindestens eine situationsspezifische. Das bedeutet aber nicht eine relationale Beliebigkeit und Unverbindlichkeit.

> Nicht selbstbespiegeln wollen wir uns, aber in einen Spiegel wollen wir doch hinein sehn.

Nicht Egozentrik, Egologik, sondern kritische Reflexion. Diese schließt mit ein, dass »Spiegel« nicht unbedingt ein bestimmter Spiegel ist, nicht ein unwandelbarer Katalog an Kategorien, Werten, Prinzipien ist, sondern »ein Spiegel«, der selbst gewandelt sein kann, einer von vielen Spiegeln im Lauf der historischen und subjektiven Zeit.

Im vierten Eintrag, am 1.5.1911, kurz bevor Traugott das Reifezeugnis der Oberrealschule in Berlin-Steglitz erhält, schreibt er:

> Wag es, wahr zu sein… wahr, das heißt das äußere Leben stimmt mit dem inneren vollkommen überein. Was das Innere verlangt, das Äußere tut so!

Wahrheit versteht er also als gelebte Übereinstimmung mit dem Vorrang des Inneren. Sein Inneres ist in dieser Zeit erfüllt von einem tiefen Glauben:

> Jesus Christus ist gestern & heute & derselbe auch in Ewigkeit.

Diesen Satz aus dem Hebräerbrief[130] stellt er als Motto seinem Tagebuch voran.

Acht Jahre später, am 15.7.1919, nach seiner Zeit in Sibirien, nach der Revolution in München, bei der Traugott nicht bloß passiver Beobachter ist, nach der Räterepublik und ihrer furchtbaren Niederschlagung schreibt Traugott in sein Tagebuch:

> Die Wahrheit ist nur ein Weg. Der Weg zum Leben. Die Wahrheit ist nicht eine Erkenntnis. Sie ist die notwendige Voraussetzung in uns für die Freiheit zum Leben.

Die Vorrangstellung des inneren Lebens ist nicht mehr das Thema, sondern die Funktionalität der so verstandenen Wahrheit für die Freiheit *zum* Leben.

Im Sommer 1910 verliebt er sich in Emma, eine Kusine, die er bei einer Familienfeier in Kurland trifft. Er behält diese Liebe aber für sich. Und im Eintrag vom 1.5.1911 schreibt er dann:

> O Gott … Jetzt bin ich endlich frei. Nichts darf mich wieder binden. Nie soll ein Mädchen Deinen Platz in mir wegnehmen. Komm herrsche Du allein. Beherrsche mich. Mein Wille soll Dir ganz gehören. Wie das Nervencentrum den ganzen Körper beherrscht, so daß die Glieder keinen eigenen Willen haben können, so soll es sein zwischen Dir und mir, o JESus. Ich Traugott hab es gewollt, es soll der letzte Willenswunsch sein. HERR töte jede Leidenschaft jedes Wollen & Fürchten.

Er will im Ringen mit Leidenschaften, mit Unzulänglichkeiten wie »Wankelmütigkeit« und »Energielosigkeit« die Leitung durch religiöse Bindung behalten.

Ein halbes Jahr später, am 3. Advent 1911, unterscheidet er:

> Es gibt zweierlei Menschen auf unserer Erde. Die Einen gehen durchs Leben und haben ein Ziel vor sich, welches zu erreichen kein Mittel sie unbenutzt lassen.
> Die anderen Menschen leben dahin auf »Gut Glück«. Was der Tag ihnen für ein Ziel steckt, dem jagen sie nach. In Gesellschaft sind sie Gesellschaftsmenschen, im Sport suchen sie nur Sportsmen zu sein & wenn sie unter Gotteskindern sind, wollen sie auch solche sein, sind sie unter Spöttern, so sind sie auch mit dem Gegenteil zufrieden. Sie schauen auf die Führer, das heißt auf jene ganzen Menschen, die es gewagt haben, sich ein Ziel zu setzen & dem auch nachzujagen. Aber

> selbst haben sie nicht die Kraft frei zu sein. Was ist eigentlich frei? … Ist frei gleich ohne Gesetz, ein Trotz des Gewissens?
> Kann ich dagegen alles tun, Gutes oder Böses ohne Gesetz, ohne Schranken, nur der Ziellinie folgend, so bin ich frei. … Ich achte jeden Freien hoch, der alles tun kann, um ein Ziel zu erreichen, der eine für den Bauch zu leben, der andere fürs Vaterland, der Dritte für das Gottesreich.

Am 6. Januar 1912 gibt er Gedanken aus einem Brief an seine Schwester Hanna wieder:

> Mein Herz ist wie eine Magnetnadel, die stets auf den Nordpol zeigen will. Ich will, mit meinem ganzen Willen nur auf das Ewige zeigen, d. h. Gott in allem & durch alles verherrlichen. Aber wie die Nadel durch allerlei altes Eisen & rostigen Kram sich ablenken läßt, so auch mein Herz.
> Aber dies ist nun die große Frage: Darf dies Körperliche, das selbstverständlich hienieden allem Geistigen anhaftet auch selbst Zweck werden? Ich denke an Schönheit, in Form, Licht & Farbe, an Musik & Dichtung.
> Darf ich diesen Durst, der einmal mit dem Körperlichen vergehen wird, nicht stillen? Dies sind die Abgründe mit allen den Fragezeichen am Ende und sie machen das Leben interessant & fesseln mich hier ans Stoffliche – & lenken mich ab vom Pol.

Das eine Ziel, der Pol, zu dem sein Herz sich ausrichtet, ist nicht allein bestimmend, anderes als die Kunst fesselt ihn, findet sein Interesse. Er schwankt – gehört er zu den Menschen, die frei einem Ziel folgend ihr Leben ausrichten, oder zu denen, die verschiedene Ziele haben, flexibel verschiedene Rollen einnehmen und auf die ersteren als »Führer« schauen?

»Kavaliersreise« im Frühjahr 1913

Zwischen Wintersemester 1912/13 und Sommersemester 1913 unternimmt er eine ausgedehnte Bildungsreise nach Italien und Nordafrika, eine »Kavaliersreise«, wie sie »in unseren Kreisen früher üblich gewesen« ist.[131] Alleine möchte er nicht reisen, seine Schwester Irene fährt gern mit ihm. Beide verfügen aufgrund von Erbschaften über ausreichende finanzielle Mittel.[132] Die Reise führt die beiden Geschwister – teilweise auf den Spuren des berühmten Vorfahren Otto Magnus von Stackelberg[133] – zunächst ins Elsass, nach Alt-Breisach und Colmar. Sie interessieren sich für Kunst, beispielsweise in Colmar für den Isenheimer Altar von Mathias Grünewald. Die nächsten Stationen sind Basel und Luzern. Dort machen sie einen Ausflug nach Küssnacht und besteigen den Rigi. Weiter geht es per Schiff nach Sisikon und Altdorf, mit dem Gotthardexpress durch den Tunnel bis Airolo und Bellinzona. Umsteigen nach Locarno. Dort in der Nähe besuchen sie einen entfernten Vetter ihrer Mutter, Elisar von Kupfer, und dessen Freund. Sie unternehmen einen Ausflug nach Ascona, das damals ein verschlafenes kleines Fischerdorf ist. Mit dem Schiff nach Stresa und Luino. Durch das Tresatal mit der Bahn nach Ponte Tresa. Von dort nach Lugano. Die nächsten Orte sind: Mailand, Venedig, Genua, Mentone, Cap Martin, Chiavari, Rapallo, Pisa, Florenz, Fiesole, Rom, Neapel, Pompeji. Dort verbringt Traugott eine Nacht in der Ausgrabungsstätte.[134] Von dort reisen die beiden weiter nach Palermo, Malta, La Valetta und Nordafrika: Tunis, die Ruinen von Karthago, Algier. Mit dem Lloyd-Dampfer kehren sie zurück nach Europa.

Die Stationen sind: Gibraltar, Golf von Biskaya, Portsmouth, Antwerpen, Rotterdam, Amsterdam, Bremerhaven, Bremen und schließlich Rostock.

Irene kehrt nach Berlin zurück, Traugott immatrikuliert sich an der Rostocker Universität.

Traugott mit Fotoapparat[135]

Tagebuch. Fortsetzung I

Zurück in Rostock, seinem nächsten Studienort, erinnert er sich im Juni 1913 an die ersten Semester in Berlin.

> Aber so schlimm war es [Gerüche beim Präparieren von Leichen] nicht, wie ich es liebte bei Tisch zu erzählen. Ich wollte mich bewundern lassen & suchte nach neuen Sensationen. … Ich war nicht von einem Feuer von Wissensdurst gefüllt. … Die Collegs besuchte ich, wenn ichs wahr sagen soll, weil ich sie bezahlt hatte, weil ich doch was tun musste. Es ist dieselbe Geschichte, wie auf der Schule. Ich hörte Kunstgeschichte Vorlesungen bei Wölfflin & zeichnete Abend-Act. Das interessierte mich tatsächlich. Und so was hätte ich vielleicht eher studieren sollen. Ich war einige mal zu sozialen Abenden, die mich für die Dauer der Stunde fesselten & in der C. S. V., wo die Discussionen mich langweilten.

Der nächste Eintrag, vom 26. Oktober 1913 in Rostock, vermittelt den Eindruck einer tiefen Krise. Was sie ausgelöst hat, ist dem Tagebuch nicht zu entnehmen.

> Wie kann ich die »Melencolia« von Dürer[136] verstehen! – Das ist genau so mein Zustand! Und nur das frische Grün, das wie Hoffnung aus dem Kranze zum

Albrecht Dürer 1514: Melencolia I

Himmel aufsprießt, das hält mich vom Selbstmorde zurück. Herr Gott du großes Wesen, wie lange soll das noch währen?

Mit diesen verzweifelten Worten beendet Traugott den Eintrag vom 26. Oktober 1913 in seinem Tagebuch[137].

Diesen Eintrag am 26. Oktober 1913 hat er so begonnen:

> Wie sehr wir von Stimmungen abhängen. Es wechselt in meinem jetzigen Leben in 4 Perioden: Stumpfheit, Verzweiflung, unechtes, gelogenes Glück und Bewußtlosigkeit. … Ich fliehe wo ich kann zur Bewußtlosigkeit. Ich habe schon viel gesehen von dieser Welt, ja ich habe viel erfahren, was Ihr nicht kennt. Mein Kopf ist voll von schönen Bildern, von großen Gedanken, wirklich guten Gedanken, vom Erleben anderer in der Kunst & vom großen in der Natur – »Der gestirnte Himmel über mir und das moralische Gesetz in mir«[138] aber doch ist's leer, öde & stumpf. Ich habe sehr viel Glück gehabt, weiß nicht, was morgen kommt, das ist beides gleich wahr. Ich war aber nie glücklich, ausgenommen einige Augenblicke, wo ich nicht mehr ich selbst war …

Mit dem Kupferstich von Albrecht Dürer aus dem Jahr 1514 und etlichen Interpretationen befasst sich der Literaturwissenschaftler Hartmut Böhme[139]. Er zitiert[140] das Wort Heinrich Wölfflins, dass die »Melencolia« immer ein »Tummelplatz der Deutungen« bleiben werde. Traugott hat ja in seinem ersten Semester an der Berliner Universität 1911 / 12 neben dem Medizin-Studium u. a. Vorlesungen von dem eben erwähnten Wölfflin in Kunstgeschichte gehört[141]; möglicherweise ist das Dürersche Werk dort Thema gewesen. Böhme zeigt auf, dass das Meisterwerk von Dürer »einer prinzipiell unabschließbaren Interpretierbarkeit gehorcht«. Insofern sei es erlaubt, nur *einige* Hinweise aufzunehmen, um den Tagebucheintrag von Traugott besser zu verstehen.

> Die Auslegungsgeschichte der ›Melencolia‹ ist zu sehen als eine Kette von Sinnentwürfen, die in ihrer scheiternden Anstrengung, ein Sinnganzes zu erfassen, selbst Züge des melancholischen Syndroms trägt,

> das Dürer hier ins Bild setzt. Man muß – wie die geflügelte Frau – diesen Prozeß der rastlosen Sinnproduktion unterbrechen: das ist der Moment der Selbstreflexion, die nicht schon auf den nächsten neuen Sinn aus ist, sondern fragt, was eigentlich in dieser Kette von Sinnzuweisungen geschah und geschieht.[142]

Es dürfte den Tagebuch Schreibenden noch mehr als »das frische Grün« vor dem Suizid gerettet haben. Noch geben die Gewissheiten des christlichen Glaubens Traugott eine Stütze, aber sie verlieren an Orientierungskraft, naturwissenschaftliche Erkenntnis kann er noch nicht in der Praxis anwenden, die Kunst bietet das Erleben anderer, noch nicht so sehr eigenes. Doch, wie das Gesicht der geflügelten Frau nicht Schwermut oder Verzweiflung ausdrückt, sondern eher der wache und konzentrierte Blick bestimmend ist, so beschreibt Traugott seine Stimmung als die von »Stumpfheit, Verzweiflung, gelogenem Glück« in einer Weise, die durchaus *wach* ist. Er reflektiert bewusst, kommt damit aber nicht zu einer neuen Sinnstiftung, seine Reflexion geht ins Leere, in die »Bewußtlosigkeit«. Er hat Glück gehabt, fühlt sich aber nicht glücklich, weil er in dieser Phase seines Lebens wohl spürt, dass die bisherigen Orientierungen ihn zwar weiter tragen – er ist Student der Medizin im 5. Semester an der Universität Rostock und wird gegen Ende des Semesters die ärztliche Vorprüfung bestehen –, aber unerfüllt lassen.

Nach Wanderungen am Meer durch den Wintersturm wird ihm am 18. November 1913 klar:

> Es hat also gar keinen Zweck in den Freitod zu gehen – frei von unserem Unglück macht er uns sicher nicht. Es ist wirklich nicht Furcht, die mich davon abhält.

Selbstkritisch stellt er fest:

> Im ganzen bin ich ein eitler Fant & denke nach, was für einen Anzug ich mir nächstens machen lassen will & passe auf, ob die Menschen mich wohl ansehen & weshalb.

Im Jahr 1914 gibt es nur einen Eintrag, am 23. Januar. Darin geht er der Frage nach: »Was hat Wert in dieser Welt? … Geld ist es nicht.« Er vergleicht verschiedene Berufe: Bauer, Arbeiter, Kaufmann, Geistesarbeiter. Wer »die spezifisch menschlichen Vorzüge ausnützt«, dessen Arbeit sei mehr wert. Das spezifisch Menschliche sei die Idee – physische Kraft habe auch das Tier. Und »alle die Leute, die einen Weg finden, wie man menschliche physische Kraft sparen kann«, verdienen die besondere Achtung. Auch »der Wissenschaftler verdient nichts, sofern seine Wissenschaft nicht Anwendung finden kann«. Aber: »Die Idee wird bezahlt nur durch etwas Geistiges, und die ist die Befriedigung. Dafür dürfte es sich vielleicht lohnen zu leben.« … »Vielleicht« – schließlich aber obsiegt doch die religiöse Gewissheit.

> Christus sagt: Was nützte es dem Menschen, so er die ganze Welt gewönne, und nähme doch Schaden an seiner Seele![143] Was hat denn Zweck in dieser Welt? Geld nicht, Vergnügen nicht, Ehre nicht, Befriedigung [über selbst Erdachtes, über Ideen] nicht – aber das Sterben! Denn das verbindet uns mit unserem Ziel – der Ewigkeit. Nur der Ewigkeitsmensch, die Seele kann »Unser Vater« beten – kann Kind sein. Soviel ein Mensch gestorben ist, soviel ist er wert. In der Welt klug sein wie die Schlangen. Vor Gott ohne Falsch wie die Tauben. Und er *ist* klug, rasch entschlossen, mutig und wendig.

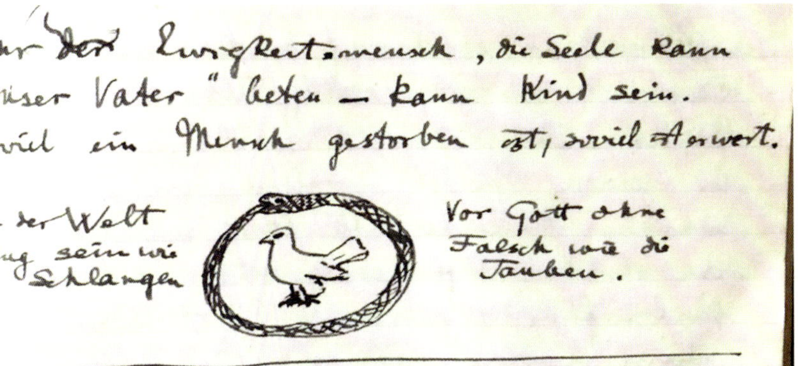
ur der Ewigkeitsmensch, die Seele kann
nser Vater" beten – kann Kind sein.
viel ein Mensch gestorben ist, soviel ist er wert.

der Welt
lug sein wie
Schlangen

Vor Gott ohne
Falsch wie die
Tauben.

KIEL. FLUCHT[144]

Für sein 6. Semester, das Sommersemester 1914, ist er an der Kieler Christian-Albrechts-Universität eingeschrieben. Am 1. August 1914 beginnt in Deutschland die Mobilmachung, Russland wird der Krieg erklärt. Auch wenn Traugott sich nicht als Russe fühlt, so ist er doch russischer Staatsangehöriger. Um einer Verhaftung zu entgehen, packt er einige Sachen und verlässt auf seiner kleinen Segeljolle in der Dunkelheit den Kieler Hafen und damit Deutschland. Er steuert ein entgegenkommendes dänisches Schiff an, steigt an Bord und überlässt seine Jolle den Wellen. Der Kapitän nimmt ihn freundlich auf und weist ihm eine Kajüte an. Bald darauf muss der Dampfer stoppen, deutsche Marineoffiziere wollen die Passagiere kontrollieren. Traugott beantwortet die Fragen auf Deutsch mit schwedischem Akzent; er wird für einen Schweden gehalten und kann unbehelligt nach Dänemark gelangen. Von Kopenhagen aus nimmt er die Fähre nach Stockholm, wo er Verwandte aufsucht. Nach einigen Tagen erreicht er über Finnland dann St. Petersburg, bleibt zunächst bei der befreundeten Familie von Perret. Schließlich gelangt er auf dem Dach eines Gepäckwaggons in seine geliebte Heimatstadt Reval. Doch dort droht ihm nun die Rekrutierung durch die Russen. Kurzerhand besteigt er ein finnisches Schärendampferchen, das von der russischen Marine beschlagnahmt war; mit Duldung des Kapitäns versteckt er sich in einer kleinen Kabine. Er kann in Helsingfors[145] an Land gehen, findet Aufnahme bei der Tochter des Barons Wrede, des guten Freundes der Familie Stackelberg. Sie rettete damals Baron Wrede und nahm ihn im Frühsommer 1903 auf, als die Russen ihn des Landes verwiesen hatten. Damals war Wrede Präsident des Finnischen Senats und zugleich Rektor der Universität. Traugott meldet sich bei dessen Nachfolger und erhält mit der finnischen Staatsbürgerschaft die Möglichkeit, sich an der Helsingforser Universität zu immatrikulieren. Er hört Vorlesungen, arbeitet im Labor und holt einige Praktika nach, die er in Deutschland nicht brauchte. Abends gibt es Einladungen, neue Bekanntschaften, man tanzt und scherzt. Auch zwei alte Freunde trifft er wieder. Sonntags besucht er oft Mathilde Wrede, die Schwägerin des Senatspräsidenten. Mit ihr spricht er über seine inneren Widersprüche, die ihn unglücklich machen, über Tapferkeit und Feigheit, über seine Unruhe in dem so geborgen scheinenden Leben in Finnland. Sie rät ihm, er solle sich zum Dienst beim Roten Kreuz melden, möglichst nicht an die deutsche Front.

Traugott folgt diesem Rat und tritt seinen Dienst als Feldscher[146] in Naftlug an, in der Nähe von Tiflis. Wenn keine Lazarettzüge mit Verwundeten ankommen, nutzt er die Gelegenheit zu kleineren Exkursionen in der Gegend. Von einem solchen Ausflug zurückkommend wird ihm mitge-

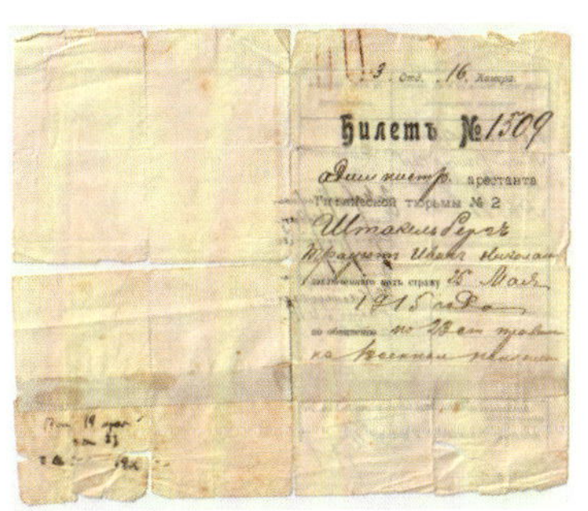
Билетъ №1509

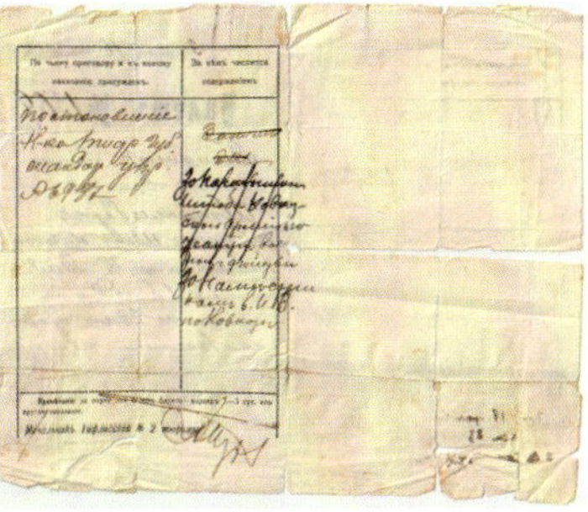

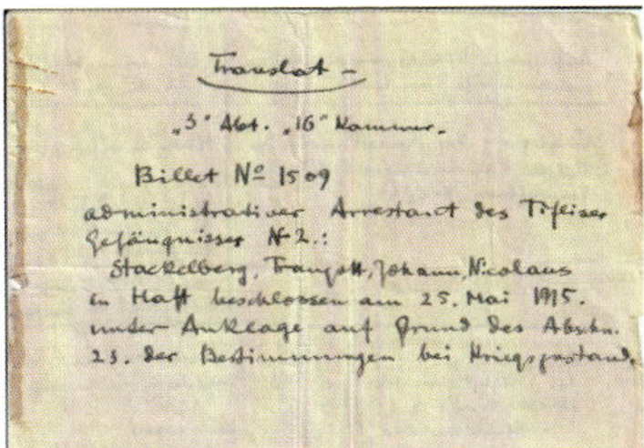
Translat –

„3" Abt. „16" Kammer.

Billet № 1509
administrativer Arrestant des Tifliser Gefängnisses №2.:
Stackelberg, Traugott, Johann Nicolaus
in Haft beschlossen am 25. Mai 1915.
unter Anklage auf Grund des Abschn. 23. der Bestimmungen bei Kriegszustand.

Auf wessen Urteilsspruch und zu welcher Strafe verurteilt?	Bei wem befindet sich die Sache?
Verfügung des Hauptmanns des Tifliser Gouvernement [illegible] Verwaltung No 6957	Ebendaselbst. Beim Oberbefehlshaber der Kaukasischen Armee der Front. Beim Statthalter S.Majestät im Kaukasus.

Bemerkung: Für Beschädigung dieses oder Verlust des Billets — Karzer 1-5 Tage lang, oder entsprechende andere Strafe.
Direktor des Tifliser 2. Gefängnisses
gez. unleserlich

teilt, dass ein Offizier nach ihm gefragt habe und er sich melden müsse. Ein ihn begleitender Hauptmann vermutet, dass ihm Kollaboration mit dem Feind vorgeworfen werde: Er sei nach Kriegsausbruch noch in Deutschland gewesen, habe die finnische Staatsangehörigkeit, sei aber in Estland geboren. Warum sei er nicht Soldat? Die Ochrana, die zaristische politische Geheimpolizei, weiß über ihn genau Bescheid. Er wird tatsächlich verhaftet.

Ein Grund für die Verhaftung wird ihm nicht mitgeteilt, ihm droht die Erschießung. Abgemildert wird das Strafmaß aber auf Verschickung – aufgrund welcher Intervention auch immer.[147] Gefragt, ob er eine bestimmte Gegend im russischen Reich als Verschickungsort bevorzuge, nennt er Sibirien, sein »Sehnsuchtsland seit der Jugendzeit«. Er wird in das Tifliser Gefängnis, die Festung Metech, eingeliefert und dort vier Monate festgehalten. Während dieser Zeit entwickelt sich eine enge Freundschaft zu dem in derselben Zelle einsitzenden etwa zwanzig Jahre älteren Djaparidse, der schon zweimal nach Sibirien verbannt gewesen ist, weil er in Baku, auch mit Stalin zusammen, für die Revolution gewirkt hat. Traugott und Djaparidse werden im Juni 1915 mit etlichen anderen Gefangenen gen Sibirien geschickt. Der Transport geht durch zwölf Gefängnisse, der Weg ist über 6.500 Kilometer lang: über Baku, Rostow, bei Sysran über die Wolga, nach Samara. Er erreicht Sibirien in Tscheljabinsk. Es geht weiter über Atschinsk nach Krasnojarsk, von dort per Schiff auf dem Jenissei nach Jenisseisk. Im dortigen Gefängnis erhält Traugott den Besuch eines entfernten Vetters. Er hinterlässt einen Korb mit Wäsche, Nahrungsmitteln, Zigaretten und steckt ihm Geld zu. Die Wege von Traugott und Djaparidse trennen sich nun. Traugott soll nach Pirowskoje verlegt werden. Beim Abschied gibt ihm der Revolutionär einen Zettel:

> An den Genossen St. in Dudinka und die Genossen unterwegs. – Ich empfehle euch den Genossen Nikolai Nikolajewitsch Stackelberg. Anufri Aprasionadse Djaparidse.

Diese Empfehlung erweist sich bald als sehr hilfreich. Die politischen Verbannten bilden eine ›Familie‹ und werden von der Bevölkerung geachtet.

Sibirien. Pirowskoje

Pirowskoje, etwa 250 Kilometer nördlich von Krasnojarsk gelegen, ist damals ein kleiner Ort mit etwa 2.000 Einwohnern und etwa 200 Höfen. 25 Verschickte leben dort. Mitte Oktober 1915 kommt Traugott in Pirowskoje an, dem Ort seiner Verschickung. Hier fühlt er sich frei, so paradox das scheinen mag. Die Ungewissheiten seit dem Beginn des Krieges und nach der Verhaftung sowie die fürchterlichen Strapazen der Gefangenschaft sind überwunden. Seine Situation ist gänzlich anders als die späterer Verbannter, die in den Lagern des Gulag der Stalin-Zeit inhaftiert werden, unter Hunger, Krankheiten und Zwangsarbeit leiden und daran zugrunde gehen. Traugott muss zwar vor Ort bleiben, aber mitnichten hinter Gittern oder Drahtverhau. Seine Bleibe kann er sich selbst aussuchen – weil es ihm gestattet ist und weil er über ausreichende finanzielle Mittel verfügt. Seine ihm in Tiflis abgenommene Barschaft von 300 Rubeln bekommt er zurück und seinen Monatswechsel[148] lässt er auf eine Bank in Jennisseisk transferieren. Die inzwischen angesammelte Summe wird für ihn von dort abgeholt.

Zunächst mietet er für eine Monatsmiete von eineinhalb Rubel ein kleines ganz aus Holz gebautes Häuschen. Über eine Treppe gelangt man in den Wohnbereich. Einen Keller gibt es wegen des vereisten Bodens nicht. Traugott kauft sich Kleidung und Stiefel. Bald aber zieht er in ein größeres Haus um, in dem mehrere Verschickte wohnen und auch arbeiten können. Eine Schneiderei und eine Schusterei werden gegründet. Im Kreis der Revolutionäre fühlt er sich wohl, ohne sich allerdings mit deren politischen Ansichten ganz zu identifizieren. Seine politischen Vorstellungen nähern sich damals eher dem Anarchismus des Fürsten Kropotkin an. Von ihm hat Traugott schon als kleiner Junge gehört, denn sein Vater hat Kropotkin persönlich gekannt. Im Dorf Pirowskoje gibt es Eigentum: Pferd, Hof, Vorräte. Aber das Land, der Fluss, die Jagd sind für alle da. Der Zar ist weit weg. Die Dorfbewohner verstehen nicht, worin der Unterschied zwischen Klassen, Völkern, Rassen und Religionen liegen soll. Im Kampf mit den Naturgewalten kann man nur bestehen, wenn man sich gegenseitig hilft. Traugott hilft beim Lesen und Schreiben. Er ist Abonnent der Zeitung aus Helsingfors, die ihn hier – mit einiger Verzögerung – erreicht. Viele freundliche Menschen lernt er kennen, unter anderen auch Nadja, eine junge Frau. Sie bekennt ihm, dass sie schwanger sei von eben jenem »St.«, an den der Empfehlungszettel von Djaparidse gerichtet ist. Traugott erkundet die Umgebung und das weite Tal. Als er am Rand der Taiga stehend auf das Dorf blickt, spürt er, dass er Landschaft und Menschen liebgewonnen hat.

Tagebuch. Fortsetzung II

> Ich lese, was ich vor zwei Jahren [26.10.1913] da in Rostock schrieb, ja sterben! Unser Ziel ist die Ewigkeit und das Leben ist der Weg dazu nicht das Sterben. Aber das bleibt richtig, je gründlicher wir sterben, desto stärker leben wir. Es ist noch viel schwerer zu leben als zu sterben.[149]

Er erinnert sich an Situationen der Bewährung – auf See in einem kleinen Boot im Orkan, im Schneesturm weit oben in den Bergen und auch an die Verhaftung, den Weg durch die Gefängnisse bis nach Sibirien.

> So mit Gewalt kriegt ihr mich nicht unter! Je schlimmer desto besser! Immer höher den Kopf. Da draußen ihr habt überhaupt gar keine Möglichkeit mich was zu zwingen! Die große Gefahr, die Macht, die auf mich schleicht ist immer von Innen. Es ist dieser wahnsinnige Nebel – Zweifel. Ich habe aber einen feinen Kompass – den Willen. Eine Karte habe ich auch, das ist die Erfahrung.[150]

So hält er es fest Anfang 1916. Man erinnere sich an das sprachliche Bild, das er Anfang 1912 formuliert hat: Herz wie eine Magnetnadel, Wille auf das Ewige und die Verherrlichung Gottes ausgerichtet, Körperliches, Stoffliches, Schönheit, Musik, Dichtung als Ablenkungen vom Ziel. Nun sieht er im Willen selbst den Kompass, Erfahrungen sind ihm eine Karte, eine Mind-Map.

> Ich habe meine ganze Takelage geändert – der Kurs bleibt doch derselbe. Und ich werde durchsegeln![151]

Bogutschansk

Traugott von Stackelberg »Eisgang auf der Angara« 1947[152]

Im Frühjahr 1916 wird Traugott an die obere Tunguska, an die Angara, versetzt. Zunächst soll er sich in Jennisseisk ausstatten. Dort leben zu dieser Zeit viele Balten: unter anderen ein Namensvetter von Traugott, Ärzte, Pastoren, Juristen und Diplomaten. Als Verschickte haben sie ihre Familien nachkommen lassen. Am Sonntag geht er mit zum Gottesdienst. Der ehrwürdige Pastor, der Traugott vor Jahren in Reval konfirmierte, ist ein Freund des Vaters gewesen. Nun spürt er, dass diese Menschen aus »seinen Kreisen« ihm inzwischen fremd geworden sind. Vor dem Abendmahl verlässt er mit seinem Vetter die Kirche für ein langes, ernstes Gespräch. Sie sind sich einig in der Einschätzung, dass den sozialen Verhältnissen keine Rechtmäßigkeit zukomme und erhebliche Umwälzungen zu erwarten seien.

Er kehrt nach Pirowskoje zurück, um möglichst noch vor dem Eisgang die etwa vierzehntägige Reise nach Bogutschansk anzutreten.

Anfang Mai 1916 erreicht er die weite Landschaft vor Bogutschansk. Er ist überwältigt. Der Anblick erfüllt ihn mit einem großen Glücksgefühl, hat er doch die Vorstellung, dass er an diesem Ort nun für Jahre, ja vielleicht für den Rest seines Lebens eine Heimat gefunden hat.

Er soll die Leitung des Krankenhauses in Bogutschansk übernehmen sowie als Arzt in einem sehr großen Gebiet wirken, das sich vom Land der Jakuten nordöstlich des Baikalsees bis an den Jenissei erstreckt – was der Entfernung von Madrid bis nach Stockholm entspricht: über 3.000 Kilometer. Er darf sich frei bewegen, in jedem Dorf sollen ihm drei Pferde zur Verfügung gestellt werden sowie bei Bedarf Boote. Darüber hinaus darf er die dienstlichen Unterkünfte für Regierungsbeamte benutzen.

Das Krankenhaus ist eher eine Krankenstation. 18 Betten sind auf vier Zimmer aufgeteilt, daneben gibt es einen kleinen Sprech- und einen Operationsraum mit einem primitiven Operationstisch sowie eine ansehnliche Apotheke und Nebenräume wie Küche, Vorratsräume und Keller. Als Erstes stiftet Traugott einige hundert Rubel für das Spital, da keine Barmittel vorhanden sind. Dann organisiert er Hilfskräfte, die aufräumen, reinigen, reparieren und renovieren. Zunächst hat das Spital fünf Patienten, aber bald spricht sich herum, dass ein Doktor gekommen ist, sodass die Sprechstunden bald überfüllt sind. Nachmittags arbeitet Traugott in der Apotheke, wiegt Pulver, dreht Pillen. Ein altes in Wien gedrucktes Arzneibuch ist ihm dabei sehr nützlich.

Im Ort leben etwa zweihundert Verschickte: jüdische Menschen, Leute aus Polen, der Türkei, dem Kaukasus und zwölf Deutsche. Djaparidse ist nicht mehr in Bogutschansk, er hat sich nach Tiflis abgesetzt. Mit einem der Deutschen geht Traugott auf die Birkhahnbalz, auf der sie einige Hähne schießen. Als sie in aller Frühe ins Dorf zurückkehren, bemerkt Traugott einen Hühnerhabicht und schießt. Ein paar Stunden später wird er zum Stanowoi, dem Polizeioffizier, gebeten. Er soll auch sein Gewehr mitbringen. Traugott ahnt, dass er wohl die Flinte abgeben muss, und besorgt sich sofort bei einem Bauern einen alten Vorderlader. In der Tat, eine Bewohnerin war durch zersplitterndes Glas

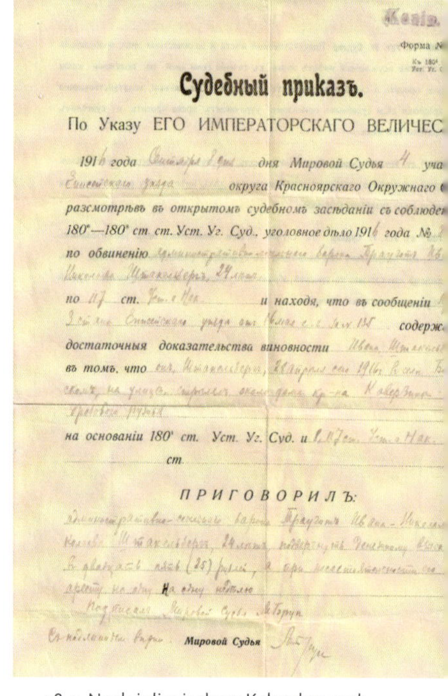

Копія.

Форма №

Судебный приказъ.

По Указу ЕГО ИМПЕРАТОРСКАГО ВЕЛИЧЕС

191 года дня Мировой Судья 4 уча

округа Красноярскаго Окружнаго

разсмотрѣвъ въ открытомъ судебномъ засѣданіи съ соблюде

180'—180' ст. ст. Уст. Уг. Суд., уголовное дѣло 191 года №

по обвиненію

по ст. и находя, что въ сообщеніи

содерж.

достаточныя доказательства виновности

въ томъ, что

на основаніи 180' ст. Уст. Уг. Суд. и

ст.

ПРИГОВОРИЛЪ:

Мировой Судья

28.4. Nach julianischem Kalender, nach gregorianischem Kalender 10.5.1916 erschreckt worden, weshalb sie die Polizei benachrichtigte. Der Polizist nimmt mit einem verständigen Schmunzeln die alte Knarre in Empfang.

Am Sonntag nach dem Kirchgang besucht Traugott die Familie des Starosten, des Gemeindeältesten Moltschanoff. Der Großvater von Nikolai Alexandrowitsch Moltschanoff gehörte zu jenen Gardeoffizieren, die 1827 an diesen Ort nach Sibirien verschickt worden sind, weil sie im Dezember 1825 – daher die Bezeichnung Dezembristen oder Dekabristen – den Eid auf den neuen Zar Nikolaus I. verweigert hatten. Moltschanoff ist ein kluger, erfahrener, gütiger Mensch, der als Starost hohes Ansehen genießt. Seine Gemahlin ist gutmütig und geschäftig. Sie hatten zwei Söhne; der eine wurde auf der Jagd von einem Bären getötet, der andere verblutete nach einer Mandeloperation. Und sie haben eine Tochter, Olga Nikolajewna, etwa so alt wie Traugott. Sie ist Lehrerin in Bogutschansk, zudem Studentin der Geografie und Völkerkunde an der Universität Tomsk. Traugott ist von ihr begeistert: »Ein prachtvolles, gesundes, schönes Mädchen.« Er fühlt sich sehr wohl in dem großen, reich möblierten Haus mit den freundlichen Gastgebern, bei guten Gesprächen, Tee und Leckereien. Der erste Besuch dauert gleich mehrere Stunden, und ihm werden etliche folgen.

Nach dem Sonntag folgt die Arbeitswoche. Morgens Visite bei den Patienten, dann folgen Besprechungen mit der Köchin und dem Verwalter. Traugott macht seine Erfahrungen und gewinnt zunehmende medizinische Sicherheit im Umgang mit den Patienten, zudem kann er auf vorhandene alte Lehrbücher zurückgreifen. Der Kontakt zur vorgesetzten Behörde beschränkt sich auf die Zusendung von statistischen Übersichten. Die Finanzierung des Krankenhauses bestreitet Traugott selbst.

Nach einiger Zeit macht er sich auf eine Expedition in die Tundra. Mit dem Boot geht es die Angara flussabwärts, an Land durch die Taiga mit Pferd und Begleitern weiter bis zu kleinen Dörfern und Ansiedlungen der Tungusen und Tscheldonen. Dort führt er Impfungen durch. Er ist beeindruckt von den Lebensgemeinschaften. Alle Angelegenheiten werden durch Selbstverwaltung erledigt. Grund und Boden gelten auch hier als Gemeingut. Zusätzlich zu den je eigenen Vorratsspeichern gibt es einen Gemeindespeicher. Dem Starosten steht ein Rat der Zehn zur

Traugott von Stackelberg »Dorf in Nordsibirien« 1949

Seite. Dieser besteht aus ausgewählten Bauern, die ihn in der Verwaltung unterstützen. Es gibt keine direkten Steuern, keine Beamten, keine Ämter. Keiner braucht zu frieren, niemand zu hungern, Arbeit gibt es für alle genug.

In Ruhepausen auf den Ritten zwischen den Dörfern genießt er die weite Landschaft der Tundra. Er spürt die Einsamkeit, die ihm wohltut, weil er nicht das Gefühl der Verlassenheit hat.

Der Abschied von den liebenswürdigen, ernsten und dann wieder kindlich-fröhlichen Menschen in der Tundra hinterlässt in ihm Trauer und eine gewisse Unlust, in zivilisiertere Verhältnisse zurückzukehren. Immerhin aber sind einige zivilisatorische Errungenschaften in Bogutschansk wie die Bibliothek, der Konsumverein und das Theaterspiel doch auch etwas attraktiv. Die stärkste Anziehung geht aber für Traugott von jenem so natürlichen, anmutigen, beweglichen und schönen weiblichen Wesen aus, von Olga.

Olga

An Olga, die »tüchtige und gebildete Lehrerin …, mit der [er sich] sehr angefreundet« habe, erinnert Traugott 50 Jahre danach in einer Erzählung,[153] in der er wohl etwas untertreibt. Traugott ist in dieser Zeit unbändig verliebt in Olga. Sie gehen eine enge liebeslebendige Verbindung ein. Olga ist sehr impulsiv und sprunghaft in ihren intensiven Gefühlen. Mal sagt sie ganz ehrlich, dass sie ihn liebt, dann wieder nicht mehr. Sie lebt unmittelbar, ist nicht gerade zum Grübeln aufgelegt, ist ohne Hintergedanken, ohne Illusionen und ohne Zukunftspläne. Ihre Eltern dagegen hegen konventionellere Absichten: Die Verbindung der beiden Lieben-

Olga Nikolajewna Moltschanowa

den soll in eine Heirat münden. Eine neue Wohnung wird gesucht, der Bräutigam unterzieht sich der Zeremonie der orthodoxen Taufe, sodass die Ehe im Frühjahr 1917 geschlossen werden kann. Bei Traugott bleibt jedoch ein innerer Vorbehalt, was die Taufe angeht. Es tut ihm leid, die Handlung in der Kirche durch seinen Unglauben profanieren zu müssen. Ebenso hat er Vorbehalte in Bezug auf die Heirat. Sein Vorsatz ist: Wir verbinden uns nicht für immer. Wir werden ein paar Monate zusammen verleben. Auch Olga scheint nicht eine Entscheidung zu treffen, die bis ans Ende ihrer Tage gültig sein soll.

Nicht nur aus inneren Gründen ist der Fortbestand dieser Verbindung wenig gesichert, sondern auch aus äußeren Gegebenheiten. Im März 1917 dankt Zar Nikolaus II. ab. Die alten Strukturen zerbröseln.

Rückkehr ins Baltikum

Es zieht Traugott wieder zurück. Im folgenden – 1967 verfassten – Text berichtet Traugott von Geschehnissen, die sich ein halbes Jahrhundert zuvor ereigneten, und von seiner Rückkehr in den Westen.

> Die Nachricht, dass der Zar im März 1917 abgedankt hatte, erfuhren wir in Bogutschansk erst zwei Monate später, denn bei uns herrschte zu dieser Jahreszeit »Rasputiza«, absolute Weglosigkeit, die niemanden und nichts zu uns vordringen ließ. Im Süden war das Eis auf dem Strom schon gebrochen, bei uns dagegen lag es noch meterdick auf dem Wasser. Am Ufer hatte es sich bereits gelöst, aber es war noch

nicht abzusehen, wann es in langen Rissen krachend auseinanderbersten würde. Der Fluss – im Winter die zuverlässigste Verbindung zu der Welt – war also wochenlang weder mit Schlitten noch mit Booten befahrbar.

Mitte Mai kam dann endlich wieder die erste Post mit den sich überstürzenden Nachrichten. Russland war eine Republik geworden! Doch auch das neue Regime hielt an den Bündnissen, die der Zar geschlossen hatte, fest, und somit ging der Krieg weiter wie bisher.

Für uns »Politische« jedoch hatte sich mit einem Mal das Blatt gewendet. Plötzlich waren wir frei und galten als mutige Vorkämpfer der russischen Republik. Man bot uns sofort Vertrauensstellungen an. Die Kanzleien waren geschlossen worden, denn die zaristischen Beamten hatte man fortgejagt. Überall fehlte es an zuverlässigen Leuten: in der Staatsverwaltung, beim Militär, bei der Bahn, der Post und der Monopolverwaltung. Schon seit Wochen hatte das Zarengeld seine Gültigkeit verloren, und das sogenannte Duma-Geld, bzw. der »Kerenski-Rubel« hatte noch nicht den Weg bis zu uns gefunden. Es gab weder Fahrpläne für die Eisenbahn noch Fahrkarten; dennoch fuhren dann und wann Züge, die sich Reisende und auch Kriegsgefangene kurzerhand selber zusammengestellt hatten. Blieben sie irgendwo in der Taiga auf freier Strecke stehen, weil das Heizmaterial ausgegangen war, so stieg man aus und holte Birkenholz aus dem nächstgelegenen Wald. Blieb der Zug jedoch auf plattem Land in der Steppe stehen, so zertrümmerte man einen Güterwagen und fütterte mit den Latten und Holzbänken die Lokomotive.

Trotz alledem gab es kein allgemeines Chaos. Manchmal erreichten sogar Briefe ihre Adressaten, nach wie vor wurden Zeitungen gedruckt, und man las staunend, was alles in den Hauptstädten, wie Moskau und Petersburg, passiert war. Da sich die Nachrichten und Parolen meist widersprachen, tat jedermann gut daran, sie nicht zu wörtlich zu nehmen und schon gar nicht sich auf sie zu verlassen.

Von meiner Familie in Deutschland hatte ich seit vier Jahren nichts mehr gehört. Was also hatte ich zu tun? Sibirien war in diesen letzten Jahren[154] für mich die Heimat geworden. Ich liebte seine Schönheit ebenso wie die

Bewohner dieses Landes, und ich wusste, auch sie waren mir gewogen und erkannten mich als einen der ihren an. Die Starosten der Dörfer sandten eine Petition zur Medizinalverwaltung des Jenisseisker Gouvernements – irgendjemand würde dort schon sein – um meine Weiterbeschäftigung am Krankenhaus zu erwirken und mich außerdem zu ihrem Bezirksarzt zu ernennen. Dies alles waren verlässliche Anzeichen für eine gute Lösung. Doch ehe sie festere Formen annehmen und in die Wirklichkeit umgesetzt werden konnten, musste ich vor allen Dingen erst einmal die Lücken meiner medizinischen Kenntnisse schließen und, wenn ich auch nicht mein Staatsexamen in Deutschland machte, doch wenigsten in Sibirien an der Universität in Tomsk meine Bestallung als Arzt erwerben. Da ich ja nicht mehr in der Lage war, mein Studium aus eigener Tasche zu bestreiten, musste ich sehen, wie und wo ich eine Institution fand, die soviel Machtbefugnisse hatte, dass sie mich zur Universität nach Tomsk abkommandieren würde.

Unerwartet ergab sich hierfür schon recht bald eine Möglichkeit, die Aussicht auf Erfolg hatte. Da die neue Regierung unter Kerenski in Petersburg alle jene, die aus politischen Gründen von der Zarenregierung nach Sibirien geschickt worden waren, aufgefordert hatte, sich für die verwaisten Ämter zur Verfügung zu stellen oder in die Armee einzutreten, meldete ich mich bei dem sibirischen Regiment, dessen Rest in Krasnojarsk lag. Abgesehen davon, dass dort ein Arzt gebraucht wurde, wusste ich, dass in diesem Regiment ausschließlich Sibiriaken, Bauernsöhne aus der Taiga, Tungusen und Jakuten, also geborene Jäger und Trapper waren, die nichts anderes im Sinn hatten, als schleunigst wieder nach Hause zu kommen. Außerdem lebten sie in der Vorstellung, dass sie nur durch einen Sanitätsoffizier legal aus der Armee entlassen werden konnten. Ich tat also das meine dazu, dass die Soldaten möglichst schnell entlassen wurden, und meine Rechnung ging auf.

Schon bald darauf wurde der Stab nach Irkutsk verlegt und ich erhielt schließlich die Abkommandierung zur Universität nach Tomsk, um mein Studium dort zum Abschluss zu bringen.

Mittlerweile war es Oktober geworden und die Revolution in vollem Gange. Während in dem europäischen Teil Russlands die Bolschewiki fast überall die Oberhand hatten, waren sie in das dünnbesiedelte Sibirien noch nicht sehr weit vorgedrungen. Vorläufig fanden nur entlang der großen transsibirischen Eisenbahnlinie Kämpfe zwischen den weißen Truppen des General Koltschak und der von Westen vordringenden Roten Armee statt. Unter Koltschak kämpften russische Offiziere Seite an Seite mit einer beträchtlichen Zahl deutscher Kriegsgefangener. Wenn Tomsk auch noch weit von diesem Kriegsschauplatz entfernt lag, so wussten wir natürlich genau, wieviel von dem Ausgang dieser Kämpfe für das ganze Sibirien abhing. Koltschaks Niederlage besiegelte Sibiriens Schicksal, das erst von da ab offiziell kommunistisch wurde.

Auch Olga war nach Tomsk gekommen, um ihr Studium abzuschließen. Der Siegeszug Lenins ließ keinen Zweifel offen, dass auch für Tomsk und die Universität sich das Bild von heute auf morgen ändern konnte, und so waren wir bestrebt, möglichst schnell unser Examen zu machen. Dozent und Schüler schlossen sich in Arbeitsgemeinschaften zusammen. Auch diskutierten wir nächtelang über die politische Lage, und die Sorge, die uns bewegte, verband uns nur noch fester miteinander. Die Ukraine, der Kaukasus und die baltischen Völker hatten sich von Russland losgesagt. Der Kommunismus und seine Folgen war eines der wichtigsten Themen, das von uns gedreht und gewendet wurde, um das Für und Wider gegeneinander abzuwägen. Die meisten hingen dem Traum nach, trotz des vordringenden Kommunismus ein demokratisches, in Freiheit geeinigtes starkes Sibirien zu bleiben und selber ein nützliches Glied zu werden

Im Januar und Februar des Jahres 1918 kam ich ins Staatsexamen. Einen Teil hatte ich schon hinter mich gebracht, als wir erfuhren, dass die Bolschewistische Regierung mit Deutschland den Frieden zu Brest-Litowsk[155] geschlossen hatte. Diese Wendung war auch für mich persönlich von großer Bedeutung. Einige Monate zuvor hatten die Kommunisten in Estland und Livland eine größere Anzahl baltischer Adliger verhaftet und alle – an ihrer Spitze den Ritterschaftshauptmann, Baron Dellinghausen – nach Sibirien verschickt. Unter ihnen war auch mein Bruder Hermann und noch einige nahe Verwandte, sowie noch viele andere führende Männer aus estnischen und baltischen Kreisen. Sie wurden in dem gleichen Gefängnis in Krasnojarsk festgesetzt, in dem ich einige Jahre zuvor einen Monat lang ebenfalls gesessen hatte. Der Friede von Brest-Litowsk enthielt unter anderem die Bedingung, dass diese Männer nicht, wie ursprünglich beabsichtigt gewesen war, vor ein Revolutionstribunal gestellt, sondern sofort freigelassen wurden und in ihre Heimat zurückkehren durften. Eine weitere Folge des Friedensschlusses war, dass reguläre deutsche Reichstruppen die baltischen Provinzen besetzten. Ferner war davon die Rede, dass im weiteren Verlauf dieses bisher zu Russland gehörende Gebiet als ein deutsches Herzogtum an das Reich angeschlossen werden solle.

Die politische Entwicklung wirkte alarmierend auf mich. Ich fasste den Entschluss, sofort nach Deutschland zu reisen und in Berlin mein Schlussexamen zu machen.

Olga, erwies sich – wie schon immer – auch jetzt als eine souveräne Gefährtin, die den großen Zusammenhang nie aus den Augen verlor. Ungeachtet der Zweisamkeit, die wir in einem idyllischen kleinen Haus am Rande der Stadt erlebt hatten, sowie auch all der Bindungen, die ein gemeinsames Studium zusammen mit gleichgesinnten Freunden schafft, verstand Olga meine Lage und bestärkte mich in meiner Entscheidung. Unser Abschied war von der Entschlossenheit getragen, uns in einem, allerhöchstens zwei Jahren wiederzusehen und uns dann nicht mehr zu trennen.

Dass man in Russland räumlich und auch zeitlich in völlig anderen Dimensionen als hier bei uns in Westeuropa denkt und plant, ist ein offenes Geheimnis. So drückte mir beispielsweise die Universität eine unbefristet geltende Hin- und Rückfahrkarte in die Hand[156]: »Tomsk – Petrograd – Tomsk« [= 11.800 km Luftlinie!]

Meinen alten Kumpan – den Koffer – packte ich mit Lebensmitteln voll, z. B. mit getrocknetem Bärenfleisch, das dem Bündnerfleisch vergleichbar ist, mit Roggenbrot und was es sonst noch an Haltbarem gab. Außer den übrigen notwendigen Dingen nahm ich das 2.20 Meter große Fell des einzigen von mir erlegten sibirischen Bären mit. Dann zog ich meinen letzten europäischen Anzug an, den ich noch kurz vor meiner Flucht aus Deutschland von einem großherzoglichen Hofschneider in Mecklenburg hatte nähen lassen, und darüber meinen russischen Soldatenmantel.

In dieser Weise ausgerüstet fuhr ich auf einer Nebenstrecke von Tomsk nach Taiga – einer Station der transsibirischen Eisenbahn. Dort standen auf Nebengleise rangiert endlose Güterwagenzüge. Sie waren bekränzt mit Tannengrün und überfüllt mit meist tschechischen Kriegsgefangenen wie auch Überläufern aus der einstigen k.u.k. Armee. Sie hatten sich aufgemacht, sowie die Gefangenenlager nicht mehr bewacht worden waren. Die einzige Schwierigkeit für sie bestand nur noch darin, Eisenbahnwaggons für die Fahrt zu »organisieren« und die Strecke freizubekommen; ein Problem, mit dem sie auf Biegen und Brechen fertigzuwerden gedachten.

In Taiga erfuhr ich, dass es höchst fraglich sei, dass in der Woche überhaupt noch ein Zug westwärts fahre, weil die Strecke ja durch die Tschechen blockiert sei. Ich richtete mich also in einem Winkel des zugigen Bahnhofgebäudes häuslich ein. Am nächsten Morgen – ich traute meinen Augen nicht – fuhr ein absonderlicher Zug ein. Zwischen lauter Güterwagen war ein leidlich gut erhaltener Waggon 1. Klasse gekoppelt, auf dessen blauem Lack in weißer Farbe »Ministerski Wagon« zu lesen war. Mir schien dieses eine Vision vergangener Tage zu sein, denn Minister waren in diesem Lande doch längst niedergekämpft worden und an ihre Stelle Kommissare gerückt, die das Staatsschiff lenkten.

Bis an die Zähne bewaffnete Rotarmisten waren an den Türen postiert und ließen niemanden einsteigen. Ich wusste sofort: Dieser Ministerwaggon war meine einzige Chance von hier fortzukommen. Ich winkte einem Gepäckträger und ließ ihn meinen Globetrotterkoffer schultern und ein zweiter schleppte das zusammengerollte Bärenfell. Ich ging auf den Rotarmisten zu, wies ihm meine Rückfahrkarte vor, die nicht nur mit Stempeln der Universität, sondern auch mit einem Passbild von mir geziert war. Lässig sagte ich etwas von »Delegazia« und dringendem Befehl, eiligst nach Petrograd zu reisen, und er ließ mich tatsächlich einsteigen. Zu meiner großen Erleichterung setzte sich der

Zug gleich darauf in Bewegung, als hätte er nur noch solange gewartet, bis ich mit meinem Gepäck zugestiegen war.

Es stellte sich heraus, dass dieser Luxuswagen für eine chinesische Delegation eingeschoben und reserviert worden war. Ich wurde von zwei vornehmen Mandarinen außerordentlich höflich begrüßt. Sie reisten mit einem Stab von Sekretären und Dienern und waren von ihrer Regierung in Peking nach Moskau abgeordnet worden, um dort Verhandlungen mit den neuen Machthabern zu führen.

Keiner von ihnen verstand auch nur ein einziges Wort Russisch, und wir verständigten uns deshalb nur auf Englisch. Mit einladender Geste stellte man mir sofort ein ganzes Abteil für mich alleine zur Verfügung. Acht Tage und Nächte reiste ich mit dieser chinesischen Delegation westwärts. Wahrscheinlich glaubte man, dass die bolschewistische Regierung mich ihnen als Dolmetscher und Begleiter entgegengeschickt hatte. Ob sie mich wirklich für einen Russen hielten? Ich glaube nicht. Jeder von uns vermied geflissentlich, über Politik zu sprechen. Ich diente ihnen bisweilen als Dolmetscher, wenn mit russischem Zugpersonal verhandelt werden musste, und sie ließen mir ihre Gastlichkeit angedeihen. Kurzum, ich möchte sagen, wir freundeten uns ein wenig an und verkürzten uns gemeinsam auf recht angenehme Weise die lange Bahnfahrt. Man wird mir nachfühlen können, wie froh ich war, nach einigen Tagereisen endlich wieder westlich des Urals dem Verkehrsknotenpunkt Wjatka entgegenzurollen.

In Wjatka musste ich umsteigen, weil ich nach Petersburg wollte. Als ich mich verabschiedete, schenkten mir die Mandarine eine Stickerei aus feinen Gold- und Silberfäden, die ich heute noch besitze. Etwa in der Größe eines Taschentuches sind

auf blauseidenem Grund mit zarten Schattierungen Erde und Wasser dargestellt, und am Himmel stehen Sonne, Mond und Sterne. Zwischen Himmel und Erde jedoch fliegt mit ausgebreiteten Schwingen ein Vogel, der in meinen Augen damals nur ein Phönix als glückliches Symbol für die Zukunft und alle meine Pläne bedeuten konnte.

Auch die zweite Reise nach Petersburg[157] hatte ich irgendwie hinter mich gebracht. Hier gelang es mir wunderbarerweise sogar eine Droschke zu finden, indem ich ein Brot in die Hand genommen und dem Kutscher damit gewinkt hatte. Er fuhr mich zum Lyzeum, wo meine treuen Freunde Perrets immer noch wohnten. Die Freude des Wiedersehens war groß, und wir schämten uns nicht der Rührung, die uns ergriff, als wir uns so überraschend gegenüberstanden. Man wollte mich gar nicht mehr fortlassen, denn es gab so vieles zu erzählen und zu berichten. So erfuhr ich auch, dass Perrets Tochter Clothilde den begüterten Industriellen Rotermann in Reval geheiratet hatte. Perrets rieten mir, mich sofort mit dem schwedischen Botschafter Brandström in Verbindung zu setzen, dem Vater von Elsa Brandström, die als »der Engel der Gefangenen« in die Geschichte eingegangen ist.

Es war für mich eine glückliche Fügung, dass Brandström außer Schweden auch das damals schon von Russland abhängige Finnland vertrat, wo ich ja unmittelbar nach Kriegsausbruch studiert hatte. Außerdem stellte es sich heraus, dass er einige schwedische Namensvettern von mir sehr gut kannte. Herr Brandström war sehr freundlich und händigte mir sogleich einen provisorischen finnischen Pass aus. Dann fragte er mich, ob ich eventuell bereit sei, als neutraler Ausländer in seinem Auftrage einen Transport von etwa 500 reichsdeutschen Zivilisten, die in Russland interniert gewesen waren, über die Grenze nach Pleskau zu begleiten, natürlich war mir dieses Angebot hochwillkommen und ich willigte sofort ein.

Versehen mit einer offiziellen Empfehlung der Botschaft ging ich zu den russischen Behörden und konnte dort – nicht zuletzt, weil ich fließend russisch sprach – die Zulassung als Begleiter des Transportes durchsetzen.

Wenige Tage darauf drängte sich am baltischen Bahnhof in Petersburg eine dichte Traube deutscher Rückwanderer – meistens waren es alte und gebrechliche Leute – mit zahllosen großen und kleinen Gepäckstücken vor den russischen Kontrollen. Alles und jedes wurde peinlich genau durchsucht, besonders nach Wertstücken aus Gold und Silber, die nicht ausgeführt werden durften. Stunde um Stunde verging, bis alle Habseligkeiten aus- und wieder eingepackt waren.

Mir hatte man kurzerhand mein Bärenfell abgenommen, und ich musste dazu schweigen, weil es viel zu gefährlich gewesen wäre, es sich mit dem Argument, dass es eine Jagdtrophäe aus Sibirien sei, zurückzuerobern. Die Freude, nun endlich die letzte Kontrolle passiert zu haben und der Grenze entgegenzufahren, ließ mich den Verlust des schönen Felles jedoch leichter verschmerzen. Immer noch von Rotarmisten bewacht, fuhr unser langer Zug ohne nennenswerten Halt weiter nach Pleskau, wo früher meinen Verwandten manch großes Gut gehört hatte.

In Pleskau war alles ganz anders als auf den bisherigen Stationen. Riesige Transparente hingen über den Bahnsteigen: »Willkommen in der Heimat!« verkündeten sie den übermüdeten Rückkehrern. Die deutschen Soldaten jedoch empfingen uns mit teilnahmsloser Geschäftigkeit und brachten uns in ein Barackenlager mit Strohschütten. Zum Essenempfang gab man uns Blechnäpfe, und wir mussten uns hierfür in langen Reihen anstellen. Das Brot schmeckte schimmelig, und der Tee oder Kaffee – das war nicht zu unterscheiden – war laues, bräunliches Wasser. Im Schlaf verfolgte mich das Rattern des Zuges und die Verheißung: »Willkommen in der Heimat«. Und als ich aufwachte, hatte ich Heimweh nach Sibirien.

Am nächsten Morgen lieferte ich bei den deutschen Militärbehörden die Listen mit den Namen meiner Schutzbefohlenen ab und bekam eine Freikarte nach Reval ausgestellt.

Wenn mir nicht ohnehin schon klar gewesen wäre, dass ich mich auf der Grenze zwischen zwei völlig verschiedenen Welten befand, so wäre ich hier auf dem Bahnsteig in Pleskau zu dieser Erkenntnis gelangt, denn:

Alle Uhren zeigten die gleiche Stunde! Fahrpläne hingen auf den Sta-

tionen! Die Züge, alt und schäbig, waren in Klassen eingeteilt! Und mein Zug nach Reval war auf die Minute pünktlich abgefahren!
Ich fuhr die ganze Nacht hindurch, und meine Ungeduld war gegen Morgen von Müdigkeit überwältigt worden. Als ich wieder aufwachte, war es draußen ganz hell. Ich stand auf, ließ das Fenster herunter, und Seeluft strömte herein und vertrieb den beißenden Geruch von Tabak und Menschen.
In weitem Bogen fuhren wir von Süden her an der Küste des finnischen Meerbusens entlang auf Reval zu. Die Sonne stieg über den Horizont hinauf und färbte das Wasser kupfergold. Ich lehnte mich weit hinaus und atmete tief. Mit einem Mal schien mir die Zeit zusammengerückt zu sein, und es waren gar nicht schon so viele Jahre vergangen, seitdem ich zum letzten Mal die Silhouette Revals gesehen hatte. Auch dieser Krieg hatte den Felsen des Domberges nicht erschüttern können und die hohen, schlanken Kirchtürme nicht gestürzt. Stolz und unversehrt war das Bild geblieben, und Reval erschien mir im blausilbrigen Morgendunst dieses Tages schöner als je zuvor.
Hochgestimmt stieg ich aus, drängte mich durch die Menge zu dem Fahrkartenschalter. Ich wollte sofort zu Hermann und seiner Familie weiterfahren und mich vergewissern, dass mein Bruder gesund aus der Haft auf unser Familiengut zurückgekehrt war. Man schüttelte den Kopf und belehrte mich, dass für eine Fahrt aufs Land eine Sondergenehmigung erforderlich sei. Ich war enttäuscht und ratlos zugleich, denn plötzlich wurde mir bewusst, dass keine Menschenseele – weder Verwandte noch Freunde – ja, nicht einmal der Kutscher mich hier erwarteten. Mein Bruder Nathanael war gefallen und seine Frau auch nicht mehr in Reval, sondern ebenfalls in Kreuzhof. Ich gab mein ganzes Gepäck bei der Aufbewahrung ab. Der Weg hinaus führte durch die Wartesäle 1. und 2. Klasse. Sie waren überfüllt mit Soldaten und ihrem unordentlich gestapelten Gepäck. Verdrossen schob ich mich an Tischen und Stühlen vorbei, stieg über Koffer, Kisten, Ballen und gelangte endlich ins Freie.
Auch hier Soldaten, Spruchbänder, Bekanntmachungen. Alles drängte sich kreuz und quer durch die Menge. Keiner achtete des Anderen,

jeder hatte nur sein eigenes Ziel im Auge. Wohin aber sollte ich selber gehen? All meine Erwartung und Freude erloschen. In den Strom einer Menschengruppe gestoßen, setzte ich mich in Bewegung und gelangte zur Süsternpforte. Gleich dahinter lag mein Gymnasium. Einstmals ein Zisterzienserkloster war es jetzt von der deutschen Besatzung belegt worden und schien wie ausgestorben. Ich schlug meinen alten Schulweg ein, der durch den Wehrturm führte, und ging zwischen den hohen Befestigungsmauern die schmale Auffahrt des »Langen Domberg« hinauf. Vor dem Schloss war eine Militärkapelle angetreten und schmetterte deutsche Märsche. Soldaten, Frauen und Kinder standen herum. Ich suchte nach einem vertrauten Gesicht, nach einem Zeichen des Wiedererkennens in den Augen, doch diese blickten mich teilnahmslos an. Ich eilte hinunter zur Schmiedepforte, weil ich sicher war, dort die alte estnische Frau zu treffen. Solange ich denken konnte, hatte sie dort, wenn es warm war, auf den Stufen gesessen. Trotz ihrer Blindheit würde sie mich sofort erkennen, und wenn es auch heute keine 3-Kopekenstücke mehr gab, und ich nichts hatte, um es ihr in den Schoß zu legen, so würde sie sich dennoch freuen, meine Stimme zu hören, und genau wie früher würde sie auf estnisch sagen: »Gott segne den jungen Herrn«. Aber auf den Stufen saß keine alte, blinde Frau, und meine Stimmung sank noch mehr. Obwohl ich hier jeden Pflasterstein besser kannte als irgendeiner sonst, fühlte ich, dass ich ein Fremder in der Fremde geworden war.

Plötzlich fiel mir Clothilde ein, die einst so angebetete Freundin »Chlotja« – keiner von uns Jungen und Mädels hätte sie jemals Clothilde genannt, es sei denn, man beabsichtigte sie zu ärgern. Sofort würde ich zu Chlotja nach Katharinenthal hinausfahren, d. h. ich musste zu Fuß gehen, weil ich nicht einmal genug Geld für die Pferdebahn besaß. Mit einem Mal war das Leben wieder schön! Beschwingt marschierte ich los; jetzt war ich selber blind für alles Getriebe um mich herum, und genau wie alle anderen auch hatte ich nur noch mein eigenes Ziel im Auge: Chlotja! Sie war die Schwester meines besten Freundes Liowa Perrets, der als russischer Marineoffizier im japanischen Seekrieg mit seinem Schiff auf eine Mine gelaufen und untergegangen war. Auf diese tragische Weise hatte Chlotja ihren Bruder und ich einen unersetzlichen Freund verloren. Meine Freundin Chlotja dagegen lebt heute noch. Schon als 15-Jähriger hatte ich sie schwärmerisch verehrt. Wenn ich auch keinerlei Chance hatte, weil Chlotja zwei Jahre älter, natürlich auch entsprechend vernünftiger und ich selber damals noch ein rechter Fant war, so hat dennoch unser freundschaftliches Einvernehmen alles überdauert und bis auf den heutigen Tag seine Frische erhalten. Chlotja hatte dem Reeder und Industriellen Rotermann ihr Herz geschenkt und ihn geheiratet. Sie bewohnten in Katharinenthal ein großes, sehr schönes Haus dicht am Meer und in einem herrlichen Park gelegen. Dieser Besitz lag auf dem Wege, wenn man entlang des Strandes nach St. Brigitten ging.

Die drei Kilometer, die ich zu gehen hatte, kamen mir endlos vor, so ungeduldig und gespannt war ich mittlerweile geworden und so bedrängt von allem, das unwiederbringlich vergangen war.

Ich hörte, wie die Klingel durch das Haus tönte und hielt vor Spannung den Atem an. Ein estnisches Mädchen öffnete mir. Die Herrin sei in die Stadt gefahren, sagte sie, und auch der Herr sei nicht zu Hause, sah mich währenddessen prüfend an und schloss die Tür.

Ich war verdutzt. Hatten Sibirien, die Gefängnisse, die Taiga mich derart verändert, dass man gut daran tat, die Türen vor mir zu schließen? Die Möglichkeit, dass mich Chlotja überhaupt nicht wiedererkennen würde, beschwerte plötzlich mein Herz. Langsam, unschlüssig ging ich den Parkweg zurück zur Ausfahrt. Ich war noch nicht ganz dort angekommen, als eine elegante Equipage von der Landstraße kommend einbog. Sie erkannte mich sofort! Noch ehe der Kutscher anhalten konnte, war Chlotja aus dem Wagen gesprungen und mir um den Hals gefallen: »Tocka[158], wo kommst du her?«, rief sie. »Dass du noch lebst«, fügte sie eher sachlich als verwundert hinzu. Aber in dieser Sachlichkeit schwang eine Welt von Erleichterung und Freude zugleich, und es war, als erwachte ich mitten in einem längst hinter mir liegenden Leben.

Natürlich musste ich bei Rotermanns bleiben. Der Hausherr, Chlotjas Mann, war gewohnt zu handeln. Mit lautloser Selbstverständlichkeit, die keinen Widerspruch duldete, nahm er mir als Erstes alle materiellen Sorgen ab. Von der Kommandantur in Reval erhielt ich sofort einen gültigen Pass mit dem seit neuestem vorgeschriebenen Fingerabdruck von mir, sowie eine schwarz-weiß-rote Armbinde, die von der Kommandantur abgestempelt war, und mit der ich überall Zutritt hatte, vor allen Dingen auch zum Hafen. Alles Komplizierte wurde, wenn Rotermann sich darum kümmerte, plötzlich einfach. Er war damals einer der größten Exporteure von russischem Weizen und importierte Landmaschinen und Autos von verschiedenen Ländern. Außerdem besaß er eine Großbäckerei und versorgte Stadt und Land mit Schwarzbrot. Er war ein Mann mit Einfluss, dem alle jene Türen offenstanden, die gewöhnlichen Sterblichen verschlossen blieben. Je näher das Kriegsende kam, umso komplizierter und unüberwindlicher wurde der Instanzenweg in den von Deutschen besetzten baltischen Gebieten. Herr Rotermann ließ sich hiervon weder beeindrucken noch abschrecken.

Gelassen fuhr er in seinem großen Maybach, der wegen seiner Ausmaße und funkelnden Schwärze überall nur das »Erbbegräbnis« genannt wurde, zum Kontor, um neue Geschäfte und Verträge unter Dach und Fach zu bringen.

Um nach Deutschland weiterreisen zu können, bedurfte es noch etlicher zeitraubender Formalitäten, bei denen noch nicht abzusehen war, ob sie in Wochen oder vielleicht erst in Monaten abgewickelt sein würden. Diese Ungewissheit nahm ich nicht nur geduldig, sondern auch freudig in Kauf, denn gastlicher als bei Rotermanns konnte ich wirklich nirgends aufgehoben sein. …

Brief von Traugott an Olga in Sibirien vom 19. Juni 1918

Während seines Aufenthalts in Reval im Haus Rotermann schreibt Traugott einen langen Brief in russischer Sprache an Olga, seine »Liebste«. Er schildert die Situation in der Stadt und seine persönliche. Mehrmals bittet er um eine Rückantwort.

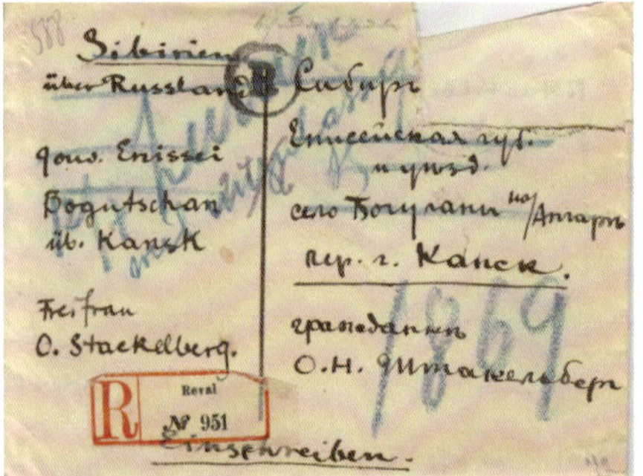

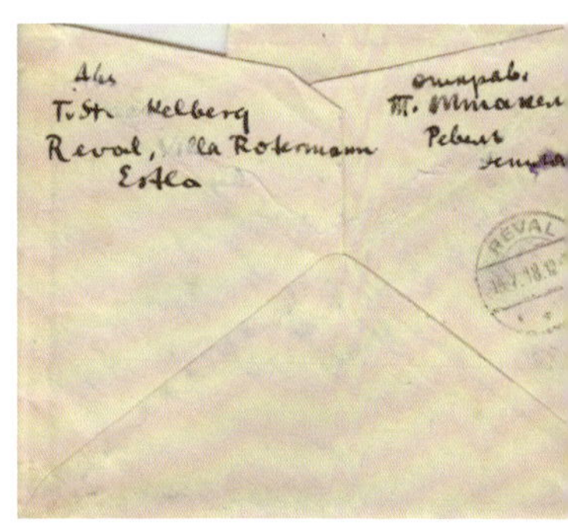

Mit dem Vogel wollte ich dir einfach Preußen zeichnen. Wenn du dir den Vogel genauer anschaust, dann wirst du auch verstehen müssen, was ich nicht mit Worten schreiben kann.

Meine Liebste, ich habe so eine ganz große Sehnsucht nach dir. Gestern habe ich eine Nachricht bekommen, die mich sehr erfreut hat, dass die Postverbindung zwischen Russland und uns wiederhergestellt ist. Man kann sogar Einschreiben senden. Aber die Briefumschläge müssen offen sein, man darf nicht mehr als vier Seiten schreiben und natürlich gar nichts, was der Zensur unterliegt. Auf Deutsch oder Russisch oder Ungarisch. Und jetzt werde ich ganz viele Briefe von dir erwarten. Olgachen, bitte vergiss mich nicht. Du wärest sehr erfreut, wenn du nur gewusst hättest, wie oft ich an dich denken muss. Jede Kleinigkeit erinnert mich an dich. … Bitte schreib mir, meine Seele, wie sieht es da alles aus und was machst du. Hast du alle meine Briefe bekommen? Fünf Briefe und zwei Postkarten. Auf den Briefen musst du unbedingt

die Adresse des Absenders schreiben. Also jetzt auch auf Deutsch: O. Stackelberg Sibirien Gouvernement Jenissei, Bogutschansk.
Wie geht es dort, in Bogutschane? Wie geht es allen Unseren?[159] Wie teuer ist das Leben? Hier ist alles geregelt, man kann nichts auf der Seite kaufen, das Brot kostet 15 Kopeken, Butter 2 Rubel 25, Eier 10 Kopeken ein Stück. Alle Soldaten essen das Brot aus Deutschland, und sie bekommen 1 oder 1½ Pfund pro Tag. Die Russen haben beim Verlassen alle Brotvorräte vernichtet. Also müssen jetzt die Deutschen in den Städten auch das Brot aus Deutschland essen. Dass hier etwas abgezweigt wird, ist absoluter Quatsch – hier gibt es nichts. Die Seife ist sehr teuer, ein Stück Seife kostet 1, 2, 3 Rubel. Der Wein wird frei verkauft, 2–3 Rubel. Der Arbeitslohn ist auch um die Hälfte geringer als in Russland. Russisches Geld wird ab dem 15. Juni nicht mehr angenommen. Man hört ganz wenig aus oder über Russland, aber man interessiert sich auch kaum. Das ist für die Deutschen ein totes Land. … Deutsche Soldaten haben sich übrigens auch stark verändert. Sie sind viel bewusster geworden. [Diese Stelle ist markiert, wahrscheinlich von der Zensur.] Über die Stimmung in den Truppen darf man nicht schreiben. Auf jeden Fall irren sich die Bolschewiken, wenn sie mit den deutschen Soldaten rechnen. Ich spreche oft mit denen. Vor drei Tagen bin ich … gesegelt. Es war unglaublich schön. Das Meer ist mein natürliches Element. Es war so, also ob ich wieder ein kleiner Junge war. Ich weiß, dass das Meer genau das ist, was mich aufleben ließ. Wenn du das nur sehen könntest, wenn wir beide noch auf dem offenen Meer sein dürften. Das Boot springt über die weißen Wellen. Meine liebste Olga, schreib. Wenn ich das lesen werde, werde ich dir ganz nah sein. Ich weiß, dass du mich nicht vergessen kannst, dass wir ganz im Tiefen unserer Seele eng miteinander verbunden sind. Ich fühle, dass ich an dich angewachsen bin. … Ich bin jetzt schrecklich ruhig geworden. Ich schweige auch ganz viel. Ich mag nicht unter Menschen sein. Mein Gefühl ist, dass andere Menschen mich aus meiner Welt wegbringen. Früher hatte ich immer die Gesellschaft gesucht. Und dank Sibirien und dank dir hat sich das verändert. Mir scheint, also ob ich auferstanden wäre. Hinter mir ist ganz viel Abfall, den ich weggeworfen habe. Und

mit diesem Abfall auch viele Menschen um mich herum. Jetzt fühle ich mich frei, frisch, ich möchte arbeiten, und ich weiß, dass meine Arbeit nicht umsonst ist. Also Olga, ich warte auf den Brief von dir, wie ich geschrieben habe: offener Umschlag, Adresse des Absenders, meine Adresse ist: Estland Reval Villa Rotermund Baron von Stackelberg. Küsse dich ganz innig, dein Kola.

Der Brief ist nach Reval zurückgesandt worden am 14. Juli 1918, möglicherweise auf Veranlassung der deutschen Zensurbehörde.

Als Traugott im Januar 1922 im Auftrag des Völkerbunds und der Quäker an die Wolga, nach Busuluk (Oblast Orenburg), reist, kommt er auch an die Grenze Sibiriens. Er versucht, brieflich Kontakt aufzunehmen mit Olga und den Freunden aus der Zeit der Verbannung – ohne Erfolg.[160] Immerhin zeigt es, dass für ihn die Verbindung zu Olga doch nicht vollends abgeschlossen ist. In seinem Buch »Geliebtes Sibirien« sind Olga etliche Seiten gewidmet.

Berlin Oktober 1918

Traugott möchte sein Medizinstudium an der Münchener Universität vollenden. Er reist zunächst für einige Tage nach Berlin, um sich an seiner Schule eine für die Immatrikulation nötige Kopie seines Reifezeugnisses ausstellen zu lassen. Auch besucht er seine Mutter. Doch zuvor nimmt er – kaum in Berlin angekommen – an einer wichtigen Sitzung des Reichstags teil. Im folgenden Text, den Traugott wohl im Jahr 1921[161] verfasst, schildert er Ereignisse seines Besuchs in Berlin.

Am 6. Oktober 1918[162] kam ich auf dem Bahnhof Friedrichstrasse in Berlin an. Ehe ich den Bahnhof verlassen durfte, musste ich mich, da ich ja Ausländer war, in einer Bahnhofskommandantur melden, um eine Aufenthaltsbewilligung für Berlin zu erhalten. Die Kommandantur befand sich in einem dunklen Raum unter dem Bahnsteig. Darin sassen einiger Unteroffiziere an Tischen und unterhielten sich über die Ereignisse der letzten Tage. Der Kaiser hatte abgedankt[163] und niemand wusste, wie es weiter gehen sollte. Immerhin, die eingelaufene Maschinerie lief offensichtlich weiter. Wenn ich mich nicht der Kommandantur gemeldet hätte, wäre mir wahrscheinlich auch nichts passiert. Ich zeigte meinen Passierschein des Oberk.[ommandos] Ost. Ich sagte dem diensttuenden Unteroffizier, daß ich zu meiner Mutter nach Zehlendorf wollte, die ich seit über 9 Jahren[164] nicht gesehen hatte. Er erklärte mir aber, daß dies nicht ginge, da auf meinem Schein Berlin und nicht Zehlendorf als Durchgangsstation vermerkt war, und ich sollte auf dem schnellsten Wege nach München weiterreisen, wohin dieser Passierschein ausgestellt war. Eine Aufenthaltsgenehmigung könnte mir nur von der Ausländerstelle der Stadtkommandantur Unter den Linden erteilt werden. Sicherlich hätte ich auch ohne diese Genehmigung ungehindert nach Lichterfelde und Zehlendorf fahren können, ging aber doch, aus lauter Neugierde zu der bezeichneten Dienststelle. Offensichtlich waren an diesem Tag, der für Deutschland ein historischer Tag werden sollte, keine anderen Ausländer in Berlin. Der Posten und der Leiter der Ausländerstelle waren allein im Hause. Ich wurde von einem freundlichen Herrn empfangen, der wie es sich herausstellte über die Vorgänge in meiner besetzten Heimat durchaus unterrichtet war, und erhielt die Erlaubnis zu meiner Mutter hinaus zu fahren und meine Reise für einige Tage zu unterbrechen. Es war ein sehr schöner klarer Oktobertag und ich schlenderte die Linden entlang auf das Brandenburger Tor zu. Welch ungewohntes Bild, auf dem Trottoir kamen mir anständig gekleidete Zivilisten und Offiziere in feldgrauen, tadellos gepflegten Uniformen entgegen. Autos fuhren über den Asphalt, es sah nicht sehr anders aus, als wie es vor dem Kriege war. Da sah ich mir entgegen kommen einen Gardekürassieroffizier, der mir bekannt vorkam. Er blieb vor mir stehen, als erkennte er mich, er grüsste und im selben Augenblick wusste ich, daß es mein alter Freund und Studiengenosse Hans-Werner v. Tiele-Winckler[165] war. Er war sehr überrascht mich wieder zu sehen, da er wusste, daß ich seit 4 Jahren[166] als in Sibirien verschollen galt. Er hatte es nicht so eilig, als daß er nicht eine halbe Stunde mit mir unter den Linden auf und ab ging. Ich hatte ihm kurz berichtet über meine Abenteuer in Sibirien, wollte aber vor allem wissen, wie es gerade eben in Berlin und in Deutschland aussähe. Hans Werner, der zu irgendeiner höheren militärischen Stelle kommandiert war, wusste sehr genau bescheid und lud mich ein, an einer »historischen Reichstagssitzung«, die in wenigen Stunden beginnen sollte, teilzunehmen. Er würde mir eine Eintrittskarte bei einem bestimmten Portal hinterlegen und bei dieser Gelegenheit würde ich alle diese Persönlichkeiten sehen und hören können, die jetzt die Geschicke des kaiserlosen geschlagenen deutschen Reiches in Händen hielten. Den Prinzen Max von Baden, Ebert, Breitscheid, Erzberger, Wirth, Rathenau und wie sie alle hiessen. Ich war sofort entschlossen diese Gelegenheit wahrzunehmen und erst nach der Sitzung zu meiner Mutter hinauszufahren. Ich hatte gerade noch Zeit eine Kleinigkeit zu essen, meinen grossen Koffer nach München weiter aufzugeben, mein kleines Handgepäck hatte ich sowieso in Aufbewahrung gegeben, ich brachte es zum Wannseebahnhof und fuhr darauf zum Reichstag. Es lag etwas aufregendes, spannendes in der Luft. An Türen standen überall die galonierten[167] Diener, die jeden Eintretenden kontrollierten, ich fand den Diener, der meine Eintrittskarte hatte, wurde durch Gänge über rote Plüschteppiche, marmorne Treppen hinaufgewiesen und fand in der Loge für Auslandskorrespondenten ganz vorne Platz. Bald darauf kam auch mein Freund. Bald füllten sich die Bänke und die erhöhte Bühne, auf der die Regierung platz nahm. Der ehrwürdige alte Sozialdemokrat Löbe[168] präsidierte. Ebert hielt eine sehr sachliche und wie es mir vorkam sehr gute Rede, Prinz Max, der zum Reichskanzler gewählt[169] worden war, sprach in durchaus demokratischer und vertrauen erweckender Weise. Mich interessierte eigentlich weniger das, worüber geredet wurde, wie die ganze Atmosphäre. Prinz Max machte wie es mir vorkam eine sehr gute Figur, schon äusserlich, würdevoll und sehr besonnen, verantwortungsbewusst, aber auch Ebert, der äusserlich sehr bürgerlich wirkte, hatte etwas warmherziges. Die Sitzung dauerte viele Stunden, zuweilen gab es Tumulte und Zwischenrufe, Wortmeldungen von links und rechts.

Es war inzwischen Abend geworden, bis ich bei meiner guten lieben Mutter ankam. Ich hatte mich ja brieflich angemeldet. Sie lebte in einer anderen Wohnung, 4 Zimmer, ohne Dienstmädchen, ganz allein, aber wohlauf. Wenn mich hier auch die Liebe und Fürsorge meiner Mutter, die alten Möbel und Bilder aus der Heimat umgaben, so hatte ich doch das Gefühl, daß mich unüberbrückbare Fernen von der früheren Zeit trennten. Meine Mutter war ganz und gar in ihrem Gottesglauben eingebettet und sprach zu mir, als wäre ich ein Verlorener, als der ich mir durchaus nicht vorkam. Aber wir begegneten uns nicht in der Gewissheit, daß Alles vorbestimmt sei und wir uns nur im Vertrauen auf Gott gehen lassen sollten.
Im Keller in einer grossen Mottenkiste hatte meine Mutter meine persönlichen Dinge verwahrt, Bücher und Anzüge. Ich fand einen brauchbaren Mantel und vor allem einen schönen Sportanzug, den ich mir vor 8 Jahren, damals sehr elegant, aus feinem englischen Gabardin hatte machen lassen für eine Reise nach Nordafrika[170]. Als Kuriosum nahm ich auch meinen alten Tropenhelm, den ich damals getragen hatte, mit. Ich blieb nur 2 od. 3 Tage und fuhr dann nach München, weil das Semester bereits angefangen hatte.
Der Zug fuhr morgens in Berlin ab. Als wir die bayrische Grenze überquerten, begann schon der Abend zu dämmern und ich überlegte mir, daß es ungünstig sein würde so spät im Dunkeln in der mir völlig fremden Stadt München anzukommen. Ich beschloss in Nürnberg auszusteigen, dort zu übernachten, am nächsten Tag vormittags mir die alte Stadt anzusehen und gegen mittag nach München weiterzufahren. Mein leichtes Gepäck bestand aus einem alten Rucksack aus meiner Wandervogelzeit, auf den aussen der besagte Tropenhelm aufgeschnallt war, ich hatte den wieder gefundenen immer noch eleganten Gabardinsportanzug an und spazierte so der Altstadt von Nürnberg zu. … [Am nächsten Tag] fuhr ich mit einem Nachmittagszug nach München.

Lebenslauf-Richtung

Gibt es Leitvorstellungen, an denen sich Traugott orientiert? Welche Strategien der Auseinandersetzung und der Anpassung findet er, um sich im Weltenlauf sich radikal ändernder gesellschaftlicher Wirklichkeiten und Ideologien zu behaupten, ja eventuell überhaupt auch zu überleben?

In seinen Erinnerungen an die Zeit in Sibirien hebt er sich ab von den Bywschije Ljudi, den »Gewesenen Leuten«, die der Vergangenheit nachtrauern und dem Neuen gegenüber hilflos sind.[171] Das passt nicht zu seiner Einstellung und Haltung. Immer wieder hat er sich auf Neues eingelassen, mitunter geradezu die günstige Gelegenheit beim Schopfe ergriffen und dabei eine erstaunliche Wendigkeit und bewundernswerte Chuzpe gezeigt. Dies veranschaulicht die Flucht aus Rostock auf die Ostsee mit seinem kleinen Segler, den er den Wellen überlässt, als er von einem größeren Schiff aufgenommen wird.[172] Dort simuliert er vor den an Bord gekommenen Kontrolleuren den schwedischen Reisenden.[173] In Sibirien zeigt er sein überlegtes Handeln bei der wegen unerlaubter Jagd drohenden Abgabe seines Gewehrs; als er, bevor er zur Polizei muss, rasch eine Ersatzflinte besorgt, die konfisziert werden kann.[174] Ebenso mutig reagiert er nach der Auflösung der Verbannung im Durcheinander nach der Abdankung des Zaren, als er kurzerhand einen besonders bewachten Waggon besteigt, um wegzukommen.[175] Statt sich aufzugeben, sich zu ergeben oder ganz zu verlieren, geht er Risiken ein. Er nimmt einen möglichen teilweisen Verlust in Kauf und obsiegt oder gewinnt etwas Neues. Es ist wie in einem Schachspiel.[176]

Wie verhält es sich hingegen mit großen Verlusten und Veränderungen, von denen er betroffen ist? Sie scheinen ihn etliche Male fast aller Mittel zu berauben. Er kann sie nicht wie in einem strategischen Spiel einkalkulieren und wenden. Er klammert sich aber nicht – wie die »Gewesenen Leute« – an das Verlorene und verbleibt in lähmender Passivität, sondern hält sich bereit für Neues und lenkt seine Aufmerksamkeit und seinen Elan darauf. Das ist weit mehr und anderes als wetterwendisches Mitflattern. Denn bei aller akzidentiellen Wendigkeit bewahrt und bewährt er seine ihm eigene Substanz und gewinnt neue Erfahrungen, neue »Reichtümer des Lebens«[177].

Das zeigt sich in seinem bisherigen Lebenslauf. Es eröffnet sich ihm schon in jungen Jahren neben dem sich verlierenden evangelischen Kirchenglauben die estnische Geisterwelt. Die auch die Deutsch-Balten betreffende Russifizierung in Estland nimmt er als Anlass zum eifrigen Erlernen der russischen Sprache und Kennenlernen russischer Literatur. Der Verlust der Güter in Livland, die der Vater größtenteils verkauft hat, um die Diakonissenanstalt in Reval aufzubauen, stellt sich als »ungeheurer innerer Gewinn« heraus. Der Tod des Vaters erzeugt in ihm als 12-Jährigem das Gefühl, »allein auf der Welt geblieben zu sein«, was ihn daran gewöhnt, selbst zu entscheiden, auch wohl »sehr oft in einem geheimen Gegensatz zu anderen«.[178]

Mit dem Umzug nach Berlin verliert er die Heimat in Estland, die Nähe zu den Jugendfreunden und der weiteren Verwandtschaft und er muss auch die geliebte Segelei auf der Ostsee aufgeben. Zugleich aber macht es ihn in Berlin bereit, Verbindung zu den Wandervögeln und der Freischar aufzunehmen und sich dem reichen Kulturleben zu widmen.

Neue Horizonte eröffnen sich durch das vielfältige Studium an den Universitäten und Reisen in Westeuropa und Nordafrika. Das Segeln erweist sich in anderen Teilen der Ostsee – von Rostock und Kiel aus – als attraktiv. Der 1914 drohenden Einberufung zum Militär oder der Verhaftung entzieht er sich durch eine abenteuerliche Flucht über die Ostsee, bis er schließlich in die friedliche Welt in Helsinki gelangt. Gute Freunde der Familie nehmen sich seiner an, er kann sich an der Universität immatrikulieren und bekommt einen finnischen Pass.

Doch es treibt ihn fort. Es ist ihm nicht gleichgültig, dass Freunde und Verwandte am Krieg beteiligt sind. Er will aber nicht kämpfen und töten, weshalb er sich 1915 für den Sanitätsdienst meldet. Nach kaum einem halben Jahr Arbeit im Militärlazarett in der Nähe von Tiflis wird er – ohne die Gründe jemals zu erfahren – verhaftet und nach Sibirien verbannt. Der Transport dorthin ist sehr beschwerlich, aber er kommt mit für ihn interessanten Menschen in Kontakt, unter anderen auch Revolutionäre. In Sibirien lernt er die Landschaft und besonders die dort lebenden Menschen zu schätzen. Ihm wird Bewegungsfreiheit zugestanden, er übernimmt die ärztliche Versorgung einer großen Region und er geht eine Verbindung mit der Tochter des Starosten ein.

Nach der Abdankung des Zaren im März 1917 erlässt die neue Regierung eine Amnestie für alle politischen Gefangenen und Verbannten. Traugott setzt an der Universität in Tomsk sein Medizinstudium fort. In seinen Erinnerungen an diese Zeit schreibt er:

> In einem waren wir uns einig: in der Ablehnung der Autorität. Wir lernten uns selber kennen, lernten andere verstehen, suchten Wege zum Glück und fühlten uns verantwortlich für das Wohl und Wehe der Menschen in der ganzen Welt![179]

Wesentliche substantielle Lebensmotive sind hier versammelt: anarchische anti-autoritäre Haltung, Selbstreflexion, Eigenverantwortung, Streben nach individuellem Glück, Empathie und soziale Verantwortung.

In der Zwischenphase nach der Abdankung des Zaren und der Übernahme der Macht durch die Bolschewiki gibt es – besonders in Sibirien – keine Institution, die wirklich Macht ausübt, es ist quasi eine Zeit der Anarchie. Von jedem Einzelnen hängt es ab, was aus ihm werden sollte.[180]

Bei einem Aufenthalt in Petersburg erlebt Traugott die revolutionären Vorgänge im Oktober / November 1917 mit. Die Macht der Bolschewiki verstetigt sich. Deren Methoden, für das Wohl und Wehe des russischen Volkes zu sorgen, und die totalitären Praktiken lehnt Traugott strikt ab, er verlässt Russland.

Traugott von Stackelberg 1918 »Bolschewismus«, Tusche und Aquarell, etwa 16x14 cm

121 Die Ausführungen in diesem Abschnitt stützen sich hauptsächlich auf Traugotts seiner Jugend- und ersten Studentenzeit gewidmeten autobiografischen Aufzeichnungen mit dem Arbeitstitel «Offene Horizonte. Jugenderinnerungen eines Balten«.

122 *1793 +1863.

123 *1805 +1858.

124 So hält es Traugott in seinen Erinnerungen fest, Offene Horizonte, S. 92.

125 Offene Horizonte, S. 102.

126 Diese Bemerkung nimmt Traugott auf im Arbeitstitel für seine Aufzeichnungen »Offene Horizonte. Jugenderinnerungen eines Balten«.

127 Ms. Heft Nr.2 S. 75 Freiburg.

128 U. a. 1937 »Bericht über eine Hilfsaktion im südlichen Russland«, 1951 »Geliebtes Sibirien«, 1953 »Dsema'u«, 1958 »Fratze und Gesicht Russlands«, 1968 »Auf eigener Fährte«.

129 Im ersten Eintrag des Tagebuchs 1 schließt er nicht aus, dass »jemand anders noch je einmal darin lesen sollte«. Das zweite Tagebuch beginnt mit der »Bitte niemand drin zu lesen, außer wer es darf!«. Im ersten Tagebuch ist auch die von Helene Lohmann angefertigte Abschrift eines Textes von Traugott enthalten; mindestens für Helene also dürfte das Tagebuch nicht verschlossen gewesen sein.

130 Hebr. 13, 8.

131 Offene Horizonte, S. 152–241, hier S. 152.

132 Siehe Abschnitt »Geldgeschichten«, S. 397.

133 Otto Magnus von Stackelberg (1786–1837), s.u. S.312 f. und auch Anm. 222, S. 342, https://de.wikipedia.org/wiki/Otto_Magnus_von_Stackelberg (Archäologe), abgerufen 27.8.2021.

134 Darüber verfasst er später einen kleinen Text mit dem Titel »Anque la vita é un arte« (1950), welcher uns zum Titel dieses Buches angeregt hat.

135 Wie leider so oft, sind Fotos aus unserem Familienfundus nicht mit Daten – Wer? Wann? Wo? Wer hat die Aufnahme gemacht? – versehen. Dieses Foto passt in den Kontext der »Kavaliersreise«: Traugott mit Fotoapparat.

136 Albrecht Dürer 1514: Melencolia I; die hier abgedruckte Wiedergabe beruht auf der im Familienarchiv befindlichen »Facsimile-Reproduction der Reichsdruckerei Berlin«.

137 Tagebuch 1, S. 50 ff.

138 Kant, Immanuel 1788/1975: »Zwei Dinge erfüllen das Gemüt mit immer neuer und zunehmender Bewunderung und Ehrfurcht, je öfter und anhaltender sich das Nachdenken damit beschäftigt: Der bestirnte Himmel über mir, und das moralische Gesetz in mir.« 1788 Kritik der praktischen Vernunft Beschluss A 289, Werke in 10 Bde. (Hg. W. Weischedel) Wiesbaden, Insel, 1956, Ausgabe der Wissenschaftlichen Buchgesellschaft Darmstadt 1975, Bd. 6, S. 300.

139 Böhme, Hartmut 1989: Albrecht Dürer Melencolia I, Im Labyrinth der Deutung. Frankfurt a.M., Fischer Tb Verlag.

140 Böhme, Hartmut 1989, S. 6.

141 Tagebuch 1, S. 43 Eintrag vom 10. Juni 1913.

142 Böhme, Hartmut 1989, S. 9.

143 Mark. 8,36; Luk. 9,25; Matth. 16,26. Dieses Zitat aus dem Neuen Testament führt Traugott auch in seiner autobiografischen Skizze »Über mein Leben« an. Siehe auch Berner 1986.

144 Die folgenden Schilderungen von Erlebnissen bis zum Frühjahr 1918 stützen sich u.a. auf zwei Werke von Traugott von Stackelberg: »Geliebtes Sibirien«, 1951 erschienen, und »Auf eigener Fährte«, 1968 erschienen.

145 Schwedischer Name für Helsinki.

146 Im russischen militärischen Sanitätsdienst steht der Feldscher im Rang unter dem Militärarzt. Da Traugott sein medizinisches Studium noch nicht abgeschlossen hat, kann er noch nicht Militärarzt werden.

147 Möglicherweise hat ein Mitglied der Familie Stackelberg beim Zaren interveniert.

148 Vermutlich aus dem von einer Bank verwalteten nachgelassenen Vermögen des Vaters.

149 Tagebuch 1, S. 82 Eintrag vom 19.1.1916 in Pirowskoje.

150 Tagebuch 1, S. 84 Eintrag vom 19.1.1916 in Pirowskoje.

151 Tagebuch 1, S. 84 Anfang des Eintrags vom 19.1.1916 in Pirowskoje.

152 Abgedruckt in der schweizerischen Monatsschrift DU 1950.

153 TvSt: Der sibirische Meteor, in: ders. 1962b, S. 57.

154 Juni 1915 bis September 1917.

155 3.3.1918.

156 10.5.1918.

157 Während der Oktoberrevolution (24./25.10.1918) ist Traugott für kurze Zeit schon einmal in Petersburg gewesen.

158 Diesen von Geschwistern und Freunden verwendeten Namen hat sich Traugott als Vierjähriger selbst gegeben. (Offene Horizonte, S. 27).

159 Familie von Olga, den Freunden und Bekannten in Bogutschansk.

160 TvSt: Der sibirische Meteor, in: TvSt 1962 Die schönsten Erzählungen, S. 67.

161 Siehe Anm. 170 – im Heft »Vorträge. Wandern. Entwicklung des Menschen«.

162 Vom 8.10.1918 stammt eine vom Berliner Gymnasium erstellte Kopie des Reifezeugnisses vom 5.9.1911 – insofern ist die Datumsangabe wohl korrekt, die Erinnerung an die Abdankung des Kaisers (Z. 6, s. Anm. 163) dürfte mithin anachronistisch sein.

163 Am 9. November 1918 wird die Abdankung Wilhelm II. durch den Kanzler Max von Baden bekannt gegeben. Philipp Scheidemann und Karl Liebknecht rufen die Republik aus. Erst am 27. November 1918 dankt der ehemalige Kaiser offiziell ab.

164 Im WS. 1911/12 und SS. 1912 ist TvSt in Berlin immatrikuliert – hatte er damals seine Mutter nicht gesehen? War sie nicht beim Familienfest in Reval 1914 dabei?

165 1895 Rothenmoor – 1957 Kiel.

166 TvSt wird am 25.5.1915 in Tiflis verhaftet und nach Sibirien verbannt.

167 An den Seitennähten ihrer Hosen waren Galons (Litzen, Stoffstreifen) eingefügt.

168 Paul Löbe lebt von 1875–1967 – 1918 war er also 43 Jahre alt.

169 Am 3.Oktober 1918. Am 9.November 1918 übergibt er die Kanzlerschaft an Friedrich Ebert. Im Dezember wird ihm durch Max Weber eine Kandidatur als Abgeordneter der DDP (Deutsche Demokratische Partei) für die Verfassunggebende Nationalversammlung in Weimar angetragen. Max von Baden zieht sich aber aus der Politik zurück. 1919 ist er Mitbegründer der Schule Schloss Salem, was ihm übrigens auch einen erheblichen fiskalischen Nutzen bringt. Gestorben ist er 1929. Die Kinder von Traugott und Helene von Stackelberg besuchen später diese Schule: Jürgen von Stackelberg Salem, Ulla und Brita die 1928 gegründete Dependance Schloss Spetzgart. S. Abschnitt »Schule Schloss Salem, Spetzgart«, S. 292.

170 Im Frühjahr 1913 reiste TvSt mit seiner Schwester Irene nach Italien und Tunis ist diese Reise gemeint? Dann wäre hier ein impliziter Hinweis auf das Entstehungsjahr des vorliegenden Textes herauszulesen: 1921.

171 TvSt: Geliebtes Sibirien, S. 392.

172 Siehe S. 170.

173 Siehe S. 170.

174 Siehe S. 176.

175 Siehe S. 184.

176 Vgl. »Schachspiel (1932)«, S. 278.

177 Siehe »Lebensweg zur Kunst«, S. 316 ff.

178 Siehe »Lebensweg zur Kunst«, S. 316 ff.

179 TvSt: Geliebtes Sibirien, S. 403. »Wir« – das sind seine ihm sehr verbundene Olga, Kommilitoninnen und Kommilitonen.

180 Siehe TvSt: Geliebtes Sibirien, S. 404.

Gemeinsames Leben (1918–1964)

Münchener Zeit 1918/19–1921

Am Abend des 9. Oktober 1918 trifft Traugott in München ein, um sein Medizin-Studium, das er an der Universität Tomsk im April d.J. bereits mit dem russischen Staatsexamen abgeschlossen hat, nun auch an einer deutschen Universität, der Ludwig-Maximilians-Universität, zum Abschluss zu bringen.

Ab Anfang November – ein Jahr nach der Revolution in Russland – kommt es an etlichen Orten in Deutschland zur revolutionären Bildung von Arbeiter- und Soldatenräten als obersten politischen Organen. Am 8. November erfolgt in München durch Kurt Eisner im Namen des dortigen Arbeiter- und Soldatenrats die Proklamation der Bayerischen Republik. Die Dynastie der Wittelsbacher ist abgesetzt. Am 9. November rufen in Berlin Philipp Scheidemann eine parlamentarische »deutsche Republik« und Karl Liebknecht eine »sozialistische Republik« aus. Der deutsche Kaiser Wilhelm II. flieht ins holländische Exil. Mit dem Waffenstillstand zwischen den Alliierten und dem deutschen Reich am 11. November ist der Erste Weltkrieg beendet. Die Monarchie soll durch eine parlamentarische Demokratie ersetzt werden.

Ernst Toller in München jubelt über den Frieden, ist aber skeptisch, was die von den siegreichen Alliierten erzwungene Parlamentarisierung angeht:

> Weder der Reichstag erkämpfte sie, noch das Volk, sie wurde diktiert.[181]

Simon Schaupp führt in seiner Monografie über die bayerische Revolution weiter aus:

Zwar ist das Klassenwahlrecht abgeschafft und politische Gefangene wie Karl Liebknecht sind amnestiert worden. Aber die Presse bleibt zensiert, Versammlungen bleiben verboten, die Generäle herrschen wie früher, die Minister entstammen der alten Machtkaste.[182]

In München haben sich Arbeiter, Soldaten und einige Intellektuelle wie Eisner, Toller, Mühsam, O.M. Graf, Gustav Landauer, Heinrich Mann zur Revolution verbunden. Fragil ist die Situation, da verschiedene Tendenzen um die politische Dominanz ringen: Anarchismus[183], Rätebewegung[184], Sozialismus[185], Kommunismus[186] und Reformismus der SPD[187].

> Im weiteren Verlauf der revolutionären Entwicklung spielen Studierende kaum eine Rolle. Die meisten von ihnen gehören dem Bürgertum an und ziehen es vor, den Ereignissen abwartend zuzuschauen.[188]

Schaupp schließt ein Zitat von Erich Mühsam an:

> Es muss gesagt werden, dass die Stunde der Erhebung in Münchens geistigen Bezirken keinen erhobenen, keinen erhebenden Geist fand. Die Münchner Studentenschaft hat kläglich versagt. Den Geist und den Sinn der Revolution erfassten nur einzelne Begeisterte, im Ganzen hat die Münchner Universität den geschichtlichen Augenblick der größten Umwälzung, die Deutschland je erlebt hat, unbeteiligt an sich vorbeigehen lassen. Die Revolution von 1918 war Alleingut der Soldaten und Arbeiter – wenigstens in München.[189]

Viktor Klemperer hält in seinem Revolutionstagebuch fest:

> Von einem ganz winzigen Grüppchen abgesehen, waren die Studierenden weder sozialistisch noch liberal.[190]

»Einzelne Begeisterte« (Mühsam) finden sich in einem »winzigen Grüppchen« (Klemperer) zusammen; es kann die »Gruppe freiheitlicher Akademiker« gemeint sein.[191] Die Gruppe konstituiert sich am 17. November 1918 und bildet einen ordentlichen Vorstand.

»2. Vorsitzender: v. Stackelberg.« … »Schriftführung: H. Lohmann.«[192] In dieser Gruppe also arbeiten sie, unsere Protagonisten, intensiv zusammen. Sie lassen die »Umwälzung … [nicht] unbeteiligt an sich vorbeigehen«.

Der 1. Vorsitzende ist Dr. Mahrholz[193], Kassenwart Braband[194], Beisit-

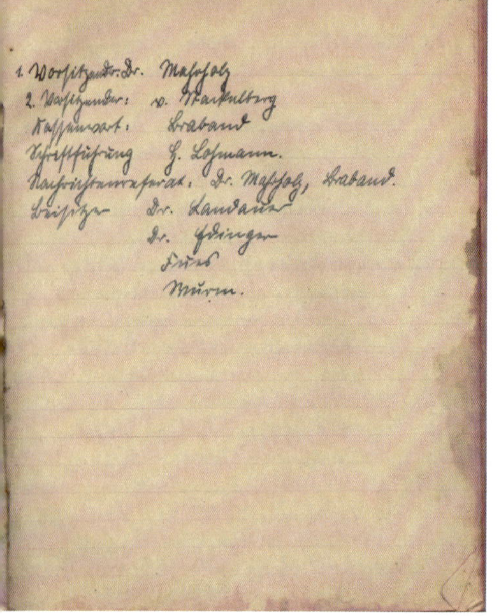

1. Vorsitzender: Dr. [illegible]
2. Vorsitzender: v. [illegible]
Kassenwart: Brabant
Schriftführung: H. Lohmann.
[illegible]: Dr. [illegible], Brabant.
Beisitzer: Dr. Landauer
Dr. Edinger
Fues
Sturm.

zer Dr. Landauer[195], Dr. Edinger[196], Fues[197] und Sturm[198]. Ab Ende November beschließt die Gruppe für sich die Bezeichnung »Arbeitsgemeinschaft demokratisch-sozialer Akademiker«.

Die Aufzeichnungen im – vor allem von Helene Lohmann geführten – Protokollheft erstrecken sich über einen Zeitraum von zehn Wochen: vom 17.11.1918 bis zum 21.1.1919; so lange mindestens also besteht die Gruppe. In dieser Zeit sind vierzehn Versammlungen, neun Vorstandssitzungen sowie acht Treffen des »Arbeitsausschusses« dokumentiert. Unter den etwa 40 bis 50 Mitgliedern[199] sind vor allem Dozenten, Assistenten und Studierende verschiedener Fakultäten der Münchener Ludwig-Maximilians-Universität. Neben den Versammlungen und in diesen werden etliche Unternehmungen diskutiert und vorbereitet: die Durchführung regelmäßiger »Stehkonvents« vor einem Hörsaal und im Lesesaal der Poliklinik, Berichte über die aktuellen politischen Ereignisse, Teilnahme von Mitgliedern an Studentenversammlungen und Eingreifen in politischen Versammlungen, Protestresolution gegen das Verhalten reaktionärer Kommilitonen auf der Studentenversammlung, Rednerschule, Angebot der bewaffneten Unterstützung der Regierung, Kontakte zu anderen Studentengruppen (z. B. der Deutschen Demokratischen Partei, der sozialistischen Akademiker), zum »Politischen Rat geistiger Arbeiter«[200] und zum Teil Mitarbeit in diesem Rat, zum Arbeiter- und Soldatenrat sowie zur Regierung. Die Gruppe freiheitlicher Akademiker / Arbeitsgemeinschaft demokratisch-sozialer Akademiker unterstützt die Politisierung der Studentenschaft, sie will nicht agitieren, sondern eher informieren, aufklären und Foren bieten für die Auseinandersetzung mit den großen Themen dieser Zeit der Umwälzung: Sozialismus, Kommunismus, Liberalismus, Individualismus. Vortragende sind u. a. Jaffé[201], Eisner[202], Mühsam[203],

Potthoff[204]. Für die erste Versammlung der Gruppe am 17. November hält das Protokoll fest:

> Wir stellen uns auf den Boden des prakt. Programms der bayerischen Regierung vom 15. Nov. 1918. Der Sozialismus in seiner Idee ist uns Aufgabe[,] in seiner prakt. Durchführung Problem.

Traugott von Stackelberg 1918 »Das Jahr 1918 Herrschaft des Kapitals«, Tusche Aquarell 15,8 x 13,8 cm

Eine »Festlegung auf den Sozialismus« wird allerdings abgelehnt.

Erstaunlich ist, dass so einschneidende Ereignisse wie der Ausgang der Wahl in der Bayerischen Republik am 12. Januar 1919[205] und auch die Ermordung von Rosa Luxemburg und Karl Liebknecht in Berlin am 16. Januar 1919 in den Protokollen nicht erwähnt werden.

Der Anteil der aktiven weiblichen Mitglieder in der Gruppe freiheitlicher Akademiker / Arbeitsgemeinschaft demokratisch-sozialer Akademiker ist mit circa einem Drittel relativ hoch; im Vorstand ist Helene Lohmann allerdings die einzige Frau. Helene schreibt nicht nur die meisten Protokolle, sie leitet auch Versammlungen und stellt Anträge. Sie ist Mitglied im »Arbeitsausschuss« der Arbeitsgemeinschaft. Die Liste der von ihr gesammelten Unterschriften zur Protestresolution gegen das »unwürdige« Verhalten einiger Kommilitonen[206] ist erhalten. Vielleicht ist sie beteiligt an der Frauenversammlung am 19. November 1918[207] und auch der Gründung des Bundes sozialistischer Frauen am 16. Dezember 1918[208]. Sie betreibt aktiv Wahlkampf für Anita Augspurg[209], Kandidatin auf der Liste der USPD.

Bemerkenswert sind Helenes Wünsche für Geschenke zu Weihnachten: Sie wünscht sich ein neues Portemonnaie, aber

> Am liebsten wünsche ich mir von Marx ›Kapital‹ 1. Bd. Volksausgabe, Herausgeber Kautsky. Sonst was Gutes über Sozialismus oder Ähnliches, wenn wer was wissen sollte. Sehr freu ich mich auch über was Dichterisches, neue Meister kenn ich gar nicht.

Und auf der Liste steht auch eine neue Kappe.[210]

Traugott ist wie Helene engagiert im Vorstand und Arbeitsausschuss, auch er leitet Versammlungen, stellt Anträge, er ist nominiert als Vertreter für den »Politischen Rat geistiger Arbeiter«[211], er hält Kontakt zur Presse und zu Erich Mühsam, referiert über die aktuelle politische Situation und zum Thema »Demokratie oder Diktatur«, nimmt an Studentenversammlungen teil, mit der Absicht, dort das Wort zu ergreifen.

Die Ermordung des Ministerpräsidenten Kurt Eisner bedeutet im Februar 1919 das Ende des Freistaats Bayern. Die nachfolgende Räterepublik wird im Mai 1919 gewaltsam beendet, Gustav Landauer[212] am 2. Mai ermordet.

In der Zeit der Räterepublik in München ist vom 7.–16.4.1919 Gustav Landauer »Beauftragter für Volksaufklärung« gewesen. Gustav Landauer hat sehr fortschrittliche Ideen entwickelt und propagiert: Er tritt ein für die Befreiung von Bevormundungen des Individuums durch den Staat und die Kirche, statt des Staates sollen Gemeinschaften die Menschen zusammenführen – etwa in ländlichen überschaubaren Zusammenhängen –, solche Gemeinschaften werden getragen durch Basisdemokratie, persönliche Wahlfreiheit, Verantwortungsgefühl und ökologisches Bewusstsein. Nicht durch Revolution, sondern schrittweise kann der Alltag verbessert werden. Gustav Landauer hat Kropotkin[213] übersetzt, ist mit ihm befreundet gewesen. Der nämliche Kropotkin ist es, mit dessen Ansichten Traugott schon in seiner Zeit in Sibirien sympathisiert.[214]

Die Ideen von Gustav Landauer dürften Traugott und Helene sehr nah gewesen sein.

Beendigung der Studienzeit in München. Verlobung. Eheschliessung

Traugott und Helene sind beide Mitglieder der medizinischen Fakultät, sie studieren zusammen, sind beide in der etwa zehn ereignisreiche Wochen lang bestehenden Gruppe freiheitlicher Akademiker / Arbeitsgemeinschaft demokratisch-sozialer Akademiker engagiert, sie sind beide Mitglieder der akademischen Freischar und unternehmen etliche Wanderungen in die nahen Berge.

Die Beziehung von Traugott und Helene wird enger.

Gemeinsam treffen sie sich mit anderen Mitgliedern der Deutschen

Sonnenwendfeier Jena 1919, stehend: Traugott (Foto vermutlich: Julius Groß)[216]

Akademischen Freischar in Marloffstein, 6.4.–9.4.1919. Anlässlich dieses Treffens fertigt Traugott etliche Tierzeichnungen an, mit denen die teilnehmenden Freundinnen und Freunde in gewisser Weise charakterisiert werden.[215]

Traugott nimmt allein an einer »Sonnwendfeier« in Jena 1919 teil.

Nachdem die politischen Verhältnisse sich so ganz anders entwickeln, als sie beide es wünschen, verfolgen sie vorrangig zwei Ziele: ihre Examina und die gemeinsame Verwirklichung.

Am 12. August 1919 verloben sich Helene und Traugott.[217] Helene ist nun 24 Jahre alt, Traugott 28. In einem Brief am 14.9.1919 an seine zukünftigen Schwiegereltern drückt er seine Begeisterung über Lene aus, in einem weiteren Brief (6.10. an Mutter Lohmann) berichtet er von der Vorbereitung auf sein Examen, vom Promotionsplan und auch von Freunden, die auswandern wollen. Die ersten beiden Themen dürften die Lohmanns in Bielefeld etwas beruhigen, was die Zukunft des Mannes angeht, mit dem sich ihre jüngste Tochter verbunden hat. Aber überhaupt nicht gefällt ihnen, was die Pläne der gemeinsamen Verwirklichung ihrer individuellen und sozialen Vorstellungen an dem ihnen passend erscheinenden Ort betreffen. Denn sie hegen ab Oktober 1919 den Plan auszuwandern – nach Sibirien.

Auswanderungspläne

Gemeinsam mit anderen gleichgesinnten Auswanderungswilligen[218] finden sie sich in einer »Arbeitsgemeinschaft zur Vorbereitung einer Siedlungsgenossenschaft in Sibirien (e. V.)« zusammen.[219] Es werden Pläne zur Auswanderung nach Sibirien entwickelt und viele Vorkehrungen getroffen: Geldmittel akquiriert[220], Sprachkurse werden durchgeführt, Werkzeug, Schlitten u. ä. besorgt. Damit das Ganze einen justiziablen Rahmen bekommt, verabschieden sie eine detaillierte Satzung.

Interessant sind die entsprechend der »Verordnung der Polizeidirektion München« vorzunehmenden Änderungen. Zum Beispiel lautet der § 24 ursprünglich: »Erwachsene Mitglieder einer Familie werden auf eigenen Willensentschluß selbständige Mitglieder. Das gleiche gilt insbesondere von Ehefrauen.« Nunmehr soll dieser § 24[221] wieder auf den damaligen Stand des Bürgerlichen Gesetzbuches gebracht werden, was für die Ehefrauen bedeutet, »die schriftliche Einwilligung des Mannes« vorzulegen.

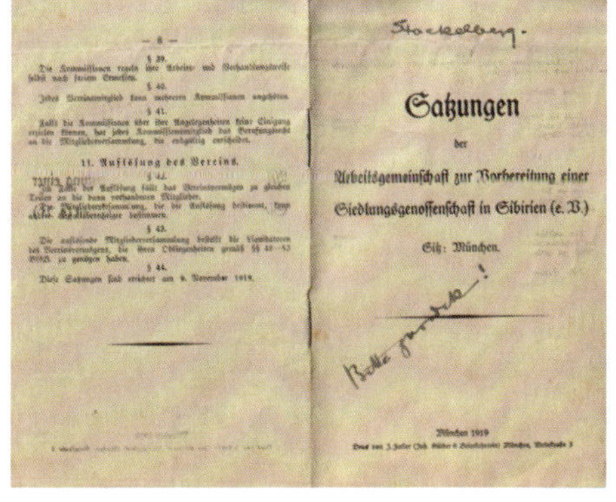

Satzungen der Arbeitsgemeinschaft zur Vorbereitung einer Siedlungsgenossenschaft in Sibirien (e. V.)

Sitz: München.

München 1919

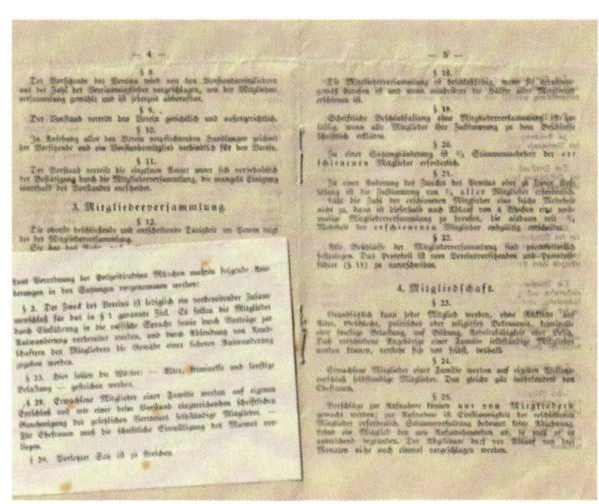

Schließlich aber werden die Pläne der Auswanderung und Aufbau einer Siedlungsgenossenschaft nicht realisiert. Die politischen Verhältnisse in der Sowjetunion und bürokratische Hindernisse stehen dagegen. Möglicherweise spielen aber auch solche Bedenken eine Rolle, wie sie der in München prominente Soziologe

Max Weber äußert, »daß nur kleine, familienhafte Gemeinschaften, nicht aber größere Gemeinwesen ohne Gesetz und Gewalt organisiert werden können.«[222] Traugott und Helene geben den Plan spätestens im Oktober 1920 auf.[223]

Mitglieder des Vereins halten aber noch zueinander Verbindung. Zur Vermählung von Traugott und Helene im nächsten Jahr stellen sie 1921 eine schöne Mappe mit Glückwunschtexten und Bildern zusammen.

Und auch bei Traugott und Helene bleibt eine gewisse Bereitschaft, sich in einem anderen Land außerhalb Deutschlands anzusiedeln. Mitte der 30er Jahre wird die Familie Stackelberg Reisen nach Skandinavien und in das Baltikum unternehmen – begleitet auch von der Idee, dort eine neue Heimat in einer alten zu finden.

Studienabschlüsse

Nach dem zuvor schon an der russischen Universität Tomsk absolvierten Examen legt Traugott am 8. November 1919 das medizinische Examen nun auch an einer deutschen Universität ab: in München.

Auch Helene schließt ihr Medizinstudium ab. Am 30. Mai 1920 besteht sie die ärztliche Prüfung mit der Note »gut« und widmet sich den Praktika in den Münchner Kliniken für die verschiedenen Fachbereiche der Medizin: Psychiatrie, Poliklinik, Kinderklinik, Chirurgie, Dermatologie, Frauenheilkunde, Augenklinik.

Traugott 1920 München
(Foto: M. Bauer, München)

Quäker

Im August 1920 – nach Helenes medizinischem Examen, während Traugotts Assistenzzeit – wird Traugott aufgrund seines Engagements bei der akademischen Freischar zur Teilnahme an der Conference of Young Friends[224] in Jordans in der Nähe von London eingeladen. Er folgt dieser Einladung englischer Freunde.

Gern hätte er auch Helene zu diesem Treffen mitgenommen beziehungsweise wäre sie mitgekommen.[225]

Bei der Konferenz mit insgesamt 400 Teilnehmern ist Traugott einer von sechs Deutschen. In einem Diskussionsbeitrag »from Germany« wird gewarnt, dass Deutschland zwischen Bolschewismus auf der einen Seite und Quäkertum auf der anderen Seite stehe. Das Quäkertum müsse als revolutionäre Botschaft ausgesandt werden.

In der Bibliothek im Degenhof, dem späteren Domizil der Stackelbergs, finden sich etliche Werke von Quäkern und über das Quäkertum. Unter anderen steht dort auch das Buch von Ruth Fry: »Die Weise der Quäker«[226]. Joan Mary Fry, eine Verwandte der Verfasserin, hat sich auch auf dem von Traugott und Helene angefertigten Namenstisch[227] eingetragen. Ebenso namentlich bekannte Teilnehmer an der International Conference of Young Friends in Jordans 1920 aus Deutschland sind Georg Fröhlich und der Herausgeber einer Dokumentation zu diesem Treffen Bertram Pickard[228]. Alle drei haben beim Hausbau 1921 geholfen.

In dem Werk von Ruth Fry sind etliche Haltungen und Einstellungen von Quäkern beschrieben, die wohl auch von Traugott und Helene geteilt werden. Das Quäkertum sei weniger eine Lehre als eine Art, sein Leben einzurichten.[229] Die »Friends« wollen eine lebendige Bewegung sein, die in einer sich wandelnden Welt selbst wandlungsfähig bleibt. Eine alte, gleichwohl aktuelle, Quäkerweise sei: Sich in sozialer und fürsorgerischer Arbeit voll persönlich einsetzen für das Wohl anderer Menschen und der Versuch, bei den Betreuten alle Kräfte der Selbsthilfe zu wecken. Es besteht eine Verantwortlichkeit der Wohlhabenden für das Wohl der Armen.[230]

> Der soziale Dienst ist … bei den Quäkern … die unmittelbare Folge ihrer

> mystischen Weltanschauung – ihre Antwort auf die Führung des Geistes, die sie aufgeschlossen machte für das Dasein ihrer Mitmenschen und ihnen eine tiefe Erkenntnis gab von dem, was alle verbindet.[231]

Sie glauben an das Göttliche in allen Menschen.[232]

> Eines der vornehmsten Kennzeichen dafür, daß wir Gott wahrhaft lieben, ist das Streben nach dem Glück und dem Wohlergehen unserer Mitmenschen.[233]

Letzten Endes sei nicht die Politik, sondern die Moral der wahre Träger des Fortschritts von Gesellschaften.[234] Erziehungsziele sind: Selbstkritik, Charakterfestigkeit und furchtloses Handeln.[235] Der typische Quäker ist

> selbstbeherrscht, reserviert, arbeitsam, höflich, wohlwollend, beharrlich (seine Gegner mochten es dickköpfig nennen) und sowohl von physischem wie moralischem Mut. Er sagte Königen so gut wie Bauern die ungeschminkte Wahrheit. Dieser Mut zeigte sich auch in der Unabhängigkeit von der Tagesmeinung … Sie waren unabhängig von jeder Art der Begünstigung.[236]

Das Quäkertum hat wenig zu tun mit dem Gedanken der Nation und der Rasse.[237]

> Überall dort, wo ein dringender Notstand offenbar wurde, sollte Hilfe hingesandt werden.[238]

Die Quäker sind erfüllt von der

> Vision einer Welt, wie sie sein könnte, zusammengeschlossen durch den Willen zum Guten; einer Welt, in der jeder Einzelne an den Schönheiten, die in ihr sind, seinen vollen Anteil hat. Wir schauten im Geiste Menschengruppen in allen Teilen der Welt, die gemeinsam dafür wirkten, zwischen Klassen, Völkern und Rassen ein besseres Verstehen zu schaffen.[239]

In der Diskussion während der Conference of Young Friends im August 1920 wird das so ausgedrückt:

> Mankind was a unity, but in order to realize this unity we had to dig deep below the superficial peculiarities that separated race from race, and class from class.[240]

Sie haben die Vision einer

> Gemeinschaft, die nicht begrenzt ist durch die Mentalität eines bestimmten Volkstums, sondern in der jeder vom andern lernt.[241]

Der Pazifismus ist grundlegendes Prinzip.

> Wenn der Krieg wahrhaft geächtet werden soll, dann müssen wir unser Leben in jenem Geist leben, der die Ursachen aller Kriege hinwegnimmt.[242]

Quäker weigern sich zu schwören.[243] Glücksspiele aller Art, u. a. das Kartenspiel, werden als gefährlich angesehen.[244]

Traugott verfasst einen kurzen Bericht[245] über Erlebnisse und Eindrücke von dem Treffen in Jordans und äußert auch seine Meinung dazu. Einige Aspekte seines Textes hebe ich heraus. Die »jungen Freunde« in England gehören zum Kreis der Quäker, sie haben Kontakte zu den »Wandervögeln« und »Freischärlern« in Deutschland. Es ist ihnen daran gelegen, dass die »Jungen beider Länder« einander unterstützen. Sie halten es für wichtig, statt langer Diskussion, gleichwohl mit Bedacht, möglichst rasch zum Handeln zu kommen, sie wollen »das Richtige tun«. Traugott kontrastiert das »mit dem vielen Gerede« auf »freideutschen Tagungen«. Abschließend formuliert er die »Lektion«, die er erhalten habe. Die »Jungen Freunde in England … leben den Gedanken ihres Landes fort«. Sie »stehen in der Tradition gerade dadurch, daß sie sich von ihr lösen.« Traugott möchte diese Lektion »allen Freideutschen weiter sagen«: »Die Wirkung deines Lebens ist ebenso stark, als du mit dem Sinn deines Landes und Volkes in Verbindung bist.« Worin dieser Sinn besteht, etwa bezogen auf Deutschland, bleibt an dieser Stelle offen. Traugott zeichnet übrigens seinen Text mit »Traugott Stackelberg« – ohne einen Namenszusatz, der auf eine adlige Herkunft schließen lassen könnte.

Die Erfahrungen und Erlebnisse während dieser Konferenz führen zu Traugotts und Helenes Verbindung zu den Quäkern. Das Quäkertum bildet fortan für beide eine sehr wichtige religiöse, ethische und politische Orientierung sowie auch ein Netz von Kontakten und Freundschaften weit über Landesgrenzen hinweg – ohne konfessionelle und ohne kirchliche Bindung.

Anfang 1922 reist Traugott im Auftrag der Quäker-Freunde in die Hunger- und Seuchengebiete an der Wolga in Russland.

Im Juli 1922 erhalten die Stackelbergs eine finanzielle Zuwendung von fast 62.000 Mark – wohl als Aufwandsentschädigung für die Arbeit in Russland. Mehr als die Hälfte wird für ein Motorrad ausgegeben, die inflationäre Geldentwertung entwickelt sich rapide.

Später, 1925, übertragen sie ihre Mitgliedschaft auf die Deutsche Jahresversammlung.

> Diesen Schritt vollzog er [TvSt] nur ungern, da er sich zuvor vehement gegen die Gründung einer eigenständigen deutschen Quäkergemeinde ausgesprochen hatte.[246]

Wohl wegen der ihnen wichtigen Funktion des internationalen Austauschs, mithilfe dessen auch eine zu starke Ausrichtung auf bürgerliche Schichten in Deutschland relativiert werden kann.

Helene schreibt im Juli 1946 an ihre Tochter Brita über ein Zusammensein von Quäkern in Lörrach und charakterisiert diese:

> Eine religiöse Gemeinschaft ohne jedes Dogma. Wir kamen sogar zu der Überzeugung, daß man als Quäker eigentlich keiner Kirche angehören kann. Der Glaube an das Göttliche, Gute im Menschen, die Liebe zu ihm u. das Bestreben zu helfen, aufrichtig ehrlich u. einfach zu leben, die Ablehnung des Krieges, das sind die einfachen Grundzüge dieses Lebensweges.

Heirat

Druckvorlage für die Mitteilung der Trauung von Traugott und Helene, Weihnachten 1920

Wenden wir uns ins Jahr 1921. Helene und Traugott heiraten standesamtlich am 3. Januar 1921, zwei Wochen vor Helenes 26. Geburtstag, in München, in der Stadt, in der sie sich im November 1918 kennengelernt haben.

Traugott hat seit Juni 1920 eine Stelle als Assistent an der Orthopädischen Klinik in München. Das ist aber keine Position auf Dauer: Ende März 1921 endet die Anstellung. Während dieser Zeit hat er seine Dissertation vorbereitet. Er kann sie allerdings nicht vollenden, da seine Untersuchungsergebnisse vorzeitig durch einen Kollegen der Orthopädie veröffentlicht worden sind. Die Approbation als Arzt ist ihm verwehrt, da er nicht die deutsche Staatsangehörigkeit besitzt.[247] Traugott ist, was seine berufliche Existenz angeht, in einer misslichen Situation: Er ist examinierter Arzt, kann sich in Deutschland aber nicht als Arzt niederlassen. Sein Promotionsvorhaben ist gescheitert.[248]

Helene hingegen erteilen am 22. Juli 1921 die Bayerischen Staatsministerien des Innern und für Unterricht und Kultus die Approbation als »Arzt … für das Gebiet des Deutschen Reiches«. [249]

Während ihrer Tätigkeit an der Kinderpoliklinik kurz nach der Eheschließung stellt sie von Januar bis April 1921 empirische Untersuchungen an, die sie in ihrer Dissertation auswertet.

Am 3. Februar 1922 wird sie magna cum laude promoviert zur Doktorin der Medizin.[251]

Helene ist 27 Jahre alt. Sie ist im 7. Monat schwanger.

Am 30. April 1922 bringt sie ihr erstes Kind zur Welt: Ulla. Nicht in München, nicht in Bielefeld, sondern in Tengen, Landkreis Konstanz.

Helene und Traugott, München Dezember 1921 (Foto: M. Bauer München)[250]

Das erste Ziel – Examina und Etablierung als Ärztin / Arzt – ist also nahezu erreicht, und das zweite – die gemeinsame Verwirklichung ihrer individuellen und sozialen Vorstellungen an einem ihnen passend erscheinenden Ort – wird realisiert in Tengen, Kreis Konstanz.

Wie kommt die junge Familie an diesen Ort?

Hierbei dürften wichtig sein: ihre persönliche Beziehung, ihre politischen und sozialen Leitideen, der Kontakt zur Gemeinschaft der Quäker und zur Freischarbewegung, Pläne zur Auswanderung aus Deutschland beziehungsweise deren Aufgabe und schließlich die Möglichkeiten, die sich im stillen Tal am Körbelbach in der Nähe von Tengen bieten.

Degenhof

Nach Eheschließung und dem Abschluss des Studiums wollen sich die Stackelbergs als Landärzte niederlassen. Die Pläne, nach Sibirien auszuwandern und dort eine ländliche Siedlungsgemeinschaft aufzubauen, sind aufgegeben. Sie suchen in Deutschland einen geeigneten Platz, an dem sie ihre Vorstellungen zu leben, zu arbeiten und zu wohnen verwirklichen können. Das soll nur zum Teil ein Rückzug in die einzelfamiliäre Haushaltung werden, denn von dieser Basis aus soll die ärztliche Versorgung und Betreuung von Patienten der umliegenden Dörfer erfolgen.

Im Sommer 1921 lädt sie Irene Knell, eine Freundin von Helene aus der Münchner Zeit, auf den Haslacher Hof ein, bei der Heuernte dabei zu sein und zu helfen. Der Haslacher Hof liegt auf einer Anhöhe in der Nähe von Tengen, in der Südwestecke von Baden, nahe der Grenze zur Schweiz, im Hegau. Zu den Liegenschaften des Hofes gehört auch ein fast zwei Hektar großes Grundstück im Tal des Körbelbachs, zwischen Tengen und dem Dorf Büßlingen gelegen. Irene Knell zeigt den beiden dieses Grundstück – sie weiß von deren Suche nach einem passenden Ort, sich als Landärzte niederzulassen – und bietet es ihnen zum Kauf an. Beide sind begeistert von der Lage und nehmen das Angebot gerne an.

Hier können Gebäude errichtet werden, zum Wohnen, für Gäste, für die Praxis und für Tiere, ein Garten lässt sich anlegen und Obstbäume pflanzen. Eine beständige Quelle liefert reichlich frisches Wasser, die Strömungskraft des Körbelbachs lässt sich nutzen. Und es fügt sich günstig, dass die Stadt Tengen eine Arztstelle ausgeschrieben hat. Dieser Umstand und wohl auch, dass zum geplanten Anwesen auch eine kleine Landwirtschaft gehören soll, ermöglichen die Genehmigung, im Außenbereich der beiden Ortschaften, Tengen und Büßlingen, Gebäude zu errichten.

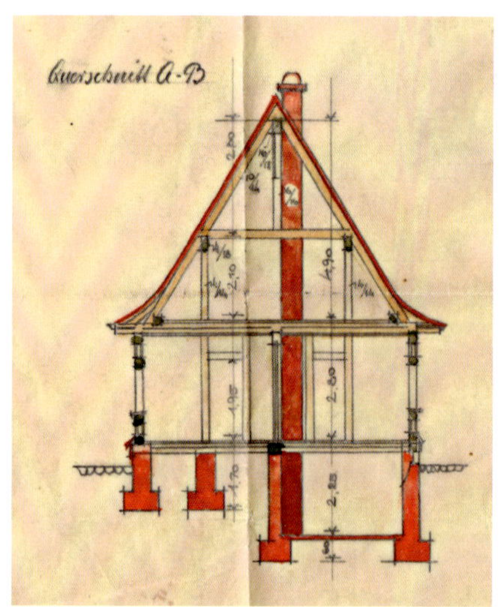

Vorbilder für die Bauten sind Gebäude, die Traugott kennt: Strandhof in Estland, die Datscha seines Onkels in Ljesnoje, in der Nähe von Moskau, und Bauten in Sibirien. Baumaterial ist vor allem Holz, es gibt eine mit Glas überdachte Veranda, der Eingang ist über ein paar Stufen zu erreichen.

Pläne der Gebäude werden gezeichnet, die Finanzierung geklärt, Material besorgt, Absprachen mit örtlichen Handwerkern getroffen.

Viele helfende Menschen werden herbeigerufen: Quäkerfreunde – auch aus England – kommen und Freunde aus der Studienzeit und dem Kreis der Freischar[252].

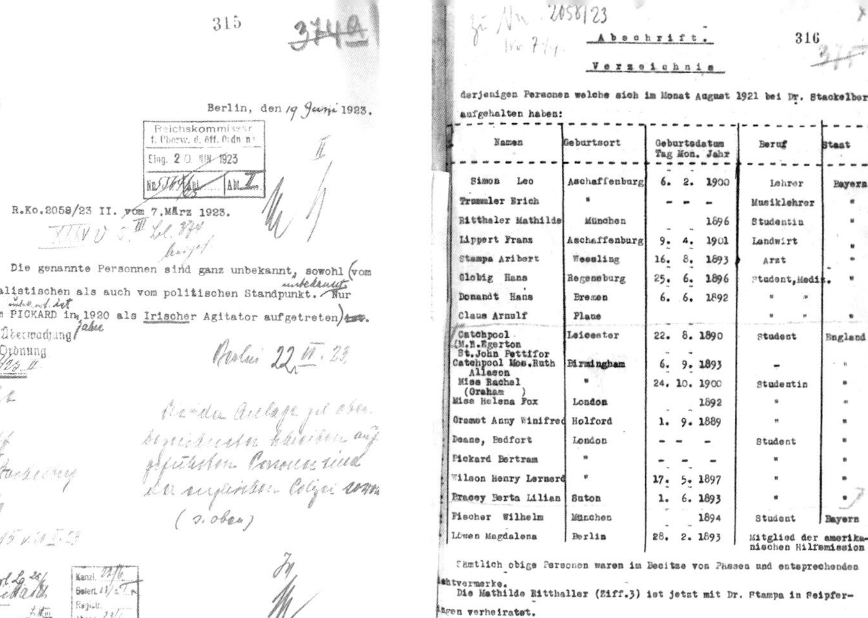

315

RK/122

Berlin, den 19 Juni 1923.

Reichskommissar f. Überw. d. öff. Ordnung

Eing. 20 JUN 1923

Bezug: R.Ko.2058/23 II. vom 7.März 1923.

Die genannte Personnen sind ganz unbekannt, sowohl (vom Kriminalistischen als auch vom politischen Standpunkt. Nur Bertram PICKARD in 1920 als Irischer Agitator aufgetreten).

Berlin 22. VI. 23

316

Abschrift.

Verzeichnis

derjenigen Personen welche sich im Monat August 1921 bei Dr. Stackelberg aufgehalten haben:

Namen	Geburtsort	Geburtsdatum Tag	Mon.	Jahr	Beruf	Staat
Simon Leo	Aschaffenburg	6.	2.	1900	Lehrer	Bayern
Trummler Erich	"	-	-	-	Musiklehrer	"
Ritthaler Mathilde	München			1896	Studentin	"
Lippert Franz	Aschaffenburg	9.	4.	1901	Landwirt	"
Stampa Aribert	Wessling	16.	8.	1893	Arzt	"
Globig Hans	Regensburg	25.	6.	1896	Student, Mediz.	"
Donandt Hans	Bremen	6.	6.	1892	" "	
Claus Arnulf	Plaue				" "	"
Catchpool (M.N.Egerton St.John Pettifor	Leicester	22.	8.	1890	Student	England
Catchpool Mos.Ruth Allason	Birmingham	6.	9.	1893	-	"
Miss Rachel (Graham)	"	24.	10.	1900	Studentin	"
Miss Helena Fox	London			1892	"	"
Gramet Anny Winifred	Holford	1.	9.	1889	"	"
Deane, Bedfort	London	-	-	-	Student	"
Pickard Bertram	"	-	-	-	"	"
Wilson Henry Lernerd	"	17.	5.	1897	"	"
Bracey Berta Lilian	Suton	1.	6.	1893	"	"
Fischer Wilhelm	München			1894	Student	Bayern
Löwen Magdalena	Berlin	28.	2.	1893	Mitglied der amerikanischen Hilfsmission	

Sämtlich obige Personen waren im Besitze von Pässen und entsprechenden Sichtvermerke.

Die Mathilde Ritthaller (Ziff.3) ist jetzt mit Dr. Stampa in Seipferdingen verheiratet.

gez. Unterschrift.

Reichskommissar für die Überwachung der öffentlichen Ordnung, Berlin, 19. Juni 1923

Im Spätsommer 1921 wird ein Zeltlager errichtet, und alle packen tatkräftig an, so beim Fassen der Quelle:

> Wir stellten [die zwei Zementrohre von etwa einem Meter Durchmesser] über der Quelle auf den Boden und gruben sie tief genug in das Erdreich ein. Alsbald sammelte sich in dem so entstandenen Brunnenschacht das klarste und beste Quellwasser, dem ich je begegnet bin. Diese Quelle ist bis heute noch nie versiegt, auch nicht bei anhaltender Dürre oder noch so schlimmem Frost.[253]

Die Freunde helfen beim Einebnen von Flächen für die Gebäude und einer Wiese für den Sport, beim Aushub des Kellers und der Sickergrube für das Haupthaus, beim Betonieren der Fundamente. Die Treppe zum Grundstück wird angelegt: Über 41 Stufen erreicht man vom tiefer gelegenen Grundstück den Zuweg zur Landstraße. Aus Holzbalken wird das Fachwerk für das Wohnhaus errichtet.

Traugott erinnert sich:

Wir waren dabei, in einem abgelegenen Waldtal, fern von Eisenbahn und Straßen, zwischen Schwarzwald und Bodensee, uns eine neue Heimat zu schaffen. Sorgfältig hatten wir den Platz gewählt. Wälder und Felsen umgaben unsere Wiese, die ein klarer Bach durchfloß. Auf der Landkarte war der Ort unter dem Flurnamen Wolfsgrube verzeichnet. Wir bauten unser Haus: die Fundamente aus dem Stein der Felsen, die Wände aus den Stämmen des Waldes, die Dachziegel aus dem Lehm des Bodens.[254]

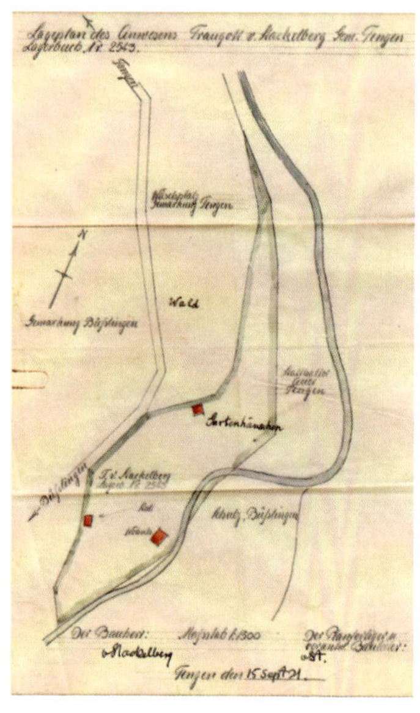

Wasser gibt es also, das Abwasser wird in einer Sickergrube gesammelt, mit Holz wird im Kachelofen geheizt und der Herd zum Kochen bestückt. Elektrizität gibt es zunächst noch nicht. Petroleumlampen beleuchten die Räume.[255] Dann wird ein schmaler Kanal angelegt, durch den Wasser

des Körbelbachs abgeleitet wird. Es sammelt sich in einem Weiher, der am oberen Teil des Grundstücks angelegt ist. Von dort aus strömt das Wasser durch eine hölzerne Rinne, um an deren Ende ein großes Mühlrad und mit ihm einen Stromgenerator anzutreiben.

Dieser liefert Strom mit einer Spannung von 110 Volt. In einem Kellerraum errichtet ein Vetter von Helene, Wilhelm Hagen, eine Batterieanlage, die eine gewisse Menge an Strom speichern kann. In der nahe gelegenen Schweiz erwirbt das Paar elektrische Geräte: Boiler, Eisschrank und Herd. Der Strom wird auch für eine Pumpe benötigt. Die Quelle für das Frischwasser liegt im südlichen Teil des Grundstücks, etwa 100 Meter vom Wohnhaus entfernt, unter dem Niveau der Zapfstellen im Haus. Also muss dieses kostbare Wasser über einen Druckbehälter ins Haus gepumpt werden.

Die Ansiedlung im Degenhof ist für die Eheleute ein Kompromiss zwischen einer Auswanderung in ein weites fernes Land (Sibirien) und der mehr oder weniger geordneten Existenz in einer Stadt, zum Beispiel Bielefeld. Und hier soll nun ein selbstbestimmtes gemeinsames Leben nach lebensreformerischen Grundsätzen der damaligen Zeit Platz und Raum finden.

Viele Jugendbewegte machen sich in dieser Zeit auf die Suche nach Möglichkeiten, ihre Vorstellungen vom autonomen Leben in anderen Kontexten, außerhalb der Stadt, zu verwirklichen. In der Dokumentation »Zurück o Mensch zur Mutter Erde. Landkommunen in Deutschland 1890–1933« versammelt der Herausgeber Ulrich Linse etliche Beispiele.[256] Eines dieser Zeugnisse aus den 20er Jahren erinnert an die Anfänge des Degenhofs. Freunde gehen auf Wanderung, um einen Ort für die Ansiedlung einer Schule zu finden. Sie gelangen schließlich in den Hegau. Das ist die vulkanische Landschaft zwischen den Ausläufern des Südschwarzwaldes und dem Teil des Bodensees, der Zeller See heißt.

Sie hatten die Stelle gefunden: zwischen Rhein und Donau. Hier war gut zu bauen! Wenige Monate später erfuhren sie, wie durch einen Zufall, daß die Talwiese, an deren Rain sie gesessen, schon einem entfernteren Freunde gehörte, der sich da anbauen wollte. Dieser Freund war ein Quäker. Er lud sie ein, doch zu kommen, wenn er mit dem Hausbau beginnen sollte in dem stillen Hegautal. Junge englische Freunde sollten sich da mit deutscher Jugend treffen, und eine neue Freundschaft gründen helfen. So suchten denn im folgenden Sommer [1921] die Freunde wieder das mit so gutem Grunde gefundene Waldtal auf, aus England kam eine kleine Schar, und wie zu einer Feier noch ungenannter Mächte und als eine sinnbildliche Arbeit gruben sie dem das Erdreich aus, der das Haus bauen wollte. Ja, alle fühlten das Sinnbild so herzlich, daß der junge Bauherr sich gar bald handfeste Arbeiter dingen mußte, um sein Haus noch vor dem Winter unter Dach und Fach zu bringen.[257]

Sich niederlassen – die Holzstühle

Im Winter 1921 / 22, als der Degenhof noch nicht bezugsfertig ist, wohnen die jungen Eheleute im Altenteil der dem Degenhof benachbarten »unteren Mühle« im Körbeltal.

Bei dem vielen, was zu überlegen, planen, zu organisieren, vorzubereiten ist für Haus, Hof, Garten und Praxis, spielt beim Sesshaftwerden ja auch das Mobiliar eine Rolle – unter anderem das zum Sitzen, ganz buchstäblich.

In Süddeutschland ist eine Art von Sitzmobiliar aus Holz sehr verbreitet, das aufgrund der schlichten Machart Brettstuhl genannt wird.[258] Solche Stühle nimmt Traugott und bearbeitet sie künstlerisch. Themen und Motive dieser künstlerischen Bearbeitung besprechen Traugott und Helene sicherlich während der Zeit der Zweisamkeit. Welche Vorstellungen mögen Traugott – und wohl auch Helene – mit ihnen verbunden haben? Die beiden stehen an einem Wendepunkt ihres Lebens: Sie haben sich entschlossen, als Paar zusammenzuleben, eine Familie zu

Helene und Traugott im Altenteil der Schreibermühle 1921 (Foto: Gertrud Finger)

gründen, sesshaft zu werden in einer relativen Autarkie, dabei lebensreformerische Ideen zu verwirklichen und schließlich sich mit einer Landarztpraxis niederzulassen.

ERSCHÖPFEN

VEBERLIEFERN

GLAVBEN

SEHNEN

WISSEN

WARTEN

Stuhllehnen geben Halt beim Sitzen, die geschnitzten Bilder auf den Stuhllehnen können gewissermaßen als Markierungen der ihnen Halt gebenden Vorstellungswelt gesehen werden.

In die Rückenteile der sechs Brettstühle aus Lindenholz schnitzt Traugott, die gegebene äußere Form geschickt aufnehmend und auch die herzförmige Aussparung integrierend, reliefartige Darstellungen und graviert jeweils ein Wort ein.

ERSCHÖPFEN mit dem Bild eines Vogels über einem Nest,
UEBERLIEFERN mit einem Hirsch,
GLAUBEN mit einer Frauengestalt,
SEHNEN mit einem Fabelwesen,
WISSEN mit einem Totenschädel und
WARTEN mit zwei Engelsgestalten.

Diese sechs Stühle gehören dann zur Erstausstattung im Degenhof seit 1922 und sind noch heute in Gebrauch. Die Ensembles von Bildern und Wörtern mögen Anlass sein für allerlei Assoziationen.[259]

Hilfe in Russland. Aufenthalt in Busuluk. Frühjahr 1922

Anfang 1922 folgt Traugott einem Aufruf Fridtjof Nansens (Völkerbund 1921) zur Hilfe in den Wolgagebieten im Oblast Orenburg. Die dortige Bevölkerung leidet zu der Zeit fürchterlichen Hunger und wird zudem von Seuchen bedroht. Dieses Engagement geschieht auch im Auftrag der internationalen Gemeinschaft der Quäker, der meine Großeltern ja angehören.

> An der Grenze Sibiriens, in den fruchtbarsten Gebieten Rußlands, herrschte [1920 / 21] unvorstellbare Hungersnot. Fridtjof Nansen, damals Sekretär des Völkerbundes, ein Freund der Sibirier, die er von seinen Reisen kannte[260], ein gütiger Mensch, rief zur Hilfe auf. Der Völkerbund und vor allem die Quäker antworteten, und eine umfassende Hilfsorganisation wurde geschaffen. Ich durfte als Arzt mitgehen und

ein wenig dazu beitragen, daß den Epidemien, die dem Hunger folgten, Halt geboten werden konnte.[261]

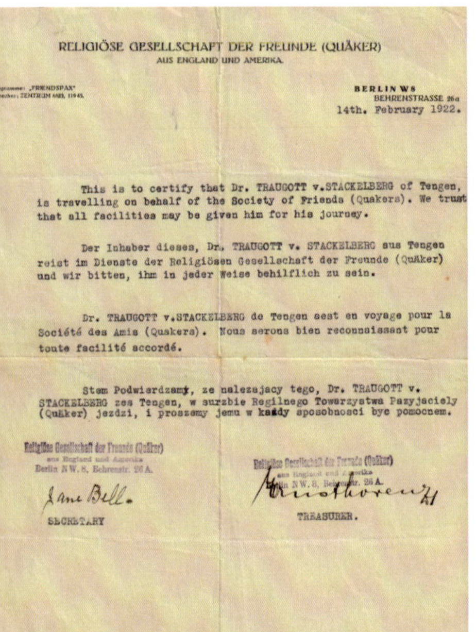

RELIGIÖSE GESELLSCHAFT DER FREUNDE (QUÄKER)
AUS ENGLAND UND AMERIKA

Telegramme: „FRIENDSPAX"
Fernsprecher: ZENTRUM 6023, 11945.

BERLIN W8
BEHRENSTRASSE 26a
14th. February 1922.

This is to certify that Dr. TRAUGOTT v.STACKELBERG of Tengen, is travelling on behalf of the Society of Friends (Quakers). We trust that all facilities may be given him for his journey.

Der Inhaber dieses, Dr. TRAUGOTT v. STACKELBERG aus Tengen reist im Dienste der Religiösen Gesellschaft der Freunde (Quäker) und wir bitten, ihm in jeder Weise behilflich zu sein.

Dr. TRAUGOTT v.STACKELBERG de Tengen sest en voyage pour la Société des Amis (Quakers). Nous serons bien reconnaissant pour toute facilité accordé.

Stem Podwierdzamy, ze nalezajacy tego, Dr. TRAUGOTT v. STACKELBERG zes Tengen, w surzbie Regilnego Towarzystwa Pazyjaciely (Quäker) jezdzi, i proszemy jemu w kaждy sposobnosci byc pomocnem.

Religiöse Gesellschaft der Freunde (Quäker)
aus England und Amerika
Berlin N.W. 8, Behrenstr. 26 A.

Jane Bell.
SECRETARY

Religiöse Gesellschaft der Freunde (Quäker)
aus England und Amerika
Berlin N.W. 8, Behrenstr. 26 A.

TREASURER.

Р. С. Ф. С. Р.
ПОЛНОМОЧНЫЙ
ПРЕДСТАВИТЕЛЬ ПРАВИТЕЛЬСТВА
Р. С. Ф. С. Р.
ПРИ
ВСЕХ ЗАГРАНИЧНЫХ ОРГАНИЗАЦИЯХ
помощи голодающим.

2 марта 1922 г.
№ 1519

Подлежит исполнению в порядке прика... ВЦИК от 21/IX.–21 г. („Известия" № 211/... и от 7/XII–21 г. („Известия" № 276/1419).

Удостоверение.

Пред'явитель сего тов. Штак...

действительно является доктором О... Друзей Квакеров

который отправляется по делам службы

г. Бузулук 5 марта 192...

и обратно.

Всем учреждениям, должностным лицам и т. ...

предлагается оказывать тов. Штакельб...

всемерное содействие.

Действительно для представления в кас... железных дорог.

Полномочный Представитель
Правительства РСФСР при всех заграничных
организациях помощи голодающим

Управляющий делами

(Links):
Föd. Russische Republik
Bevollmächtigter Vertreter
der Regierung der sowjet. Republik

(Stempel): Zuständig für alle ausländischen Organisationen
für Hungerhilfe vom 2. März 1922
No. 1519

(Rechts):
Es gehört zur Erfüllung der Verfügung von WCIK vom 21. September 1921
(Iswestija No. 219/1354) und vom 7. Dezember 1921 (Iswestija No. 276/1419)

B e s c h e i n i g u n g

Der Vorzeiger dieses, Genosse Stackelberg, ist ausdrücklich
Arzt der Gesellschaft der Freunde der Quäker, welcher im dienstlichen Interesse in die Stadt Bursuluk am 5. März 1922 und zurück beordert wird.

Alle Dienststellen , zuständige Personen, usw. werden ersucht, dem Genossen Stackelberg in jeder Weise Hilfe zu gewähren.

Gültig für alle Schalter der Bundesbahn.

(Stempel wie oben)

Bald nach seiner Rückkehr schildert Traugott in einem sehr aufwühlenden Bericht die unsäglichen Zustände im Hungergebiet an der Wolga.[262] Später verfasst er einen Text über die Not und die Hilfe der Quäker, in dem er auch die Ursachen der Situation im Wolgagebiet analysiert.[263] Nach der Oktoberrevolution müssen die Bolschewiki um ihre Akzeptanz bei den Arbeitern und Soldaten ringen. Um sie mit Nahrung zu versorgen, presst Stalin – im Auftrag Lenins – aus den Wolgagebieten heraus, was nur möglich ist, um es in die großen Städte, nach Moskau und Petrograd, zu schicken. So werden Hungerrevolten in den Städten vermieden, und die Bolschewiki festigen ihre Macht. Die einstigen »Kornkammern Russlands« aber werden zur »Hölle des Elends«[264].

Als seine Aufgaben beschreibt Traugott:

> Erstens den erkrankten Helfern ärztlichen Beistand zu geben und auch einen Bericht über den Gesundheitszustand der hungernden Bevölkerung zusammenzustellen, zweitens einen Vorschlag zu machen, wie den auftretenden Epidemien Einhalt geboten werden könnte.

Um den Bericht und den Vorschlag verfassen zu können, macht er sich auf, um das ganze Hungergebiet zu bereisen. Oft fungiert er als Dolmetscher.

> Zu jener Zeit mag ich wohl der einzige Arzt und Quäker gewesen sein, der auch russisch sprach und mit den Verhältnissen in Russland und Sibirien vertraut war.«[265]

Sicherlich darum wohl haben ihn die »englischen Freunde« gebeten, diese Aufgaben zu übernehmen. Und er erfüllt sie – mit hohem persönlichem Risiko und Einsatz – fast drei Monate im Frühjahr, Januar bis März 1922.

Fast wären beide jungen Eheleute schon im Herbst zur Unterstützung der Hilfsaktion nach Russland aufgebrochen und hätten den Hausbau zunächst ruhen lassen. Aber sie bauen dann doch ihr Haus im Körbeltal weiter, denn Helene erwartet ihr erstes Kind, die Landarztpraxis beginnt in Gang zu kommen und im Februar wird sie zur Dr. med. promoviert. In Deutschland verändert sich die wirtschaftliche Situation erheblich: Die Inflation der Währung entwickelt sich zur Hyperinflation. Das ist für die Beschaffung von Haus- und Praxiseinrichtungsgegenständen und auch Fahrzeugen keine einfache Situation.

Ein Umstand erleichtert Traugott den Entschluss, der Bitte der englischen Quäker nachzukommen: Nach seinem Staatsexamen als Arzt hat er – ohne die deutsche Staatsangehörigkeit – noch nicht die Approbation erhalten, kann sich also offiziell noch nicht als Arzt niederlassen. Dennoch – schon für eine stabile, etablierte familiäre und berufliche Situation – wäre ein solch lebensgefährliches Unternehmen eine große Herausforderung, wie viel mehr für die beiden in ihrer damaligen Situation! Traugott betont: »Für meine Frau war es übrigens das grössere Opfer.«[266] Während der Zeit in Busuluk – das ist der Ort, wo sich die Zentrale der englischen Quäker-Hilfsorganisation befindet – schreibt Traugott am 2. Februar 1922 in sein Tagebuch eine Art Vermächtnis. Er verfügt, es »soll nicht vor meiner Rückkehr gelesen werden«. Traugott ist vor Ostern 1922 zurückgekehrt nach Deutschland, nach Tengen, zum Degenhof, zu seiner Lene. Ende April 1922 kommt ihr erstes Kind zur Welt: Ulla.

Busuluk: Ein Vermächtnis

Geschrieben am 2. Februar 1922[267]
Und soll nicht vor meiner Rückkunft gelesen werden.
Liebste.
Es ist mir jedes Wort, das ich schreibe zu wenig und zu blaß für alles, was sich jetzt in meinem Herzen zusammendrängt.
Wenn ich nun nie zurückkommen sollte, so sind dies hier Worte, die Dich noch einmal grüßen sollen. Und unter dieser Stimmung sind sie geschrieben.
Du weißt und fühlst es ja, daß ich bei Dir bin. Immerzu auch wenn Du mich nie wieder sehen solltest.

…Ich sitze in unserem Sprechzimmer. Es ist heute ein Frühlingsmorgen. Auf den Wiesen vor dem Fenster taut der Schnee und vom Dache tropfen Wassertropfen. Sie leuchten auf, wie sie durch die Sonnenstrahlen fallen. Eine kurze und schöne Zeit. Nachher fließen sie in die Erde und netzen sie, daß Samen wachsen soll.

Und so gehen an mir Bilder vorüber. Lene, meine Lene. Sie sind wie lauter klare Wassertropfen, vom Himmel gefallen und leuchten in ihrem Augenblick, wie sie durch die Sonnenstrahlen fallen.

Ich habe Dir nie sagen können, wie ich in Dir verwurzelt bin und kann es auch jetzt nicht sagen. Aber der Schmerz, den Du empfindest, der wird Dir wohl zeigen, wie tief meine Wurzeln in Dich verwachsen sind. Und sieh, das ist etwas, was niemand herausreißen kann, auch die Zeit nicht.

Ich kann Dir Lene nichts hinterlassen – außer mich selbst. Du wirst mich in Dir tragen. Und wenn ich je Dir habe helfen können, dadurch, daß ich bei Dir war – so kann ich es jetzt. Vergiß nie Lene, daß alle diese schönen Dinge, alles was da leuchtet und ist, all das ist wie diese Wassertropfen, die durch Sonnenstrahlen fallen. Sie kommen her und fließen weiter.

Wie unser ganzes Leben.

Und unserem Kind, Lene, das gebe ich ihm mit:

Du sollst wissen, daß Dein Vater zu Dir hinschaut. Trage in Dir und laß wachsen was seit langen Zeiten Deine Vorfahren geheiligt haben. Suche nur das Wesen der Dinge zu ergründen und lerne ihren Wert und Unwert kennen. Das heiligste und stärkste in Dir, ist der Glaube an Gott. Alle Ausstattung, alles was Du siehst ist nur ein Raunen.

Es ist nötig im Leben, daß wir so sind, daß wir uns auf niemanden zu verlassen brauchen aber daß ein jeder weiß, daß er sich auf uns verlassen kann.

Deine Mutter wird Dich alles lehren, aber eins soll sie Dir nie sagen, es ist der Satz: »ich kann nicht«. Und wenn Dir draußen die Schwachen begegnen, dann streiche aus Deiner Sprache und aus Deiner Seele diesen Satz aus.

Lerne alles, was Du siehst.

Du sollst die Handgriffe des täglichen Lebens kennen. Selbst alles machen können ist der größte Reichtum der Welt.
Wenn Du mit andern in Berührung kommst, so arbeite daran, daß Du die Formen findest, ihnen Dich mitzuteilen.
Halte Dich fest in Beherrschung. Und erst, wenn Du diese Beherrschung gelernt hast, dann darfst Du in die Reihe deiner Familie treten.
Unsere Familie ist eine lange Kette. Ein Glied hält am andern fest, weit zurück und soll weit hinaus nach sich ziehen. Sieh zu, daß Du die Kette nicht unterbrichst.
Darum lerne Dich beherrschen fest und stramm, wie es dem Ritter geziemt.
Lass Dich nie mitziehen, sondern gehe Deinen Weg, den graden, wahren Weg.
Sei stets klug im Verkehr mit den anderen Menschen. Die vorgefassten Meinungen kann man nicht durchbrechen, aber man kann sie durchstrahlen.
Es gibt nur eines im Leben das wir erlernen müssen. Es ist unser Maaß.
Alle Tätigkeiten sind nur dazu gut, daß wir unser Maaß kennen lernen.
Und die Klugheit besteht darin, daß wir unser Maaß einhalten. Unternimm nichts, was Dein Maaß übersteigt – aber auch nichts, was unter Deinem Maaß liegt. Bemiß nichts mit dem Urteil anderer, sondern nimm zur Wertung aller Dinge die Zeit Gottes und seinen Raum. Denn deren Ende reicht über alles messen hinaus.
Unser Geschlecht ist eine lange Kette, siehe zu, daß Du die Kette nicht unterbrichst.[268]

Familienbilder

Ein paar Familienfotos aus den 20er Jahren und vom Anfang der 30er Jahre sind sichtbare Zeugnisse, dass die von Traugott genannte »Kette« nicht unterbrochen ist. Es zeigt sich, dass die kleine Familie sich erweitert und die Gemeinschaft und Freundschaften gepflegt und gefestigt werden.

Die Eltern Lohmann zu Besuch bei der jungen Familie ~Herbst 1922

Die ganze Familie vor dem Wohnhaus 1929: Ulla, Traugott, Jürgen, Helene, Brita

Familie und Freunde ~1929

Traugott mit Ulla

1932 Traugott und Helene mit Stackelberg-Verwandten

Traugott als praktischer Arzt (1922–1958)

Was die Wahl des späteren Berufs angeht, orientiert sich Traugott lange am Vorbild seiner Vorfahren, die landwirtschaftlich tätig gewesen sind. Seine Mutter hingegen sähe es am liebsten, wenn er Pfarrer werden würde, wie ihr Vater Robert Deringer als auch Traugotts Vater. Doch dessen Schwierigkeiten und Auseinandersetzungen mit der Amtskirche halten Traugott davon ab, diesen Weg einzuschlagen. Sein Vater hat deutlich unterschieden zwischen Schriftgelehrten und Propheten. Seine Abneigung gegen jene übernimmt Traugott. Aber Prophet zu werden, ist auch nicht Ergebnis einer Berufswahl.

Im Gespräch mit dem Direktor seiner Berliner Schule fragt dieser Traugott nach den Studienwünschen des Oberprimaners. Er nennt, ohne lange Überlegung, Medizin. Genauso gut könnte er Kunstgeschichte, Literatur oder Philosophie sagen.[269] Nach der Reifeprüfung hat er noch fast eineinhalb Monate Zeit für eine Reise über Warschau nach Moskau. Hier hat er Gelegenheit, mit seinem Halbbruder Hermann über die Anforderungen einer modernen Landwirtschaft zu sprechen. Traugott schreibt sich schließlich für das Studium der Medizin an der Berliner Universität ein. Vielleicht leitet ihn dabei die Vorstellung, einmal an der von seinem Vater gegründeten Diakonissenanstalt in Reval tätig zu sein.[270] Doch dazu ist es nicht mehr gekommen.

Nach dem Studium der Medizin an verschiedenen Universitäten und dem Abschluss in München wird ihm, da er nicht die deutsche Staatsangehörigkeit besitzt, nicht die Approbation erteilt. Die Approbation und damit die Berechtigung, sich als selbstständiger Arzt niederzulassen, erhält er erst im Jahr 1923. Zunächst arbeitet er noch in der Praxis seiner Frau mit, bis er sich 1926 in der nahe gelegenen Stadt Singen als praktischer Arzt niederlässt, erst in der Ekkehardstr. 29, dann ab 1943 in der Bismarckstr. 12a, die nach dem Krieg in Thurgauer Straße umbenannt wird. Für die Fahrt in die etwa 20 Kilometer entfernte Stadt Singen muss ein zusätzliches Auto angeschafft werden.

Bis 1928 gibt es nur sieben Ärzte in Singen, dann erhöhen sich in kurzer Zeit die Zahl und damit die Konkurrenz auf 14[271]. Während des Zweiten Weltkriegs verändert sich die Situation wieder, etliche Kollegen werden zum Militär eingezogen. Im Juli 1943 beispielsweise betreut Traugott im Durchschnitt 80 Patienten pro Tag.

In seiner Praxis wird er nicht nur mit offensichtlich medizinischen Problemen konfrontiert. Manches leibliche Leiden hat tiefere seelische oder soziale Ursachen, die vom Arzt zwar nicht geheilt, aber ansatzweise behandelt oder thematisiert werden können. Dazu gehören auch die Fragen von Familienplanung und ungewollter Schwangerschaft. Bis zu einer Reform des § 218 StGB ist es noch ein langer Weg. Traugott spricht das Thema in einem öffentlichen Vortrag im »Adlersaal« am Samstag, 30. Mai 1931, an. Er möchte darauf hinwirken, dass – neben genuin medizinischen – auch soziale Indikationen für einen Schwangerschaftsabbruch anerkannt werden sollen.[272] Diese Einstellung verursacht einen ziemlichen Aufruhr, besonders auch unter den ärztlichen Kollegen.[273] Wegen einer anderen Sache – er hat zu einer verfügten Sterilisation ein Gegengutachten erstellt – wird Traugott 1932 ein »Verstoß gegen die Standespflichten« vorgeworfen. Das »ärztliche Ehrengericht Konstanz« bestraft ihn am 12.11.1932 mit einem »Verweis«. Traugott legt dagegen Berufung ein, die er jedoch etliche Jahre später, am 6.11.1939, zurückzieht.[274] Eine Reverenz vor der NS-Ärzteständeschaft?

Zu den Patienten, deren physisches Leiden ganz sicher auch durch psychische, sozialpsychische und soziale Umstände verursacht oder ungünstig beeinflusst ist, gehören auch Zwangsarbeiter aus Russland und anderen östlichen Ländern, die während der NS-Zeit in der Singener Industrie schuften und in besonderen Lagern hausen müssen. Traugott kann mit ihnen in ihrer Sprache kommunizieren, er sorgt mit Attesten dafür, dass der Arbeitsdruck etwas gemildert wird, und dringt auf bessere Versorgung.

Nach dem Ende des Krieges und der Befreiung von der NS-Diktatur werden auch in der französischen Besatzungszone, zu der das Land Baden gehört, Verfahren zur Entnazifizierung durchgeführt. Traugott wird zeitweilig von seiner Praxisarbeit suspendiert.

Während dieser Zeit widmet er sich dem Schreiben und Malen. Er legt unter anderem einen Brunnen an[275] und nimmt Kontakt zu den

In der Praxis in Singen ~1955 (Foto: Michael S. Berchmann, Singen)

Vor der Praxis ~1955 (Foto: Michael S. Berchmann, Singen)

»Naturfreunden«, zur Sozialistischen Partei, später SPD, und den alten Freischarfreunden auf.

> Ich finde es übrigens herrlich + kann mir nicht denken, wie es sein wird, wenn ich wieder Praxis machen sollte.[276]

Das wird erst 1948 der Fall sein, als Traugott seine Arbeit als praktischer Arzt wieder aufnimmt.

Die Versorgung mit Medikamenten ist noch unzureichend. Dank seiner Kontakte in die Schweiz kann er selbst notwendige Arzneimittel von dort besorgen.[277]

Der Praxisbetrieb kommt allmählich wieder in Gang. Was allerdings die Einkünfte betrifft, stellt Traugott Ende 1951 fest: »Die Praxis bringt zur Zeit nichts ein.«[278]

Anfang 1953 übernimmt Traugott die Vertretung des Arztkollegen Dr. Pfeiffer in Schaffhausen.[279] Ab dieser Zeit besteht ein gutes Freundschaftsverhältnis zur Familie Pfeiffer.

In dem schon erwähnten Briefentwurf[280] von 1953 charakterisiert Traugott den Beruf des Arztes als den »göttlichsten aller Berufe«. Er meint, dass

> von allen Berufen der des Arztes wohl dem göttlichen Sinn des Lebens am nächsten [kommt]: Leben zu erhalten und aufzubauen, dies im tiefsten Sinne.

In einem anderen Sinn wird ihm aber die Arbeit als Schriftsteller immer wichtiger.

Im Alter von 67 Jahren schließt er am 31.3.1958 seine Praxis, nur noch für drei Stunden betreut er Privatpatienten.

Anfang der 60er Jahre belegt seine Visitenkarte, dass er sich nun eher als Schriftsteller sieht und die Arbeit und der Beruf des Arztes für ihn nicht mehr im Vordergrund stehen: Er bezeichnet sich nun als »Schriftsteller und Arzt«.[281]

Freundschaften. Verwandtschaften

Freunde und Verwandte begleiten Helene und Traugott ihr Leben lang.[282] Bekanntlich ist Verwandtschaft eine Beziehung der familiären Zugehörigkeit, nicht aber immer auch eine der persönlichen emotionalen Zugewandtheit. Diese wie auch die Freundschaft kann im Lauf des Lebens verschiedene Grade der Intensität haben. Das im Einzelnen von außen zu beurteilen, ist schwierig. Immerhin könnte als Indiz für die Bedeutung einer Beziehung die Häufigkeit von Besuchen angesehen werden. Diese wiederum wird manifestiert durch Fotos in den Alben der Familie und Erwähnungen in Briefen, eventuell Tagebüchern. Viele der an Verwandte verfassten Briefe sind erhalten, die an Freunde geschickten leider nicht.

Immerhin gibt es ein besonderes Archivale, das in diesem Zusammenhang sehr interessant ist. Traugott und Helene haben Gäste – Verwandte,

Der Tisch mit den Namen von Verwandten, Freunden und Bekannten

Freundinnen und Freunde – gebeten, sich einzutragen in einer Art festem offenen Gäste-›Buch‹, nämlich auf der etwa 70 x 110 cm großen Platte eines Tisches. Wir nennen ihn den »Namenstisch«.

Etwa 240 Verwandte, Freundinnen und Freunde haben mit mehr oder weniger kunstfertigem Geschick selbst ihre Namen, Initialen oder Signaturen in das weiche Holz geschnitten.

Zur Verwandtschaft gehören Personen mit den Nachnamen:

Bavink, Deringer, Dönhoff (auch Tamata, d.i. Tante Martha Dönhoff[283]), Engelking, Gromann, Hagen[284], Hueck, von Kügelgen, Lohmann, Pritschau, Röpke, von Stackelberg, von Wedel, Wirminghaus. Oft sind die Geschwister von Helene, besonders die Schwestern Elli und Hertha, zu Besuch, auch Herthas

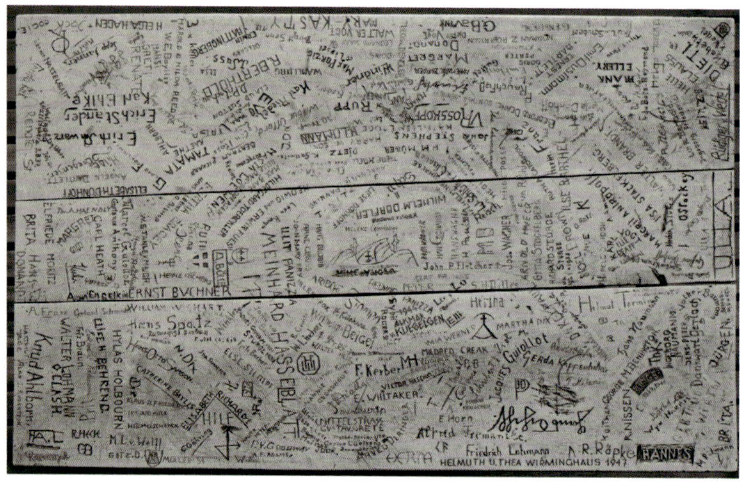

Namenstisch

Tochter Margret. Der Neffe Hannes Lohmann lebt aus gesundheitlichen Gründen 1935 / 36 ein ganzes Jahr im Degenhof und geht mit Jürgen zur Schule. Auch Traugotts Mutter, seine Schwestern und sein Bruder Johannes kommen zum Degenhof.

Freunde aus der Freischar:

Dr. Knud und Käthe Ahlborn, Karl Bröger, Ernst Buchner, Hans und Margret Donandt (»haben lange bei uns gelebt«), Wilhelm Fischer, Meinhard Hasselblatt, Werner Hasselblatt, Erwin und Wolfgang von Hattingberg, Liesel und Walther Küpper, Hans Naumann (war 1936 Hauslehrer von Jürgen), Carl Rothe, Aribert Stampa (war später Arztkollege in der Nähe, verheiratet mit Mathilde Ritthaler), Paul und Richard Sturge, Walter Vogt.

Auch in der Gruppe freiheitlicher Akademiker bzw. der Arbeitsgemeinschaft demokratisch-sozialer Akademiker in München 1918 / 19 hat mitgewirkt:

Erwin Fues (verheiratet mit Hedwig Fues).

Zu den Quäker-Freunden gehören:

Traugott u.a., Treffen im Großen Zimmer 1925?

Bertha Lilian Bracey, John und Lucy Brown, Jack Catchpool, Bedford Deane, Helen Fox, Georg Fröhlich, Joan Mary Fry, Rahel Graham, Bertram Pickard, Wilbur Ufford, Harry Wilson u. a.

Beim Hausbau 1921 haben sie und noch weitere Menschen geholfen.[285]

Andere hier dokumentierte Freundschaften:

Familie Dix (Martha, Jan, Nelly, Ursus; Otto Dix hat seine Signatur eingeritzt[286]), Irene Knell, verheiratete Finsler (von ihr erwerben Traugott und Helene das Grundstück), Dr. Hans Finsler (spielt das Cello im Hausquartett), Gerda Kappenburg (motiviert auf einem langen Spaziergang

1922 Traugott, das Malen wieder anzufangen), Dr. Gustav Mittelstraß (Lehrer in Salem), Max Porzig (ist in den 20er Jahren Leiter der Naturfreunde-Jugend im Hegau)[287] und Liesel Porzig.

Helene, Ulla u.a. 1932?

Volkshochschule Bristol, August 1933

Etliche in anderen Kontexten erwähnte Menschen, zu denen die Familie Stackelberg Beziehungen pflegt oder auch Traugott oder Helene individuell, sind nicht auf dem Namenstisch zu finden.

Mit dem Maler Alex Rihm[288] stellt Traugott aus und von ihm sind einige Werke – ein Ölbild »Eva überreicht Adam den Apfel« und Scherenschnitte – im Degenhof vorhanden.

Hans Paasche ist ein Freund aus Freischar-Zeiten, dem Traugott in seinem Buch »Manon de Carmignac« ein literarisches Denkmal setzt.[289]

Fritz und Elisabeth Mühlenweg in Allensbach. Der Kontakt ergibt sich für Traugott durch die mit den Mühlenwegs eng befreundete Familie Dix, besonders die Tochter Nelly Dix, die fast eine Ziehtochter der kinderreichen Familie Mühlenweg gewesen ist. Fritz Mühlenweg ist wie Traugott doppelt künstlerisch tätig: schreibend und malend. Die künstlerischen Arbeiten von Elisabeth Mühlenweg dürften ihn auch interessieren. Möglicherweise hat sich Traugott im April 1945 in Allensbach versteckt.[290] Traugott berät Fritz Mühlenweg bei seiner Übersetzung von Nicholas Kalashnikoff: Turgen der Jäger.[291]

Zu den Schriftstellern Robert Faesi, Werner Bergengruen[292] und Rudolf Hagelstange hat Traugott Kontakt.

Zum Ehepaar Dr. med. Otto und Dr. med. Ilse Hahn, die ihre Arztpraxis in Tengen haben, ist die Beziehung nicht einfach. Es gibt eine gewisse Konkurrenz um Patienten vor Ort. Patientinnen – auch aus Tengen selbst – suchen gern Helene auf, ansonsten sind die Bereiche getrennt. Der Sohn Hans Detlev wird zeitweilig mit Jürgen von Stackelberg von Hans Naumann, dem Hauslehrer, gemeinsam unterrichtet. Während der Zeit des NS haben die Familien differierende Einstellungen und Positionen.

Für Dr. med. Carl Pfeiffer übernimmt Traugott Anfang der 50er Jahre die Praxis-Vertretung, seither sind die Familien gut befreundet. Die Tochter Marina Pfeiffer stiftet 2009 etliche Werke von Traugott der Stadt Tengen, wo sie seither im Rathaus zu sehen sind.

Weitere Kontakte in der Schweiz sind u. a. die Familien Henne, Wolfensberger und Dr. med. Armin Sigrist.

Mit dem Schreinermeister Fritz Ritzi in Büßlingen ist Traugott befreundet, obwohl sie zwei so unterschiedliche Charaktere sind, können sie sich gut miteinander verständigen.[293]

Jürgen von Stackelberg erinnert sich 1996 an seinen Vater:[294]

> Mein Vater [fand] einige, wenige Freunde: unter den Arbeitern, nicht unter den Gebildeten und schon gar nicht unter dem badischen Adel, zu dem erst ganz am Ende seines Lebens gewisse Fäden geknüpft wurden. Aber da war mein Vater in der Region schon als Maler und Schriftsteller berühmt. So lud ihn Graf Douglas nach Langenstein ein. … Auch die Schweiz öffnete sich, endlich, wieder: und auch da fanden sich einige, wenige Freunde. Aber viele sind es nie gewesen. Im Grund lebte mein Vater relativ isoliert. Meine Mutter weniger, weil sie ihre Verwandten aus Westfalen einladen konnte: mit den Vettern und Kusinen aus Bielefeld konnten wir Kinder in den Ferien großartig spielen.

Feste und Feiern

In den Tagen vor Ostern werden zahllose Eier gekocht und mit Zeichnungen versehen, kunstvoll bemalt oder auch einfach gefärbt. Der ovale Esstisch wird um ein gutes Stück verlängert, gerade noch passen zehn, zwölf Stühle darum herum. Ostersonntag wird dann groß aufgetischt: besonderes Geschirr wird aufgelegt, der Samowar wird mit Holzkohlen beschickt, damit er leise vor sich hin surrend stets heißes Wasser für den Tee liefert, frisch gebackenes Brot kommt dazu, Butter, Käse, Würste, Bündner Fleisch, Schinken, eine kräftige Bouillon, verschiedene Salate, natürlich die erste Marge an Ostereiern, dazu verschiedene Zutaten wie Öl, Essig, Senf, Salz, Pfeffer zur Fabrikation von Soleiern, für den süßen Appetit Marmeladen, Honig, Kompotte, Kuchen und die besondere russische Quarkspeise, die Pas'cha[295]. Für die Erwachsenen gibt es einen Obstler und Wein. Selbst zu Kriegszeiten kann Traugott an seine Mutter schreiben:[296]

> Zuhause hatten wir genau wie nur je im Frieden einen richtigen Ostertisch aufgebaut mit vielen Herrlichkeiten. Trotzdem die Füchse die meisten unserer Hühner geholt hatten, hatten die Patienten-Hühner ganz gut gelegt, ja es waren sogar einige gebratene Hühner zu sehen und vor allem eine riesige Pascha nach alter Art, reichlich mit Mandeln, Rosinen, Sukade u.s.w. versehen. Wir feierten richtig mit gutem Burgunder und mit Sekt.

Anschließend bricht man zu einem Spaziergang zur nahe gelegenen Haide auf. Ist die Gruppe zurückgekehrt, werden Eier und kleine Geschenke versteckt, gesucht und mit ermunternden zielgerichteten Zurufen gefunden. Nach angemessener Ruhezeit findet dann das Eiertrölen[297], der Eierrollen-Wettbewerb statt. Am Rand

Ostern im Degenhof 1958?

Geburtstag von Ulla, 30. April 1934?, links Traugott, vorn in der Mitte Ulla, rechts halb im Schatten Helene

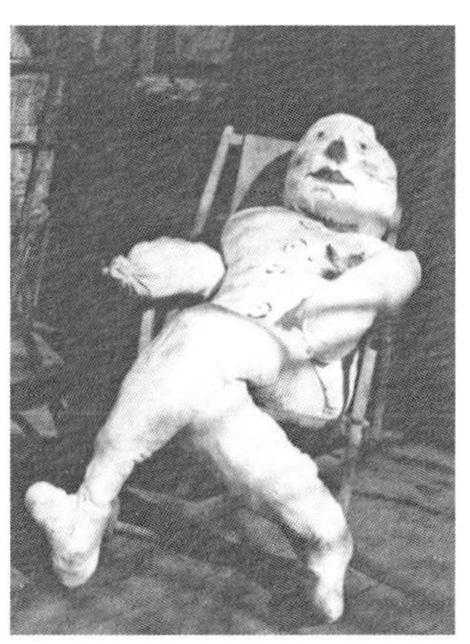

Osterfeuer ~1955

des Sportplatzes liegt ein kleiner Abhang. Über einen darauf ausgebreiteten Teppich lassen die Wettbewerber Eier hinabrollen.

Im Zusammenhang mit der Osterzeit steht noch ein besonderer Brauch: die Vertreibung des Winters mit der Verbrennung des Böögg und die Begrüßung des Frühlings. Der Böögg ist eine große Puppe, ausgestopft mit Heu und angezogen mit alten Hemden und Hosen.[298]

Auf diesem Foto (wohl 1934) ist im Vordergrund Ulla zu sehen, mit Blumenkränzchen im Haar. Sie feiert am 30. April ihren Geburtstag. Der Böögg hält sich noch im Hintergrund, bevor er nach gemächlichem Ausruhen dann später in einem großen Feuer aufgeht.

Das Weihnachtsfest ist mit vielen Vorbereitungen verbunden, vor allem für das Festmahl im Kreis der Familie und eventueller Gäste. Plätzchen und Früchtebrot sind nach bewährten Rezepten gebacken worden. Kleine und größere Geschenke sind oft selbst gebastelt. So hat Traugott 1929 für die Kinder ein Gefährt konstruiert, mit dem sie vom Eselchen gezogen werden können.[299] Aus den Vorbereitungen zum Essen kann Traugott sich heraushalten und sich zurückziehen. Oft schreibt er dann eine kleine Weihnachtsgeschichte. Nach dem Essen begibt man sich ins Große Zimmer im Dachgeschoss, wo die Kerzen schon angezündet sind. Traugott liest aus dem Lukas-Evangelium vor, und dann kann auch der eigene Text seine Premiere haben. Die Geschenke werden begutachtet und eventuell ausprobiert. Mit Puppen, Büchern und Spielen geht das friedlich vonstatten. Einmal aber, so wird erzählt, sei ein veritables motorgetriebenes Zweirad in Gang gesetzt worden und habe in die weihnachtliche Atmosphäre eindrückliche Akzente gesetzt und im Teppich Spuren hinterlassen.

Hochzeitstafel auf der Veranda – Brita oo Bernhard Wirminghaus, 25. Mai 1947

Pfingsten sind oft Gäste zu Besuch. Zweimal zu ganz besonderen Anlässen: Pfingsten 1944 heiraten Ulla und Alkmar von Kügelgen, Pfingsten 1947 vermählen sich Brita und Bernhard Wirminghaus im Degenhof.

Trotz der Beeinträchtigungen durch Krieg und Nachkriegszeit gelingen wunderbare unvergessliche Feste mit besonderem Zeremoniell, launigen Reden, Musik, Gesang, erlesenen Speisen und Getränken und wohl dreißig bis vierzig lieben Gästen. Auch Jürgen und Jantra von Stackelberg feiern ihre Hochzeit im Degenhof, nun in friedlicheren Zeiten: 1951.

Ein weiteres großes Fest wird im März 1961 gefeiert – zum 70. Geburtstag von Traugott am 18. März. Schwiegersohn Alkmar von Kügelgen hat eine Moritat gedichtet. Die damals zehn Enkelkinder tragen jeweils eine sich auf ein Jahrsiebt beziehende Strophe vor, präsentieren ein selbst gemaltes Kunstwerk dazu und übergeben ihre Kerze an den Jubilar.

Ein solches Fest ist Helene nicht mehr vergönnt. Sie erliegt 1964, in ihrem 69. Lebensjahr, ihrer schweren Krankheit.

Degenhof. Bauliches

Traugott mit Ulla im Großen Zimmer im 1. Stock, Mai 1922

Das Wohnhaus und die Nebengebäude werden 1922 bezogen und mit Leben erfüllt. Die Einrichtung wird vervollständigt. Zu Möbeln, die aus Reval oder Bielefeld stammen, kommen solche, die – teils nach Entwürfen von Traugott – vom Möbelschreiner angefertigt werden. Von den mit Schnitzereien versehenen Brettstühlen ist oben schon die Rede gewesen. Auf dem Foto vom Mai 1922 ist Traugott mit Ulla zu sehen, er sitzt auf einem dreibeinigen Stuhl. Die Lehne besteht nur aus dem verlängerten hinteren Stuhlbein. Teppiche und Felle werden ausgelegt, Wandbehänge, Bilder und viele schöne Einzelstücke staffieren die Wohnräume aus. Die sind gemütlich, aber vor allem in der kalten Jahreszeit ist die Raumtemperatur ziemlich frisch. So wird etwa im Großen Zimmer oben in den offenen Kamin eine Kassette eingebaut, die mehr Wärme liefern kann.

Für die Fahrzeuge wird 1925 eine Garage errichtet, die von der Kommunalstraße über eine Zufahrt zu erreichen ist.

Traugott preist »das behagliche, lebenswarme Haus«.[300] Es erweist sich aber, als die Kinder größer werden, als etwas eng. So werden 1928 zwei Anbauten an das Wohnhaus angefügt: ein kleinerer eingeschossiger Anbau gen Norden mit einem Verschlag zur Unterbringung von Vorräten und einem weiteren Raum mit eigenem Zugang, der als Wartezimmer für Helenes Praxis dient, sowie ein zweigeschossiger Anbau nach Osten am Bachufer. Im Erdgeschoss dieses Anbaus werden ein Badezimmer und ein Wohnraum eingerichtet, der später »Musikzimmer« heißt, weil hier ab Anfang 1933 auch ein Flügel steht und weitere Musikinstrumente untergebracht sind.

Ansicht vom Balkon des Wohnhauses auf Großes Gästehaus und Garage

Jürgen, Ulla, Brita im Musikzimmer 1934

Helene vor dem Kamin im Musikzimmer ~1960

Dieser Anbau ist nicht unterkellert, er liegt etwas unter dem Niveau des Erdgeschosses des Wohnhauses. In der oberen Etage bekommen die Kinder eigene Zimmer. Die Praxis von Helene wird aus dem Kleinen Gästehaus in das Wohnhaus verlegt. Die Patienten gelangen durch das Wartezimmer in den Behandlungsraum, Helene kann ihn auch über die Diele erreichen. Es gibt außerdem eine Verbindung von diesem Raum ins Badezimmer; das ist nützlich, wenn den Patienten Spülungen oder Umschläge verabreicht werden.

Wohnhaus mit Anbau, Kleines Gästehaus, Helene mit einer Tochter, NN, Johannes, jüngerer Bruder von Traugott, und seine Frau Greti Juni 1929

Später wird die hölzerne Eingangstreppe durch Stufen aus Tengener Muschelkalk ersetzt.[301]

Wie sieht es im Inneren aus? Machen wir eine kleine Besichtigung. Wir folgen dabei dem Gast E. E., der vom 19. Juni bis 7. Juli 1929 im Degenhof weilte und zum Abschied ein kleines Fotoalbum hinterließ. Über die Veranda gelangt man in die Diele.

Links zum Esszimmer, geradeaus in die Praxis, rechts windet sich die Treppe ins Obergeschoss, vom Podest aus gelangt man rechts zu den Kinderzimmern und links geht es drei Stufen weiter hinauf zum nach Süden gelegenen Schlafraum und dem nach Norden ausgerichteten Großen Zimmer.

Wir kehren zurück ins Erdgeschoss, von der Diele wenden wir uns ins Esszimmer. Dort steht der große ovale Esstisch mit den sechs Brett-

Großes Zimmer, rechte Seite Juni 1929

Großes Zimmer Fensterseite Juni 1929

Großes Zimmer linke Seite Juni 1929

stühlen. Durch die Fenster eröffnet sich die Aussicht auf das Grundstück.

An der Wand zur Küche ist rechts neben der Tür ein Kachelofen aufgebaut. Links in der Ecke steht ein Eckschrank mit besonderen Gläsern und dem Teeservice, obenauf kann man einen Samowar erkennen.

In der Küche geht der Blick Richtung Kleines Gästehaus. Vor

dem Fenster steht ein Tisch als Arbeitsfläche und als Essplatz für die Enkel, wenn um den Tisch im Esszimmer zu wenig Platz ist.

Der Gast E. E. zeigt noch eine Innenansicht, dieses Mal aus dem Großen Gästehaus. Zu Anfang sind dort der Stall und Remise für Pferd, Esel und Wagen untergebracht gewesen, nun aber ist dort ein großer Gastraum mit Kochgelegenheit und Bad entstanden.

Das kleine Album enthält schließlich noch ein Foto, das der damalige Gast von einem Standort aus auf dem jenseitigen Ufer des Körbelbaches aufgenommen hat. Während der Degenhof etwa 500 Meter hoch liegt, steigt dort das Gelände auf etwa 570 Meter an.

Man erkennt von links den Giebel des Garagenschopfes, dann unterhalb das Große Gästehaus und rechts das Wohnhaus mit dem neuen Anbau. In der Mitte zwischen den beiden Wohngebäuden erheben sich später zwei mächtige Tannen, daneben eine Birke. Hinter dem Wohnhaus, neben dem hier nicht sichtbaren kleinen Gästehaus, wächst ein Walnussbaum stetig in die Höhe. Die vor dem Wohnhaus stehenden Eichen überragen das Wohnhaus später beträchtlich.

Dieses Foto ist in der Sommerzeit aufgenommen. Dann ist es in den unteren Geschossen der Häuser angenehm kühl. Bei niedrigen Außengraden aber kann es auch innen bitterkalt werden, die Temperatur in den Innenräumen ist dann mit den vorhandenen Öfen nicht ausreichend zu erhöhen. Zwar werden im Winter vor alle Fenster-Doppel davorgesetzt, aber die Wärmedämmung der Wände ist völlig unzureichend. Im November 1931 werden die Wände mit Torfmull gedämmt, der hinter Holzvertäfelungen gepresst ist.[302] Das bringt durchaus eine Verbesserung mit sich. Zudem ist das Dämmmaterial ein Naturstoff, mit dem keine gesundheitlichen Risiken verbunden zu sein scheinen. Leider aber verlieren im Lauf der Jahre die Torfplatten ihre Festigkeit, vor allem unter Einfluss von Feuchtigkeit und wohl auch eifrigen Mäusegetiers. Es entstehen Kältebrücken.

Im Keller wird ein zentraler Heizkessel zunächst mit Holz, dann mit Kohlen und Briketts und schließlich ab Ende 1959 mit Öl befeuert. Angewärmte Luft wird über Schächte in einige Räume verteilt.

Die Anlage zur Stromgewinnung bedarf beständiger Kontrolle und Wartung. Der im Wald an einer Böschung verlaufende Kanal ist wenig befestigt, Erdreich rutscht hinein, Äste, Zweige und Blätter hemmen mitunter den Durchfluss. Ein Gitter am Ausfluss des Weihers soll alles zurückhalten, was den Wasserabfluss mindert oder hindert. Das Gitter verstopft

Turbine Frühling 1938

leicht und muss freigehalten werden. In trockenen Zeiten sinkt auch der Wasserspiegel im Weiher, die Abflussmenge wird geringer und kann kaum das große schwere Wasserrad in Bewegung halten. Im Winter frieren die fließenden Gewässer wie der Bach und auch der Kanal nicht zu, aber es kommt vor, dass das Wasserrad vereist, wenn es sich zu langsam oder gar nicht dreht. Dann stockt auch die Stromerzeugung, wodurch die in den Akkumulatoren gespeicherte Menge bald aufgebraucht ist. Bei einem Versuch, das festgefrorene Rad wieder in Bewegung zu versetzen, erleidet Helene 1928 einen schweren Unfall, einen Beckenbruch.

1938 wird schließlich das Wasserrad durch eine effektivere Turbine ersetzt, die auch mit geringerem Wasserdurchfluss auskommt.[303] Turbine und Generator werden durch einen Verschlag geschützt. Fünf Jahre später, 1943, wird diese Turbine noch um eine weitere ergänzt und die Akkumulatorenanlage im Keller um das Dreifache vergrößert.

Später komplettiert ein Einzylinder-Dieselmotor das elektrische Aggregat, um bei Wassermangel eingesetzt zu werden.

Aber die Stromversorgung bleibt wegen der niedrigen Spannung unzureichend, zudem aufwendig und mühselig. Helene beklagt Ende 1952[304] die »ewige Stromkalamität«. Wasser ist aus der Turbinenachse gelaufen. Sie kritisiert, dass Traugotts »Ehrgeiz, Stromselbstversorger zu sein, zu teuer mit meiner und Emilies Arbeit bezahlt« ist, und sie vermutet, dass »unser Strom auch geldlich nicht billig ist«. »Wie herrlich einfach ist so ein Haushalt, wenn man einfach Knips macht und der Strom ist da.« Erst Ende 1957 wird ihre Wunschvorstellung verwirklicht und der Degenhof an das öffentliche Stromnetz mit 220 V angeschlossen. Der Strom kommt vom Wasserkraftwerk Laufenburg am Rhein.

Sport und Spiel

Helene, Traugott und die Kinder sind sportlich aktiv, solange es ihnen gesundheitlich möglich ist und soweit sie Zeit haben neben den sonstigen Beschäftigungen.

Während ihres Studiums in München nimmt Helene an einem Kurs in »Rhythmischer Gymnastik« bei Bode[305] teil. Oft unternehmen sie und Traugott, auch zusammen mit Freunden, Wanderungen in die Berge der Münchner Umgebung. Diese Touren sind wohl auch durchaus anspruchsvoll.

Bei der Ansiedlung auf dem Degenhof wird schon bald eine ebene Wiese für sportliche Aktivitäten angelegt: der »Sportplatz«[306] – zum Turnen, auch mit geduldiger Unterstützung des Esels Damian, zum Boccia, Croquet und Ball Spielen.

Noch heute spielen die Ururenkel dort Federball oder Fußball.

Im August 1937 erringt Traugott das Sportabzeichen in den Disziplinen: Schnelllaufen, Dauerlaufen, Springen, Werfen, Zielen, Schwergewicht Werfen, verschiedene Arten Schießen; 25-Kilometer-Gepäckmarsch.

Das Schwimmen, besonders im Meer, begeistert vor allem Helene. Zum Schwimmen lädt auch der Bodensee ein. Der Bodensee ist zudem das bevorzugte Segelrevier. Die Familie besitzt schon ab den 30er Jahren stets ein Segelboot, mit dem vor allem auf dem Zeller und dem Untersee gesegelt wird, außer während der Kriegszeit. Das Segeln betreiben alle drei Kinder mit eigenen Booten weiter, als sie sich selbst etabliert haben: Ulla in Kiel an der Ostsee, Brita in Zeeland, später wieder auf dem Bodensee und Jürgen in Port Grimaud am Mittelmeer.

Im Winter wird an den Hängen im Hegau oder in den Schweizer Bergen Ski gefahren.

Und dann gibt es etliche Jahre, bis 1929, ein Pferd auf dem Degenhof, mit dem Traugott gern ausreitet.

Doktors Vieh. Ackern und Gärtnern

Zum Leben auf dem Degenhof gehören von Anfang an etliche vierbeinige Lebewesen. Über sie schreibt Traugott 1956 ein vergnügliches kleines Buch.[307] Als Motto passt er die Redewendung von Pastorenkindern und Müllers Vieh an die lokale Situation an: »Pastors Kinder, Doktors Vieh geraten selten oder nie.« Einige Vertreter der mehr oder weniger nutzbringenden Tierwelt auf dem Degenhof seien nun vorgestellt.

Da ist zuerst das Pferd Max[308], das als Reittier dient, aber auch den zweirädrigen Karren oder im Winter den Hörnerschlitten zieht und sogar auch vor dem Pflug geht.

Wenig später werden Ziegen angeschafft, eine erhält den Namen Anna oder auch Miss Pankhurst.

Ajax, ein Wolfshund, ist der Erste in der Reihe der Hunde. Er begleitet oft Max, manchmal leitet er ihn auch. Er ist wachsam, besonders passt er auf, dass Rosalie, das Schwein, nicht die Kartoffeln ausgräbt. Rosalie gehört zur Sorte der Rennschweine. Sie ist von verhältnismäßig sportlicher Gestalt – vielleicht gibt es daher kein Foto von ihr – und nicht besonders fett.

Der Esel Damian ist ein sehr vielseitiges Tier. Seine frühere Arbeitsstelle war in einem Zirkus. Auf ihm reiten die beiden Mädchen zur Schule. Er zieht Passagiere im Wägelchen hinter sich oder auch auf Skiern.[309] Es kommt vor, dass er mit Hilfestellung für Turnübungen zur Verfügung steht. Geduldig trägt und erträgt er Lasten.[310] Nur Pfützen mag er nicht durchqueren.

Nachfolger von Ajax werden der Neufundländer Asbjörn, ein prächtiger Hofhund, und Grimm, ein verschmitzter, schlauer Rauhaardackel. In der Zeit des Zweiten Weltkriegs zeigt sich eine besondere Eigenart von Asbjörn: Er hasst alles, was Uniform trägt, schleicht sich von hinten an die Grenzer heran, fällt sie an und legt ihnen seine Riesenpranken auf die Schultern.

Milchvieh gibt es auch: die Kühe Räseli, Resi und Fritz. Außer Milch geben[311] und treuherzig gucken können sie auch noch mehr, zum Beispiel einen Wagen ziehen.

Ein weiteres Hunde-Duo sind Dackel Peterle und der Chow-Chow Baikal. Der ist ein sehr geduldiges Tier, er lässt die Enkel sogar auf sich reiten.

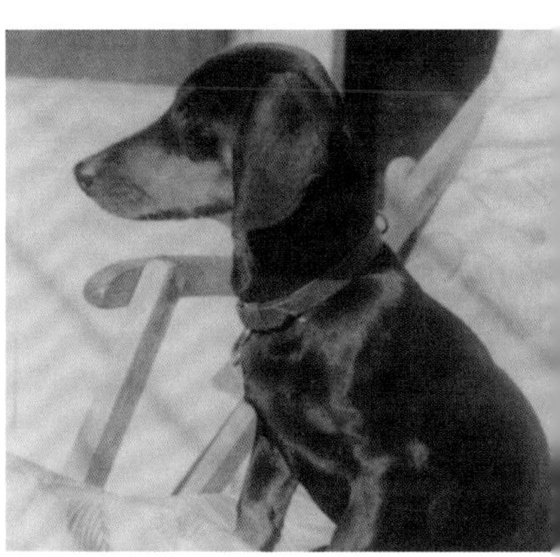

Die vielseitigsten Tiere sind die Ostfriesischen Milchschafe: Sie geben Milch und damit auch Butter, Käse, Joghurt und Schlagsahne sowie Wolle und bringen Nachkömmlinge zur Welt. Die Lämmer werden dann eingetauscht gegen Eier, Fleisch, Edelobst, Truthühner. Außerdem halten sie die Wiesen kurz. Die Milchschafe tragen wesentlich dazu bei, dass die Stackelbergs einigermaßen glimpflich über die Hungerjahre des Krieges und der ersten Nachkriegszeit hinwegkommen.

Der Letzte in der Reihe der wachsamen Hunde ist der Wolfsspitz Waska. Er hat eigentlich nur Respekt vor Traugott, und vor Waska als ausgewachsenem Tier haben alle anderen Respekt.

Das sind also die Haustiere, die sich natürlich meistens eher außerhalb des Hauses aufhalten.

Unter den mütterlichen Vorfahren von Helene und denen von Traugott hat es Generationen von landwirtschaftlich Tätigen gegeben; meistens mit etlichem Personal. Auch Traugott hat das Berufsziel des Landwirts erwogen, aber – wie schon berichtet – wieder aufgegeben. Jedenfalls als Hauptberuf. Immerhin gehört die Selbstversorgung mit Nahrungsmitteln zum Konzept des naturverbundenen, autarken Lebens und Wohnens.

Mit Max, dem Pferd, wird ein Stück Wiese zum Acker umgepflügt, der nacheinander mit Gerste, Hafer und Kartoffeln bebaut wird. »Der fette, ausgeruhte Boden brachte gute Ernten.«[312] Im Garten: Tomaten, Gurken, Bohnen, Kohl, Salat. Von den Obstbäumen: Äpfel, Pflaumen und Quitten. An Sträuchern: Stachel- und Johannisbeeren. Im Bach und dann im Weiher schwimmen Fische. Sie an die Angel zu nehmen, setzt auch eine Abstimmung mit den Fischpächtern voraus. Insgesamt bedeutet es viel Arbeit: pflegen, hegen, Unkraut jäten.

> Es ist schon so: das ganze Leben ist ein Kampf mit dem Unkraut, mit dem in uns und um uns.[313]

Aber auch andere Unbilden der Natur sind zu verkraften: zu viel oder zu wenig Regen, Dürre, Kälte. Wie oft muss rasch die Wiese mit der Sense gemäht und trockenes Heu in den Schober eingebracht werden, bevor es zu nass wird. Dennoch: »Wir fühlten uns immer mehr als autarke Bauern.«[314]

Das ist vor allem in den »mageren« Jahren fast überlebenswichtig und macht es möglich, etliche Gäste mit durchzufüttern.

Mobilität

Traugott und Helene sind mobile Menschen, sie sind viel unterwegs – zu Fuß, auf dem Fahrrad, mit Skiern, mit Pferd, Kutsche, Eisenbahn, Schiff, Motorrad und Automobil, später auch mit dem Flugzeug.

Die erste im »Hauptbuch«[315] eingetragene Anschaffung Mitte 1921 in der Vorbereitungsphase des Degenhofs ist ein Fahrrad. Im selben Jahr werden ein Pferd sowie ein Zweirad-Chaise-Wagen nebst Verdeck erworben.

Schon ein Jahr später, im Juli 1922, wird ein Motorrad angeschafft.

Es erhält das Kennzeichen IV B 1835. An der niedrigen Kennzeichennummer lässt sich ablesen, dass es damals in Baden noch nicht viele Fahrzeuge gibt. Ich weiß nicht, ob Helene dieses Gefährt genutzt hat. Die Familienerzählung ist eher, dass sie zu Pferd und im Winter mit den Skiern losgezogen ist, um ihre Patienten aufzusuchen, im Umkreis von etwa zehn Kilometern. Der Degenhof liegt zwischen Tengen und Büßlingen, zum Städtchen Tengen sind es drei Kilometer, das Dorf Büßlingen ist etwas näher gelegen, zwei Kilometer. Zur damals nächsten Bahnstation, in Beuren, sind es zwei weitere Kilometer.

Für das Auto haben sie beide ein besonderes Faible. Schon 1912 trägt Traugott in sein Tagebuch ein: »Ich fuhr ziemlich viel Automobil.«[316] Als sich 1925 die finanzielle Situation einigermaßen konsolidiert hat, wird am westlichen Teil des Grundstücks auf der Höhe und nahe der Kommunalstraße von Tengen nach Büßlingen ein Schopf als Garage für zwei Fahrzeuge errichtet. Endlich kann ein Automobil erworben werden. Es ist ein Kleinwagen von Hanomag, genannt das »Kommissbrot«.[317]

Die Kinder haben im braven Esel Damian – Traugott charakterisiert ihn als »frommes und ruhiges Tier«[318] – einen treuen Gefährten, auf dem sie zur Schule reiten[319] oder der sie im Wägelchen oder auf den Skiern zieht.

Esel Damian mit Brita, Ulla, Jürgen 1929

Seitdem Traugott 1926 im etwa 20 Kilometer entfernten Singen eine eigene Praxis eröffnet hat, entsteht der Bedarf nach einem weiteren Fahrzeug. Es wird ein Wagen, der in Singen von Martin Hildebrand hergestellt worden ist.[320] Das Kennzeichen ist: IV B 62917; die Fahrzeugdichte in Baden nimmt zu.

Ulla 1932

Ulla und Brita 1932

Mit dem eigenen Wagen fahren Helene und Traugott nach Konstanz ins Theater, zu Konzerten, Vorträgen, zur Insel Mainau, nach Luzern, Schaffhausen, Frankfurt zur Landwirtschaftsausstellung. Seit 1931 spielt Helene wöchentlich im Schaffhausener Collegium Musicum Geige und Viola. Und weitere Reisen werden unternommen.

Rhone-Gletscher 1933

Bei Rom 1933

Da zwei Fahrzeuge zur Verfügung stehen, kann Traugott 1929 allein eine Tour eine Woche lang »mit [s] einem kleinen Wagen« sowie Zelt kreuz und quer durch Mitteldeutschland zwischen Main und Neckar unternehmen.[321] Dieser kleine Wagen wird Mitte der 30er Jahre abgelöst durch einen kleinen weißen zweisitzigen Sportwagen, den gerade neu auf den Markt gebrachten Fiat Topolino Cabrio[322].

Reise nach Estland 1935

Auch das »große starke Auto«[323], der »Hildebrand«, bekommt einen Nachfolger. Mit dem neuen Wagen, einem Opel Olympia als zweitüriges Cabriolet, geht es unter anderem auf die Reise nach Estland 1935.[324]

Auf dem folgenden Foto ist Helene zu sehen, neben einem stattlichen Fahrzeug mit abdeckbaren Scheinwerfern und verdeckter Beleuchtung. Das weist

auf die Zeit des Krieges hin. Auf dem Kühlergrill prangen die vier ineinandergeschlungenen Ringe der Auto Union. Der Wagen könnte ein F7 von 1939 / 40 oder der ziemlich ähnliche Typ DKV 100 Convertible sein.[325]

In einem Brief 1937 an seine Mutter hat Traugott von einem Mercedes geschrieben, mit dem er und Lene über Schweizer Pässe gefahren sind, ins Tessin, zurück auf die Furka, zum Rhonegletscher, ins Rhonetal, dann Berner Oberland, Tuner See, Brienzer See. Schließlich trafen sie sich in Zürich mit Freunden am See. Auf der Reise nach Rab im Herbst 1938 wird die Strecke bis nach Venedig in einem »Mercedes« zurückgelegt.[326] Auch in »Cornet der Zarin« ist von einem Mercedes die Rede[327]. Am 6. Juni 1945 beschlagnahmt die französische Besatzung die in Tengen befindlichen großen Fahrzeuge, unter anderem von Stackelbergs »Mercedes«.[328] Entweder ist die in den Briefen und dem Tengen-Buch genannte Marke »Mercedes« Synonym für einen großen Wagen und es hat sich um das Auto Union-Fahrzeug gehandelt oder es hat wirklich noch einen Mercedes im Stackelberg-Besitz gegeben.

Traugott und Ulla 1943?

Das erste Fahrzeug der Nachkriegszeit ist ein Fiat Topolino. Tengen gehört zur Französischen Besatzungszone, das Zulassungskennzeichen verdeutlicht es: FB 32–4417.

Seit 1959 fährt Helene einen eleganten VW Karman Ghia als Coupé, er ist »bambusfarben mit dunkelgrünem Dach«.[329] Die Farbgebung erinnert an die Farben des Stackelberg-Wappens, das in gelb und grün gehalten ist.

Jürgen 1952?

Die beiden letzten Fahrzeuge in der Stackelberg-Garage sind ein Goggomobil Coupé und schließlich noch ein weiterer Karman Ghia, dieses Mal als Cabriolet in blau, den Traugott ab etwa 1968 fährt.

Grenzen

In seinem Bericht von der »Kavaliersreise«, die ihn im Frühjahr 1913 mit seiner Schwester Irene durch die Schweiz, Italien, Nordafrika, Frankreich, Belgien führt, bemerkt Traugott:

> Weder in den Hotels noch an den Grenzen sind wir auf der Reise nach einem Ausweis gefragt worden.«[330]

Keine Probleme habe es mit Grenzen oder beim Grenzübertritt gegeben. So war es wohl vor dem Ersten Weltkrieg.

> Menschen, die an Grenzen leben, sind anders als die im Binnenland. Sie kommen öfters aus ihrem Land hinaus und vergleichen das Leben jenseits mit dem, das sie selber führen. Sie sind toleranter, ihr Horizont ist weiter, sie lassen sich nichts vormachen, wenn man in ihrem Land die ›Anderen‹ als minderwertiger bezeichnet. Sie wissen es besser: die drüben, jenseits der unsichtbaren Linie, die nur auf den Landkarten eingezeichnet ist, sind nicht anders als sie selbst. Sie haben die gleichen Sorgen und die gleichen Freuden wie sie selbst.[331]

Das gilt, solange Grenzen nicht abgeschottet werden und die Menschen und Güter relativ frei passieren können. Anders wird es in der Zeit des Nationalsozialismus und erst recht während des Zweiten Weltkriegs:

> Unser Hof liegt unmittelbar an der Schweizer Grenze, und weil sie hier im dichten Wald verläuft und zudem nicht durch Drahtverhau gesichert war, geschah es oft, daß entsprungene Kriegsgefangene, politisch Verfolgte und vielleicht auch Spione gerade hier über die Grenze zu fliehen versuchten. Sie wurde deshalb streng bewacht, und auch auf unserem Grundstück patrouillierte ständig Grenzschutz und Gendarmerie.[332]

Nach der Niederlage und Befreiung 1945 verändern sich die Grenzen. Die zum Osten werden undurchdringlicher, die zum Westen dagegen offener.

Für Traugott allerdings eröffnet sich – nicht nur durch die vielen Kontakte zu den Freunden in aller Welt – eine weitere Sphäre in der Literatur. So hält er 1961 fest:

> Eine neue Welt tat sich vor mir auf, ich war in meine geistige Heimat gekommen, die keine Zollgrenzen hat.[333]

HEIMAT

Säntis[334]

Seinen Roman »Cornet der Zarin« beginnt Traugott mit der Schilderung eines lebhaften Eindrucks: Auf einer Fahrt Mitte der 30er Jahre am Bodensee entlang verwandelt sich ihm »das verschimmernde Säntis-Massiv« in die Umrisse seiner »geliebten Geburtsstadt Reval«, und »eine urgewaltige Sehnsucht nach der Heimat« ergreift ihn nach dem finnischen Meer in der nordischen Heimat.

> Alle unsere Wege münden ja in der Heimat. In allen unseren Träumen erwachen wir dort, wo wir Kinder waren.[335]

Traugott von Stackelberg, o.J. (etwa 1950), Ansicht von Reval, Aquarell

Tatsächlich macht sich die Familie Stackelberg auf den Weg nach Estland, nach Reval, »die schönste Stadt der Welt«.[336] Dieser Weg mündet also in Traugotts Heimat. Aber er endet nicht dort. Zwar ist die Reise auch geleitet von dem Gedanken, das Deutschland der Nazis zu verlassen, aber die Familie kehrt zurück. Traugotts Sehnsucht nach seiner ersten Heimat bleibt, sie begleitet ihn sein ganzes Leben. Es ist ihm beinahe so, wie Fontane schreibt: »Erst die Fremde lehrt uns, was wir an der Heimat besitzen.«[337] Traugott hat sich in seinem Elternhaus, in den Gassen von Reval, dem Hafen, im Ferienhaus in Strandhof, an der Küste, auf der Ostsee heimisch gefühlt. Im Sommer 1910 reist er zu Onkel und Tante in Kurland, anlässlich deren Silberhochzeit. In seinem Tagebuch erinnert er sich: »Wie ganz anders ist es in der Heimat, als da draußen im kalten, fremden Land.«[338] Heimat – das ist nun auch die Kirche auf dem Berge, das Pastorat des Onkels. Kalt und fremd ist ihm Berlin geblieben, wohin die Mutter mit den Kindern 1906 umgezogen ist. Auf einer Fahrt von Petersburg nach Reval begeistert ihn »die Silhouette von Reval! Heimat! Schönste aller Städte der Welt!«[339] Im Oktober 1911 besucht Traugott einen anderen Onkel und seine Familie in Moskau. Auch dort wird Silberhochzeit gefeiert, der Onkel ist zudem zum Ehrenbürger von Moskau ernannt worden.[340] Der Neffe resümiert: In Moskau, dieser »breiten Welt«, würde er sich auf Dauer doch nicht wohlfühlen – »hier war ich nicht zu Hause, aber auch in Berlin nicht.«[341] Auf der Rückreise nach Reval macht Traugott Station in Petersburg, um seinen Freund Liowa zu treffen. Sie spazieren am Strand der Ostsee. Hinten, weit im Westen, ahnt er die Küste seiner Heimat, Estland. »Ich hatte solche Sehnsucht nach meinem Zuhause, nach meiner Heimat bekommen, dass ich melancholisch geworden war«, erinnert er sich. Die Freunde sprechen darüber, wo oder was eigentlich ihre Heimat sei. Sie denken dabei nicht so sehr an Geografisches, auch nicht an etwas Historisches. Liowa, dessen Großvater vom Genfer See, aus der Romandie, dem französischsprachigen Teil der Schweiz, in den Norden gekommen ist, fühlt sich noch als Schweizer. Liowas Vater unterrichtet Französisch am Lyzeum in Petersburg. Da stellt Liowa fest:

> Weißt du, unsere Heimat reicht nicht nur von Horizont zu Horizont, sondern darüber hinaus, ihre Horizonte sind offen.«[342]

In Briefen drückt Traugott oft seine Sehnsucht nach Estland aus.

Auf einem Bild von Reval aus dem Jahr 1937 fügt er in der rechten oberen Ecke »Reval, du Heimat« ein.

Das, was Heimat ausmacht, ein Lebensraum, zu dem man sich gehörig, in dem man sich heimisch fühlt, ist – wie Liowa festgestellt hat – durchaus weit zu verstehen. Eine Pluralität von solchen Bezugsräumen kann sich eröffnen. Die reminiszenten Markierungen, die einen mit diesen Räumen verbinden, können nah sein, wie ein Möbelstück, ein Zimmer, ein Haus, Garten, eine Straße, das Dorf, ein Stadtteil, die ganze Stadt, die Landschaft mit Wald und Wasser, das ganze Land, die Sprache, bestimmte Geräuschkulissen, Gerüche.

In der Pluralität dürfte es eine Schichtung geben. Die Heimaten – der Plural des Wortes ist ungewohnt – stehen nicht einfach nebeneinander, sie sind vielmehr wohl aufeinander bezogen und aufgebaut. Für Traugott ist die erste Heimat verknüpft mit Reval und den Orten, an denen Mitglieder der weitverzweigten Familie Stackelberg leben, eine zweite mit Sibirien[343], eine dritte baut er sich mit Helene und der Familie im Degenhof auf. Die Art der Häuser im Degenhof ähnelt der in seinen ersten und zweiten Heimaten. Das schwäbische Meer, der Bodensee, erinnert an den Peipussee[344] oder auch an das Finnische Meer, die Ostsee. Ganz wichtig ist das Segelboot auf dem Wasser, damals und nun in Süddeutschland.

Ein Segelboot steht übrigens auch im Zentrum einer Erzählung von Traugott über die Ostseefahrt von vier Jugendlichen[345]. Und der Name, den die vier ihrem Boot gegeben haben, ist: »Kodumaa«, was auf Estnisch ›Heimatland‹ bedeutet.

Traugott widmet 1954 ein Exemplar seines zweiten Buches »Manon de Carmignac« (1952) der »Gemeinde Tengen«, wo er »eine neue + schöne Heimat gefunden hatte«.

MANON DE CARMIGNAC

Bilder der Vergangenheit
und Schicksale auf meinen
Wegen, die mir begegneten,
als ich zurückblickend
hier eine neue + schöne
Heimat gefunden hatte
der Gemeinde Tengen
Weihnachten 1954
Traugott v. Stackelberg

Man mag die lange Frist – über dreißig Jahre seit der Ansiedlung in Tengen bis zu dieser Widmung – auch als Beleg ansehen für mancherlei Hemmnisse im Heimisch-Werden.

Helenes erste Heimat ist das schöne große Haus mit Garten am Nebelswall, die Stadt Bielefeld, die Landschaft des Teutoburger Waldes. Diese hat gewisse Ähnlichkeit zu der hügeligen Landschaft des Hegau. Oft reist sie zu den Verwandten in Bielefeld. Die Entfernung von 650 Kilometern ist erträglich. Die nach Reval beträgt auf dem Landweg dagegen etwa 2.300 Kilometer.

In einem Brief an meine Eltern schreibt sie: »Der Degenhof soll Eure und Eurer Kinder zweite Heimat bleiben.«[346]

So, wie er das für sie geworden ist. Ich schätze, dass dabei zweierlei sehr wichtig gewesen ist: Gründung und Gedeihen der eigenen Familie an diesem Ort und ihr Beruf, in der Praxis als Landärztin.

In einem weiten Sinn ist die Musik ihr eine weitere Heimat – so meine ich. Für Traugott ist das entsprechend dazu seine Malerei und die Schriftstellerei. Dazu äußert er sich in seinem Lebensrückblick[347].

1918–1933: Weimarer Republik

Der historische Kontext der etwas über 14 Jahre währenden »Weimarer Republik« soll im Folgenden skizziert werden[348]. Es sind die Jahre, in denen Traugott und Helene Auswanderungspläne hegen, sich dann im Südwesten Deutschlands, in Baden, im Degenhof niederlassen und ihre familiäre und berufliche Existenz etablieren.

Die Niederlage des Deutschen Kaiserreichs und die revolutionären Vorgänge – die in München erleben Helene und Traugott sehr nah – ermöglichen, dass die politische Demokratisierung verwirklicht sowie soziale Reformen in Gang gesetzt werden. Endlich erhalten Frauen das Wahlrecht, Grundrechte werden wiederhergestellt und erweitert – verankert in der Weimarer Verfassung vom Juni 1919. Der Acht-Stunden-Arbeitstag und eine allgemeine Krankenversicherung werden eingeführt.

Auf der einen Seite sind die bisher tragenden Eliten des Kaiserreichs – wie das Offizierskorps, die höheren Beamten, Großgrundbesitzer und Unternehmer – entmachtet, aber sie sind weiterhin wirksam und fügen sich nicht konstruktiv in diese erste demokratische Republik auf dem Boden des Deutschen Reichs ein.

Auf der anderen Seite fehlen der jungen Republik auch die Zustimmung und Unterstützung durch die linken Kräfte, die Ziele verfolgen, die über die parlamentarische Demokratie hinausgehen, wie die Rätedemokratie und die Enteignung der Großgrundbesitzer. Diese Kräfte sehen sich von der SPD verraten. Der Matrosenaufstand in Berlin und die Münchner Republik werden durch die vom SPD-Minister Noske[349] zu verantwortenden Einsätze der Reichswehr niedergeschlagen.[350] Die politisierten Arbeiter wenden sich von der SPD ab. Die USPD und die KPD werden gegründet.

Die wirtschaftlichen Lasten des verlorenen Krieges sind immens: Zu den Kriegsschulden von über 150 Milliarden Goldmark kommen die Reparationsforderungen der Siegermächte. Der Friedensvertrag von Versailles, im Juni 1919 unterzeichnet und in Kraft ab Januar 1920, ist nicht ein Vertrag auf der Grundlage von Gleichberechtigung und Völkerverständigung. Zudem wälzt die deutsche Generalität ihre Verantwortung für die Niederlage ab, indem sie mit der »Dolchstoßlegende« suggeriert, Deutschland sei »im Felde unbesiegt«.

Bei den ersten Wahlen zur Nationalversammlung im Januar 1919 erhalten die Parteien der Weimarer Koalition die Dreiviertelmehrheit.[351] Dagegen verlieren bei den Wahlen im Juni 1920 – nach der Unterzeichnung des Versailler Vertrages – SPD und DDP die Hälfte ihrer Mandate; seitdem sind die Parteien der Opposition bis zum Ende der Republik in der Mehrheit, ab 1930 ist das parlamentarische System ausgehöhlt, die Exekutive regiert mit Notverordnungen am Parlament vorbei.

In der Inflation 1921–1923[352] werden die Kriegsschulden durch die Entwertung der Spar- und Anlagevermögen in erheblichem Maß auf die Schichten abgewälzt, die in Treue zu ihrem Staat Kriegsanleihen – wie die

Eltern von Helene – gezeichnet haben: die geistige und gewerbliche Mittelschicht. Das schwächt und gefährdet deren Prosperität bis zur Armut und erschüttert ihre Zustimmungshaltung zum republikanischen Staat. Immobilien und Sachwerte behalten dagegen ihren Wert.

Die Republik bleibt innenpolitisch wenig stabil, es gibt bürgerkriegsähnliche Aufstände und Putschversuche von rechts. Immerhin kann durch die Einführung der Rentenmark und im Oktober 1924 der Reichsmark die Inflation gebannt werden. Das Reparationsproblem – 1921 ist die Gesamtsumme von 132 Milliarden Goldmark festgelegt worden – wird 1924 durch den Dawes-Plan neu geregelt: Es werden erträglichere Jahresleistungen vereinbart. Die Industrie erhält günstigere Bedingungen für Investitionen, vor allem auch amerikanische Kredite. Der Landwirtschaft beziehungsweise der bäuerlichen Bevölkerung dagegen geht es nicht gut. Deutschland bleibt ein hauptsächlich durch Industrie geprägtes Land, wobei diese modernisiert wird. Das bedeutet auch, dass sich neben den traditionellen neue Berufstypen entwickeln.

Das Leben der Deutschen wird in diesen Jahren bereichert – oder aus anderer Perspektive gesehen – konfrontiert mit technischen Innovationen wie der Elektrifizierung, Auto, Flugzeug. Zudem finden neue Kommunikationsmedien weite Verbreitung wie das Radio, das Kino und das Telefon. Solche Neuerungen beeinflussen das individuelle Leben, soziale Interaktionen und ermöglichen auch neue Formen der Beeinflussung von Massen. In der Avantgardekultur finden Neuerungen des Jahrhundertbeginns ihre Fortsetzung[353], die Strömungen der Jugendkultur differenzieren sich stark[354], die Arbeiterkultur setzt zum Teil ihre Traditionen fort. Das Etikett »Goldene Zwanziger Jahre« passt zum wirtschaftlichen und kulturellen Aufschwung, allerdings hat nur eine Minderheit der Bevölkerung Anteil daran.[355]

Außenpolitisch gelingt eine Konsolidierung, nicht zuletzt durch den Außenminister Gustav Stresemann. Deutschland wird 1926 in den Völkerbund aufgenommen und die Aussöhnung mit Frankreich grundgelegt.

Die Vereinigten Staaten von Amerika haben als Geldgeber ihre europäischen Verbündeten im Krieg unterstützt und finanzieren nun nach dem Kriege den Wiederaufbau in Europa, den in Deutschland eingeschlossen. In den USA selbst gibt es – auch wegen ihrer absoluten Vorrangstellung am Weltmarkt – eine längere Phase der Hochkonjunktur, was zu übermäßigen Investitionen und Aktienkäufen führt. Als das Ausmaß der Überproduktion im Oktober 1929 unübersehbar wird und die Anleger ihre Aktien verkaufen wollen, brechen die Kurse rapide ein.[356] Das hat zur Folge, dass Kredite, die den wirtschaftlichen Aufbau in Europa finanziert haben, ganz kurzfristig abgezogen werden. Es kommt zu Firmenzusammenbrüchen und Massenentlassungen. Die Zahl der Arbeitslosen in Deutschland steigt sprunghaft an: von September 1929 bis September 1931 von 1,6 Millionen auf 4,3 Millionen. Auch die Firma Lohmann in Bielefeld gerät in Mitleidenschaft. »Der Export nach England [der derzeit das Hauptgeschäft ausmacht] hat ja aufgehört.«[357]

Die wirtschaftliche Katastrophe weitet sich zur politischen Krise aus. Die Gegner der Republik von links und rechts erhalten starken Zulauf durch Arbeitslose, Entwurzelte und Enttäuschte.

Die NSDAP wird durch die Reichstagswahl im Juli 1932 stärkste Fraktion. Reichspräsident Hindenburg wird von den alten konservativen Interessensverbänden (Hochfinanz, Großindustrie, Großagrarier) gedrängt, Hitler zum Kanzler zu ernennen. Am 30. Januar 1933 bildet Hitler als Reichskanzler mit Konservativen und Mitgliedern seiner Partei ein neues Kabinett.

Die Weimarer Republik ist als parlamentarische Demokratie seit 1930 am Ende, nun ist sie beendet und mit dem Ermächtigungsgesetz im März 1933 wird sie zerstört werden.

»Die Grundfrage« (1924)

Traugott veröffentlicht 1924 einen Text mit dem Titel »Die Grundfrage«[358]. In diesem Text geht er der Frage nach, woher es komme, dass das in allen Menschen angelegte Vertrauen den destruktiven Kräften des Misstrauens weichen muss. Misstrauen bestimme die Verhältnisse von Völkern, zwischen den Klassen eines Volkes und den einzelnen Menschen. Misstrauen ersticke »alle Einrichtungen der Gesellschaft, vom Staat bis zur Familie«. Er sieht Abstufungen von Vertrauen und Misstrauen in der Gesellschaft. So stellt er fest, dass »der Landmann, wo er ohne Berührung ist mit der Stadt, viel vertrauensseliger ist als der Städter«. Das rühre daher, dass auf dem Land »der Mensch von Kindheit an das natürliche Werden erlebt«. So werde ihm »das Vertrauen selbst Natur«. »Mit dem Vertrauen zur Erde hängt das Vertrauen zum Menschen eng zusammen. Wenn nicht die Menschen durch ein natürliches Leben in natürliche Verhältnisse zueinander kommen, so wird Vertrauen zwischen ihnen nur schwer entstehen.« Das ist seine Erkenntnis: »Was Menschen dazu bringt, Vertrauen zueinander zu haben, ist nicht so sehr ein Willensentschluß, als ein Lebensprozeß.«

Traugott setzt seine Hoffnung auf eine »Gesundung« darauf, dass »in einer Anzahl von Menschen eine durchgreifende Veränderung sich vollziehen« werde.

Er sieht die »Wirrsale der Parteien, die Mißverständnisse zwischen den Völkern«, den Klassengegensatz zwischen »Proletariern« und »Unternehmern«. Ansätze zur Behebung dieser »Not unserer Zeit« bestehen darin, »daß es genug Menschen gibt, die würdig sind, daß man ihnen vertraut. Und daß es genug gibt, die bereit sind, anderen Menschen zu trauen.« Da sei eine Wechselwirkung zu konstatieren: Ein Mensch, dem vertraut wird, wird dieses Vertrauens würdiger; Menschen, die des Vertrauens würdig sind, erhalten es auch. Es sei »ja eine einfache Sache, bei sich selbst anzufangen mit der Vertrauenswürdigkeit und dem Vertrauen.«

Das impliziert, dass der den Vertrauensverhältnissen förderliche »Lebensprozeß« in Gang gesetzt werden kann durch »Persönlichkeiten«: »Wenn nur eine Handvoll Menschen da ist, die sich gegenseitig rückhaltlos vertrauen kann, dann geht von ihr eine Kraft aus auf andere. Denn nichts ist so reinigend, als echten Menschen zu begegnen.« Und das Erleben der »Stille und Reinheit der Natur … verändert und reinigt jeden Menschen, der dafür noch empfänglich ist«, und bereitet »den Boden für das, was der heutigen Welt am meisten fehlt, was für jede aufbauende Arbeit am dringendsten nötig ist: Vertrauen unter den Menschen«.

Das klingt nach Rousseau[359] und vor allem Thoreau[360]. Einen wirklichen, wirklich idyllischen Ort, wo »Menschen durch ein natürliches Leben in natürlichen Verhältnissen zueinander kommen«, wo »Stille und

Reinheit der Natur« zu erleben sind, haben Helene und Traugott im Körbeltal gefunden und im Degenhof Holzhäuser errichtet, in denen sie und Gäste leben, wohnen, sich wohl fühlen können.

»Kleine Kuranstalt«

> Gäste zu haben ist nicht nur eine gute baltische Tradition, sondern eine besondere Liebhaberei von uns beiden

hält Traugott in einer Retrospektive fest.[361] Gäste können auf der Wiese zelten oder komfortabel in einem der beiden Gästehäuser oder im großen Haus untergebracht werden. Entweder versorgen sie sich selbst oder sie sind beim gemeinsamen Essen dabei. Natürlich wird es gern gesehen, wenn sie sich in Haus, Garten, Wiese und Wald auch nützlich machen und eventuell auch einen Obolus für die Haushaltskasse beisteuern. Zum einen entspricht das guter Freischar-Tradition, und zum anderen ist die

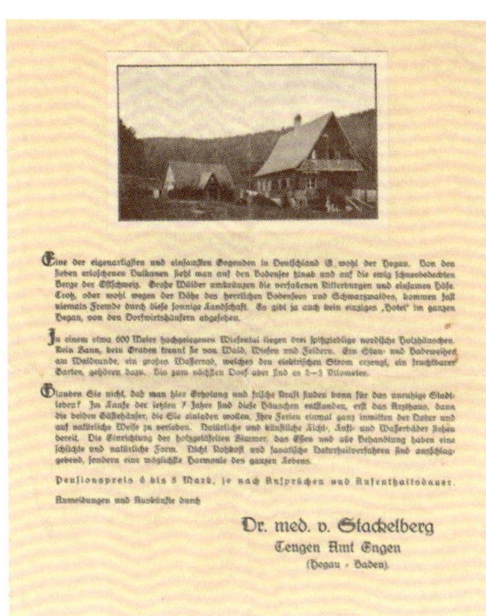

Eine der eigenartigsten und einsamsten Gegenden in Deutschland ist wohl der Hegau. Von den sieben erloschenen Vulkanen sieht man auf den Bodensee hinab und auf die ewig schneebedeckten Berge der Ostschweiz. Große Wälder umkränzen die verfallenen Ritterburgen und einsamen Höfe. Trotz, oder wohl wegen der Nähe des herrlichen Bodensees und Schwarzwaldes, kommen fast niemals Fremde durch diese sonnige Landschaft. Es gibt ja auch kein einziges „Hotel" im ganzen Hegau, von den Dorfwirtshäusern abgesehen.

In einem etwa 600 Meter hochgelegenen Wiesental liegen drei spitzgieblige nordische Holzhäuschen. Kein Zaun, kein Graben trennt sie von Wald, Wiesen und Feldern. Ein Stau- und Badeweiher am Waldrande, ein großes Wasserrad, welches den elektrischen Strom erzeugt, ein fruchtbarer Garten, gehören dazu. Bis zum nächsten Dorf aber sind es 2–3 Kilometer.

Glauben Sie nicht, daß man hier Erholung und frische Kraft finden kann für das unruhige Stadtleben? Im Laufe der letzten 7 Jahre sind diese Häuschen entstanden, erst das Arzthaus, dann die beiden Gästehäuser, die Sie einladen wollen, Ihre Ferien einmal ganz inmitten der Natur und auf natürliche Weise zu verleben. Natürliche und künstliche Licht-, Luft- und Wasserbäder stehen bereit. Die Einrichtung der holzgetäfelten Zimmer, das Essen und alle Behandlung haben eine schlichte und natürliche Form. Nicht Rohkost und fanatische Naturheilverfahren sind ausschlaggebend, sondern eine möglichste Harmonie des ganzen Lebens.

Pensionspreis 6 bis 8 Mark, je nach Ansprüchen und Aufenthaltsdauer.

Anmeldungen und Auskünfte durch

Dr. med. v. Stackelberg
Tengen Amt Engen
(Hegau - Baden).

Prospektblatt 1928

ökonomische Situation schon eine andere als früher im Baltikum oder auch im Bielefelder Fabrikantenhaushalt, wo es noch zahlreiche Dienstboten gegeben hat.

Schon 1922 ist ein »Pensionsgeld« von 500 Mark belegt, 1926 110 Reichsmark, 1927 495 Reichsmark (RM). Seit dem Herbst 1928[362] wird die »Liebhaberei« zum Teil professionell betrieben und auch so beworben.

Die »Kleine Kuranstalt« findet Anklang. In den Jahren 1928 bis 1931 sind im Kassenbuch[364] im Durchschnitt ca. 500–600 RM an Einnahmen verzeichnet. Bei einem Pensionspreis von 6–8 RM pro Tag / Person entspricht das etwa 100 Personen | Tage, z. B. zehn Perso-

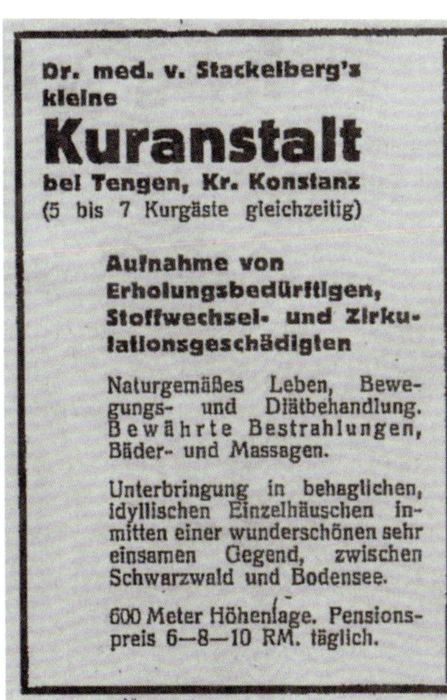

Dr. med. v. Stackelberg's
kleine
Kuranstalt
bei Tengen, Kr. Konstanz
(5 bis 7 Kurgäste gleichzeitig)

Aufnahme von Erholungsbedürftigen, Stoffwechsel- und Zirkulationsgeschädigten

Naturgemäßes Leben, Bewegungs- und Diätbehandlung. Bewährte Bestrahlungen, Bäder- und Massagen.

Unterbringung in behaglichen, idyllischen Einzelhäuschen inmitten einer wunderschönen sehr einsamen Gegend, zwischen Schwarzwald und Bodensee.

600 Meter Höhenlage. Pensionspreis 6—8—10 RM. täglich.

Inserat in »Das werdende Zeitalter«[363]

Dr. med. v. STACKELBERG
Telefon: TENGEN 11 GÄSTEHAUS DEGENHOF Telefon: TENGEN 11
BANKKONTO: BADISCHE LANDWIRTSCHAFTSBANK FILIALE TENGEN
POSTSCH. KARLSRUHE 3950

RECHNUNG für
TENGEN, den

	RM	Pfg.
ZIMMER mit PENSION vom bis (einschließlich Bedienung)		
BÄDER		
HÖHENSONNE		
MASSAGE		
SONSTIGES:		

Betrag dankend erhalten am

nen à zehn Tage im Jahr. Der Pensionsbetrieb war also durchaus überschaubar, wenngleich er doch vor allem Helene belastet. »Im Sommer waren die Gäste doch stets die, denen die ersten Gedanken gelten mußten«, schreibt sie ihrer Schwiegermutter.[365]

Wie zukunftsweisend diese Entrepreneurship der 20er und 30er Jahre gewesen ist, erweist sich acht Jahrzehnte später. Die Stadt Tengen strebt die Anerkennung als Luftkurort an und ist damit tatsächlich erfolgreich. Am 25.10.2013 wird die Urkunde überreicht. In einem Zeitungsartikel wird freundlich an »Stackelberg's kleine Kuranstalt« erinnert.[366]

Ferienzeltlager der Kinderfreunde (1931)

Zur Liegenschaft des Degenhofs hat auch eine Wiese am Waldrand der »Haide« gehört, etwa 500 Meter vom eigentlichen Grundstück entfernt. Auf dieser Wiese findet im August 1931 ein Ferienzeltlager der »Kinderfreunde« statt – mit Unterstützung auch der Stackelbergs. Traugott ist von 1931 bis 1933 Vorsitzender der »Friedensgesellschaft«[367] in Singen, der die »Kinderfreunde« politisch nahestehen.

(Foto: Karl Kind)

(Foto: Karl Kind)

(Foto: Karl Kind)

Wie auf dem nächsten Foto zu erkennen, ist auch das Grautier vom Degenhof dabei, vielleicht hat der Esel geholfen, Sachen zu transportieren, denn auf der »Haide«-Wiese gibt es keine Wasser- und Stromanschlüsse.

Die »Kinderfreunde« sind eine sozialdemokratische Gruppe, in der die Kinder praktisch eine Gemeinschaft erleben können, die ihnen ein kollektives Selbstbewusstsein, eine »Wir-Stärke« vermittelt. Mädchen und Jungen im Alter von 6 bis 14 Jahren treffen sich regelmäßig mit älteren »Helfern«, um gemeinsam zu spielen, zu singen, zu diskutieren, zu wandern und eben auch für eine längere Zeit zusammen zu zelten.

Zur Erinnerung an das von den Kinderfreunden vom 1.–26. August 1931. bei Dr. v. Hackelberg durchgeführte Ferienzeltlager.

Für die in entgegenkommender Weise geleistete Hilfe, danke ich im Namen der Kinderfreunde der ganzen Familie Dr. v. Hackelberg.

Freundschaft!

Karl Kind

> Die Kinderfreundebewegung [will] dazu beitragen, die praktischen, seelischen und geistigen Voraussetzungen zur Veränderung der Gesellschaft zu schaffen, um durch veränderte und verändernde Praxis einen Beitrag zum Kampf der Arbeiterklasse zu leisten.[368]

Die Kinder tragen auf ihren Hemden das Symbol des Falken, welcher noch heute das Symbol der »Sozialistischen Jugend Deutschlands – Die Falken« ist.

Schachspiel (1932)

»Vater hat ein richtiges Schachspiel geschnitzt.« Das schreibt am 26. März 1932 die fast zehnjährige Tochter Ulla an Großmutter Stackelberg. Dazu gehört ein großes Spielfeld mit den 64 Feldern und genügend Randfläche für die geschlagenen Figuren. Die großen Figuren sind etwa zehn Zentimeter, die kleineren Bauernfiguren 6,5 Zentimeter hoch. Sie sind nicht gedrechselt, sondern figurativ geschnitzt: die Türme als zähnefletschende Ungeheuer, die Pferdchen als Pferdeköpfe, alle anderen Figuren als menschliche Köpfe oder Büsten.

Sie sind kleine, größtenteils gelungene Kunstwerke. In einer Kunstausstellung im Dezember 1932 in Singen präsentiert Traugott neben einigen Aquarellen und geschnitzten Tanzmasken auch sein Schachspiel.[369]

Die Figuren sind zum Teil karikaturistisch übertriebene Darstellungen, vor allem die Bauern-Figuren erinnern an die grafischen Karikaturen von Honoré Daumier[370].

Unter den Bauern-Figuren kann man auch wohl Angehörige anderer Berufe und Stände vermuten: Militärs, Adlige. Haben wir hier eine repräsentative demokratische Volksversammlung en miniature? Immerhin scheint die Trennung der Klassen aufgehoben. Aber der weibliche Teil der Gesellschaft ist überhaupt nicht umfassend repräsentiert – das menschliche Gefolge der beiden Königinnen ist durchweg männlich.

DW, Vetter Rainer von Kügelgen, Günter Wirminghaus, in den Sommerferien ~1962

Das Schachspiel lädt zum Benutzen ein; das haben wir Enkel auch gern und oft getan.

1933–1945: NS-Zeit

Der Frühling des Jahres 1933 kündigt ein für die Familie freudiges Ereignis an und bringt doch tiefes Leid. Am 6. März bringt Helene ihr viertes Kind, einen Jungen, zur Welt – allerdings fast dreieinhalb Monate zu früh. Der Kleine scheint zunächst gesund zu sein, erkrankt dann aber sehr stark an Gelbsucht und stirbt am 11. März. Was mag die vorzeitige Geburt ausgelöst haben? Vielleicht hat Helene sich in ihrer ärztlichen Praxis nicht schonen wollen oder können, vielleicht strapazieren Bauarbeiten am Haus sie allzu sehr.

Die historischen Umwälzungen in Deutschland in dieser Zeit[371] sind weitreichend, sie sind gewaltig und mit Gewalt verbunden. Es beginnen die zwölf Jahre der Macht des Nationalsozialismus in Deutschland.

Es gibt einen vehementen Umbruch: Nationalsozialisten (NS) und ihre Ideologie werden ab dem 30. Januar 1933 – Hitler wird zum Reichskanzler ernannt – und noch stärker durch das Ermächtigungsgesetz vom 23. März 1933 mit der kompletten staatlichen Macht ausgestattet und so in rasant zunehmend totalitärer Weise bestimmend. Die meisten Ideologeme der NS sind nicht neu, sie haben aber zuvor in einem ideologischen und politischen Widerstreit gestanden. Nun werden die entgegenstehenden Ideologien und ihre Repräsentanten massiv verfolgt, in die Illegalität gedrängt, unterdrückt und sogar vernichtet.

Die Gewaltenteilung, demokratische, liberale und fundamentale Grundsätze des Rechts werden abgeschafft. Das öffentliche und das private Leben werden unter das Diktat der NS-Partei gestellt. Schulen, Hochschulen, Medien, Kunst, Sport, Verbände (wie zum Beispiel Berufsverbände) und Organisationen (wie zum Beispiel Gewerkschaften) werden »gleichgeschaltet«. Der Polizeiapparat und auch das Militär werden durch paramilitärische Parteiorganisationen wie SA und SS auf die Linie der dem Führerprinzip verpflichteten Partei gebracht. Es wird das vorgebliche Recht des Stärkeren propagiert. Besonders stark ist der in der Parteihierarchie höher Stehende. Und stark soll sich jeder zur »deutschen Volksgemeinschaft« Gehörende fühlen, als einer besonders wertvollen »Rasse« zugehörig. In der Volksgemeinschaft sollen die Gegensätze von sozialen Klassen und Ständen aufgehen. Das ist für viele Deutsche attraktiv. Die Einheitsstiftung ist einerseits durch Nationalismus und Rassismus bestimmt und komplementär andererseits durch Abgrenzung und Ausgrenzung. Diese ist manifest als Diffamierung und Hetze, als Denunziation, Repression, Terror und Gewalt bis zur Vernichtung. Verbrechen gegen die Menschlichkeit werden scheinbar legalisiert und legitimiert. Ausgegrenzte Opfer sind unter anderen psychisch Kranke, Homosexuelle, kritische Intellektuelle, Kommunisten, Menschen – vor allem jüdische –, die einer »nicht-arischen Rasse« zugerechnet werden, Zeugen Jehovas, »Zigeuner«, Menschen ohne festen Wohnsitz. Die Macht des

NS ist auch die Macht zu definieren, wer dazu gehört und wer nicht. Das zeigt sich auch in der Sprache des NS.[372] Die wichtigen Differenzen zwischen Fakten und Fiktion, zwischen Wahr und Falsch werden verwischt.[373] Der Kompass des individuellen Lebens gerät ins Schlingern, auch dann, wenn er auf die Machthaber ausgerichtet wird. Soziale Beziehungen werden irritiert, gestört, geradezu kontaminiert und zerstört.

In Diktaturen gibt es für die Menschen wohl hauptsächlich vier Möglichkeiten:

a.) Man ist aktiver Teil des Regimes, unterstützt alle angeordneten Maßnahmen und erfüllt auch indirekte Erwartungen oder
b.) man passt sich äußerlich an, um nicht aufzufallen, gibt dem Konformitätsdruck nach, versteckt und entzieht sich, wo es nur irgend möglich ist oder
c.) man leistet passiven Widerstand, passt sich nur zum Teil an, bewahrt seine Individualität und Menschlichkeit oder
d.) man wehrt sich, opponiert offen, sabotiert.

»Es gibt kein richtiges Leben im falschen«, stellt Adorno fest.[374] Welches Leben führt die Familie von Stackelberg in dieser Zeit? Kann sie doch noch »privat … richtig leben«?[375] Ist sie doch noch »bei sich selber zu Hause«[376]? Beides in gewisser Weise schon, wenn auch sehr gefährdet. Traugott wird von der Gestapo beobachtet, die Post wird kontrolliert.[377] Die abgeschiedene Wohn- und Lebenssituation erweist sich als ambivalent: Einerseits ist sie ein exklusiver Rückzugsort, andererseits exkludiert sie doch die Bewohner aus dem kommunalen Diskurs – manche vorurteilsbehafteten Gerüchte über die Stackelbergs verfestigen sich bei manchen Dörflern und sind nicht leicht zu revidieren. Aus dieser Situation heraus und auch um heftigeren Repressionen wie beruflichen Einschränkungen zu entgehen, entwickeln die Familienmitglieder Strategien der Anpassung.

Denn, aufgrund ihrer politischen, sozialen und moralischen Einstellungen und der bisherigen Aktivitäten, wie wir sie erzählt haben, ist die Option (a) für Helene und Traugott völlig ausgeschlossen.

Gegen den Nationalismus, ja Chauvinismus der Nationalsozialisten steht ihre internationale Einstellung, die etwa in den von ihnen geteilten Prinzipien der Quäker und den persönlichen Beziehungen zu Quäkern, in vielen Kontakten und Reisen über Grenzen hinweg manifestiert ist. Nachdenklich macht in diesem Zusammenhang eine Stelle in einem Brief von Traugott an seine Mutter zu Kriegszeiten. Er schreibt davon, dass seine sehr anstrengende Arbeit in der Arztpraxis auch ein »Beitrag zum Siege« sei.[378] Das kann ironisch gemeint sein, wenn es aber als ernst gemeint gelesen wird, als Beleg eines gewissen Patriotismus genommen wird, der aber nicht gleichzusetzen ist mit einer Bejahung des NS-Nationalismus. Außerdem ist vielleicht noch ein anderer Aspekt nicht zu vernachlässigen: Traugott weiß, dass seine Korrespondenz von der Gestapo überwacht wird.

Die NS begründen mit dem Ideologem vom »Volk ohne Raum« ihre Expansionen. Es gibt ein Zitat im Zusammenhang mit den Plänen von 1920 zur Auswanderung nach Sibirien, das der Auffassung vom »Volk ohne Raum« zu ähneln scheint: »Die Menschen leben zu eng«. Der wesentliche Unterschied ist: Eine Ansiedlung von Auswanderern sollte ja keinen dort lebenden Einwohner verdrängen, sondern in friedlicher und kooperativer Weise unbewohntes Land urbar machen.

Gegen das nationalsozialistische Führerprinzip steht die fast anarchische Einstellung von Traugott, die Helene etwas moderater teilt. Die Anerkennung eines »Meisters« in der Freischar ist klar vom Führerprinzip zu unterscheiden. Dem Führer muss blind und ohne Verstand in Auslöschung der eigenen Individualität[379] gefolgt werden, der »Meister« in der Freischar wird bewusst und nicht allumfassend anerkannt, er wird nicht glorifiziert, die Anerkennung kann sich auch wandeln und sie bestätigt die Eigenständigkeit der anerkennenden Person.

Dem von den NS propagierten und umgesetzten Rassismus, der Hierarchie von Rassen, überhaupt der Vorstellung von menschlichen Rassen kontrastieren strikt die Beachtung und Befolgung des hippokratischen Eides, das Leben *jedes* Menschen zu erhalten. Natürlich behandelt Traugott in seiner Praxis auch »Fremdarbeiter«, von den NS aus unterworfenen Ländern verschleppte und zu Zwangsarbeit gezwungene Menschen.

Für den Rassismus der NS sind etwa Russen Untermenschen. Die Gegnerschaft von Traugott in Bezug auf die machthabenden Bolschewiki in der Sowjetunion ist davon strikt zu unterscheiden. Traugott hat während seiner Beteiligung an der Hilfsaktion in den Hungergebieten an der Wolga Anfang 1922 die brachiale Behandlung der Menschen in der Ukraine durch die Sowjets miterlebt.[380]

Die persönliche Ablehnung des Militarismus ist bei Traugott schon mit seinem frühen Erlebnis beim Besuch einer Gemäldegalerie mit seinem Vater verbunden.[381] Bei Beginn des Ersten Weltkriegs sucht er nach einer Möglichkeit, nicht mit Waffengewalt kämpfen zu müssen und meldet sich zum Sanitätsdienst. Sein jüngster Bruder Nathanael und drei Jugendfreunde sterben in diesem Krieg, wie Helenes Schwager Georg. Ihr Bruder Wilhelm erliegt 1926 einer nicht ausgeheilten Lungentuberkulose, die er sich während des Krieges zugezogen hat. Traugott übernimmt den Vorsitz in der Ortsgruppe Singen der Deutschen Friedensgesellschaft von 1930 bis zu ihrer erzwungenen Auflösung 1933. Bei einer öffentlichen Veranstaltung der NSDAP 1932 in Radolfzell vertritt Traugott vor 2.000 Anwesenden den Standpunkt des Pazifismus und erregt so nachhaltig den Unmut der Parteimenschen. Gleichwohl meldete sich Sohn Jürgen, bevor er im März 1943 das Abitur und seinen Arbeitsdienst absolviert, freiwillig zur Luftwaffe. Er hat sich dem Zwang zum Kriegsdienst nicht entzogen, er hat möglicherweise mit der freiwilligen Meldung intendiert, die Erfüllung seiner Wahl der Waffengattung zu erreichen. Ab 1944 ist Jürgen nach seiner Fliegerausbildung dann doch im Heer eingesetzt worden und in die englische Gefangenschaft gekommen.

Das Ideologem der »Volksgemeinschaft« als behauptete einigende Klammer ›des deutschen Volkes arischer Rasse‹ lehnen die Stackelbergs ab. Sie sind durchaus dafür, dass die bestehende Hierarchie von gesellschaftlichen Klassen verändert wird. Dies aber nicht auf die Weise der durch die von den NS rassistisch begründeten »Volksgemeinschaft«.

Das Thema Eugenik / Euthanasie und Helenes Distanzierung von den Ansichten ihres Schwagers Bernhard Bavink ist im Kapitel zu Helene[382] aufgenommen worden.

Dem totalitären Durchdringen aller Lebensbereiche durch den NS widerspricht die profunde liberale Haltung der Stackelbergs mit ihrer Betonung der Wahrung der Rechte aller Individuen. Bei Helene ist diese

Haltung sicherlich auch befördert durch den Einfluss ihrer Tante Martha Dönhoff[383] und auch ihrer Brüder. Traugott hat seine liberale Haltung in verschiedenen Texten verdeutlicht.[384]

Wären Traugott und Helene und auch die Kinder zu unbedingten Aktivisten des NS-Regimes geworden, hätten sie mit nahezu allen ihren wesentlichen Grundüberzeugungen brechen müssen. Sie sind das Erste nicht geworden, sie haben das Zweite nicht gemacht.

Manchen Menschen ist es immerhin möglich gewesen, sich dem totalen Anspruch der NS-Diktatur zu entziehen, indem sie den Machtbereich der Diktatur verließen und in ein Exil auswichen. Nach einer Estland-Reise Mitte der 30er Jahre wird tatsächlich der Plan erwogen, »wieder in die baltische Heimat zurückzukehren und im Lande der Vorfahren ein kleines Restgut zu erwerben. … Es kam nicht mehr zu der geplanten Umsiedlung. Die Wolken zogen sich schon bei einem weiteren Besuch in Estland zwei Jahre später zusammen und kündigten den Sturm an, der alle meine Landsleute aus der Heimat verjagen und in alle Welt verstreuen sollte.«[385] 1939 werden – entsprechend dem Geheimabkommen zum Hitler-Stalin-Pakt – die Deutschbalten »heim ins Reich« deportiert. Estland wird zum Machtbereich der sowjetischen Diktatur gehören und kann daher als Exilland nicht in Betracht kommen. Ohne die drohende sowjetische Vereinnahmung hätte es für Traugott eine Rückkehr in seine erste Heimat sein können, für Helene und die Kinder dagegen wäre Estland ein fremdes Land mit einer fremden Sprache, mit nur wenigen persönlichen Bezügen. Außerdem sind da die Patienten der Praxen im Degenhof und in Singen, zu denen enge Beziehungen gewachsen sind, die aufzugeben schwerfiele.[386]

So verbleiben die Optionen

b.) äußerliche Anpassung und Sich-Entziehen,

c.) passiver Widerstand und Bewahrung der eigenen Individualität sowie

d.) Sich-Wehren, offene Opposition, Sabotage.

Traugott und Helene werden nicht Mitglied im NS-Ärztebund (Ärztekammer Baden), sie werden daher vom »Amt für Volksgesundheit« nicht zugelassen. Das hat für sie zur Folge, dass sie nicht mit lukrativen regelmäßigen ärztlichen Tätigkeiten betraut werden, die staatlicherseits oder von der Partei beauftragt werden wie schulärztliche Untersuchungen, Mütterberatungen u. ä.

Widerspruch, 1933

Schon im April 1933 ergeht ein Erlass zum »Doppelverdienertum« mit dem Ziel, den Ehemann als alleinigen Versorger der Familie zu setzen und der bisher mitverdienenden Ehefrau die berufliche Tätigkeit zu untersagen. Ein entsprechendes an Helene gerichtetes Schreiben[387] nimmt sie nicht hin und legt begründeten Einspruch ein.[388] Mit Erfolg.

Vermutete Umtriebe, 1933

Im September 1933 wird im Gendarmeriebezirk Engen und darauf im Oktober 1933 in der Landeskriminalpolizeistelle der Geheimen Staatspolizei Konstanz eine Anzeige gegen Traugott »wegen hochverräterischer Umtriebe« an die Staatsanwaltschaft Konstanz gerichtet. Als Verdachtsmomente werden angeführt: nächtliche Fahrten eines Personenkraftwagens, »von dem man vermute, er gehöre Traugott von Stackelberg«, »von welchem letzteren man sage, er sei Kommunist oder er mache mit Kommunisten gemeinsame Sache«. Als auffallend erscheint, dass er an einer abgelegenen Stelle in nächster Nähe zur Schweizer Grenze wohne, während er doch in Singen eine Arztpraxis habe. »Feststeht«, dass er hin und wieder Besuch in seinem Wohnhaus, »sogar solchen aus dem Ausland« habe. Dann wird noch eine detaillierte Aussage von Anton Bader, Förster, angeführt. Er habe im Wald einen Mann mit zwei Kindern beobachtet, die ein Zelt aufgeschlagen haben. Der Förster habe »an Wilderer, Waffenschmuggel und auch an hochverräterische Umtriebe« gedacht und daher die Beobachtung am nächsten Tag in der Früh wieder aufgenommen. Da habe er kleine Zettelchen bemerkt mit Pfeilen und Hinweise. Er habe dann einige Zettelchen verdreht und schließlich die Kinder befragt. Sie haben sich über die verdrehten Zettel gewundert und angegeben, die

Hinweise seien für die Mutter gewesen, die noch habe nachkommen sollen. – Dies ist die Kurzfassung der sieben Schreibmaschinenseiten umfassenden Anzeige des »Gend. Kommissärs Schmitt« von Engen. Das Verfahren wird am 5. Januar 1934 von der Staatsanwaltschaft eingestellt, da »in vorstehender Sache Sachdienliches nicht ermittelt werden konnte. Die s. Zt. verfügte Postkontrolle hat ebenfalls weitere Verdachtsmomente nicht ergeben.«[389] Man mag den Förster Anton Bader bedauern, dass er – geplagt vom Verdacht »hochverräterischer Umtriebe« – die halbe Nacht lang im düsteren kalten Wald auf der Lauer liegen muss. Bezeichnend für die Atmosphäre unter der sich rasch etablierenden NS-Diktatur ist, dass die Polizei »aus Kreisen der S. A.« auf jemanden »aufmerksam gemacht wird«, und dann aus Vermutungen Verdächtigungen werden und ein Verfahren in Gang gesetzt wird, das – dieses Mal zwar noch nicht, aber sonst – mit Verleumdung, Verurteilung und Verfolgung und Verhaftung weitergeht. Ich weiß nicht, wann und ob meine Großeltern von dieser in Gang gesetzten Prozedur erfahren haben. Aber *dass* sie bespitzelnd beobachtet werden, ist ihnen durch Kontrollen der Gendarmerie und Zollbeamten und eben auch den Förster Anton Bader auf seinem hanebüchenen Holzwege deutlich geworden.

»Kunst als Ausdruck des Volkstums«, 1934

Fast ein Jahr später berichtet die »Oberländer Zeitung« von einer Kunstausstellung in Singen, Scheffelstraße, zu der Traugott am 9.11.1934 im Namen der ausstellenden Künstler ein Eröffnungsgrußwort an die zahlreichen Kunstfreunde richtet. Laut Zeitungstext betont er »die Stellung der Kunst, die im neuen Reich aus der privaten Sphäre in die Oeffentlichkeit rückte als artgemäßer Ausdruck des Volkstums.« »Mit einem herzlichen Appell, die Aussteller durch Besuch der Ausstellung und den Kauf ihrer Werke tatkräftig zu unterstützen, schloß die kurze Ansprache.« Anschließend wertet »Herr Ortsgruppenleiter und Bürgermeisterstellvertreter Fuchs … Kunst als schönste Blüte des Volkstums im neuen Reich«.[390] Traugott verwendet die stereotype pathetische Floskel, wie sie auch der offizielle Vertreter von

Partei und Stadt benutzt, und dann profaniert er sie, indem er die Käuflichkeit des »artgemäßen Ausdruck[s] des Volkstums« bewirbt.

SA-Reiterstaffel, 1935

Zum 1.5.1935 wird Traugott Mitglied der SA-Reiterstaffel. In den Unterlagen zur Entnazifizierung 1946 / 47 gibt er sportliche Gründe und die soziale Gemeinschaft mit den anderen Reitern, die größtenteils seine oder Helenes Patienten gewesen seien, als Motiv zum Beitritt an. Bis 1929 hatte er im Degenhof ein eigenes Pferd, nun ergibt sich die Möglichkeit, wieder ans Reiten zu kommen. »Über Politik wurde überhaupt niemals gesprochen.«[391] Die Absicht, wenigstens den Anschein[392] einer Anpassung zu erwecken, spielt wohl auch eine Rolle. Mit diesem Beitritt zu einer Untergliederung der SA ist automatisch die Anwartschaft auf eine Mitgliedschaft in die NSDAP verbunden, die am 1.5.1937 tatsächlich eingetragen wird, obwohl er selbst sich dagegen ausspricht und es andererseits wegen seiner angeblichen politischen Unzuverlässigkeit starke Bedenken gibt.

Traugott in SA-Reiteruniform 1937?

Bilder und Fotografien, besonders historische, sind bekanntlich ›Ansichtssachen‹, ihre Interpretation kann nicht objektiv sein. *Mir* scheint diese Aufnahme eine diffizile

Assimilation auszudrücken. Stiefel, Uniform mit Ärmelabzeichen und Kopfbedeckung sind äußere Zeichen der Zugehörigkeit zur SA-Reiterstaffel. Die relativ lockere Haltung mit Stand- und Spielbein, entspannte Hände und der ernste, aber nicht martialisch-mürrische Blick lassen jedoch eine innere Distanzierung von der Botschaft des äußeren Kostüms vermuten.

Familienfahne

Am Wohnhaus, vor dessen Veranda sich Traugott in Uniform hat fotografieren lassen, ragt ein hoher Mast weit über den First, an dem die Fahne mit dem Stackelbergschen Familienwappen zuweilen gehisst wird. Während der NS-Zeit vermittelt das Hissen der eigenen Fahne eine besondere Botschaft. Einmal wird die Fahne tatsächlich beschlagnahmt, ein paar Tage später aber wieder zurückgegeben.[393]

Beschwerden

Helene hat Anlass, sich über das Wirken einer »braunen Schwester« zu beschweren. Sie interveniert bei den vorgesetzten Stellen.[394]

Helene in der NS-Frauenschaft

Ab ~1937 / 38 übernimmt Helene die Leitung der Ortsgruppe Büßlingen des NS-Frauenwerks. Der Ortsgruppenleiter von Tengen, Rösch, hat sie wiederholt gedrängt, diese Funktion zu übernehmen, auch mit dem Hinweis, dass sie so weitere Repressionen seitens der NS-Partei vermeiden könne. Helene füllt ihre Funktion mit der Betonung des sozialen und Gesundheit pflegenden Engagements aus, unter Aussparung irgendwelcher politischer Einflussnahme.[395]

Als sie ~1943 aus gesundheitlichen Gründen den Posten in Büßlingen aufgeben muss, ist sie erleichtert.

Kinder bei den Jungmädeln oder im Jungvolk

Die beiden Schwestern beteiligen sich seit ~1934 / 35 bei den »Jungmädeln«, der Untergliederung des Bundes Deutscher Mädel (BDM) für 10–14-jährige Mädchen, Ulla zeitweilig als lokale Leiterin in Tengen. Jürgen ist ab 1936 beim »Jungvolk«, der Jugendorganisation der Hitler-Jugend für die 10–14-jährigen Jungen.

Folgen sie und ihre Eltern damit dem NS-Anspruch »Jugend gehört dem Führer«? Nicht unbedingt. Wie die Ausstellung des NS-Dokumentationszentrums der Stadt Köln zu »Jugend im Gleichschritt. Die Hitlerjugend zwischen Anspruch und Wirklichkeit«[396] zeigt und auch Erzählungen meiner Mutter belegen, ist es bei den Tengener Jungmädeln mehr oder weniger hauptsächlich um gemeinsame Aktionen mit Gleichaltrigen gegangen: Spiele, Musizieren, Wandern, Fahrten und dergleichen. Also ganz ähnliches, was auch schon die jugendlichen Wandervögel zusammenbrachte.

Freischar-Treffen, 1936

Zu Pfingsten 1936 reisen Traugott und Helene zu einem Treffen mit Freischarfreunden aus ihrer Studienzeit nach Wertheim am Main.

> Es waren etwa 50 der alten Freunde zusammengekommen z.T. mit ihren Kindern. Wir hatten auch Ulla & Brita mit, auch unsern netten Hauslehrer, der ja auch Freischärler ist. Es war sehr schön & ermutigend alle diese lieben Menschen wieder zu sehen und mit ihnen seine Erfahrungen zu teilen und sich vertrauensvoll auszusprechen. Es zeigte sich auch dabei, daß wir alle mehr oder weniger genau zu den gleichen Ergebnissen und Einstellungen gekommen sind.[397]

Diesem positiven Erlebnis der Harmonie mit den Freischarfreunden dürfte der Mangel an Vertrauen in vielen alltäglichen Begegnungen vor Ort in Tengen kontrastieren.

Reisen nach Estland

In den 30er Jahren[398] unternimmt die Familie Stackelberg zwei Reisen in Traugotts erste Heimat, nach Estland. Sie besuchen dort Verwandte und alte Freunde, Orte und Gegenden, die Traugott sehr vertraut sind. Wie oben schon ausgeführt wurde[399], wird der Plan einer Auswanderung erwogen, aber dann doch wieder verworfen.

Reise zur Insel Rab, 1938

Im August 1938 begibt sich die ganze Familie mit dem Auto auf Reisen. Ziel ist die Insel Rab in Dalmatien. Über den Gotthard gelangen sie ins Tessin, machen Halt in Ascona am Lago Maggiore. Über die weiteren Stationen Luganer und Comer See erreichen sie Sirmione am Lago di Garda. Von dort ist es nicht weit nach Verona, wo die Kinder zum ersten Mal wirklichen Zeugnissen der Antike begegnen. In Venedig wird der Wagen in einer großen Garage abgestellt. Ausflüge zum Lido und zur beeindruckenden Insel Torcello werden unternommen. Das Schiff bringt sie nach Dalmatien mit Zwischenstopp in Sušak. Nun haben sie ihr Ferienziel, die Insel Rab, erreicht. Die Venezianer nutzten Rab als

Zwischenstation auf ihrem Weg in den Orient. Dann gehörte sie zu Österreich. Auf der Insel gibt es keine Automobile, Esel und Menschen tragen Lasten. Außerhalb der kleinen in weißem Marmor erstrahlenden Stadt erstrecken sich weite oft unwegsame Pinienwälder. Fast jeden Tag gibt es ein kurzes heftiges Gewitter.[400] Per Schiff reisen die Stackelbergs wieder zurück über die Adria nach Venedig. Noch in der Nacht fahren sie mit ihrem Wagen in Richtung Südtirol, nach Cortina d'Ampezzo, wo Helene im vorigen Winter noch zum Skilaufen war. In Toblach überqueren sie die Grenze zu Österreich, das seit März 1938 dem Deutschen Reich angegliedert worden ist. Über die Großglockner Straße geht es zur Edelweißspitze und nach Zell am See, über die Deutsche Alpenstraße nach Berchtesgaden, Reichenhall, Salzburg und München. Von dort schließlich zum Degenhof. Es ist eine erholsame und erlebnisreiche Reise, die aus der dörflichen Enge herausführt in beeindruckende Landschaften und Begegnungen mit Menschen in anderen Regionen Europas.[401]

Das Münchner Abkommen, 1938

Am 30.9.1938 wird in München ein Abkommen unterzeichnet, worin dem Deutschen Reich die Eingliederung des Sudentenlandes zugestanden wird.[402]

Traugott beginnt am selben Tag einen Brief an seine Mutter mit folgenden Worten:

> All diese letzten Tage hatte man ja keine Stimmung über persönliche Dinge zu schreiben, wo doch die furchtbarsten Verhängnisse über uns schwebten. Nun ist der Albdruck gewichen, es war eine Prüfung, in der die Schwachen + die Starken sich bewähren mussten. Aber noch nie war wohl der Friedenswille + die Abscheu vor dem Kriege in allen Völkern so stark wie jetzt.

Zwar werden jetzt schon Luftschutzübungen durchgeführt[403]. Aber wie er täuschen sich wohl die meisten Menschen über die kriegerischen Absichten und Vorbereitungen der NS. Weniger als ein Jahr später werden diese offenbar. Der Zweite Weltkrieg wird durch NS-Deutschland entfacht.

Schule Schloss Salem, Spetzgart

Nach Volksschule, einiger Zeit im Hausunterricht[404] und dem Besuch der Langemarck-Oberschule in Singen bis zum Abitur werden die Schwestern Brita, 16 ½ Jahre alt, und Ulla, fast 18-jährig, im April 1940 in der Schule Schloss Salem, Abteilung Spetzgart, aufgenommen. Ihre Klasse ist der Haushaltungskurs. Knapp ein Jahr später, Ende März 1941, werden sie dort abgemeldet, um ihre einjährige Tätigkeit im Arbeitsdienst (RAD) aufzunehmen.

Jürgen, der noch 1936 von einem Hauslehrer unterrichtet worden ist, besucht das Internat Schloss Salem zwei Jahre lang: Er tritt dort ein, 15 ½ Jahre alt, Anfang Mai 1941 und verlässt die Schule mit dem Abitur im März 1943.

Ein Motiv für diese Schulwahl ist vermutlich, damit eine Schule für die Kinder zu finden, deren ursprüngliche pädagogische Ziele ganz im Sinne von Helene und Traugott gewesen sind und die nun – mehr oder weniger erfolgreich – ihre relative Unabhängigkeit von staatlicher und parteipolitischer Bevormundung zu wahren versucht.

Die von Prinz Max von Baden[405], Kurt Hahn und Karl Reinhardt 1919 gegründete, 1920 eröffnete Schule ist gedacht »als pädagogische Antwort auf die gesellschaftlichen Probleme der Zeit«[406] während der Weimarer Republik. »Im Laufe ihrer Schulzeit sollten die Salemer vor allem Gemeinsinn und Gerechtigkeitsgefühl entwickeln. Auch sollten sie u. a. die Fähigkeiten erlernen, das von ihnen als Recht Erkannte durchzusetzen, zu planen und zu organisieren sowie sich in unerwarteten Situationen zu bewähren. Salems Schüler wollte man zu humanistisch gesinnten, ehrlichen, toleranten, sozialen, arbeitsamen und friedfertigen, aber wehrbereiten Gliedern der Gesellschaft erziehen.«[407]

In »Selbsthingabe« sollen sie sich für die gemeinsame Sache einsetzen, aber der Gruppe, der Gemeinschaft »niemals blind folgen«.[408] »Hahns Pädagogik war unvereinbar mit einer nationalistischen, totalitären, rassistischen und imperialistischen Ideologie.«[409] Den Nationalsozialisten ist diese Unvereinbarkeit klar, sie feinden die Schule an und nehmen, seitdem sie die Macht bekommen haben, starken Einfluss auf die Schule. Sie erreichen die Ablösung von Kurt Hahn durch ihnen angepasste Leiter. Die Schule gerät in heftige innere Konflikte und unter weiteren Druck seitens verschiedener NS-Institutionen. Diese nehmen jedoch gegenüber der Schule keine einheitliche Haltung ein.[410] Die Schülerzahlen gehen drastisch zurück. In den Jahren 1934 bis 1943 leitet Dr. Heinrich Blendinger die Schule. Als Mitglied der NSDAP bietet er »eine geringere Angriffsfläche gegenüber nationalsozialistischer Kritik und [besitzt] damit einen größeren Gestaltungsfreiraum«.[411] »Die Salemer Schule unter Blendinger war nicht das Salem Hahns.«[412] Gleichwohl wird eine Gratwanderung versucht: »Staatlich-ideologische Doktrinen mußten erfüllt werden, unabhängiges Denken und eigenes Handeln wollte man bewahren.«[413] Anfang 1944 wird die Schule im Sinne des NS gleichgeschaltet, SS-Obersturmführer Dr. Schmitt wird die Leitung übertragen.

Zu diesem Zeitpunkt haben die drei Stackelberg-Kinder das Internat bereits verlassen.

Verweis für Attest, 1940

Traugott unterstützt eine Frau in Singen, gegen die ein Verfahren wegen »Herbeiführung der Unfruchtbarmachung« eingeleitet worden ist. Er bescheinigt ihr, dass die Sterilisation medizinisch nicht indiziert sei. Die Folge für Traugott ist: Das ärztliche Bezirksgericht Baden in Mannheim wirft ihm vor, dass er durch sein Attest die feindselige Einstellung der Frau B[…] gegen die Anordnung des Erbgesundheitsgerichts noch gesteigert habe« und bestraft ihn am 4.10.1940 mit einem Verweis.[414]

Öffentlicher Auftrag

In den Jahren 1940, 1941, 1943 betreut Helene besondere Patienten: »Higa«, das sind Hilfsangestellte der Grenzgendarmerie.[415] Diese Betreuung ist immerhin *ein* öffentlicher Auftrag. Andere und weitaus lukrativere Aufträge bekommen Ärzte, die sich dem NS-Regime gefügiger gezeigt haben.

Endphase der Kriegszeit

Auf die zwei Tore des Garagenschopfs werden große rote Kreuze auf weißem Grund gemalt, zum Zeichen, dass hier Kranke behandelt werden. Möglicherweise haben später Soldaten der Alliierten die Kreuze für Schweizer Kreuze gehalten.

Während der Kriegszeit leben etliche Menschen auf dem Degenhof. Traugott schreibt beispielsweise 1943[416]:

Ueber Pfingsten erwarten wir die Mädels und freuen uns sehr darauf. Unsere Häuser sind übrigens auch so immer voll. Wir haben eben 7 Personen bei uns aufgenommen. Eine Frau mit Töchterchen und Enkelchen, Bombengeschädigte aus Mannheim. … Dann eine Krankenschwester, eine Jugendfreundin von Lene, die nach einer Gehirnentzündung sehr schwach war und sich gut erholt. Dann ein Flugzeugingenieur, der nach seinem 1000sten Sturzflug Unfall hatte und sehr herunter war, jetzt sich auch ganz nett erholt. Dann Lenes Schwester Hertha[417] mit ihrem 15jährigen Sohn[418], die ihre Ferien bei uns verbringen.

Juli 1940

Der Degenhof ist ein Refugium auch für ein weniger belastetes Leben. Einige Fotos zeugen davon.

Helene macht Musik:

Streichquartett auf der Veranda, Cellist mit Rücken zum Betrachter: Dr. Hans Finsler 1941

Ausflüge werden unternommen:

Ausflug auf die Höri Juli 1942

An Pfingsten 1944 wird im Degenhof festlich mit vielen Gästen die Vermählung der Tochter Ulla mit Alkmar von Kügelgen gefeiert. Bald danach muss Helene in die Klinik in Heidelberg.

Eine Begebenheit aus der direkten Nachbarschaft

Traugott hält fest, was seinem Nachbarn, dem Müller Schreiber, und seiner Familie passiert ist. Im Altenteil der Schreibermühle haben Helene und Traugott 1921 / 22 wohnen können, solange ihr eigenes Haus noch nicht fertig ist. Traugott schreibt:[419]

> Mein Nachbar, ein alter ehrenwerter, fleißiger Mann, war Müller. Er starb vor einem Jahr. Damals im Kriege verlangte der Landrat, daß er

das Korn unvollkommen ausmahlen sollte. Dem alten Müller ging es aber gegen die Ehre, den Bauern für ihren guten Weizen schlechtes Mehl zu liefern. Er pfiff auf den Befehl und machte gutes Mehl, wie er es immer getan hatte. Beide Söhne standen im Felde, die Last der Arbeit war schwer, es ging fast über die Kraft, die Landwirtschaft und die Mühle zu betreiben. Er und seine Frau arbeiteten von Sonnenaufgang bis Untergang. Dann wurde der Müller verhaftet und kam ins Gefängnis. Der Sohn + Erbe des Hofes und der Mühle fiel in Russland. Jetzt ist der Hof verfallen und die Mühle steht still.
Wo nimmt der Staat sich das Recht her, die moralischen Gesetze nicht zu befolgen, die er den Bürgern auferlegt?

Lokales

Der Degenhof – Lebensmittelpunkt, Wohnort und zum Teil Arbeitsort von Helene und Traugott – liegt abgeschieden im Tal des Körbelbaches zwischen Tengen und Büßlingen. In diese Abgeschiedenheit wirken natürlich Bezüge zu den nahe liegenden Ortschaften Tengen, Büßlingen, Blumenfeld, Wiechs und anderen hinein. Hier leben Helenes PatientInnen, haben Handwerker ihre Werkstatt, Händler ihren Laden, konkurrierende Ärzte ihre Praxis, dort ist die Apotheke, die Schule, sind die Kirchen, haben kommunale Verwaltungen ihren Sitz.

Die NS-Zeit stellt – auch was diese Orte angeht – keine in sich abgeschlossene historische Episode dar. Es gibt – außer den Brüchen 1933 und 1945 – vielmehr auch Kontinuitäten aus der Zeit davor und in die Zeit danach.[420]

Wie in jeder sozialen Gemeinschaft gibt es auch in der Kommune Netzwerke, die die Individuen stützen, sie tragen, aber auch einhegen und einengen. Soziale Netzwerke verändern sich, werden verändert durch Einflüsse von Individuen, die darin bestimmte Rollen und Funktionen haben, zugestanden bekommen oder sich nehmen. Und diese Netzwerke haben durchaus auch Bestand unter sich wandelnden Bedingungen.

Der Bürgermeister von Tengen vor 1933, Hermann Bikel, behält sein

Amt auch in der NS-Zeit und sogar danach. Nach Kriegsende wird er von der französischen Besatzungsadministration abgesetzt, wird aber im September 1946 wiedergewählt. Im September 1947 tritt er – aus Krankheitsgründen – von diesem Amt zurück, bleibt aber für die Gemeindefinanzen zuständig.

Neben die kommunale Verwaltung und Repräsentanz treten die Strukturen der NS-Partei und durchdringen sie. In Tengen wird bereits im Frühjahr 1933 die Ortsgruppe der NSDAP gebildet, Leiter ist Paul Rösch. Rösch ist 1932 dieser Partei beigetreten. Er ist von 1934 bis 4.4.1945 Verwalter im Armen- und Krankenhaus Blumenfeld. Nach Ende der NS-Zeit gehört Rösch von 1953 bis 1957 dem Tengener Stadtrat an und wird 1957 zum Bürgermeister gewählt. Dieses Amt behält er bis 1973.

In diesen beiden Personalien zeigen sich bemerkenswerte Kontinuitäten. Diese lassen zum einen darauf schließen, dass beide Funktionsträger es schafften, sich gegenseitig zu stützen und sich mit verschiedenen Strömungen in der Bevölkerung und diese sich mit ihnen arrangieren zu können.

Ablesbar sind verschiedene Strömungen auch an Ergebnissen der Reichstagswahlen. Interessant sind die unterschiedlichen Ergebnisse in Tengen und Büßlingen.[421]

Traugott blickt zurück

Traugott schreibt rückblickend[422]:

> Von meinen Ansichten machte ich kein Hehl[423] und so kam es, dass ich den Behörden und den Machthabern während des Hitlerregimes nicht genehm war. Wenn meine ärztliche Tätigkeit in all jenen Jahren nicht für die Bevölkerung unentbehrlich gewesen wäre, hätte man mich wohl eingesperrt. Ich schwieg und arbeitete, wie viele, die ebenso dachten, wie ich.

Helene dürfte ihm zugestimmt haben, und für sie gilt ja dasselbe.

Die Traugott, Helene und den Kindern Stackelberg verbleibenden

Möglichkeiten, unter den menschenverachtenden Bedingungen des NS-Regimes ein würdiges und anständiges Leben zu führen, bewegen sich zwischen

b.) äußerlicher Anpassung und Sich-Entziehen

c.) passivem Widerstand und Bewahrung der eigenen Individualität sowie

d.) Sich-Wehren.

Die offene Opposition oder sogar Sabotage und damit Verhaftung und Schlimmeres riskieren sie nicht.

Die Weisen äußerer Anpassung stehen in Konflikt mit den inneren Überzeugungen. Die Zerrissenheit zwischen partieller äußerer Anpassung und Aufrechterhalten der eigenen Überzeugungen ist eine sehr große Belastung. Sie erfüllt eben nicht die Maxime des »Wahr sein und Wahrheit begegnen«.[424]

Wahr sein und Wahrheit begegnen ist das Schönste im Leben.

Traugott v. Stackelberg

Dieses »Schönste im Leben« kann in einer Diktatur nur schlecht, nur im Verborgenen gedeihen.

Die Beteiligungen in NS-Organisationen (SA-Reiterstaffel, NS-Frauenschaft) werden ihnen in den Entnazifizierungsprozessen ab 1945 zur Last gelegt und führen zu zeitweiligen Berufsverboten.

Porträt von Helene. 1945

H. Kajnow (?) Öl 60 × 50 cm, 1945

Porträt von Traugott. 1945

H. Kajnow (?), Öl 60 × 50 cm, 1945

Die Signatur des Künstlers lese ich als Kajnow-H., das Jahr als 1945.

Nähere Angaben zum Künstler und dem genauen Datum des Entstehens liegen nicht vor.

Befreiung und Besatzung

Am 8. Mai 1945 ist der Zweite Weltkrieg mit der bedingungslosen Kapitulation der deutschen Wehrmacht zu Ende. Städte und Wohnungen, Verkehrsverbindungen und Versorgungseinrichtungen sind zerstört. Millionen Menschen haben ihr Leben, ihre Gesundheit, ihre Heimat, ihr Zuhause, ihre Seele verloren. Es ist ein Tag der Niederlage und aber auch ein Tag der Befreiung. »Er hat uns alle befreit von dem menschenverachtenden System der nationalsozialistischen Gewaltherrschaft.« Das macht in seiner Gedenkrede am 8. Mai 1985 der damalige Bundespräsident Richard von Weizsäcker deutlich.[425]

Das gesamte Gebiet des ehemaligen Deutschen Reichs wird durch die siegreichen Alliierten besetzt und in Zonen aufgeteilt: die englische, amerikanische, sowjetische und französische Besatzungszone. Südbaden und damit Tengen gehören zur französischen Besatzungszone. Im Potsdamer Abkommen vom 2. August 1945 werden Gebietsregelungen vorgenommen und politische Grundsätze für die Behandlung Deutschlands festgelegt, unter anderem soll dem deutschen Volk ermöglicht werden, sich auf einen Wiederaufbau auf einer demokratischen und friedlichen Grundlage vorzubereiten.[426]

Traugott erinnert sich:[427]

> Es ist wohl verständlich, dass ich die Niederlage des Nationalsozialismus ersehnte, selbst um den Preis, dass es eine Niederlage der Deutschen bedeutete. Nach der bedingungslosen Kapitulation, die ich für einen Triumph der Gerechtigkeit hielt, meinte ich endlich wieder frei atmen zu können. Ganz bald waren die Verbindungen zu den Freunden in der Schweiz und in England wieder geknüpft, und jeder Tag brachte neue Beweise der Freundschaft und der Treue.

Traugott wird »nach dem Zusammenbruch … zunächst von der französischen Besatzungsmacht ins Vertrauen gezogen, da ihr durch viele Bekundungen bekannt geworden ist, dass [er] als Gegner des Naziregimes galt.«[428] Er gibt eine Einschätzung der politischen Lage ab.

Politischer Stimmungsbericht. Singen, am 10. November 1945

Allgemein ist festzustellen, dass alle Kreise der Bevölkerung es immer wieder dankbar empfinden, dass der Gewissenterror der Nazi von ihnen genommen ist.

Die deutsche Bevölkerung ist in allen Teilen es nie anders gewohnt gewesen, als durch Behörden gelenkt und geduckt zu werden, infolgedessen mangelt es ihr im Allgemeinen an Initiative in der Selbsthilfe. Sie erwartet also von den Besatzungsmächten Initiative und Lenkung – oder wenigstens Unterstützung ihrer eigenen vereinzelten Versuche auf politischem und wirtschaftlichem Gebiet im Sinne von Säuberung und Unterstützung der demokratischen Einrichtungen. Die sozialistischen und kommunistischen Arbeiter, also besonders diejenigen, die unter den Nazis zu leiden hatten, sind enttäuscht, dass immer noch in Behörden (Polizei und Stadtverwaltung) und Privatwirtschaft sich viele Leute befinden, die auch gesinnungsmäßig Nazis waren und auch heute noch versuchen, ihre alten Freunde in wichtige Stellungen zu bringen.

Die Bauern als politisch-konservative, in dieser Gegend also katholisch klerikale Schicht, war mit dem Herzen ebenfalls nie nazistisch und freut sich, dass der ihnen wesensfremde und als »preußisch« empfundene Nazirummel aufgehört hat, freut sich an der Wiedereinführung der liebgewohnten Gebräuche, die weitgehend mit der Kirche zusammenhängen. Eine Besinnung auf das wirklich Religiöse bedeutet das nicht. Dagegen ist die Jugend in Arbeiterschaft und Bürgertum oft von tiefen Fragen erfüllt, aus Kultur und Religion. Die Einrichtungen des Drills in H. J. und Militär werden durchweg und mit Abscheu abgelehnt. Das Bürgertum, auch dasjenige das sich vom Nazismus fernhalten konnte, ist geneigt, über das Gewesene den Mantel der Liebe und Versöhnung zu breiten, und sieht den Feind in den Reihen der Kommunisten, wenigstens soweit diese Moskau anhängen.

In den Arbeiterkreisen beginnen sich klare Scheidungen abzuheben, zwischen den katholisch-gebundenen, den Sozialdemokraten, den Kommunisten und innerhalb dieser, den Bolschewisten.

In wirtschaftlicher Beziehung anerkennt man überall das Funktionieren der Verteilung, regt sich aber auf, über die hie und da wiederkehrenden inoffiziellen Requisitionen. Es wird ganz allgemein anerkannt, dass die Franzosen das Recht haben, ihre Besatzungstruppen aus deutschen Erzeugnissen zu verpflegen und auszurüsten, da die Deutschen es in Frankreich genau so getan haben. Dagegen wird es als unerträglich empfunden, wenn, entgegen den von den Besatzungsbehörden ergangenen Bestimmungen, private Requisitionen durch Militärorgane durchgeführt werden. Es besteht die Gefahr, dass solche Vorkommnisse ebenso wie hie und da (aber tatsächlich sehr seltene) Vergewaltigungen verallgemeinert werden und dadurch unterirdischer Nazipropaganda Stoff geben.

Die höfliche, persönlich liebenswürdige und conciliante Art der Franzosen wird von allen Bevölkerungsteilen immer wieder als wohltuend bezeichnet und sehr oft mit dem unfreundlichen, barschen Ton der früheren Machthaber verglichen, sehr zum Vorteil einer gedeihlichen Zusammenarbeit zwischen diesem Gebiet und Frankreich.

gezeichnet: von Stackelberg

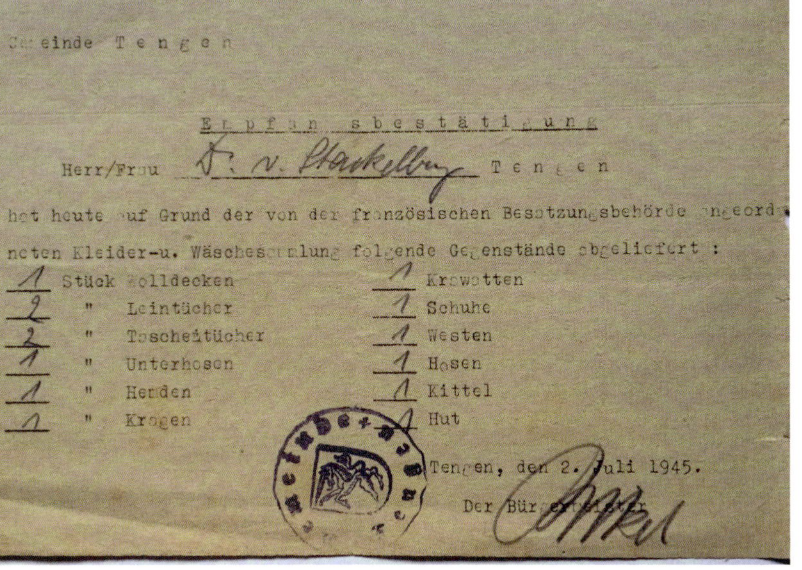

Gemeinde T e n g e n

E m p f a n g s b e s t ä t i g u n g

Herr/Frau D. v. Stackelberg T e n g e n

hat heute auf Grund der von der französischen Besatzungsbehörde angeordneten Kleider-u. Wäschesammlung folgende Gegenstände abgeliefert :

1 Stück Wolldecken	1	Krawatten
2 " Leintücher	1	Schuhe
2 " Taschentücher	1	Westen
1 " Unterhosen	1	Hosen
1 " Hemden	1	Kittel
1 " Kragen	1	Hut

Tengen, den 2. Juli 1945.

Der Bürgermeister

Haus und Hof der Stackelbergs sind wie die umliegenden Dörfer von Zerstörung fast nicht betroffen. Nur im Nachbardorf Büßlingen sind 1944 einige Häuser beschädigt worden. Niemand aus der näheren Familie ist kriegsbedingt gestorben oder verletzt worden. Traugott ist 1940 in einer Wehrpaß-Notiz darauf hingewiesen worden, dass er jederzeit einer Einberufung Folge leisten müsse, dazu ist es aber nicht gekommen. Jürgen ist noch bis Anfang Juli 1947 in englischer Gefangenschaft.

Die französische Besatzung zieht den großen Wagen der Stackelbergs ein[429] und – wie von jeder Familie – Kleidung und Wäsche.

»Politische Säuberung«. Entnazifizierung

Zu den dem Potsdamer Abkommen entsprechenden Maßnahmen gehört auch die juristische Sanktionierung der Nazi-Verbrechen und daran beteiligter Personen. Vor dem Internationalen Militärgerichtshof in Nürnberg wird der Prozess vom 20. November 1945 bis zur Urteilsverkündung am 1. Oktober 1946 gegen die Mitglieder der obersten nationalsozialistischen Führungsschicht und kollektiv gegen Organisationen wie die NSDAP, Gestapo, Sicherheitsdienst, SA, SS, Reichsregierung und das Oberkommando der Wehrmacht geführt. Der Nürnberger Prozess macht der Weltöffentlichkeit und den Deutschen selbst das furchtbare Ausmaß der Verbrechen des NS-Regimes deutlich. Nicht kollektiv verurteilt wird neben Reichsregierung, Generalstab und Oberkommando auch die SA. Insbesondere die der SA zugeordneten Reiterstaffeln werden entlastet. Dazu hat möglicherweise Traugott durch eine entsprechende Zeugenaussage in Nürnberg im Juli 1946[430] beigetragen.

Auch Traugott und Helene müssen sich Entnazifizierungsprozeduren[431] unterziehen, die im Vergleich zu anderen Verfahren relativ lange dauern. Traugott setzt den oben zitierten autobiografischen Text folgendermaßen fort[432]:

> Nach 1 ½ Jahren erfolgte dann allerdings eine heimtückische Denunziation seitens eines Kollegen, die zwar aller Grundlagen entbehrte,

> doch bewirkte, dass ich Praxisverbot erhielt und zwar grotesker Weise seitens dieses Kollegen. Die Revision daraufhin, die sich über zwei Jahre hinzog, brachte mir die völlige Rehabilitierung. Als ich 1948 wieder meine ärztliche Praxis aufnahm, hatten sich bereits dutzendweise neue Ärzte in Singen niedergelassen und meine Patienten sich verlaufen.

Vorsitzender der Kommission ist der von den Franzosen kurzfristig am 24. April 1945 als Bürgermeister in Singen eingesetzte Arzt Dr. Bernhard Dietrich.[433] Dr. Dietrich ist zudem aber auch der belastende Zeuge. Eine juristisch fragwürdige Konstellation. Sicherlich spielt bei dieser Sache auch ein älterer Dissens eine Rolle. In der Auseinandersetzung um den § 218 ist der Kollege Dietrich mit der Position von Traugott[434] überhaupt nicht einverstanden gewesen. Helene bemerkt in einem Brief dazu: »Ausgerechnet Traugott, der am wenigsten ein Nazi war, bekommt härteste Sanktionen.«

Auch Helene muss gegen den an sie zunächst ergangenen Entscheid Widerspruch einlegen. Erst 1948 können beide offiziell wieder ihrem Beruf nachgehen. Bis dahin wird die relative Autarkie des Degenhofs einer ziemlichen Bewährungsprobe unterzogen. Wie schon in den letzten Kriegsjahren werden Konsumgüter bewirtschaftet, es gibt also Karten und den Tauschhandel Ware gegen Ware.

1945 halten sich die Stackelbergs zeitweilig bei der Lohmann-Verwandtschaft in Bielefeld auf.

Seit August 1945 können sich demokratische Parteien bilden oder wieder konstituieren. Traugott tritt im September 1946 dem Ortsverein der Sozialistischen Partei Land Baden bei, die ab 1947 wieder SPD heißt. Mindestens bis zum Ende 1947 bleibt er dabei. Seine Mitgliedschaft bei den »Naturfreunden« nimmt er ebenfalls 1946 auf und behält sie mindestens zehn Jahre, bis 1957. In seinem neu eingerichteten Atelier im Großen Gästehaus malt und schreibt er.

Im April 1947 erhält Traugott die folgende Erklärung (siehe Abb. S. 306). Im Mai 1947, an Pfingsten, wird die Vermählung meiner Eltern Brita und Bernhard Wirminghaus im Degenhof mit vielen Gästen gefeiert.[435]

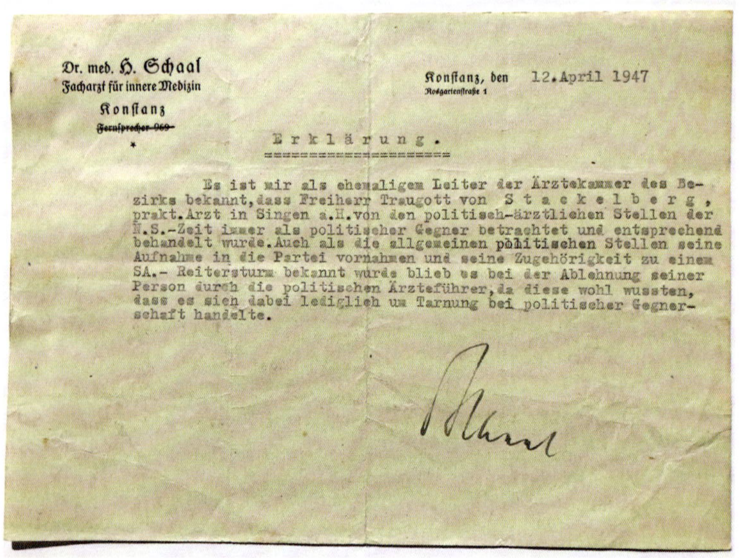

Dr. med. H. Schaal
Facharzt für innere Medizin
Konstanz
~~Fernsprecher 969~~

Konstanz, den 12.April 1947
Rosgartenstraße 1

E r k l ä r u n g .

Es ist mir als ehemaligem Leiter der Ärztekammer des Bezirks bekannt, dass Freiherr Traugott von S t a c k e l b e r g , prakt. Arzt in Singen a.H. von den politisch-ärztlichen Stellen der N.S.-Zeit immer als politischer Gegner betrachtet und entsprechend behandelt wurde. Auch als die allgemeinen politischen Stellen seine Aufnahme in die Partei vornahmen und seine Zugehörigkeit zu einem SA.- Reitersturm bekannt wurde blieb es bei der Ablehnung seiner Person durch die politischen Ärzteführer, da diese wohl wussten, dass es sich dabei lediglich um Tarnung bei politischer Gegnerschaft handelte.

Schaal

Anfang Juli des Jahres kehrt Sohn Jürgen aus der englischen Kriegsgefangenschaft zurück.

In einem Brief[436] an meine Eltern gegen Ende Juli 1947 bekundet Traugott:

> Ich finde es übrigens herrlich + kann mir nicht denken, wie es sein wird, wenn ich wieder Praxis machen sollte.
> Es ist so schön hier, daß rundherum diese Einsamkeit herrscht.

Weiter schreibt er von einer geplanten Quäkerversammlung im Degenhof. Leider kommt sie nicht zustande, da die Schweizer Freunde nur bis Lörrach gelangen können. Von der Landesleitung der Freien Jugend sind sie eingeladen zu einem Landestreffen auf der Küssaburg. Traugott soll vor etwa 300 jungen Menschen sprechen: Gegen Krieg, für Völkerverständigung. Der Antrag auf Aussetzung der Sühnemaßnahmen kommt voran. Schließlich berichtet Traugott auch von der Errichtung des Löwenbrunnens[437] und dass der Fuchs zwei Hühner geholt hat, der wachsame Dackel Peterle sie ihm aber wieder abgejagt hat.

Im September 1947 kommen die Eltern Wirminghaus aus Köln zum Degenhof zu Besuch.

Tochter Ulla, verheiratete von Kügelgen, und ihr Gatte Alkmar behalten ihren Wohnsitz noch bis Anfang der 50er Jahre im Degenhof. Sie richten sich im Großen Gästehaus ein.

Löwenbrunnen 1947

Im Juli 1947 hat Traugott Zeit, da er wegen seines noch nicht abgeschlossenen Entnazifizierungsprozesses seinen Beruf noch nicht wieder ausüben darf. So errichtet er auf dem Wiesenstück vor dem Großen Gästehaus einen kleinen quadratischen Brunnen.[438] Die Seitenbegrenzungen und eine Stele bestehen aus Quadern des Muschelkalks aus dem Tengener Steinbruch. An die Stele ist ein bronzener Löwenkopf befestigt, der aus seinem Maul Wasser in das Brunnenbecken speit.

Der »Löwenbrunnen« ist bis heute erhalten, er ist nur um einige Meter versetzt worden.

Was hat es mit dem Löwenkopf auf sich? Woher stammt er? Bei seiner Recherche findet mein Bruder Peter eine Abbildung mit einem dem Brunnenlöwenkopf fast vollständig gleichenden Kopf. Abgebildet ist der Türklopfer der 1938 zerstörten Synagoge in Gailingen am Hochrhein.[439]

Stammt etwa der nun als Wasserspeier dienende Löwenkopf von der ehemaligen Synagoge in Gailingen? Ich korrespondiere 2016 mit dem Jüdischen Museum in Gailingen und erfahre von Joachim Klose, dass das Original des Türklopfers mit Ring und Klopfer erhalten geblieben ist und sich seit 1981 im Jüdischen Museum der Schweiz in Basel befindet. Diesem Museum hat es ein Karl Reize aus Singen übergeben, der es am 10. November 1938 nach der Zerstörung der Synagoge an sich genommen hat. Er hat mindestens ein Replikat anfertigen lassen, das nun im Jüdischen Museum in Gailingen aufbewahrt wird. Möglicherweise hat Karl Reize zwei Repliken herstellen lassen, und diese zweite könnte unser Löwenbrunnenkopf sein. Vielleicht ist er ein Patient von Traugott gewesen und hat ihm die zweite Replik überlassen. Hat Traugott von der möglichen Herkunft gewusst? Es kann wohl nicht mehr geklärt werden.

Auf jeden Fall ist der Gartenschmuck in gewisser Weise auch zu einem mahnenden Denkmal geworden.

Brief von Anne Friedel 1947

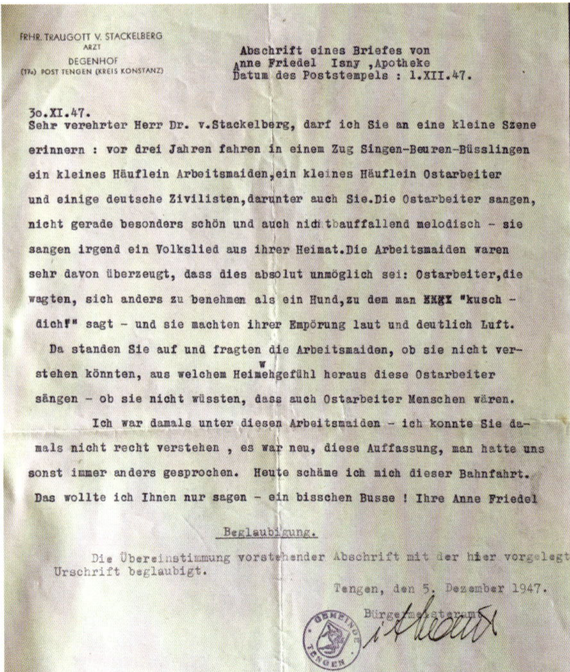

FRHR. TRAUGOTT V. STACKELBERG
ARZT
DEGENHOF
(17a) POST TENGEN (KREIS KONSTANZ)

Abschrift eines Briefes von
Anne Friedel Isny ,Apotheke
Datum des Poststempels : 1.XII.47.

3o.XI.47.

Sehr verehrter Herr Dr. v.Stackelberg, darf ich Sie an eine kleine Szene erinnern : vor drei Jahren fahren in einem Zug Singen-Beuren-Büsslingen ein kleines Häuflein Arbeitsmaiden,ein kleines Häuflein Ostarbeiter und einige deutsche Zivilisten,darunter auch Sie.Die Ostarbeiter sangen, nicht gerade besonders schön und auch nicht auffallend melodisch – sie sangen irgend ein Volkslied aus ihrer Heimat.Die Arbeitsmaiden waren sehr davon überzeugt, dass dies absolut unmöglich sei: Ostarbeiter,die wagten, sich anders zu benehmen als ein Hund,zu dem man XXXX "kusch – dich!" sagt – und sie machten ihrer Empörung laut und deutlich Luft.

Da standen Sie auf und fragten die Arbeitsmaiden, ob sie nicht verstehen könnten, aus welchem Heimwehgefühl heraus diese Ostarbeiter sängen – ob sie nicht wüssten, dass auch Ostarbeiter Menschen wären.

Ich war damals unter diesen Arbeitsmaiden – ich konnte Sie damals nicht recht verstehen , es war neu, diese Auffassung, man hatte uns sonst immer anders gesprochen. Heute schäme ich mich dieser Bahnfahrt. Das wollte ich Ihnen nur sagen – ein bisschen Busse ! Ihre Anne Friedel

Beglaubigung.

Die Übereinstimmung vorstehender Abschrift mit der hier vorgelegt Urschrift beglaubigt.

Tengen, den 5. Dezember 1947.

Bürgermeisteramt
GEMEINDE TENGEN

Im Dezember 1947 bekommt Traugott den hier wiedergegebenen Brief.

Diese beiden Jahre [Mitte 1946 bis Mitte 1948] kamen mir außerordentlich zugute. Ich suchte und fand Ruhe und Klarheit.

hält Traugott fest.[440]

50er, 60er Jahre: Bundesrepublik

Die westlichen Alliierten befördern entsprechend dem »Marshallplan« seit 1948 den wirtschaftlichen Wiederaufbau in ihren Besatzungszonen mit Sachlieferungen und Krediten, um die kapitalistische Ausrichtung von Wirtschaft und Produktion zu unterstützen und auch um einer befürchteten Ausbreitung des Kommunismus entgegenzuwirken. So wird eine Grundlage für das westdeutsche »Wirtschaftswunder« der 50er und 60er Jahre gelegt. Am 21. Juni 1948 wird die Währungsreform durchgeführt. Diese begünstigt Sachwertbesitzer, benachteiligt dagegen die Besitzer von Sparguthaben.[441] Der Schwarzmarkt verschwindet und – scheinbar wie durch ein Wunder – ist nun in den Geschäften alles zu kaufen.

Die Konstituierung demokratischer Institutionen und Regularien in Wiederherstellung der Gewaltenteilung kommt voran. Der Parlamentarische Rat erarbeitet für die drei westlichen Zonen vom September 1948 bis zum Mai 1949 ein »Grundgesetz für die Bundesrepublik Deutschland«, das, von den drei Militärgouverneuren genehmigt, am 24. Mai 1949 in Kraft tritt. Im August 1949 finden die Wahlen zum ersten Deutschen Bundestag statt[442], im September konstituieren sich Bundestag und Bundesrat. Theodor Heuss (FDP) wird erster Bundespräsident und Konrad Adenauer (CDU) erster Bundeskanzler.

Dieser Neubeginn des parlamentarisch-demokratischen politischen Systems ist verbunden mit einem raschen wirtschaftlichen Aufschwung hin zu einem recht allgemeinen Wohlstand[443] und auch sozialen Veränderungen hin zu einer modernen Industriegesellschaft. Optimismus und Tatendrang sind gerichtet auf persönlichen Wohlstand, Möglichkeiten des Konsums und des Reisens. Verbreitet ist eine politikferne Einstellung, gekoppelt mit einer Staatsgläubigkeit. Zu den Zeiten vor diesem Neubeginn gibt es weiterhin Kontinuitäten. Zum einen personelle Kontinuitäten vor allem in den Bereichen der Administration, Justiz[444], Wirtschaft, Universität und Medien. Und dann auch ein Fortbestehen autoritärer, antiliberaler Einstellungen und Verhaltensmuster in der Familie, Ehe, der Schule und Ausbildung. So ist die im Grundgesetz bestimmte

Gleichberechtigung von Männern und Frauen noch bei Weitem nicht verwirklicht und auch nicht von den Einstellungen der meisten Menschen getragen.

Wie sieht es im Degenhof und bei seinen Menschen aus?

Helene und Traugott – in Gleichberechtigung – nehmen ihre ärztliche Arbeit 1948 wieder auf. Es braucht einige Zeit, bis sich die wirtschaftlichen Verhältnisse wieder stabilisieren können. Die Sorgen um das Auskommen vor allem der Töchter Ulla und Brita und des Sohnes Jürgen, die alle eigene Familien gegründet haben, bedrücken. So gut wie möglich werden sie durch Helene und Traugott unterstützt. Auch dadurch, dass der Degenhof als Feriendomizil angeboten und gern und oft genutzt wird. Traugott hält in einem Brief fest:

> Es ist doch besonders schön, daß wir dies starke Zusammengehörigkeitsgefühl haben, und daß wir immer das Bewußtsein haben, daß Ihr hier zuhause seid.[445]

Verbindungen zu den Freunden im bisher nur schlecht erreichbaren Ausland, wie der Schweiz und auch England, werden wieder aufgenommen. Viele Menschen, Verwandte und Freunde, kommen zu Besuch, auch für längere Zeit.

Die Großeltern im Kreis ihrer Familie, nicht auf dem Foto: die Fotografin Brita Wirminghaus 2.8.1958

Traugott widmet sich intensiv dem Schreiben, und er erfährt als Schriftsteller auch viel Anerkennung. Er hält Vorträge und Lesungen.[446] Dieses öffentliche Renommee wirkt auch in die innerfamiliäre Beziehung. Helene schreibt:

> Bei uns ist das häusliche Klima – toi toi – zur Zeit gut. Vater ist überhaupt viel besser zu haben, seit er soviel Anerkennung erntet. Es ist aber auch zum Freuen, was er täglich zu hören u lesen kriegt.[447]

Und es erleichtert Traugott wohl auch, sich versöhnend mit der Gemeinde Tengen zu arrangieren.[448]

Im März 1953 stirbt Traugotts Mutter im Alter von fast 96 Jahren. Im Herbst reisen Traugott und Helene in die Provence. Helene erzählt in einem ausführlichen Bericht auf 39 eng beschriebenen Seiten von den Eindrücken der dreiwöchigen Reise im September und Oktober 1953. Mit dem Auto durch die Schweiz – Bern, Genf – nach Frankreich – Helene ist das erste Mal in Frankreich – an der Rhône entlang in den Süden, zuerst Richtung Les Saintes Maries de la Mer, nach Arles, Aix und an die Côte d'Azur: St. Tropez, Cannes, Nizza, zurück über die Via Julia, am Var entlang, Digne, Grenoble, Chamonix, Abstecher ins Tessin, über den Simplon, zum Lago Maggiore, über den Gotthard, nach Luzern, Zürich, Degenhof.

Viele Eindrücke von Landschaften, dem Meer, Menschen, Gastlichkeit, Ortschaften und besonderen Bauten. Gern und mehrmals erzählt Helene, dass sie im Meer hat schwimmen können. Sie beschließt ihren Bericht: »Es waren herrliche Wochen, wir sind erholt u. voll Dank für alles Erlebte.«

1954 führt sie eine Reise nach Kroatien, was nun zur Föderativen Volksrepublik Jugoslawien gehört, unter Tito ein blockfreier Staat. Wie schon 1938 ist ihr Ziel die Insel Rab. »Es ist alles anders als in den Städten Deutschlands – ein jeder ist noch ein Mensch«, resümiert Traugott.[449]

Auch in den folgenden Jahren unternehmen sie Reisen in das europäische Ausland – in die Schweiz und nach Spanien (1957), nach Griechenland (1958), nach Dänemark und Schweden (1959) und in die Provence, nach Porquerolles (1960).[450]

Für die Reise nach Griechenland im Herbst 1958 schließen sich Helene und Traugott zum ersten Mal einer Reisegruppe an, aus der Schweiz. Und zum ersten Mal benutzen sie ein Flugzeug, um von Basel nach Athen zu gelangen. Bald nach der Ankunft erleben sie im Restaurant Korfu eine Überraschung. Dort sind nämlich an den Wänden einige Lithographien von Otto Magnus von Stackelberg[451], Urgroßonkel von Traugott, zu sehen. Am nächsten Tag treffen sie sich mit Vetter Fritz, der in Athen als Königlich Schwedischer Gesandter akkreditiert ist. Sie bewundern die Akropolis, das archäologische Museum und die Aussicht und den Poseidontempel auf dem Kap Sounion.

Weitere Orte, die zum Teil in Verbindung zur griechischen Mythologie stehen, werden aufgesucht: Delphi, auf dem Peloponnes Pyrgos, Olympia, Tripolis, die zeitweilige Hauptstadt Griechenlands Nauplia, das gut erhaltene Amphitheater in Epidauros, die kyklopischen Anlagen in Tyrins, Mykene sowie Korinth. Zurück nach Athen, von Piräus aus per Schiff nach Kreta. In

Knossos die eindrucksvollen Überreste des Minos-Palastes und auf der anderen Seite der Insel die Anlage von Phaistos. An vielen Stellen und Stätten vergleicht Traugott den ihnen gegenwärtigen Eindruck mit den Darstellungen von Otto Magnus von Stackelberg. Am Ende der Reise gelangt Traugott noch in den Besitz einer ganz raren Ausgabe von 1830 mit Lithographien seines Urgroßonkels – 50 in Royal-Folio und 21 in Groß-Folio-Format.

Ein Blick auf politische Ereignisse in der Bundesrepublik. 1955 tritt die Bundesrepublik der NATO bei, die Bundeswehr wird gegründet. Damit erlangt die Bundesrepublik wieder ihre Souveränität. 1957 wird die Rentenreform beschlossen: Die Höhe der Altersrenten wird gekoppelt an das aktuelle Lohnniveau. Auch die Bundestagswahl von 1957, die dritte nach Gründung der Bundesrepublik, führt zu einem Kabinett unter Leitung von Konrad Adenauer. 1959 verabschiedet die SPD ihr

Godesberger Programm, mit dem die marxistisch ausgerichtete Programmatik aufgegeben wird. Freiheit, Gerechtigkeit und Solidarität sind die neuen Ziele. Die Partei der Arbeiterklasse wird für weite bürgerliche Schichten wählbar.

Zurück zum Degenhof.

1958: Traugott führt seine Praxis in Singen noch weiter bis 31.3.1958. Ein Ehepaar Mayrhofer, Flüchtlinge, zieht ins kleine Gästehaus.[452] 1961 wird en famille eine große Feier zum 70. Geburtstag von Traugott begangen[453], auch in Zeitungsartikeln wird der Jubilar gewürdigt.

Helene, Soglio im Oberengadin, September 1961

Helene praktiziert bis 1961 als Ärztin, sie muss die Praxis aus gesundheitlichen Gründen aufgeben. Spätestens seit 1959 ist bei ihr eine dann chronische Leukämie des Knochenmarks diagnostiziert worden. Anfang der 60er Jahre hält Traugott bei den Naturfreunden in Singen Vorträge, einen über den gesundheitlichen Wert des Wanderns, einen anderen zur Entwicklungsgeschichte des Menschen. Weitere Bücher von Traugott erscheinen.[454]

Im März 1964 reist er allein nach Malta und Gozo. 1913 hat er auf seiner Reise mit seiner Schwester Irene die Insel Malta schon besucht. Nun, wenige Wochen vor der Unabhängigkeit Maltas weilt Traugott für drei Wochen in Gozo, der kleineren Nachbarinsel von Malta, und eine Woche lang in Malta selbst. Er hat Gelegenheit zu Begegnungen mit Vertretern verschiedener Bevölkerungsgruppen. Der höchste Beamte von Gozo, der Commissioner, zeigt ihm die Insel, der Leiter des Museums führt ihn zu historisch interessanten Stellen. Traugott durchwandert die Insel, trifft Herrn Kümmerli aus Bern, der sich davon überzeugen will, ob es sich lohne, eine Wanderkarte der Insel in seinem Verlag herauszubringen. Fast jeden Tag schreibt Traugott während seines Aufenthaltes einen ausführlichen Brief an Helene, die im Degenhof bleiben muss, da sie sehr krank ist.

Im Mai 1964 wird im Schlosshotel Kronberg im Taunus der 100. Stiftungstag des Stackelberg'schen Familienverbands feierlich begangen.

Am 21. Oktober 1964 stirbt Helene 69-jährig im Kantonsspital Schaffhausen. Ihr Grab ist auf dem Friedhof in Tengen.

Traugott als Künstler – Schriftsteller und Maler

Wir haben diesem Buch den Titel »Auch das Leben ist eine Kunst« gegeben – als Charakterisierung des Lebens von Helene und Traugott.

Nun ist eine wichtige Facette ihres Lebens die Kunst selbst, als rezipierte und als selbst ausgeübte und geschaffene. Helenes Beziehung zur Musik ist schon thematisiert und auch einige Hinweise auf Traugotts künstlerisches Interesse und Schaffen sind gegeben worden. In biografischen Texten über Traugott wird er als »Arzt, Maler, Schriftsteller« bezeichnet, je nach Perspektive auch in anderer Reihenfolge.[455]

Lesen wir zu diesem Thema, besonders was das Schreiben angeht, zunächst einen eigenen Text von Traugott.[456]

Lebensweg zur Kunst

> Wenn ich rückblickend meinen »Lebensweg zur Kunst« an mir vorüberziehen lasse, fällt mir auf, dass die äußeren, von mir unabhängigen Umstände immer wieder mit meiner inneren Bereitschaft sie zu begreifen und zu formulieren zusammengefallen sind.
>
> Ich betrachte dies als ein großes Glück oder eine besondere Gnade, die mir zuteil geworden ist. …
>
> Ich [preise] mich glücklich, dass ich alle diese Verluste [irdischer Güter und auch der Heimat in Estland] und all diese Widerwärtigkeiten des Schicksals [als Fremdling in Deutschland zu leben] mit offenen Augen und bereitem Herzen erleben durfte, denn es stellte sich im äußeren Unglück ein ungeheurer innerer Gewinn ein: Es ist mir, als hätte Gottes Hand mich damit aus dem Alltag herausgehoben, als hätte sie mir die Augen für die wahren und größeren Reichtümer des Lebens, die uns nicht geraubt werden können, geöffnet.
>
> Im Allgemeinen sind wir Menschen ja nicht geneigt, solchen philosophischen Gedankengängen zu folgen. Wir sträuben uns gegen die

Vorstellung, dass ein äußerer Verlust ein innerer Gewinn sein könnte. Dennoch haben wir alle ein verborgenes inneres Organ, das uns die Richtigkeit solcher Erkenntnisse vermitteln kann. Ebenso, wie die Lehre des Christentums nicht durch theologische Rabulistik, sondern durch einfache kleine Anekdoten und Geschichten, durch Gleichnisse, für uns lebendig wird, ebenso können die paradoxen Wahrheiten uns auf dem Wege über Bilder oder Dichtung kristallklar werden. Wenn wir gelernt haben, durch die Dinge hindurchzuschauen, wenn wir uns darüber klar geworden sind, dass im Sinnlosen ein tiefer Sinn stecken kann, dann geschieht es, dass wir im Unglück glücklich sein können und das Unverständliche verstehen.

Mir ist es so gegangen, dass die ersten Erkenntnisse des mir Unverständlichen mir durch meine estnische Amme und langjährige Wärterin vermittelt wurden. Sie hat mich nicht nur mit ihrer Milch genährt, sondern mir in ihren skurrilen und zuweilen unheimlichen Geschichten den Himmel geöffnet. Es war gewiss nicht alles sehr christlich, denn es lebten und webten in ihren Geschichten noch die Geister der Sümpfe und Wälder, des Meeres und der Lüfte. Zuweilen tauchten auch Gestalten anderer Welten darin auf, etwa aus der Bibel. Die Welt der Esten, in der sich heidnische Vorstellungen mit christlichen mischten, war mir als Kind viel lebendiger als die ein wenig theologisch gefärbte meiner Eltern und Lehrerinnen.

… Mit Dogmen und Autorität war wohl bei mir nicht viel zu erreichen. …

Ich lernte aber gerne die neue Sprache [der Unterricht wurde in Russisch erteilt], die mir nicht schwer fiel und bald holte ich mir aus der Schulbibliothek russische Bücher, in denen sich mir eine ganz neue und packende Welt eröffnete.

Bis zu meinem 15. Lebensjahr blieb ich im Nikolai-Gymnasium und in diesen 5 entscheidenden Jahren las ich die klassischen Werke der russischen Literatur, die mich viel mehr packten, als die Indianergeschichten des »Guten Kameraden«, jener damals so beliebten Jungenszeitschrift, die für mich gehalten wurde.

Bei Puschkin, Gogol, Turgenjef, Lermontof, sogar Aksakof und Nekrassof fand ich wieder jenes geheimnisvolle Etwas, was mich schon in den Geschichten meiner estnischen Amme so angezogen hatte. Später las ich Leo Tolstoi und Dostojewski. Ihre Werke weckten Urgründe in mir auf und es entstand in mir eine Leidenschaft nach den »letzten Wahrheiten«.

...

In Berlin [wohin die Mutter Stackelberg 1906 mit den Kindern umgezogen war] konnte man ja alles haben, auch die in Russland verbotene Literatur. Ich verschaffte sie mir und las, nun schon mit gewisser Kritik. ... Nur privat beschäftigte ich mich mit deutscher Philosophie. Kant: »Über das Erhabene und Schöne« und Friedrich Naumann in der »Hilfe« machten einen tiefen Eindruck auf mich. Hie und da besuchte ich Theater und Konzerte, vor allem fuhr ich ins Urania-Theater, wo von französischen und englischen Ensembles in Originalsprache klassische Stücke gegeben wurden. Ich konnte es fast nicht abwarten, bis ich auf die Universität kam. ...

Ich ging dann auf die Universität Berlin, wo ich mich zwar an der medizinischen Fakultät eintragen ließ, weil ich mir dachte, später einmal an der Diakonissenanstalt in Reval, die mein Vater gegründet hatte, tätig sein zu können, aber eigentlich fesselten mich andere Fächer, die ich auch noch belegt hatte, noch viel mehr. Ich hörte philosophische, kunstgeschichtliche, nationalökonomische Kollegs und schloss mich der studentischen Sozialarbeit von Siegmund-Schultze[457] an.

Es umfing mich der Geist einer wahrhaft freien Menschlichkeit und das Streben nach den letzten Wahrheiten. Jede freie Stunde verbrachte ich in den Galerien und Museen und fehlte nie bei den berühmten Generalproben der Philharmonie unter Nikisch.

... Ich kam dann [nach der Zeit der Verbannung in Sibirien 1915–1917] nach München, um meine medizinischen Studien zu beenden. Hier fand ich bald einen Kreis Gleichgesinnter, sogar einige meiner alten Freunde. Ich stand so unter dem Eindruck des in Sibirien Erlebten, dass ich ihnen davon sprach, so, dass ich bei ihnen der »Sibirier« hieß. Damals kam ich mit hervorragenden Führern des geistigen Deutschland[458] in Berührung, arbeitete auch gelegentlich am Blatt für Hochschule und Jugend der »Frankfurter Zeitung« mit.

…

[In der Zeit des Nationalsozialismus:] Ich schwieg und arbeitete, wie viele, die ebenso dachten wie ich. Wenigstens für meine Kinder wollte ich aber das niederschreiben, was ich bis dahin erlebt hatte. So entstand das Manuskript des »Geliebten Sibiriens« Stück für Stück, in den wenigen freien Stunden.

Nach dem Kriege las ich gelegentlich Schweizer Rotariern und Freunden aus diesem Ms. vor und sie überredeten mich, es als Buch herauszubringen. Die renommierte Schweizer Zeitschrift »DU«, die von einem meiner alten Freunde geleitet wird, brachte als erste ein Kapitel daraus[459] und bald fanden sich mehrere Verleger, die das Buch herausbringen wollten.

Inzwischen habe ich noch ein halbes Dutzend Bücher geschrieben und bin von selbst mehr zum Schriftsteller geworden als durch Studien zum Arzt.

Das hinter mir liegende Leben scheint mir sehr kurz zu sein, wenn schon ich inzwischen das sechste Jahrzehnt überschritten habe. Es ist mir, als wäre für mich eine zweite, unendlich beglückende Jugend angebrochen. Trotz aller mit dem Altern verbundenen Behinderungen, fühle ich mich geistig frischer, glücklicher und freier, als je zuvor.

Ich hatte nicht erwartet, ein so vielfältiges und starkes Echo zu finden, aber nun ist mir, als wären Tote auferstanden und als wäre ich in eine neue geistige Welt hineingewachsen. Ich sehe mich von Männern und Frauen umgeben, die mit mir gleichen Sinnes sind.

Kein Schriftsteller kann sein Leben für sich leben. Es bleibt dabei, dass er an seinem Teil dazu bestimmt ist, die geistige Heimat vieler seiner Zeitgenossen aufzubauen.

Bücher machen die Menschen wohl nicht gut oder schlecht, besser oder schlechter machen sie sie aber doch. Wie Hölderlin sagt: »Die Wahrheit zu künden sind die Dichter gerufen!«

…

Eigentlich sollte es einleuchtend sein, dass es überall gute und böse Menschen gibt. In Wirklichkeit ist es doch so, dass wir selber sowohl böse, wie gut sind. Die Grenze, die wir mit dem eisernen Vorhang[460] zusammenfallen lassen, geht in der Tat mitten durch uns selber hindurch. Wir selbst sind machtgierig und verstellen uns, aber wir selbst wollen auch die Wahrheit und die Freiheit. Dies ist letzten Endes die Wahrheit, die zu künden wir Schriftsteller berufen sind. Wir tun es auf vielerlei Weise, wenn auch nur, indem wir Geschichten erzählen, so wie sie mir einst meine estnische Amme erzählt hat.

Schriftsteller

Und er *kann* erzählen, gut und lebendig unterhaltend. Er erzählt Erlebtes und Erdachtes. Oft gehen dann realistischer »Wirklichkeitssinn« und fiktive utopische Möglichkeiten fabulierender »Möglichkeitssinn«[461] ineinander über. Zuweilen löst sich der Möglichkeits- vom Wirklichkeitssinn offensichtlich zu weit, dann scheint die scherzhafte Titulierung von Traugott als »Lügenbaron« durch Martha Dix[462] berechtigt zu sein.

Erlebtes und Reflektiertes trägt er in Tagebücher ein.[463] Traugott verschließt diese Tagebücher nicht völlig vor der Lektüre durch andere.[464]

Manch Erdachtes schreibt er auf. »Mit einem eigenen Märchen kam heute Traugott, mein Klaus, zu mir«, trägt Helene – sie bevorzugt damals statt des ersten Vornamens Traugott seinen zweiten, Nikolaus – in ihr Tagebuch am 14. Juli 1919 ein. Im Oktober 1919 schreibt er zwei Märchen für Helene, die sie in sein Tagebuch überträgt: »Vom Sonnenstein ein Märchen« und »Von der Wolke, die das Licht der Welt suchte«.[465] Am Nikolaustag 1919 dann widmet er, Klaus, ihr »Das Märchen von der Birke«. Es sind Texte mit chiffrenhafter Symbolik, die vielleicht nur für die beiden zu entschlüsseln gewesen ist.

Aus der folgenden Zeit der 20er Jahre sind expositorische Texte erhalten, die auch gedruckt worden sind. Ein Text von 1920 »Über die englische Jugendbewegung der ›Jungen Freunde‹« [466], dann aus 1922 sein erschütternder Bericht »Eine Fahrt durch das Hungergebiet an der Wolga im Auftrag der englischen Quäker«[467], 1924 »Die Grundfrage«[468] über die Bedeutung des Vertrauens unter den Menschen und die Beziehung zur Natur. Den Bericht von 1922 über die Lage und das Engagement in den

Hunger- und Seuchengebieten an der Wolga von Januar bis März 1922 vervollständigt Traugott 1937. Der Text »Es begann in Rußland …« kann erst nach dem Ende des NS veröffentlicht werden, 1958 erscheint er in dem Bändchen »Fratze und Gesicht Russlands«.[469]

Scharf kritisiert er darin die bolschewistischen politischen Verhältnisse und schildert seine persönlichen Erlebnisse mit besonderer Sympathie für die Menschen und das Land.

Während der Kriegs- und Nachkriegszeit beginnt er, die Erinnerungen an die 30 Jahre, zuvor geschehenen Ereignisse und Erlebnisse bei Kriegsausbruch 1914 und der Verbannung nach Sibirien 1915–1917 aufzuschreiben. So wird das Leben zum Stoff für ein Kunstwerk. Tagebuchartige Notizen unterstützen sein gutes Gedächtnis[470] beim Ausformulieren und Ausgestalten. Denn die Erinnerung kann durchaus auch trügen.[471]

Zu Weihnachten 1949 schickt er an Freunde Durchschläge einer mit der Schreibmaschine getippten Version von »6 sibirische Tagebuchblätter 1915«.[472]

Schweizer Freunde vermitteln, dass der Text im folgenden Jahr in der renommierten Schweizer Kulturzeitschrift »Du«[473] mit drei Pinselzeichnungen des Verfassers veröffentlicht wird. Traugott wird zu Lesungen im Rotary Club Schaffhausen, in Zürich im Skandinavischen Club und im Haus der Architektin Luise Guyer eingeladen. Eine amerikanische Journalistin interviewt Traugott in Zürich. Traugott schreibt an die Tochter Brita und ihren Mann: »Mutter ist schon ganz stolz auf mich + baut Luftschlösser. Ich selbst freue mich natürlich über den Erfolg, bin aber lieber noch skeptisch.«[474] Einige Verlage bekunden ihr Interesse an der Veröffentlichung des kompletten Textes. Traugott entscheidet sich schließlich für den Verlag von Günther Neske in Pfullingen. Die Frau des Verlegers, Brigitte Neske, ist eine Mitschülerin von Ulla in Spetzgart gewesen. Ein Titel für das Buch wird gesucht und gefunden.[475] So erscheint im Lauf des Jahres 1951 »Geliebtes Sibirien. Roman« als erstes Buch von Traugott, mit eigenen illustrierenden Bildern in Tusche.

Dieses Buch erfährt eine breite Resonanz, es gibt Besprechungen in der Züricher Weltwoche, in der ZEIT, der Frankfurter Allgemeinen Zeitung, der Badischen Zeitung, im Spiegel, im Südwestfunk, NWDR, Hessischen Rundfunk und etwa 90 an anderen Stellen. »Geliebtes Sibirien« ist ein großer, lang anhaltender Erfolg beschieden. Übersetzungen ins Englische, Niederländische, Italienische und Serbische werden angefertigt. Mehrmals wird es neu aufgelegt, bis zur 18. Auflage. Diese erscheint 2006 beim Klett-Cotta Verlag, der den Verlag von Günther Neske 1993 übernommen hat. In der Büchergilde Gutenberg, dem Buchclub der Gewerkschaften, erscheint 1958 eine Sonderauflage.[476]

Seit Ende 1951 arbeitet Traugott am Manuskript zu einem weiteren Text.[477]

Ende 1952 erscheint sein zweites Werk, ebenfalls bei Neske.

> Inzwischen ist ein neues [Buch] herausgekommen: »Manon de Carmignac«, ein Roman aus dem alten Europa. Natürlich enthält es auch wieder persönliche Erlebnisse[478], wenn auch verschoben in das Schicksal der ausgedachten Personen.

So schreibt Traugott an den Freund Knud Ahlborn.[479] Der historische Hintergrund dieses Romans von Liebe, Trennung, Wiederbegegnung gehört in die erste Hälfte des 20. Jahrhunderts: Berlin vor dem Ersten Weltkrieg, zaristisches Moskau, Gut in Russland, feudales Leben in Ostdeutschland, Berlin der Inflationsjahre und Paris während des Zweiten Weltkriegs. Die Büchergilde Gutenberg bringt 1959 eine eigene Ausgabe heraus.

In einem gebundenen Andruckexemplar von »Manon de Carmignac« nutzt Traugott die unbedruckten Seiten für Aufzeichnungen. Unter anderem findet sich dort auch ein Entwurf für ein Curriculum vitae meae. Diesen Text beschließt Traugott mit einer Reflexion über die Bedeutung seiner literarischen Arbeiten für ihn selbst:

> Ich betrat einen geistigen Raum, die Sehnsucht meines Lebens, die Begegnung mit den geistigen Menschen unserer Zeit, ohne Rücksicht auf nationale Grenzen oder politische Vorurteile bahnte sich an. Meinem Schicksal bin ich dankbar, denn es bewirkt, dass ich erst in reiferen Jahren an die Öffentlichkeit treten konnte, als eine gewisse Klarheit und Sicherheit meiner Ansichten erreicht war.

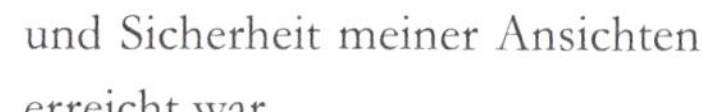

Auf einer Reise nach Estland Anfang der 30er Jahre[480] ist Traugott auf Dokumente und Briefe seines Urgroßvaters Carl Andreas von Stackelberg gestoßen, der Cornet[481] der Zarin Katharina II. gewesen war. Diese Dokumente bieten das Sujet für das dritte Buch von Traugott: »Cornet der Zarin«. Mit diesem Buch von 1954 führt Traugott in die fernere Vergangenheit des ausgehenden 18. Jahrhunderts, in die Welt der berühmten Monarchin, die Residenz in Petersburg, in den unwirtlichen Kaukasus und schließlich die Güter der Familie am Peipussee in Livland – ein bewegtes Leben in Liebe und kritischem Ernst.

Am 1. Dezember 1954 liest Traugott im Schweizerischen Rundfunk seinen Text »Der Totengräber«. 1955 folgen Lesungen in Zürich, Heilbronn, Singen und Konstanz.

»Wintererzählungen« 1955, ist das vierte Buch von Traugott. Darin stellt er kürzere anekdotische Geschichten zusammen: »Seltsames Weihnachtserlebnis in Estland«, »Die Uhr des Zaren Paul«, »Die heilige Mutter Gottes von Kasan«, »Gammle Olaf«.

In der ersten Weihnachtsausgabe der schweizerisch-deutschen Ausgabe der Zeitschrift Elle am 1. Dezember 1955 wird der Text »Die heilige Mutter Gottes von Kasan« abgedruckt, übrigens ohne dass die Zustimmung des Autors eingeholt worden wäre. Es ist für uns heute eine besondere Lektüre, diesem bewegenden Text, in dem es um ein bäuerliches Paar geht, das lange kinderlos bleibt, bis die Ehefrau unter besonderen Umständen schließlich ein Kind zur Welt bringt, zu folgen, der auf etliche Seiten (S. 24–55) in dieser Zeitschrift verteilt ist, eingerahmt von Anzeigen für Damenmode, Parfüm, Umstandskleidung, Serviertisch, Büstenhalter, Monatshygiene, Shampoo und Raclettegerät.

Im fünften Buch »Die Bärenkralle« von 1956 versammelt Traugott weitere Geschichten:

»Der falsche gute Hirte«, »Die Bärenkralle«, »Foka«, »Dsema'u« und »Der sibirische Meteor«[482].

1956 liest Traugott in St. Gallen, Winterthur und Mannheim.

Und ein weiteres Büchlein erscheint in diesem Jahr. Es ist Traugotts sechstes Buch: »Doktors Vieh«.[483] Hierin schildert er auf muntere Art Erlebnisse mit Menschen und Tieren in den ersten Jahrzehnten des Degenhofs und illustriert sie mit eigenen Zeichnungen. 1969 veröffentlicht der Werner Classen Verlag den Text noch einmal.

Im Mai 1957 ist Traugott in Zürich zu einer Lesung und übernimmt den Vorsitz bei einem Dichterinnentreffen in Meersburg. 1958 folgen Lesungen in Rottweil und Kreuzlingen. »Fratze und Gesicht Russlands« erscheint im Flamberg-Verlag.

1960 wird er Mitglied in der Gruppe Literatur und Bild / Kunst des Bodensee-Klubs Überlingen, einer übernationalen Vereinigung von Künstlern und Kunstfreunden. 1961 übernimmt er einen Sitz im Präsidium dieses Clubs und wird Mitglied des Süddeutschen Schriftstellerverbandes, Stuttgart.

In »Der Kutter Kodumaa.

Roman«, 1962 im Flamberg-Verlag erschienen, erzählt Traugott von vier Jungen an der Schwelle zum Erwachsenenalter. Sie bereiten einen ausgedienten Zollkutter, den sie »Kodumaa«, Heimatland, nennen, für eine längere Fahrt vor und begeben sich dann nach ihrem Abitur 1922 im Sommer auf diese Segelreise von Reval aus über die Ostsee nach Stettin und zurück in den Heimathafen. Sie erleben die Schönheiten und die Gewalten der Natur, zusammen bewähren sie sich in riskanten Situationen. An manchen Orten verweilen sie für einige Tage, machen auch Ausflüge nach Stockholm und Berlin. Sie lernen einige junge Damen kennen. Städte und Landschaften werden geschildert und historische Daten hinzugefügt. Die Eigenständigkeit der Länder wie auch ihre friedlichen Beziehungen untereinander werden betont und respektiert. Traugott hat etliche Szenen selbst mit Tuschezeichnungen illustriert.

Themen und auch das die Themen bündelnde Motiv der Mittsommernacht spricht bereits der Autor[484] in seiner Vorbemerkung an. Er bezieht sich selbst in den historischen Hintergrund des Romans ein und auch den Personenkreis, zu dem die Protagonisten gehören: »Wir Balten«. Die Rolle des Erzählers gibt er einem der Protagonisten. Es gibt etliche Ähnlichkeiten zwischen dem Ich-Erzähler und dem Autor Traugott. Aber es wäre nicht richtig, der ganzen Erzählung das Attribut »autobiografisch« zu verleihen. Die autobiografisch ermittelbaren Elemente haben eine Funktion, sie selbst stehen nicht im Vordergrund. Traugott ist wie der Erzähler ein begeisterter Segler. Der Erzähler und Traugott sind Söhne eines Pfarrers, wobei der Vater des Autors hauptsächlich in der Stadt Reval sein Amt innehat. Der Vater eines der Jungen, Herr Kärt, ist auch für Traugott ein Segellehrer gewesen. Drei Freunde werden auch in Traugotts Tagebuch erwähnt. Serge Pieret von der Kodumaa hat eine Entsprechung in der Wirklichkeit Traugotts in seinem wichtigen Jugendfreund Liowa Perret. Der Vater von Serge / Liowa ist Französischlehrer. Über Neckereien von Mädchen, die mit ihnen verwandt sind, schreibt Traugott auch in seinen »Offenen Horizonten«. Das berufliche Ziel des Ich-Erzählers, Arzt zu werden, hat Traugott tatsächlich erreicht. Dass zwei der Freunde im Krieg, dem Ersten Weltkrieg, umgekommen sind, schreibt Traugott in seinem Tagebuch. Allerdings in einem Eintrag im

März 1920. Die Geschichte »Kodumaa« spielt aber im Sommer des Jahres 1929. Traugott hat sein Abitur nicht 1922 in Reval abgelegt wie die Freunde in der Geschichte, sondern bereits 1911 in Berlin. Weshalb wohl hat der Autor die Geschichte in die Zeit nach dem Ersten und vor dem Zweiten Weltkrieg gelegt? Erst am 24.2.1918 erlangt Estland die Unabhängigkeit vom Russischen Reich, zu dem es seit 1710 gehört hat. 1921 wird Estland Mitglied des Völkerbundes. Doch 1940 wird die Republik Estland, zusammen mit den anderen baltischen Staaten Lettland und Litauen, von der Sowjetunion annektiert. Vorausgegangen ist der Pakt zwischen Hitler und Stalin 1939. Deutschbalten werden gezwungen nach Deutschland umzusiedeln, und auch Esten werden deportiert – in andere Teile der Sowjetunion. 1941–1944 halten deutsche Truppen das Land besetzt, dann die Rote Armee. Was Traugott nicht mehr erlebt hat: Am 30.3.1990 erreicht Estland endlich erneut seine Unabhängigkeit, die das Land bereits von 1918–1939 besessen hat. In diesen Zeitraum von zwei Jahrzehnten, in denen Estland wirklich Kodumaa, Heimatland der Esten gewesen ist, verlegt der Autor die Geschichte vom »Kutter Kodumaa«. So kann die Parallele der Adoleszenz-Geschichte und der Tod der Jungen – außer dem Ich-Erzähler – zur Historie Estlands sinnfällig einleuchten. Individuelle Geschichte kann als eine Widerspiegelung der »großen Geschichte« erscheinen. Und in den natürlichen Übergängen – Jahreszeit, Mittsommernacht, Flaute-Sturm – ist zum einen das Vergleichsmoment der Übergänge in den genannten Sphären augenfällig, zum anderen steht die Sphäre der insgesamt unwandelbaren Natur im Gegensatz zur Fragilität der von Menschen gemachten Veränderungen.

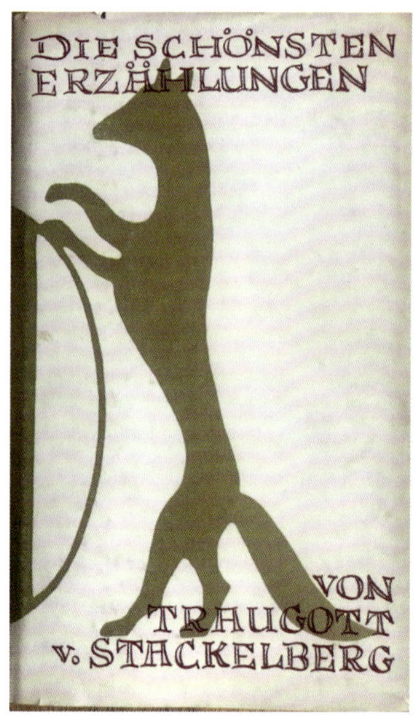

Ebenfalls 1962 erscheint ein weiteres Buch, das inzwischen achte. Der Neske-Verlag versammelt in einer Ausgabe »Die schönsten Erzählungen« bereits veröffentlichte Texte: »Der falsche gute Hirte«, »Die Bärenkralle«, »Foka«, »Dsema'u«, »Der sibirische Meteor«, »Seltsames Weihnachtserlebnis in Estland«, »Die Uhr des Zaren Paul«, »Die heilige Mutter Gottes von Kasan«, »Gammle Olaf« und »Cornet der Zarin«.

1964 liest Traugott an mindestens drei Orten: Burgdorf, Königsfeld und Schaffhausen. In Singen, bei den Naturfreunden, hält er zwei Vorträge: »Der gesundheitliche Wert des Wanderns« und »Entwicklungsgeschichte des Menschen«.

Traugott liest Helene vor, Dezember 1963 (Foto: Heinz Finke, Konstanz)

Auf das letzte Buch, »Auf eigener Fährte«, wird weiter unten eingegangen.[485]

Bei seinem Tod hinterlässt Traugott außer einigen noch unveröffentlichten kürzeren Texten ein umfangreiches Manuskript, teilweise schon als Typoskript, das nicht vollendet ist und noch etwas redigiert werden müsste. Sein Sohn Jürgen von Stackelberg hat für die Familie eine lesbare Fassung erstellt. Als Titel hat Traugott vorgesehen: »Offene Horizonte. Jugenderinnerungen eines Balten«. In diesem Textkonvolut erinnert sich Traugott an seine Vorfahren und Verwandte, seine Jugendzeit, die Gedankenwelt des Vaters, er beschreibt Reval und die estnische Kultur, die Revolution 1905, seinen Besuch in Finnland, den Umzug nach Berlin im Spätsommer 1905, Abitur, Ferien in Moskau, in Petersburg, Beginn des Medizinstudiums in Berlin, seine Beteiligung an der Deutschen Akademischen Freischar, die Reise mit Schwester Irene 1913 in den Süden, das Weiterstudium in Rostock, Segeln auf der Ostsee, das 50-jährige Bestehen des Familienverbands im März 1914 und sein Weiterstudium in Kiel.

> Geschichten werden erzählt, um etwas zu vertreiben. Im harmlosesten, aber nicht unwichtigsten Fall: die Zeit. Sonst und schwerwiegend: die Furcht. [486]

An diese Sentenz von Blumenberg schließe ich einige Gedanken und Fragen an, ohne mit fertigen Antworten aufzuwarten.

Geschichten Erzählen als Zeitvertreib – wessen Zeit wird dadurch »vertrieben«? Ist es die Erzählzeit, *in der* erzählt wird? Also ein Sich-Herausnehmen und Herausnehmen-Lassen aus dem alltäglichen Betrieb. Ist es die, *über die* erzählt wird? Ist es die durch den Erzähler erzählte Zeit, die die trübe, freudlose, langweilige nicht-erzählte Zeit des Lesers vertreibt? So harmlos, so ganz ohne Harm scheint mir das nicht zu sein. Und »sonst und schwerwiegend: die Furcht« vertreiben durch Geschichten Erzählen. Welche Furcht? Wovor? Oder das Fürchten überhaupt? Furcht des Lesers / Zuhörers? Oder die des Autors / Erzählers? Vielleicht, indem vergangene Bedrohungen als bewältigte erzählt werden, indem das erzählte Kontinuum entlastet von präsenten und zukünftigen Gefährdungen. Hat da nicht auch eine wichtige Funktion die Beziehung des Erzählers zu seinen Lesern / Zuhörern, die Überwindung der jeweiligen monadenhaften Einsamkeit, indem den fensterlosen Gehäusen[487] gleichsam Fenster aufgetan werden? Traugott schenkt Helene schon am Beginn ihrer Freundschaft und ihrer Liebe außer einem Bild auch kleine Texte, meistens Märchen, und damit – auch damit – erreicht er sie und ihr Vertrauen in ihn und in ihre Gemeinsamkeit. Später betont Traugott mehrmals, dass sein Schreiben an seine Kinder gerichtet ist, für sie schreibt er auf, was er erlebt und erdacht hat. Aber natürlich ist er nicht unglücklich darüber, dass er schließlich auch ein größeres Publikum erreichen kann.

MALER

Schon in jungen Jahren interessiert sich Traugott für die bildende Kunst. Während seiner Jugendzeit in Berlin besucht er oft Museen und Galerien. Später dann an der Universität im ersten und zweiten Semester 1911 / 12 ergänzt er – wie schon berichtet – sein Medizinstudium durch die Teilnahme an Veranstaltungen anderer Fächer, auch in Kunstgeschichte bei Wölfflin. Besonders begeistert ihn die Möglichkeit, bei Prof. von König seine eigenen künstlerischen Talente zu schulen und zu vervollkommnen. Zudem schätzt er die angenehme Atmosphäre in diesen Kursen in Porträt- und Aktzeichnen. In seinem Roman von 1952 »Manon de Carmignac« lässt er die Handlung ihren Anfang nehmen in der Erzählung des Ich-Erzählers von diesen Kursen bei Prof. von König.[488]

In sein Tagebuch notiert Traugott später:

> Ich habe von Natur ein sehr gutes Gedächtnis gehabt & eine schnelle Auffassungsgabe. … Ich habe von Natur ein großes Sprachentalent und auch eine gewisse Phantasie. Und dann eine Fähigkeit, was ich sehe, zu zeichnen oder zu modellieren.[489]

Weitere kleine Exempel: Während des Treffens einiger Freischarfreunde in Marloffstein im April 1919 – Helene ist mit dabei – zeichnet Traugott in ein kleines Büchlein Tiergestalten, die die Teilnehmenden charakterisierend vorstellen. Drei Beispiele[490]:

Traugott

Margarete Röpke

Knud Ahlborn

Aus den 20-er Jahren stammt ein sehr expressives Ölbild »Der Krieg«.

Ende Oktober 1922 schreibt Traugott in sein Tagebuch: »[Dann] wurde in mir die alte Sehnsucht wach zu malen. Und ich habe mich daran gemacht.«[491] Es ist die Aufbauzeit im Degenhof, die Praxis beginnt sich zu entwickeln, Tochter Ulla ist ein halbes Jahr alt. Traugott findet oder nimmt sich die Zeit, sich zurückzuziehen und zu malen. Dann stehen

Traugott von Stackelberg »Der Krieg« 1920er Jahre Öl 45 × 55 cm

doch die eigene Praxis in Singen und das Familienleben mit den inzwischen drei Kindern im Vordergrund. Gegen Ende der 20er Jahre hat er etwas mehr Muße zum Malen. Der Pensionsbetrieb mit Kurgästen steht ab 1928 erst noch am Anfang, und in der Singener Praxis dürfte die Patientenzahl etwas zurückgegangen sein, da es nun mehr Ärzte in Singen gibt. Seiner Mutter schreibt Traugott: »… letzte Zeit viel gemalt, habe mehrere schöne größere Bilder gemalt. Nächstens sollen sie ausgestellt werden.«[492] Auch Helene schreibt in ihrem Weihnachtsbrief an ihre Schwiegermama: »Traugott malt sehr viel u. er hat große Fortschritte gemacht.«[493] Sie scheint also seine künstlerischen Avancen kritisch wohlwollend zu begleiten. Eine Beteiligung an einer Ausstellung ist erst für Ende 1932 dokumentiert.[494] Mit Traugott stellen in Singen in der Hauptstraße 19 fünf weitere Künstler aus, unter ihnen Alex Rihm. Von Traugott sind – neben Holzschnitzarbeiten: seinem Schachspiel[495] und exotischen Tanzmasken[496] – fünf großformatige Aquarelle zu sehen: »Birken im Rauhreif«, »Herbsttag«, »Verschneite Almen«, »Aus dem Engadin« und »An der Aachbrücke«.

Zwei Jahre später ist eine weitere Ausstellungsbeteiligung belegt.[497]

Seine bevorzugten Sujets sind nun: Landschaften – vorwiegend Motive aus dem Hegau, vom Untersee, aus den Schweizer Bergen – und Blumen. Dazu kommen Motive von Erinnerungen an die baltische Heimat, z. B. mehrere Bilder von Reval, und von Reisen unter anderen ans Mittelmeer. Links ein Beispiel von der dalmatischen Küste. Zu die-

Traugott von Stackelberg »Insel Rab« 1938, Harzfarben 61 × 70 cm

sem Bild gibt es ein fotografisches Pendant, aufgenommen auf der Reise zur Insel Rab im August 1938.

Traugott wandert nicht mit der Staffelei in die Natur, um dort ein komplettes Bild herzustellen. Vielmehr ist es wohl so: Er behält einen visuellen Eindruck, fertigt eventuell eine Skizze an oder fotografiert und führt das Bild dann im Atelier relativ rasch aus. Dieses Foto und das Bild von der Insel Rab belegen seine Art zu malen.[498]

Für das Bild vom Untersee braucht er wohl keine Skizze oder Foto. Die Szenerie ist ihm ganz vertraut. Oft segelt er auf dem Zeller See zwischen Iznang und Radolfzell. Im Schilf vor der Mettnau-Halbinsel ergibt sich die gemalte Perspektive auf den Hohentwiel, den Hohenstoffeln, Mägdeberg und Hohenkrähen. Für die Gestaltung von Wolken und Wasser hat er in diesem Fall prominente Unterstützung erhalten. Auf der

Traugott von Stackelberg »Untersee, Blick auf den Hegau« ~1939 Aquarell 41 × 50 cm

Rückseite des Bildes ist ein kleiner Zettel befestigt, mit den Signaturen von Traugott und Otto Dix:

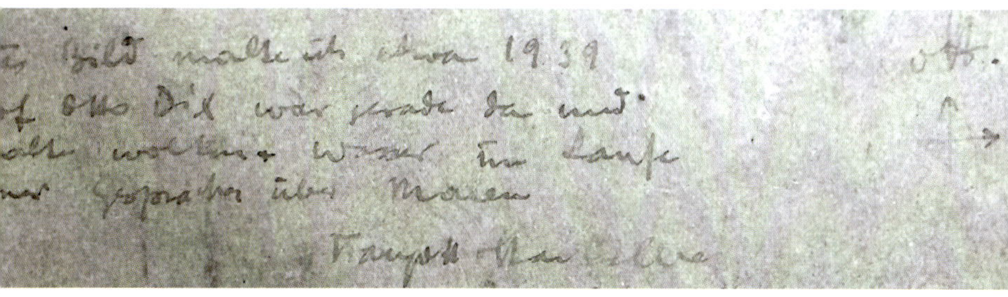

Dies Bild malte ich etwa 1939
Prof. Otto Dix war gerade da und
malte Wolken + Wasser im Laufe
eines Gesprächs über Malen

Nach dem Krieg wird 1946 im oberen Stockwerk des Großen Gästehauses ein Atelier für Traugott eingerichtet. Hier kann er in Ruhe malen und schreiben. Seinen Arztberuf kann er, solange sein Entnazifizierungsprozess noch nicht abgeschlossen ist, noch nicht wieder ausüben.

Hier entsteht auch das Bild vom Hohenkrähen; es wird später in vielen Ausstellungen gezeigt.

Traugott von Stackelberg »Hohenkrähen im Vorfrühling« 1946 Öl auf Karton 51 × 65 cm

Während dieser Zeit widmet er sich auch intensiv dem Schreiben. Im Zusammenhang mit dem Buch »Geliebtes Sibirien« malt er Tuschebilder aus der Erinnerung an Orte und Landschaften in Sibirien. Auch zu weiteren Büchern – »Doktors Vieh« und »Der Kutter Kodumaa« – zeichnet er Illustrationen. Vom Degenhof selbst gibt es außer den Baukonstruktionszeichnungen keine gemalten oder gezeichneten Bilder. Anfang der 50er Jahre stellt er einige kleine aquarellierte Tuschezeichnungen zu einem Kinderbüchlein für seine Enkelkinder zusammen. Daraus einige Seiten:

Seine Bilder werden in den 50er und 60er Jahren in den Singener Kunstausstellungen der »Gruppe Singener Maler« in der Ekkehard-Schule und an etlichen anderen Orten – St. Gallen, Rottweil, Kreuzlingen, Burgdorf, Königsfeld, Schaffhausen, Stuttgart, Hannover, Lüneburg, Lindau und Tuttlingen – ausgestellt.

Traugott hat seine Bilder gerne gezeigt, viele verschenkt und etliche auch gut verkauft – an die Stadt Singen, den Landkreis, große Industriefirmen in Singen und sehr viele Privatleute. Die Familie schätzt sich glücklich, noch einige ansehnliche Bilder im Besitz zu haben.

Holzschnitzer

Traugott kann geschickt Holz mit Schnitzmesser, Stemmeisen, Beitel und Raspel bearbeiten. Die 1921 / 22 angefertigten Brettstuhllehnen[499], der dreibeinige Stuhl von 1922[500] und das Schachspiel von 1932[501] sind schon angeführt worden.

Jürgen auf dem Schaukelpferd

Der dreibeinige Stuhl ist wirklich ein bemerkenswertes Einzelstück. Das Sitzen auf ihm ist allerdings weniger annehmlich als ihn anzuschauen – die Enkelkinder haben ihn Marterstuhl genannt.

Angenehmer zu besitzen ist das Schaukelpferd von etwa 1928. Schön gruselig ist die Tanzmaske, die Traugott zusammen mit seinem Schachspiel und einigen Bildern auf einer Ausstellung in Singen 1932 gezeigt hat.

Eine geschnitzte Truhe[502] und ein Kaminschmuck von etwa 1928[503] werden weiter unten angeführt.

Traugott kann auch mit Metall arbeiten. So schreibt Helene Ende 1929 an ihre Schwiegermama, dass Traugott sich als »Silberschmied« betätigt habe, beispielsweise eine Zuckerschale aus Silber getrieben hat.[504]

Tanzmaske (Foto: Alauda von Kügelgen)

181 Toller, Ernst 2010: Eine Jugend in Deutschland. Hrsg. u. komm. von Wolfgang Frühwald. Stuttgart Reclam, S. 109, zit. nach Schaupp, Simon 2017, 2018[2]: Der kurze Frühling der Räterepublik. Ein Tagebuch der bayerischen Revolution. Münster, Unrast-Verlag, S. 75.

182 Schaupp, Simon 2017, 2018[2]: Der kurze Frühling der Räterepublik. Ein Tagebuch der bayerischen Revolution. Münster, Unrast-Verlag, S. 75.

183 U.a. Josef Sontheimer, Erich Mühsam, Gustav Landauer.

184 Wie Kurt Eisner.

185 Linke USPD, z.B. Ernst Toller.

186 U.a. Max Levien.

187 U.a. Erich Auer.

188 Schaupp, Simon 2017, 2018[2]: Der kurze Frühling der Räterepublik. Ein Tagebuch der bayerischen Revolution. Münster, Unrast-Verlag, S. 75.

189 Ibd.

190 Klemperer, Viktor 2015: Man möchte immer weinen und lachen in einem. Revolutionstagebuch 1919. Berlin, Aufbau-Verlag, S. 150, zit. nach Schaupp 2017.

191 Im Nachlass Stackelberg findet sich als unveröffentlichtes Ms. das Protokollheft der »Gruppe freiheitlicher Akademiker«/»Arbeitsgemeinschaft demokratisch-sozialer Akademiker«.

192 Protokollheft der »Gruppe freiheitlicher Akademiker«/»Arbeitsgemeinschaft demokratisch-sozialer Akademiker«, S. 1.

193 Dr. Werner Mahrholz (1889–1930), Diss. über Julius Mosen 1912, Freier Schriftsteller, Mitarbeiter an Zeitungen, lit.Zss; Mitglied der DDP seit 1918, lebt bis 1919 in München.

194 Karl Braband, Student (phil. Fak.) an der Ludwig-Maximilians-Universität zu München (LMU) 1918–19.

195 Dr. Carl Landauer (1891–1983), Volkswirtschaftler, Soziologe, seit 1912 Mitglied der SPD. Er ist nicht verwandt mit Gustav und Karl Landauer.

196 Dr. med. Friedrich Edinger, Oberarzt d. Res., Student (staatsw. Fak.) an der LMU 1918–19, 1919.

197 Erwin Fues (1893–1970), Ass. am Inst .f. theoret. Physik, Prom. 1919 München, unterzeichnet 1933 das »Bekenntnis der deutschen Professoren zu Adolf Hitler«, 1947 Mit-Direktor d. Inst. f. theoret. u. angew. Physik an der Universität Stuttgart.

198 Rudolf Sturm, Student (med. Fak.) an der LMU 1918–19, 1919.

199 Die Schätzung beruht auf den Namensnennungen in den Protokollen.

200 Gruppe um Heinrich Mann, Mitglieder u.a. Dr. Gerhard Gesemann, a.o. Prof. Dr. Moritz Geiger, Gustav Klingelhöfer. Dieser Rat war Teil eines »Nebenparlaments«.

201 Edgar Jaffé (1866–1921), Finanzminister im Kabinett, parteilos.

202 Kurt Eisner (1867–1919), Ministerpräsident und Außenminister, USPD.

203 Erich Mühsam (1878–1934), anarchistischer Schriftsteller, Mitbegründer der Vereinigung revolutionärer Internationalisten (VRI), des rev. Arbeiterrats und des Zentralrats der ersten Räterepublik in München.

204 Heinz Potthoff (1875–1945), 1918–1920 Referent im Bayerischen Min. f. soziale Fürsorge.

205 Anarchisten und Kommunisten hatten zum Wahlboykott aufgerufen. Frauen haben das Wahlrecht, sie haben einen Anteil von 54 % der Wahlberechtigten. Bei einer Wahlbeteiligung von 86 % entfallen auf die USPD 2,5 %, Linker Bauernverband 9 %, Bayerische Volkspartei 35 %, SPD 33 %, DDP 14 %, Deutschnationale und Pfälzische Mittelpartei 6 %.

206 Versammlung am 2.12.1918, Protestresolution beschlossen in der Vereinsversammlung am 4.12.1918. Eine der 39 Unterschriften stammt von Hans Finsler; es dürfte der nämliche Hans Finsler sein, den später Irene Knell, Studentin an der LMU 1917–18, Freundin von Helene, Besitzerin des Haslacher Hofs in Tengen, heiratet.

207 Siehe Schaupp 2017, S. 81.

208 Ibd., S. 93.

209 Siehe Schaupp 2017, S. 82, S. 137. Sie hat u.a. die »Internationale Frauenliga für Frieden und Freiheit« mitgegründet.

210 Briefkarte von Helene an ihre Mutter, 5.12.1918.

211 Siehe Anm. 200.

212 Geb. am 7.4.1870, nicht verwandt mit dem oben erwähnten Dr. Carl Landauer, dem Beisitzer im Vorstand der »Gruppe freiheitlicher Akademiker« / »Arbeitsgemeinschaft demokratisch-sozialer Akademiker«, s. Anm. 195.

213 Fürst Pjotr Alexewitsch Kropotkin (1842–1921), der ›anarchistische Fürst‹ setzte sich ein für eine Gesellschaft ohne Gewalt und ohne Herrschaft, s. https://de.wikipedia.org/wiki/Pjotr_Alexejewitsch_Kropotkin, abgerufen 1.7.2021.

214 Siehe S. 173.

215 Einige Zeichnungen sind in unserem Text wiedergegeben: für Helene, S. 73, für andere Teilnehmende, S. 332.

216 Vgl. Mogge, Winfried 1986, 19912: Bilder aus dem Wandervogel-Leben.

217 Brief von Helene an die Familie vom 12.8.1919.

218 Meine Mutter Brita Wirminghaus spricht von einem Verein von 800 Menschen. In: Kulturförderkreis des City Ring Singen 1987: Wettbewerb Traugott von Stackelberg. 1987 Wettbewerbsbeitrag der Grund- und Hauptschule Tengen, Klasse 9, S. 6.

219 Marianne Weber erwähnt Traugott und die Siedlungsbegeisterten in ihrer Biografie über ihren Mann »Max Weber. Ein Lebensbild.« Tübingen 1926, S. 686 f. »Ein besonders junger Mann (der christlich-radikale, Eberhard Arnold nahestehende Traugott von Stackelberg) will eine größere Gefolgschaft von Intellektuellen und Proletariern nach Sibirien führen, das er durch den Krieg kennt, und mit ihnen dort ein vorbildliches kommunistisches Gemeinwesen schaffen. Dabei schwebt ihm nicht nur solidarisches Wirtschaften, sondern auch das

anarchistische Ideal der Befreiung von den staatlichen Formen der Herrschaft vor.« Zit. nach Linse (Hg.) 1983, S. 22.

220 So löst Helene eine ihr zugedachte Kriegsanleihe ein, worüber ihr Vater, der ansonsten seine jüngste Tochter finanziell so gut wie möglich unterstützt, gelinde ausgedrückt ›not amused‹ gewesen ist.

221 Im Beizettel § 28, wohl ein Druckfehler.

222 Marianne Weber op. cit. Zit. nach Linse (Hg.) 1983, S. 22 f. Traugott steht in Verbindung zum Ehepaar Weber. Der 1864 geborene Max Weber lehrt seit April 1919 an der Münchener Universität, bis zu seinem frühen Tod am 14. Juni 1920. Er hat zum Gründungskreis der DDP, der linksliberalen Deutschen Demokratischen Partei, gehört. Marianne Weber hat 1919 ein Mandat für die DDP im Landtag von Baden, das sie jedoch wegen des Umzugs nach München aufgibt. Die DDP ist auch die politische Heimat von Martha Dönhoff, Helenes Tante. 1923 erhält Traugott von Marianne Weber ein ihm von Max Weber zugedachtes Buch über den berühmten Vorfahren Otto Magnus von Stackelberg: von Stackelberg, Natalie 1882: Otto Magnus von Stackelberg. Schilderung seines Lebens und seiner Reisen in Italien und Griechenland. Heidelberg, Carl Winter's Universitätsbuchhandlung.

223 Ein Brief an Vater Lohmann am 19.10.1920 berichtet von dieser Entscheidung und dürfte die Eltern Lohmann sehr erleichtert haben.

224 Die Bezeichnung »Freunde« haben sich Quäker in aller Welt gegeben. Sie machen so deutlich, dass sie keine eigene Kirche oder Sekte sind.

225 Siehe Brief TvSt an die Eltern Lohmann vom 3.6.1920. Was mag sie von der Teilnahme abgehalten haben? Möglicherweise Arbeiten an der Universität.

226 Fry, A. Ruth 1933, Quaker Ways, dt. von Therese Herzog 1935[1], 1946[2]: Die Weise der Quäker. Ein Versuch, die Lebensgesinnung des Quäkertums zu schildern durch das Leben und Wirken der »Freunde« vergangener Zeiten. Bad Pyrmont, Leonhard Friedrich.

227 Auf der Platte eines Tisches haben sich Freundinnen, Freunde und Verwandte von Traugott und Helene eingetragen. S 239 ff. »Freundschaften, Verwandtschaften«.

228 Pickard, Bertram 1920: Jordans 1920.

229 »Es ist eben doch so, daß für die Kirche die Lehre, die man glauben muß, entscheidender ist, als die Haltung zum Leben. Das ist der Punkt, wo ich nicht mitkann ...« HvSt Brief an Brita und Bernhard Wirminghaus, 28.11.1958.

230 Fry 1933, S. 125 o.

231 Ibd., S. 125u.

232 Ibd., S. 125o.

233 Zitat nach John Bellers (1654–1725), S. 127.

234 Ibd., S. 123u.

235 Ibd., S. 152.

236 Ibd., S. 179.

237 Ibd., S. 192.

238 Ibd., S. 192.

239 Ibd., S. 193.

240 Pickard, Bertram 1920: Jordans 1920, S. 39.

241 Ibd., S. 196.

242 Ibd., S. 193.

243 Ibd., S. 107 f.; vgl. Bergpredigt, Matth. 5, 33–37. Traugott wird vom Landgericht (Konstanz?) mit einer Ordnungsstrafe belegt, da er sich aus Gewissensgründen geweigert hat, in einem Verfahren den Eid zu leisten. Er wendet sich daher am 6.2.1957 an seinen Vetter Curt von Stackelberg, der als Rechtsanwalt beim Bundesgerichtshof wirkt.

244 Ibd., S. 181. Das Kartenspiel ist am Degenhof verpönt gewesen. Dabei dürften neben der Haltung der Quäker hierzu auch Erfahrungen in Russland eine Rolle gespielt haben – die Einsätze beim Glückspiel, u.a. Kartenspiel, sollen beträchtlich gewesen sein. Auch L. Tolstoi hat davon erzählt.

245 Traugott von Stackelberg 1921: Über die englische Jugendbewegung der »Jungen Freunde«. In: Ehmer, Wilhelm (Hg.) 1921: Hofgeismar. Ein politischer Versuch in der Jugendbewegung 1920. Jena (Eugen Diederichs) 1921, S. 67–70.

246 Bernet, Claus 2008: Quäker aus Politik, Wissenschaft und Kunst: Ein biographisches Lexikon. Nordhausen, Traugott Bautz, Abschnitt über TvSt, S. 195.

247 Erst im Oktober 1923 erhält er die Zulassung.

248 In etlichen Publikationen über Traugott wird ihm dann doch der Doktor-Titel ›verliehen‹; das rührt aus der Unkenntnis über das Faktum und/oder verdankt sich der Gewohnheit, einen Arzt mit ›Herr/Frau Doktor‹ zu bezeichnen.

249 Siehe S. 88.

250 Fahrtkosten im Hauptbuch S. 11 vermerkt.

251 Siehe S. 89.

252 Siehe Linse (Hg.) 1983, S. 287.

253 TvSt 1956b: Doktors Vieh, S. 11.

254 TvSt 1956b: Doktors Vieh, S. 9.

255 TvSt 1957: Unter Zöllnern und Sündern, Typoskript, S. 8.

256 Linse, Ulrich (Hg.) 1983: »Zurück o Mensch zur Mutter Erde.« Landkommunen in Deutschland 1890–1933. München, DTV.

257 Trummler, Erich 1927: Wanderung zwischen Rhein und Donau. In: Der Pfad. 4 Jg., Nr. 4 (Januar 1927), S. 10–12. Zit. nach Linse (Hg.) 1983 op. cit., S. 287. Erich Trummler steht auf der Liste der Helfer beim Hausbau, s. S. 221.

258 Von Vater Lohmann ist als Familienerzählung überliefert, dass er sich beschwert habe, dass der Herr Baron nicht einmal für anständiges Mobiliar gesorgt habe.

259 Im Abschnitt »Exkurs zu den Brettstühlen«, S. 386 ff., wird versucht, einigen Assoziationen zu folgen und den rätselhaften Sinn aufzuhellen.

260 Vgl. Nansen, Fridtjof dt. 1919: Sibirien ein Zukunftsland.

261 TvSt: Der sibirische Meteor, in: ders. 1962b, S. 66 f.

262 TvSt 1922: Eine Fahrt durch das Hungergebiet an der Wolga im Auftrage der

englischen Quäker«. April 1922. In: Privat-Berichte über die russische Hungersnot. Nr. 4. Die deutschen Freunde der Quäker. Berlin (Franz Weber) 1922.

263 TvSt: »Es begann in Russland ...«. Ein Augenzeugenbericht. Erst später veröffentlicht in: TvSt 1958, 3–40.

264 TvSt: »Es begann in Russland ...«. Ein Augenzeugenbericht. In: TvSt 1958, 3–40, hier S. 8.

265 TvSt: »Es begann in Russland ...«, S. 9.

266 TvSt: »Es begann in Russland ...«, S. 11.

267 TvSt: Tagebuch, 2.2.1922.

268 Dieses »Vermächtnis« haben einige der Urenkelinnen von Traugott gelesen und dazu ihre Gedanken aufgeschrieben, s. Abschnitt »Rezeption des Vermächtnisses von Busuluk«, S. 411 ff.

269 Offene Horizonte, S. 101, S. 113.

270 TvSt 1951: Über sich selbst, S. 6.

271 Brief Traugott an seine Mutter, 28.11.1929.

272 Vgl. Entwurf eines Schreibens an den Amtsarzt Dr. Reitze vom 3.5.1953; der handschriftliche Entwurf ist in ein Manuskriptbuch eingetragen. Es ist nicht gesichert, ob das Schreiben tatsächlich abgeschickt worden ist und den Adressaten erreicht hat. In diesem Brief geht es auch darum, dem Adressaten die soziale Indikation einer Schwangerschaftsunterbrechung in einem bestimmten Fall zu verdeutlichen. Zu Max Reitze: Bez. Ass. Arzt Waldshut 1935, Gesundheitsamt Leiter Nebenstelle Baden-Baden 1938, s. Mack, Cécile 2001: Die badische Ärzteschaft im Nationalsozialismus, S. 232, 136.

273 Brief Traugott an seine Mutter, 16.11.1931; s. Veranstaltungshinweis in »Deutsche Bodensee-Zeitung«, Nr.124, 1.6.1931, S. 6, und ein polemischer Artikel »von einem bekannten Arzt geschrieben« [wahrscheinlich Dr. Dietrich] in derselben Ausgabe, S. 2 f.

274 Bundesarchiv Akte BArch_R_9347, S. 2.

275 Siehe Abschnitt »Löwenbrunnen 1947«, S. 307.

276 Brief Traugott an Bernhard und Brita, 20.7.1947.

277 Herr Lauber in: In: Kulturförderkreis des City Ring Singen 1987: Wettbewerb Traugott von Stackelberg. 2. Preis Wettbewerbsbeitrag der Grund- und Hauptschule Tengen, Klasse 9. »Doktors Vieh«, Protokoll einer Annäherung an den Menschen Traugott von Stackelberg. S. 9.

278 Brief Traugott an Brita, 16.12.1951.

279 Brief Helene an Brita, 29.1.1953.

280 Entwurf eines Schreibens an den Amtsarzt Dr. Reitze vom 3.5.1953, s. Anm. 272.

281 Siehe S. 365.

282 Im Deutschen gilt die Reihenfolge der Satzglieder Subjekt-Prädikat-Objekt nicht so strikt wie etwa im Englischen. Daher ist dieser Satz auch zu lesen in der Reihenfolge von Objekt-Prädikat-Subjekt.

283 Siehe S. 18 und Anm. 7, S. 143.

284 U.a. Wilhelm Hagen, der für die Stromspeicherung gesorgt hat. Das Zeichen seiner Firma Accumulatorenfabrik Wilhelm Hagen KG in Soest, ein großes W, in das ein H hineinragt – Symbol einer Batterie – hat Wilhelm auch auf den Namenstisch eingraviert, s. S. 240.

285 Siehe Aufstellung, S. 221.

286 Dix, Jan 2017: In Freiheit dressiert. Eine Jugend im Dix-Haus. Lengwil, Libelle, S. 18 f. Jan Dix erwähnt in seinem Text als Besucher der Familie nur die folgenden: das Ehepaar Mühlenweg, Traugott von Stackelberg und den Paläontologen Dr. Adolf Rieth. Siehe auch S. 320 und S. 335.

287 1879–1948, S. auch http://www.stolpersteine-singen.de/biografien/ abgerufen 10.8.2021.

288 1904–1944, https://de.wikipedia.org/wiki/Alexander_Rihm abgerufen 12.10.2021.

289 Brief Traugott an Knud Ahlborn 24.12.1952 »Eine Gestalt habe ich allerdings darin [im Roman »Manon de Carmignac« S. 183 seq., Büchergilde-Ausgabe S. 208–220] ziemlich porträecht [!] gezeichnet, das ist Hans Paasche.«

290 Auf der Rückseite eines Bildes von Elisabeth Mühlenweg trägt Traugott eine entsprechende Notiz ein.

291 Freiburg (Herder) 1957.

292 S. Brief vom Mai 1957.

293 Emilie Wetzstein, In: Kulturförderkreis des City Ring Singen 1987 Singen: Wettbewerb Traugott von Stackelberg. 2. Preis Wettbewerbsbeitrag der Grund- und Hauptschule Tengen, Klasse 9. »Doktors Vieh«, Protokoll einer Annäherung an den Menschen Traugott von Stackelberg. S. 11: »Beim Schreiner-Fritz, da war er fast daheim.«

294 Unveröffentlichter Text.

295 Pas'cha besteht hauptsächlich aus Schichtkäse, Butter, Mandeln und Korinthen.

296 Brief von Traugott an seine Mutter am 8. April 1942.

297 Ein Brauch aus dem Schweizerischen Graubunden; das Ei mit unbeschädigter Schale gewinnt.

298 In Zürich wird Mitte oder Ende April das Sechseläuten zelebriert, mit der Verbrennung des Böögg. S. https://de.wikipedia.org/wiki/Sechseläuten, abgerufen 12.8.2021.

299 Siehe S. 261.

300 Brief Traugott an die Eltern Lohmann, 25.11.1927.

301 Das kann im März 1933 gewesen sein. Traugott schreibt an seine Mutter am 7.3.1933: »bauen wir mal wieder«.

302 Brief 16.11.1931 Traugott an seine Mutter.

303 Aus einem Brief von Traugott an seiner Mutter am 30.9.1938: »Die Turbine bewährt sich, so dass wir weder Holz noch Kohlen brauchen. Schon seit Februar hat kein Feuer mehr in unseren Öfen oder Herd gebrannt. (Höchstens der Gemütlichkeit wegen im Kamin!) Dabei haben wir jeden Abend zwei volle

Badewannen heißes Wasser + es wird jeden Tag gebadet, dabei braucht die ganze Sache so gut wie keine Wartung, alle 14 Tage 5 Minuten für Ölen und Nachziehen.«

304 Brief von Helene an Brita und Bernhard in Köln, 20.11.1952.

305 Brief von Helene am 20.7.1919. Diese 1911 gegründete Institution besteht heute noch. S. https://www.bode-schule.de/geschichte-der-gymnastik.php. Abgerufen am 1.6.2022.

306 Siehe S. 221, TvSt 1956b: Doktors Vieh.

307 TvSt 1956b: Doktors Vieh, Pfullingen, Günther Neske.

308 Siehe S. 260.

309 Siehe S. 261.

310 Siehe auch »Ferienzeltlager der Kinderfreunde (1931)«, S. 276.

311 Aus einem Brief von Traugott an seine Mutter am 30.9.1938: »Vor einer Woche etwa hat unsere Kuh ein stämmiges Kalb kommen + jetzt gibt sie sehr viel Milch. Jeden Tag etwa 20 ltr! Dabei ist die Milch so fett, dass wir wieder alles mit Schmand kochen können.«

312 TvSt 1956b: Doktors Vieh, S. 12.

313 Ibd., S. 12.

314 Ibd., S. 53.

315 Siehe Abschnitt »Geldgeschichten«, S. 400.

316 Tagebuch 1, S. 49.

317 Produktion 1925–1928 in Hannover, rechts gelenkt, 2 Zyl., 10 PS. S. https://de.wikipedia.org/wiki/Hanomag_2/10_PS, abgerufen 1.7.2021.

318 Brief an die Eltern Lohmann, 28.12.1929.

319 Zu Fuß braucht man etwa eine ¾ Stunde, auf dem Hinweg sind 120 Höhenmeter zu bewältigen. Der Esel ist, solange der Unterricht dauert, auf einem Hof in Tengen versorgt.

320 Fabrikation von Martin Hildebrand 1921–1926, s. https://de.wikipedia.org/wiki/Hildebrand_Automobil-Werke, abgerufen 1.7.2021.

321 Brief Traugott an seine Mutter 28.11.1929.

322 Kennzeichen: IV B 71082. Dieser Fahrzeugtyp wird bis 1955 hergestellt.

323 Karte von Traugott an die Eltern Lohmann, 25.11.1927.

324 Kennzeichen IV B 71721.

325 Das Kennzeichen IV B 137396 belegt die Registrierung in Baden.

326 »Reise zur Insel Rab, 1938«, S. 290.

327 TvSt 1954: Cornet der Zarin, S. 7.

328 Sybille Probst-Lunitz in: Götz (Hg.) 1991: Tengen. Geschichte der Stadt und ihrer Ortschaften, S. 355.

329 Brief Helene vom 3.5.1959.

330 TvSt: Offene Horizonte, S. 153.

331 TvSt 1957: Unter Zöllnern und Sündern, Typoskript S. 8.

332 TvSt 1956b, S. 39.

333 TvSt 1961: Über sein Leben.

334 Mit 2502 m höchste Erhebung in den Appenzeller Alpen, hier aus etwa 80 km Entfernung aufgenommen.

335 TvSt 1954: Cornet der Zarin, S. 6, auch TvSt 1962a: Die schönsten Erzählungen, S. 116.

336 TvSt 1954: Cornet der Zarin, S. 5 f., auch TvSt 1962a: Die schönsten Erzählungen S. 115 f.

337 Fontane, Theodor 1861/1976: Wanderungen durch die Mark Brandenburg, S. 5. Mit dieser Sentenz leitet der Autor sein Vorwort zur ersten Auflage der »Wanderungen durch die Mark Brandenburg« ein.

338 Tagebuch, rotes Heft, unter dem Datum 12.11.1912, S. 38.

339 TvSt 1951: Geliebtes Sibirien, S. 180.

340 TvSt: Offene Horizonte, S. 136.

341 TvSt: Offene Horizonte, S. 137.

342 TvSt: Offene Horizonte, S. 143. Dass Traugott für diese Erinnerungen den Titel »Offene Horizonte« vorgesehen hat, ist auch als Zustimmung zu dieser Einsicht seines lieben Freundes zu nehmen.

343 Siehe S. 174.

344 Wenngleich er mehr als doppelt so groß ist: Der Peipussee ist 140 km lang und bis zu 50 km breit, der Bodensee 63 km lang und 14 km breit.

345 TvSt 1962: Der Kutter Kodumaa, s. Abschnitt »Schriftsteller«, S. 326 f.

346 21.12.1957.

347 Siehe die Abschnitte »Traugott als Künstler – Schriftsteller und Maler«, S. 316, und »Wenn ich jetzt ... mein Leben überschaue« (TvSt), s. S. 366.

348 Ich stütze mich bei der folgenden Darstellung u.a. auf: Müller 1986: Schlaglichter der deutschen Geschichte, Mannheim (Bibliographisches Institut), S. 226–257 (dieses Werk liegt vor in einer Sonderausgabe für die Landeszentralen für politische Bildung), sowie Dann, Otto 2001: Die gespaltene Nation. Deutschland in der Republik von Weimar, S. 44–51. Der Verfasser war von 1980–2002 Prof. für Geschichte der Neuzeit an der Universität Köln.

349 Gustav Noske, Volksbeauftragter für Heer und Marine, dann Reichswehrminister.

350 Die Rolle der an Ruhe und Ordnung interessierten SPD-Granden – im unrühmlichen Zusammenspiel mit den reaktionären, anti-demokratischen, brutalen »Freikorps« – untersucht Hüetlin, Thomas in seinem Buch von 2022: Berlin, 24. Juni 1922. Der Rathenaumord und der Beginn des rechten Terrors in Deutschland.

351 SPD 37,9 %, Zentrum 19,7 %, DDP 18,5 %

352 Verlauf der Inflation: im Vergleich zum $: 1919: 1 $ ≙ 8,57 M, Mitte 1922 1 $ ≙ 1000 M, Mai 1923 1 $ ≙ 1 Million M, Nov. 1923 1 $ ≙ 4 Milliarden M; Relation Goldmark zu Papiermark: Anfang 1918 1:1, Anfang 1919: 1:5, Anfang 1920 und 1921: 1:10,

Anfang 1922: 1:80, 2.Quartal 1922: 1:100, 3.Qu. 1922: 1:1000, 1.Qu. 1923: 1:5000, 2.Qu. 1923 1:100000, 3.Qu. 1:1 Million, 1 kg Brot kostet im Okt. 1923 680 Millionen Mark, im Nov. 1923 580 Milliarden Mark; am 15.11.1923 beim Stand von 1:1 Billion dann Ablösung der Papiermark durch Rentenmark, Umrechnung: 1 Billion Mark ≙ 1 Rentenmark.

353 Z.B. Bauhaus-Architektur, Brechts Episches Theater, »Neue Sachlichkeit«, Jazz, Mode.

354 Die Jugendbewegung politisiert sich in verschiedene konkurrierende Richtungen.

355 Das Triptychon »Großstadt« (1928) von Otto Dix zeigt die Kontraste deutlich.

356 Black Friday am 25. Oktober 1929.

357 Brief Traugott an seine Mutter, 16.11.1931.

358 TvSt 1924: Die Grundfrage. In: Werteland, Neue Folge von Vivos voco, Zs. für neues Deutschtum, 1924 Bd.4, H.2, S. 84–87.

359 Jean-Jacques Rousseau (1712–1778).

360 Henry David Thoreau (1817–1862), besonders das Werk »Walden or Life in the Woods« (1854).

361 Siehe Abschnitt »Wenn ich jetzt ... mein Leben überschaue« (TvSt), S. 372 ff.

362 Traugott erwähnt das in einem Brief an seine Mutter, 28.11.1929.

363 Entnommen Bosch, Manfred 1997: Bohème am Bodensee, S. 115.

364 Siehe Abschnitt »Geldgeschichten« S. 400.

365 Brief Helene an Mutter Stackelberg, 16.12.1929.

366 Wieder abgedruckt in der Schätzle-Markt-Zeitung Tengen 2008, Autor: E. Rothfelder.

367 Die »Deutsche Friedensgesellschaft« ist 1892 in Berlin von Bertha von Suttner und Alfred Fried gegründet worden. In den 20er Jahren gibt es Affinitäten zur Sozialdemokratie. Die DFG setzt sich für die Erhaltung der Republik ein und steht damit im Widerstreit mit den militanten Faschisten. S. www.dfg-vk.de, abgerufen 13.6.2021.

368 Uellenberg, Wolfgang und Rütz, Günter 2002: Über uns – Damals. Geschichte unseres Verbandes. Kinderfreundebewegung in Deutschland, in: trend onlinezeitung 7–8/02, http://www.trend.infopartisan.net/trd7802/t087802, abgerufen 13.6.2021.

369 Bericht vom 12. Dezember 1932 in der »Oberländer Zeitung. Singener Nachrichten. Neue Hegauer Zeitung«.

370 1808–1879.

371 Bezugstexte für die folgenden Ausführungen sind: Müller 1986: Schlaglichter der deutschen Geschichte, S. 258–304, sowie Giebel, Wieland (Hg.) 2018: »Warum ich Nazi wurde«. Biogramme früher Nationalsozialisten. Die einzigartige Sammlung des Theodor Abel.

372 Vgl. Klemperer, Viktor 1947: LTI Lingua Tertii Imperii – Notizbuch eines Philologen.

373 Hannah Arendt führt 1951 in »Elemente und Ursprünge totalitärer Herrschaft«

(Piper 1991) aus: Der »ideale Untertan der totalitären Herrschaft [ist] nicht der überzeugte Nazi oder der überzeugte Kommunist«, vielmehr der »Mensch, für den die Unterscheidung zwischen Fakt und Fiktion sowie zwischen Wahr und Falsch nicht mehr existieren«. (s. Frankfurter Rundschau, ~31.10.2020)

374 Adorno, Theodor W.: Asyl für Obdachlose 1944/47, in: ders.: Minima Moralia, Reflexionen aus dem beschädigten Leben, Frankfurt 1951, S. 42.

375 Ursprünglich lautet Adornos Sentenz: »Es läßt sich privat nicht mehr richtig leben.«

376 Adorno op. cit. S. 41.

377 Akte im Staatsarchiv Freiburg (STAF) D 81/1, s.u. Anm. 378; s. auch TvSt 1954a, S. 6 »Die Herren auf dem Bezirksamt waren nicht meine Freunde, ich war ihnen verdächtig, denn sie hielten mich für einen Russen – jedenfalls für einen Fremdling.«

378 Traugott Brief an seine Mutter, 16.4.1942. Das war also noch mehr als ein halbes Jahr vor dem Desaster der deutschen Wehrmacht in Stalingrad von August 1942 bis Februar 1943.

379 Heer, Hannes 2005, 2008[2]: »Hitler war's«, Die Befreiung der Deutschen von ihrer Vergangenheit, S. 133.

380 Dazu sein Text »Fratze und Gesicht Rußlands«, 1937 verfasst, 1958 veröffentlicht.

381 Siehe S. 153.

382 Siehe Anm. 16, S. 143.

383 Siehe S. 18.

384 Z.B. TvSt 1970: Über sein Leben, s. S. 366 ff.

385 TvSt 1954a, S. 16.

386 Siehe S. 371.

387 Siehe S. 111.

388 Siehe S. 111.

389 Akte im Staatsarchiv Freiburg (STAF) D 81/1.

390 Oberländer Zeitung Jg.37, 1934, Nr. 286, 11.12.1934. Ende 1932 noch war im Zeitungskopf der »Oberländer Zeitung. Singener Nachrichten. Neue Hegauer Zeitung« das Motto »Für Einigkeit und Recht und Freiheit« aufgeführt. Es dauert nicht lange, bis dieses Motto im Jahr 1933 verschwindet.

391 Akte Staatsarchiv Freiburg STAF D 1802-33726 S. 78.

392 Dieser Anschein ist von NS-Stellen eher als »Tarnung« aufgefasst worden. S. die Erklärung von Dr. Schaal von 1947, S. 306.

393 So H. Lauber in: Kulturförderkreis des City-Ring Singen 1987: Wettbewerb Traugott von Stackelberg. Wettbewerbsbeitrag der GHS Tengen, Klasse 9. »Doktors Vieh«, Protokoll einer Annäherung an den Menschen Traugott von Stackelberg. Tengen März 1987, S. 17.

394 Siehe S. 115.

395 Siehe Helenes Darstellung im Entnazifizierungsverfahren, S. 120–124.

396 https://museenkoeln.de/ausstellungen/nsd_1609_hitlerjugend/index.html, abgerufen 8.9.2021.

397 Brief Traugott an seine Mutter, 9.6.1936.

398 Über die Reisedaten gehen die Angaben in verschiedenen Dokumenten auseinander: 1934/1935/1937/1938. Zeitweilig in der 2. Hälfte der 30er Jahre ist Traugott der Pass entzogen worden.

399 S. 284.

400 Siehe Bild und Foto von der Insel Rab, S. 333 f.

401 Über diese Reise schreibt Traugott in mehreren Briefen an seine Mutter.

402 Am 30. September 1938 unterzeichnen die Regierungschefs von Großbritannien, Frankreich, Italien und dem Deutschen Reich das Münchener Abkommen. Unter Vermittlung des italienischen Diktators Benito Mussolini geben der britische Premierminister Neville Chamberlain und der französische Ministerpräsident Édouard Daladier ihre Zustimmung zur Eingliederung des Sudetenlandes in das Deutsche Reich. Die Tschechoslowakei ist zu diesem Treffen nicht eingeladen. Das Abkommen stellt einen Höhepunkt der britischen Appeasement-Politik dar. (s. Wikipedia, https://de.wikipedia.org/wiki/1938, abgerufen 8.8.2020)

403 Brief Traugott an seine Mutter, 1.10.1938: »Lene & das Mädchen sind zu einem Luftschutzkurs nach Tengen gefahren«.

404 Als Lehrer fungieren dabei ein Freischärlerfreund (s.o. Abschnitt »Freischar-Treffen, 1936«, S. 289 f.) und auch Traugott.

405 Siehe Anm. 169, S. 203.

406 Poensgen, Ruprecht 1966: Die Schule Schloss Salem im Dritten Reich, S. 27.

407 Ibd., S. 27.

408 Ibd., S. 28.

409 Ibd., S. 29.

410 Ibd., S. 48.

411 Ibd., S. 49.

412 Ibd., S. 51.

413 Ibd., S. 52.

414 Staatsarchiv Freiburg Akte STAF D1802-33726, S. 38.

415 Siehe Abschnitt »Geldgeschichten«, S. 407.

416 Traugott Brief an seine Mutter am 8.6.1943.

417 Hertha Bavink, geb. Lohmann (1890–1955).

418 Georg Bavink (1927–1945).

419 Im Entwurf eines Briefes an Reitze. Siehe auch Anm. 272, S. 344.

420 Carmen Scheide stellt diese sehr eingehend und auf der Grundlage umfangreichen Archivmaterials in ihrem Aufsatz »Tengen in der Zeit des Nationalsozialismus« dar.

421 In Götz, Franz (Hg.) 1991: Tengen. Geschichte der Stadt und ihrer Ortschaften, werden die folgenden Zahlen aufgeführt. (Zahlen für Tengen, S. 349, Zahlen für Büßlingen S. 410):

Tengen	14.9.1930	31.7.1932	5.3.1933
Zentrum	157	168	154
Sozialdemokratische Partei	3	3	1
Kommunistische Partei	12	4	-
Nationalsozialistische Partei	80	197	285
Kampffront schwarz-weiß-rot			15
Sonstige	5	17	4
Büßlingen			
Zentrum			141
KPD		48	
NSDAP		28	90

422 TvSt 1958: Über sich selbst. Siehe auch S. 316 ff.

423 Vgl. »Brief von Anne Friedel 1947«, S. 308.

424 Siehe S. 374 f.

425 Siehe https://www.bundespraesident.de/SharedDocs/Reden/DE/Richard-von-Weizsaecker/Reden/1985/05/19850508_Rede.html abgerufen am 15.8.2021.

426 Vgl. Müller, Helmut 1986/1987: Schlaglichter der Deutschen Geschichte, Sonderausgabe für die Landeszentralen für politische Bildung 1987, S. 305–316.

427 TvSt 1961: Über sein Leben.

428 TvSt ~1953: Curriculum vitae meae, S. 4.

429 Siehe Abschnitt »Mobilität«, S. 264.

430 Siehe Brief Traugott an seine Tochter Brita, 18.Juli 1946. Diesen Brief schreibt er in seiner Praxis in Singen.

431 Bei den in der amerikanischen Zone durchgeführten Verfahren gibt es fünf Kategorien: Hauptschuldige, Belastete, Minderbelastete, Mitläufer, Entlastete. Für Delinquenten der ersten drei Kategorien werden Strafen, u.a. Gefängnis, Berufsverbote, ausgesprochen, Mitläufer erhalten Geldstrafen. Ähnlich in der französischen Zone. Die Kommissionen schlagen übergeordneten Reinigungsausschüssen Maßnahmen vor, die wiederum der Militärregierung Vorschläge unterbreiten. Klare, objektive, einheitliche Kriterien für Sanktionierungen gibt es nicht. Daher kommt es zu schwer nachvollziehbaren Unterschieden bei den entschiedenen Sanktionen. Verfahren dauern sehr lange, oft führen erst Widersprüche zu einer Revision. Nicht alle Delinquenten können sich einen Rechtsbeistand leisten. In Bayern werden scheinbar leichtere Fälle zuerst bearbeitet, die komplizierten aufgeschoben, bis sie schließlich wegen der Beendigung der Entnazifizierung nicht mehr behandelt werden.

432 TvSt ~1953: Curriculum vitae meae, S. 4.

433 Er hat diese Funktion bis 1946 inne. Von 1934–1945 ist er mehrfach durch Polizei und Gestapo verhaftet worden. Die kurze Biografie bei leo-bw schließt mit dem Satz: »Sein katholischer Glaube war zweifellos Rück-

grat, Stütze und Grundlage seines gesamten Lebens.« S. https://www.leo-bw.de/web/guest/detail/-/Detail/details/PERSON/kgl_biographien/1012182754/Dietrich+Bernhard, abgerufen 13.8.2021.

434 Siehe Abschnitt »Traugott als Praktischer Arzt (1922–1958)«, S. 236.

435 Siehe S. 246.

436 Brief Traugott an Brita und Bernhard am 20.7.1947.

437 Siehe Abschnitt »Löwenbrunnen 1947«, S. 307 f.

438 Brief von Traugott an Brita und Bernhard Wirminghaus, 20.Juli 1947.

439 http://alemannia-judaica.de/gailingen_synagoge.htm, abgerufen am 13.8.2021.

440 TvSt ~1953: Curriculum vitae meae, S. 4.

441 Wie nach der Inflation 1921–23. s.o. S. 230 und S. 398–403.

442 Stimmenanteile: CDU/CSU 31%, SPD 29,2%, FDP 11,9%, KPD 5,7%

443 Das ausgabefähige Einkommen eines vierköpfigen Arbeitnehmerhaushalts verdoppelt sich von 1950 bis 1960 auf monatlich 670 DM. Quelle: Schildt, Axel: Deutschland in den 50er Jahren, =H.256 der Bundeszentrale für politische Bildung 2012, https://www.bpb.de/izpb/10122/deutschland-in-den-50er-jahren, abgerufen am 30.9.2021.

444 Siehe Giordano, Ralph 1987: Die zweite Schuld oder Von der Last ein Deutscher zu sein.

445 Brief von Traugott an Brita Wirminghaus, 21.12.1952.

446 Siehe Abschnitt »Schriftsteller«, S. 320 ff.

447 Brief von Helene an Brita Wirminghaus, 29.1.1953.

448 Siehe Widmung an die Gemeinde Tengen, Abschnitt »Heimat«, S. 266 ff.

449 Brief Traugott an Brita und Bernhard Wirminghaus, 29.9.1954.

450 Zu den Reisen auf die Insel Rab, in die Schweiz, nach Schweden und nach Griechenland verfasst Traugott zum Teil ausführliche Erinnerungen.

451 Siehe Anm. 133, S. 201, und Anm. 222, S. 342.

452 Siehe Artikel im Südkurier am 24.12.1958.

453 Siehe Abschnitt »Feste und Feiern«, S. 247.

454 Siehe Abschnitt »Schriftsteller«, S. 320.

455 Siehe Wirminghaus, Brita 1991, Berner, Herbert 1986, Greuter, Erich 1966, Bosch, Manfred 1991, Eintrag in Wikipedia zu TvSt; in seinem Pass von 1955 ist als Beruf vermerkt: »Arzt und Schriftsteller«, auf seiner Visitenkarte aus den 60er Jahren kehrt er die Reihenfolge um: »Schriftsteller und Arzt«. S. Abschnitt »Noblesse«, S. 365.

456 Unveröffentlichtes Typoskript, wohl aus dem Jahr 1958.

457 Friedrich Siegmund-Schultze (1885–1969), Einige Daten: 1908 Sekretär des Christlichen Studentenweltbundes für Sozialarbeit und Ausländermission, 1911 Gründung (mit seiner Frau zusammen) »Soziale Arbeitsgemeinschaft Berlin-Ost« (wird im Frühjahr 1933 geschlossen), 1917/18 Direktor des Jugendamts Berlin (erstes in Deutschland), Kontakte zu Quäkern, 1925 Prof. f. Jugendkunde und Jugendwohlfahrt, Universität Berlin, Juni 1933 Verhaftung durch die

Gestapo und Verbringung an die Schweizer Grenze, 1946 Prof. f. Sozialpädagogik und Sozialethik, Universität Münster, 1957 Gründungsmitglied und – bis 1957 – Vors. d. Zentralstelle Kriegsdienstverweigerung. s. https://de.wikipedia.org/wiki/Friedrich_Siegmund-Schultze, abgerufen 6.7.2021. Friedrich Siegmund-Schultze hat im Rahmen der Entnazifizierungsprozesse ein für Traugott positives Zeugnis abgelegt. (Akte STAF D 1802–33726, S. 47)

458 Damit dürfte er u.a. Max Weber, Gustav Landauer, Erich Mühsam und Heinrich Mann meinen.

459 Du Schweizerische Monatsschrift 10. Jg. Dezember 1950, S. 61–63, 82, 85 f.

460 Der Ausdruck »eiserner Vorhang«, den Churchill in einer Rede im März 1946 geprägt hat, bezeichnet die sichtbare und unsichtbare Grenze zwischen dem durch die Sowjetunion dominierten Osten und dem Westen. Die Öffnung dieses »Vorhangs« durch die Öffnung der die DDR und die Bundesrepublik seit 1961 trennenden Mauer und Grenzanlagen passiert in Berlin am 9.November 1989. Diese Öffnung leitet das Ende der DDR und auch der Sowjetunion ein. Danach können die baltischen Staaten ihre Souveränität wiedergewinnen.

461 Robert Musil (1880–1942) unterscheidet im 4. Kapitel seines großen Romans »Mann ohne Eigenschaften« (entstanden ab ~1900, veröffentlicht 1930, 1933, 1943) diese beiden Haltungen zur Welt. Neuausgabe Reinbek (Rowohlt) 1952, S. 16–18.

462 Dix, Jan 2017: In Freiheit dressiert. Eine Jugend im Dix-Haus, S. 18 f.

463 Siehe Abschnitte »Tagebuch 1 (1911–1920)«, S. 160, »Tagebuch, Fortsetzung I«, S. 166, »Tagebuch, Fortsetzung II«, S. 174; das 2.Tagebuch umfasst die Jahre 1920–1925.

464 Siehe Anm. 129, S. 201.

465 Tagebuch 1 (Rotes Heft), S. 163 ff und S. 178 ff.

466 In: Ehmer, Wilhelm 1921: Hofgeismar. Ein politischer Versuch in der Jugendbewegung 1920, Jena (Diederichs), S.67–70, siehe Abschnitt »Quäker«, S. 213 ff.

467 In: Privat-Berichte über die russische Hungersnot. Nr. 4. Die Deutschen Freunde der Quäker, Berlin (Franz Weber) 1922.

468 Siehe Abschnitt »Die Grundfrage« (1924), S. 272.

469 Im Flamberg-Verlag, Zürich/Stuttgart.

470 Nur ein Beispiel: Nachdem ein Monat nach der Familienreise zur Insel Rab 1938 vergangen ist, verfasst er einen detaillierten Bericht über diese Reise. siehe Abschnitt »Reise zur Insel Rab, 1938«, S. 290.

471 Siehe zum Beispiel den »Bericht Berlin Oktober 1918, 194 ff.

472 Sie entsprechen etwa dem später gedruckten Text in »Geliebtes Sibirien«, S. 154–162.

473 Du Schweizerische Monatsschrift 10. Jg. Dezember 1950, S. 61–63, 82, 85 f.

474 Brief vom 18.12.1950.

475 Brief von Helene an Brita, 11.5.1951.

476 In meiner Darstellung des Abschnitts von Traugotts Leben von 1914–1917 bin ich auch seinem eindrucksvollen und bewegenden Bericht in »Geliebtes Sibirien« gefolgt.

477 Brief von Traugott an Brita, 16.12.1951.

478 Zum Beispiel den Kunstkurs bei Prof. König in Berlin (s. Abschnitt »Berlin«, S. 158, und Abschnitt »Maler«, S. 331 f. die Freundschaft mit Hans Paasche (s. Abschnitt »Freundschaften, Verwandtschaften«, S. 242 und Anm. 289, S. 345.).

479 Brief vom 24.12.1952.

480 Siehe Abschnitt »Heimat«, S. 266 und S. 290.

481 »Cornet« (oder auch »Kornett«) ist im 17. und 18. Jh. in den europäischen und auch den zaristisch-russischen Streitkräften übliche Bezeichnung für den rangjüngsten Offizier der Kavallerie. S. auch https://de.wikipedia.org/wiki/Kornett_(Offizier)die Bezeichnung, abgerufen 23.3.2022.

482 Auf diesen Text habe ich mich oben schon bezogen, s. Abschnitt »Olga«, S. 178, und Abschnitt »Hilfe in Russland, Aufenthalt in Busuluk, Frühjahr 1922«, S. 227.

483 Auf diesen Text habe ich mich oben schon bezogen, s. Abschnitt Doktors Vieh, ackern und gärtnern, S. 256 ff.

484 Streng genommen ist auch dieser Autor ein fiktiver Autor. In diesem Fall ist die Affinität des fiktiven zum realen Autor allerdings recht groß, so dass ich – vereinfachend – vom Autor spreche.

485 Siehe »Auf eigener Fährte 1967«, S. 357 ff.

486 Blumenberg, Hans 2003: Arbeit am Mythos, Frankfurt, S. 194.

487 Leibniz 1714: Monadologie, 17. Lehrsatz »Die Monaden haben keine Fenster, durch die etwas hinein- oder heraustreten kann.«

488 TvSt 1952: Manon de Carmignac, S. 11–14.

489 Tagebuch 1, Eintrag vom 23. November 1913.

490 Zum Bild für Helene siehe S. 73.

491 Tagebuch 2, 31.10.1922.

492 Brief Traugott an Mutter Stackelberg am 28.11.1929.

493 Brief Helene an Mutter Stackelberg am 16.12.1929.

494 Bericht vom 12. Dezember 1932 in der »Oberländer Zeitung. Singener Nachrichten. Neue Hegauer Zeitung«.

495 Siehe »Schachspiel (1932)«, S. 278 f.

496 Siehe «Holzschnitzer«, S. 339.

497 Bericht vom 11. Dezember 1934 in der Oberländer Zeitung, s.u. Abschnitt »1933–1945: NS-Zeit«, S. 286 f.

498 In einem Brief an seine Mutter am 22.10.1938 bestätigt Traugott diesen Zusammenhang.

499 Siehe »Sich niederlassen – die Holzstühle«, S.224–227 und S. 386–397.

500 Siehe Foto oben links auf S. 248.

501 Siehe »Schachspiel (1932)«, S. 278.

502 S. 374.

503 S. 364.

504 Brief von Helene an Mutter Stackelberg vom 16.12.1929.

Fast allein – Traugott (1964–1970)

Nach mehr als vier Jahrzehnten gemeinsamen Lebens mit Helene ist Traugott seit dem Tod von Helene 1964 allein im Degenhof. Fast allein, denn da ist noch die treue Emilie, die schon seit vielen Jahren Haushalt und Wirtschaft im Degenhof mitbetreut, da sind die Freunde und Freundinnen in der näheren und weiteren Umgebung, da sind die Familien der Kinder, da ist der Hund Waska. Und da ist die Welt, die erinnerte und erzählte, und die der Reisen.

Im Frühjahr 1965 unternimmt Traugott eine weitere Reise nach Malta. Die Insel und das Leben dort scheinen ihm so zu gefallen, dass er eine Wohnung mietet – für ein Jahr, ab 15.8.1965, für 35 Pfund, was damals etwa 400 DM entspricht. Noch im Oktober 1965 schreibt ihm der deutsche Botschafter in Malta, dass er sich freue, ihn im nächsten Frühjahr 1966 wieder zu sehen. Aber zu einem weiteren Aufenthalt in Malta kommt es nicht mehr.

Die Büste

Der Bildhauer Berthold Müller-Oerlinghausen gestaltet 1965 eine bronzene Büste von Traugott von Stackelberg. Der Künstler ist 1893 in Oerlinghausen bei Bielefeld geboren, lebt ab 1940 in Kressbronn am Bodensee, wo er 1979 stirbt. Traugott hat eine freundschaftliche Beziehung zu ihm und besucht ihn zu dessen 75. Geburtstag. Von dem Künstler stammt auch das als Mosaik ausgeführte Stackelberg-Wappen auf dem Grabstein auf dem Friedhof in Tengen.

Die Büste wird 2017 von der Familie der Stadt Tengen gestiftet.

Zum 75. Geburtstag 1966

Traugott im Gespräch mit Ekkehart Rudolph vom Süddeutschen Rundfunk Stuttgart, April 1966 (Foto: Michael S. Berchmann, Singen)

Zu seinem 75. Geburtstag sendet der SDR1 / SWF1 in der Abendschau am 16.3.1966 einen fünf-minütigen Fernseh-Beitrag von Peter A. Horn mit und über Traugott. Mit Kollegen vom Hörfunk des Süddeutschen Rundfunks, Ekkehart Rudolph und Karl Schwedhelm, führt er im April 1966 ein fast 45-minütiges Gespräch, das am 3.7.1966 gesendet wird.

Auf eigener Fährte 1967

Traugott signiert Exemplare seiner Bücher. 1969
(Foto: Michael S. Berchmann, Singen)

Im Jahr 1967, von Anfang Mai bis Mitte Juni, hat Traugott die Möglichkeit, in die Sowjetunion zu reisen. Seine Route führt ihn in seine Geburtsstadt Reval, heute Tallinn, Leningrad, heute Petersburg, Moskau, Tiflis und schließlich nach Irkutsk in Sibirien, an die Angara – teilweise »auf eigener Fährtc«, die er mehr als 50 Jahre zuvor genommen hat. Nach Bogutschansk, wo er die Krankenstation aufgebaut hat, kann er allerdings nicht gelangen, da die dortige Region wegen Goldvorkommen für Touristen unzugänglich ist.

Über die Eindrücke dieser Reise verfasst er den Bericht »Auf eigener Fährte«, sein neuntes und letztes Buch, es erscheint 1968 bei Neske.

Im Anschluss an diesen Bericht hält er – bald an die 80 Jahre alt – 1968 und 1969 über 30 Vorträge, auch mit eigenen Dias bebildert, und gibt Lesungen aus dem Buch.

Der letzte Vortrag

Traugott (Mitte rechts) anlässlich seiner Lesung »Die einsame Insel«, Bodensee-club, Inselhotel Konstanz, 8.11.1970

Am 8. November 1970 starb plötzlich und unerwartet, kurz v seinem 80. Geburtstag

Traugott
Freiherr von Stackelberg

Tengen, Degenhof, den 8. November 1970

Ursula von Kügelgen
Alkmar von Kügelgen
Britta Wirminghaus
Bernhard Wirminghaus
Jürgen von Stackelberg
Jantra von Stackelberg
11 Enkel und ein Urenkelkind
Thea Jeuther und
Emilie Wetzstein

Die Beerdigung findet statt am Freitag, 13. November 1970, um 15.00 Uhr auf de Friedhof in Tengen.

Am 8.November 1970 feiert der Bodenseeclub in Konstanz sein 20-jähriges Bestehen. Traugott nimmt an dieser Jubiläumsveranstaltung aktiv teil. Er liest seinen Text »Die einsame Insel«, zeigt auch einige seiner Bilder und begrüßt viele Freunde.

Zufrieden und müde fährt er von Konstanz heim zum Degenhof. Er lädt seine Bilder aus und lässt sich erschöpft in seinem Lehnstuhl nieder, um sich auszuruhen. Friedlich schläft er ein und verstirbt.

Spätere Rezeption

Nach seinem Tod findet 1974 eine umfassende Ausstellung im Kunstsalon Wolfsberg in Zürich statt. 1986 veranstaltet eine Galerie in Bohlingen eine eigene Ausstellung, und in Singen wird eine große Gedächtnisausstellung präsentiert.

1987 lobt der Kulturförderkreis des City-Rings Singen einen Wettbewerb zu Traugott von Stackelberg aus. Schülerinnen und Schüler der Jahrgänge 8 und 10 der Zeppelin-Realschule Singen fertigen unter Anleitung ihrer Lehrerin, Jutta Mengele-Lorch, 41 Linolschnitte an, die Erzählungen von Traugott illustrieren: »Der sibirische Meteor«, »Die Bärenkralle«, »Dsema'u« und »Die Uhr des Zaren Paul«. Der Kulturförderkreis zeichnet diese Arbeiten mit dem 1. Preis für die beste Gemeinschaftsarbeit aus. Die Arbeiten werden reproduziert und als »Stackelberg-Mappe« – mit einem Vorwort von Herbert Berner, Kulturamtsleiter und Archivdirektor, versehen – vom Kulturförderkreis herausgegeben. Eine Schülerin und ein Schüler des Friedrich-Wöhler-Gymnasiums gestalten Kunstwerke nach Fotos von Traugott, dem Mediziner und dem Künstler.[505] Den 2. Preis erhält der Wettbewerbsbeitrag der Grund- und Hauptschule Tengen[506]. Unter Anleitung ihres Lehrers, Josef Leirer, widmen sich die Schülerinnen und Schüler der 9. Klasse dem Text »Doktors Vieh«. Sie lesen ihn eingehend und bereiten mit gezielten Fragen Interviews vor. Diese führen sie mit meinen Eltern, mit Emilie Wetzstein, die über 35 Jahre lang auf dem Degenhof Haus und Garten versorgt hat, und einem guten Bekannten, Herrn Lauber, aus Büßlingen. Anschließend ordnen sie die Antworten zu bestimmten Themen und vervielfältigen ihre Arbeit. Im Nachwort schreiben sie:

> Wir meinen, einen Menschen entdeckt zu haben, der unserer Generation etwas zu sagen hat. Beeindruckt haben uns vor allem sein Mut und seine Entschlossenheit, eigene Vorstellungen zu verwirklichen und dabei mitunter gegen den Strom zu schwimmen, unbeirrbar auch dann, wenn es mühsam war, wenn er sich persönliche Schwierigkeiten einhandelte oder wenn er sich dabei in Gefahr begeben mußte.[507]

Und zudem:

> Im Verlauf unserer Arbeit entdeckten wir, daß Frau Doktor von Stackelberg immer etwas im Schatten ihres Mannes steht, zu Unrecht. … Sie hatte ein gewaltiges Arbeitspensum zu leisten, ihre außerordentliche Freundlichkeit und Güte werden gerühmt, wann immer man auf sie zu sprechen kommt. Und eines sollte man nicht vergessen: Es ist sicher auch ihr Verdienst, daß sich ihr Mann so intensiv seinen musischen Interessen widmen

konnte. Wer weiß, wie oft sie die Widrigkeiten des Alltags von ihm ferngehalten hat, wenn er gerade an einem Buch oder an einem Bild arbeitete.[508]

Als weiteren Wettbewerbsbeitrag erstellt eine Gruppe von Schülerinnen und Schülern des Friedrich-Wöhler-Gymnasiumsein ein Modell des Degenhof-Geländes mit den verschiedenen Gebäuden im Maßstab 1:50.[509]

Schließlich beteiligt sich auch der Musiker, Musiklehrer, Komponist, Chorleiter und Verleger Erich Georg Gagesch (*1952). Er rezipiert Texte von Traugott auf eine besondere Weise. In seinen Prosatexten spürt Gagesch lyrische Elemente auf und stellt sie zu Gedichttexten zusammen. Drei dieser nachgedichteten Texte hat Gagesch vertont.[510]

Zum 100. Geburtstag von Traugott im März 1991 veranstalten meine Eltern im Foyer des Rathauses in Tengen eine Gedächtnisausstellung mit 59 Werken und Tafeln zu Leben und Werk. Thilde Rothfelder aus Tengen fotografiert die Gemälde und Meta Stocker aus Singen schreibt kurze Texte zu den Bildern.[511]

2009 schließlich stellt die aktuelle »Gruppe der Singener Maler« im Bürgersaal des Rathauses aus und erinnert mit einigen deren Werken auch an die Gründungsmitglieder, unter anderen auch an Traugott.

Erinnerung an Traugott von Stackelberg durch die Stadt Tengen

Auf den Fluren und im Treppenhaus des Rathauses sind dauerhaft etliche Gemälde und Zeichnungen von Traugott ausgestellt. Sie sind 2009 der Stadt gestiftet worden von Marina Pfeiffer, Tochter von Dr. med. Carl und Lina Pfeiffer, guten Freunden der Stackelbergs. Im Foyer gibt es eine Vitrine mit Büchern und die von Müller-Oerlinghausen geschaffene Büste. Auf der Website der Stadt ist einige Jahre lang ein eigener Eintrag zu Traugott zu finden gewesen. Im von Franz Götz 1991 im Auftrag der Stadt Tengen herausgegebenen Werk »Tengen. Geschichte der Stadt und ihrer Ortschaften« ist Traugott eine kurze Biografie gewidmet, seine Tochter Brita hat sie verfasst.

505 Siehe Südkurier 5.5.1987.

506 Siehe Südkurier 12.5.1987.

507 Kulturförderkreis des City-Ring Singen 1987: Wettbewerb Traugott von Stackelberg. Wettbewerbsbeitrag der GHS Tengen, Klasse 9. »Doktors Vieh«, Protokoll einer Annäherung an den Menschen Traugott von Stackelberg. Tengen März 1987, S. 27.

508 Ibd., S. 26.

509 Siehe Südkurier 5.5.1987.

510 Siehe Südkurier 7.5.1987.

511 Privatdruck 1991.

Rückblicke

Noblesse

Traugott ist in einer ständischen Welt aufgewachsen, in der die Aristokratie, der er angehörte, eine wichtige Rolle gespielt hat. Er hat diese vergehende und durch die Revolutionen in Russland und Deutschland vergangene Welt hinter sich gelassen. Bewahrt hat er sich und gelebt hat er eine im besten Sinn aristokratische Haltung, die nicht durch Dünkel und elitäre Abgrenzung gekennzeichnet ist, sondern durch Selbstständigkeit bis zum fast dickköpfigen Individualismus, Freisinnigkeit, Verantwortung für Schwache und Skepsis gegenüber der Bevormundung durch irgendwelche Organisationen, auch staatliche. Sein Umgang mit Titeln und Markierungen für Adeligkeit ist – so meine ich – bezeichnend für die weitere Entwicklung seiner bewussten Haltung.

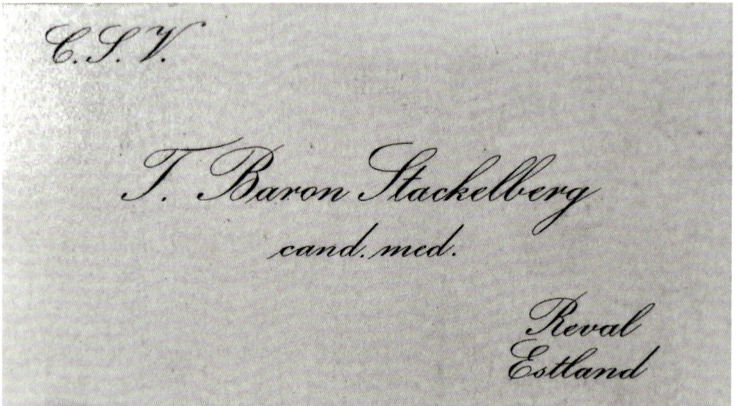
C.S.V.

T. Baron Stackelberg
cand. med.

Reval
Estland

Auf Traugotts Visitenkarte vor dem Ersten Weltkrieg als Student der Medizin, Mitglied der Christlichen Studentenvereinigung C.S.V., mit Heimatort Reval ist der Adelstitel »Baron« vermerkt.

In der Matrikel des Wintersemesters 1918 / 19 der Münchner Universität ist Traugott als »Freiherr von Stackelberg« aufgeführt. In Deutschland ist der dem »Baron« gleichwertige Titel »Freiherr« eher üblich. Bei seinem Engagement in der Gruppe freiheitlicher Akademiker bzw. der Arbeitsgemeinschaft demokratisch-sozialer Akademiker, in der Zeit von November 1918 bis Januar 1919, lässt Traugott den Titel des Freiherrn konsequenterweise ruhen. Oft lässt er auch die Präposition »von« weg.

Durch die Weimarer Reichsverfassung, die am 14. August 1919 in Kraft getreten ist, werden in Deutschland Privilegien und Adelstitel abgeschafft. Immerhin können die alten Titel und das »von« als Bestandteile des bürgerlichen Familiennamens weiter verwendet werden.

Beim Text von 1921 »Die Jungen Freunde« und dem Text vom April 1922 »Fahrt durch die Hungergebiete« wird jeweils als Autor vermerkt: Traugott Stackelberg.

Gleichwohl ist auf einem der 1921 / 22 mit Schnitzereien versehenen Brettstühle das Stackelberg-Wappen in einen stimmigen Kontext gebracht, den des »Überliefern«.[512] Am eigenen Haus werden an einem hohen Mast Fahnen gehisst, die einen Bezug zu Freiherrlichem herstellen, zuerst ein weißes Kreuz auf dunklem Grund, wohl für die estnische Ritterschaft, später mit dem Familienwappen, und zwar in Zeiten der NS-Diktatur.

Etwas Freiherrschaftliches verbindet Traugott gewiss mit dem eigenen Grundstück: »Von unserm Hofe sieht man kein Dach, das nicht uns gehörte«.[513] Das Grundstück ist zwar im Verhältnis zu den ehemaligen Stackelbergschen Gütern im Baltikum eher überschaubar, aber doch immerhin 17.811 qm = über 1,7 ha groß.

Auf seinem Praxisschild in Singen[514] steht der Namenszug entsprechend der Weimarer Verfassung von 1919, wenn auch etwas eingekürzt.

Das zähnefletschende Ungeheuer, aus einem Stück eines Eichenbalkens geschnitzt, hält brav einen Schild mit dem Stackelberg-

Wappen. Es ist im Anbau von 1928 über dem Kamin im Musikzimmer eingesetzt worden.

Es gibt mindestens einen Siegelring mit dem Stackelberg-Wappen.

In die Einbanddecken der meisten von Traugotts Büchern ist das stilisierte von zwei Zobeln getragene Wappen eingeprägt. Auf den »Schönsten Erzählungen« prangt es auch in Gold-Weiß auf dem Schutzumschlag.

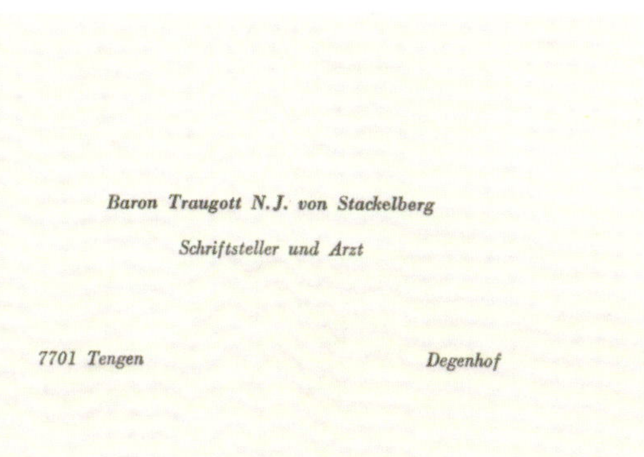

Baron Traugott N. J. von Stackelberg

Schriftsteller und Arzt

7701 Tengen *Degenhof*

In den 60er Jahren[515] lässt Traugott sich diese Visitenkarte drucken. Der Titel gehörte korrekterweise vor die Präposition: Traugott N[ikolaus] J[ohannes] Baron von Stackelberg. Die Berufsbezeichnung des Arztes ist der des Schriftstellers nachgeordnet. Ab 1958 hat er seine Arztpraxis aufgegeben und nur noch für wenige Stunden eine Privatpraxis geführt.

Das von Berthold Müller-Oerlinghausen gestaltete Wappen nimmt auf dem Grabstein von Helene und Traugott eine zentrale Position ein. Kein anderes Symbol findet sich darauf. Korrekterweise müsste eigentlich in anderer Reihenfolge angeordnet werden: Dr. med. Helene Freifrau v. Stackelberg und Traugott Freiherr v. Stackelberg. Ich nehme an, dass Helene auch zufrieden gewesen wäre mit dem schlichten Namenszug. Der Stein ist Muschelkalk aus den Tengener Steinbrüchen. Wenn man so möchte – ein Zeichen der Versöhnung der Personen in familiärer Tradition mit dem Ort, wo sie fast ein halbes Jahrhundert gelebt haben.

»Wenn ich jetzt ... mein Leben überschaue« (TvSt)

[~1970] Über sein Leben[516]

Wenn ich jetzt, am Ende des siebenten Jahrzehnts, mein Leben überschaue, so scheint es mir in seinen verschlungenen Wegen für meine Generation typisch zu sein. Wir Balten haben alle aus einer Welt der Geborgenheit hinausgehen und uns in fremden, uns oft feindlich gegenüberstehenden Verhältnissen zurechtfinden müssen.

Wir konnten nichts mitnehmen, außer den geistigen Kräften, die uns aus einer alten Tradition geblieben waren.

Der erste Weltkrieg und die große russische Revolution waren die ersten geschichtlich sichtbar gewordenen Manifestationen eines schon lange vorher schwelenden Kampfes zwischen zwei Weltanschauungen: des Individualismus auf der einen und des Kollektivismus auf der anderen Seite.

Dieser Kampf hatte schon lange vorher begonnen, nämlich seitdem die Maschinen die individuellen Leistungen zu ersetzen begonnen hatten. Der graue Massenmensch hatte begonnen, für sich als Kollektiv besondere Rechte zu verlangen.

Dieser Vorgang war natürlich nicht auf Russland beschränkt, im Gegenteil, in den hochentwickelten Industrieländern war und ist er in gleichem Maße im Gange. Allerdings ist die soziale Revolution in den »westlichen« Ländern weniger zerstörerische Wege gegangen als in Russland.

Wir begehen aber einen schweren Fehler, wenn wir simplifizierend von einer westlichen »freien« und im Gegensatz dazu einer östlichen »unfreien« Welt sprechen. In einer Welt, in der die Masse entscheidet, gibt es keine Freiheit mehr. Weder im Osten, noch im Westen.

Der zweite Weltkrieg war in diesem Sinne nur eine Fortsetzung des ersten. Die Herrschaft der Massen werden wir so wenig zurückschrauben können, wie wir die Automatisierung aufhalten können.

Es geht im Großen gesehen darum, dass wir trotzdem der Individualität ihren Platz verschaffen müssen.

Gerade wir Balten sind davon überzeugt, dass der Individualität das Primat gebührt, denn: was hülfe es dem Menschen, wenn er die ganze Welt gewönne und nähme doch Schaden an seiner Seele.[517]

Es gibt keine Rezepte für diesen Kampf, ein jeder hat sich von Fall zu Fall selbst zu entscheiden.

Wenn ich überhaupt einen Sinn darin sehen soll aus meinem Leben zu erzählen, so ist es der, dass es ein Beweis dafür ist, dass dieser Kampf nicht aussichtslos ist.

Im Großen und im Kleinen bleibt es dabei, wie es in einem persischen Sprichwort heißt: »Eine Herde von Ziegenböcken, die von einem Löwen angeführt wird, ist stärker als eine Herde von Löwen, die von einem Ziegenbock angeführt wird.«

Wie die meisten von uns, wuchs ich in einer Atmosphäre des Behütetseins unter wirtschaftlich günstigen Bedingungen um die Jahrhundertwende in Estland heran. Dienstboten und Eltern sorgten für unser Wohl. In unserer Familie kamen die musischen Seiten des Lebens vielleicht etwas zu kurz.

Biblische Geschichten und geistliche Lieder waren eine geistige Kost, die wenigstens mir, nicht genügte. Ich hatte einen Heißhunger nach großer Musik, nach Kunst und Dichtung. Heimlich las ich Grimms Märchen, heimlich schlich ich mich nach Katharinental, als dort ein Orchester Beethovens Symphonien spielte. Hinter einem Zaun stand ich und hörte fasziniert zu. Einmal war eine Ausstellung der Bilder Wereschtschagins in der Domschule. Mein Vater hatte mich mitgenommen, und der Eindruck war so tief, dass ich ihn nie vergessen habe.

Einige Male sprach mein Vater mit mir »von Mann zu Mann«, diese Gespräche hatten eine nachhaltigere Wirkung als alle Ermahnungen der Lehrerinnen, selbst meiner Mutter, die ich wie aus zweiter Hand annahm. Meinen Vater habe ich als Junge schon verehrt. Wenn er sagte, es gäbe nicht viele Rechte oder Vorrechte, sondern nur ein Recht und nicht mehrere Wahrheiten, sondern nur eine Wahrheit, so prägte sich das mir tief ein. Er war ein Kämpfer für Recht, Gerechtigkeit und Wahrheit. Unser »Wasserkerl« war für ihn genauso ein Mensch wie die Tante Natalie Uexküll, die mit zwei Füchsen und Diener fuhr.

Mit zehn Jahren kam ich aufs Nikolai-Gymnasium und zwei Jahre darauf starb mein Vater. Dann ging die Revolution von 1905 über unser Land. Russische Soldaten erschossen auf dem Markt in Reval Esten, die sich dort versammelt hatten. Der lange schwarze Zug, der die Särge unter roten Fahnen trug, ging unter unseren Fenstern vorbei. Ich verstand noch nicht, was vor sich ging, aber mein Herz empörte sich für diese Ermordeten und ich merkte, dass etwas geschehen war, was zu einer neuen Zeit hinüberleiten würde.
Mein Vater hatte noch auf seinem Sterbebett gewünscht, dass meine Mutter mit uns Kindern nach Schweden oder Deutschland ziehen sollte, er ahnte wohl, was kommen würde.
Im Herbst 1906 zogen wir nach Berlin und ich kam auf die Oberrealschule nach Steglitz.
Von den Reichsdeutschen war ich von Anfang an sehr enttäuscht. Ich hatte furchtbare Sehnsucht nach der Heimat und ich übertrug meine Liebe zu den Gefährten meiner Kindheit in gleichem Maße auch auf die Esten und sogar auf die Russen.
Ich las nun alles, was ich erreichen konnte, was irgendwie mit der »verlorenen Heimat« zusammenhing, in Berlin konnte man alle Bücher bekommen, die in Russland und in der Heimat von der Zensur verboten waren. Ich las sie mit Heißhunger, daneben aber auch deutsche Philosophen, z. B. Kants Abhandlung über das Erhabene und Schöne, die einen nachhaltigen Eindruck auf mich machte. Ich suchte nach der letzten Wahrheit und nach dem einzigen Recht. Ich verkehrte zwar meist mit Menschen, die gut »kaisertreu« waren, aber ich stritt mit ihnen über das »Dreiklassenwahlrecht in Preußen«.
Ich schloss mich dem Wandervogel an, der den Grundsatz proklamierte, nach eigenem Gewissen sich zu entscheiden und nicht blind zu gehorchen. Waren dies nicht im Grunde die Ideale des klassischen Altertums und der besten Deutschen, deren Vorbild ich anerkannte? Ich besuchte die Kunstsammlungen und Ausstellungen und die Generalproben der Philharmonie, die sonntags Vormittag stattfanden (statt dass ich in die Kirche ging, wie meine Mutter glaubte).
Eine weite Welt tat sich mir auf und ich bedauerte nicht mehr, dass

ich nicht mehr in Estland leben konnte. Aber ich wollte wieder dorthin zurück und dachte daran, dass ich vielleicht als Arzt an der von meinem Vater gegründeten Diakonissenanstalt tätig sein könnte und irgendwie sein Lebenswerk weiterführen könnte. Auch im Geistigen. Das war der einzige Grund, warum ich Medizin studieren wollte. Meine eigentlichen Interessen lagen auf anderen Gebieten und als ich auf die Universität kam, belegte ich nicht nur die medizinischen Pflichtfächer, sondern auch Philosophie, Kunstgeschichte, Nationalökonomie, deutsche Literatur – einmal sogar höhere Mathematik (was ich allerdings bald wieder aufsteckte).

Von Freiburg aus trieb ich viel Skisport und während der drei Semester in Rostock und Kiel hatte ich ein schönes Segelboot und segelte mehr, als dass ich studierte. (Es hatte mich immer zur See hingezogen.) Meine Examen bestand ich leicht und gut.

Dann brach der erste Weltkrieg aus und ich musste mich entscheiden, wo ich in diesem Ringen stehen sollte.

Darüber und über die Zeit meiner Verbannung nach Sibirien habe ich ausführlich im Buch: »Geliebtes Sibirien« berichtet.

Ich will das hier nicht wiederholen, ich kann nur feststellen, dass jene Jahre gewiss nicht die glücklichsten, wohl aber die entscheidenden und sogar die schönsten meines Lebens gewesen sind.

Es wäre vielleicht anders gewesen, wenn ich nicht jene geistige Vorbereitung, von der ich eben berichtet habe, mitgebracht hätte.

Gerade in den russischen Gefängnissen und in Sibirien gewann ich die Überzeugung, dass es immer und überall nur auf die Persönlichkeiten ankäme und weder auf die öffentliche Meinung der Masse noch überhaupt auf politische, gesellschaftliche, künstlerische oder religiöse Überzeugungen.

Als ich schließlich nach der Revolution wieder in die Heimat kam, sah ich die deutsche Besetzung nur als eine Episode an. Ich nahm die Enteignung unserer Güter gelassen und als etwas längst Erwartetes hin, und auch die Revolution in Deutschland überraschte mich nicht. Aber ich glaubte daran, dass schließlich doch die »Löwen« die Führung der »Ziegenböcke« in die Hand nehmen würden. Es zeigte sich dann allerdings, dass in Deutschland die Löwen sich gegenseitig anzufallen und aufzufressen begannen, bis schließlich ein Ziegenbock die Führung übernahm. Wohin das geführt hat, haben wir alle mit tiefer Scham erlebt. In Russland dagegen hielten sich die Löwen, vielleicht waren sie stärker und brutaler und bissen ihresgleichen rascher die Kehlen durch, oder die Ziegenböcke waren in Russland gefügiger als in Deutschland.

Ich studierte dann in München noch fertig und machte mein deutsches Staatsexamen. Bis Anfang 1921 blieb ich noch als Assistent in München. Dann heiratete ich. Meine Frau ist auch Ärztin, Reichsdeutsche, und stammt aus der westfälischen Industrie. Wir fanden die Möglichkeit aufs Land zu gehen, ein Stück Land zu erwerben, wo wir uns einen Hof aufbauten.

Wir sahen in diesem Beginnen etwas Vorläufiges, aber es wurde daraus eine Unternehmung, die unser Leben ausgefüllt hat. Es trat nun allerdings etwas ein, was wir nicht erwartet hatten: Die Approbation wurde mir verweigert, weil ich nicht Reichsdeutscher war. Ich habe nie eingesehen, wieso sich durch die Erwerbung der Staatsangehörigkeit etwas an meiner Befähigung geändert haben sollte. Aber ich musste nachgeben, um meinen Lebensunterhalt verdienen zu können, denn unsere Landwirtschaft war viel zu klein dazu. Ein Jahr nach meiner Verheiratung erhielt ich einen Ruf, als Arzt mit einer Hilfsorganisation des Völkerbundes in die Hungergebiete nach Russland zu gehen.

Ich ging mit den englischen Quäkern hin und organisierte die erste Aktion zur Bekämpfung des Flecktyphus, der sich im Gefolge des Hungers hinter der Wolga ausgebreitet hat. (Über diese Expedition berichte ich in dem Büchlein »Fratze und Gesicht Russlands«.) Erst nach vier Jahren erhielt ich die deutsche Staatsangehörigkeit und begann 1925 in Singen eine Praxis als Allgemeinpraktiker. Ich blieb auf unserm Hof wohnen, von dem aus meine Frau schon seit 1922 eine Landpraxis betrieben hatte.

Sie war ganz auf eine Ärztin zugeschnitten, und ich hätte daneben nicht genug zu tun gehabt. In Singen jedoch entwickelte sich meine Praxis bald recht gut.

Es gelang mir allerdings nicht unter meinesgleichen Freunde zu finden. Die politische Entwicklung spielte dabei wohl auch eine Rolle. Ich hielt mich den N-S-Organisationen fern und trat als einziger Arzt des Bezirkes (ebenso wie meine Frau) dem N.-S.-Ärztebund nicht bei. Die Folge waren regelrechte Verfemungen und manche Benachteiligungen. Nachträglich habe ich erfahren, dass die Gestapo ständig hinter mir her war. Aber es fanden sich immer wieder führende Parteileute, die die Hand schützend über uns hielten.

Schließlich glaubte ich es nicht mehr in Deutschland aushalten zu können, und wir entschlossen uns dies Land zu verlassen. Zwei Mal, 1934 und 36[518] waren wir in Estland und Finnland, um uns dort vielleicht ein Gut zu kaufen oder auch nur eine Zuflucht zu finden. Allerdings erschien uns die Lage in der alten Heimat damals doch so unsicher, dass wir wieder zurückkehrten. Außerdem hatte ich damals schon eine so große Praxis, dass ich glaubte, meine Patienten nicht im Stich lassen zu dürfen. In jenen Jahren fühlten wir uns sehr vereinsamt. Es mag viele unserer Art gegeben haben, die Tragik der Zeit bestand darin, dass man nicht zueinander fand. Für uns war das besonders schwer, weil wir ja Fremde waren.

Unser kleiner einsamer Hof wurde uns damals wirklich zur Rettung. Er war eine Oase des Friedens und der Geborgenheit. Es kümmerte uns wenig, dass fremde Gendarmen Tag und Nacht in respektvoller Entfernung (weil sie unsern großen Hund fürchteten) um unsern Hof herumschlichen. Er war so etwas wie ein materialisiertes Erbe altbaltischer Tradition.

Da dieser Hof auch in unserem inneren Leben eine so wichtige Rolle gespielt hat, muss ich ihn ein wenig beschreiben:

Zwischen den alten freien Reichsstädten Schaffhausen, Stein / Rh. und Engen, liegt in einem stillen und einsamen Waldtal der Degenhof, dort, wo schon im Mittelalter ein fester Hof dieses Namens gelegen hat. Wir haben die drei Häuser aus Holz im Stil der nordischen Heimat gebaut. Es gehören 8 Morgen Land, Wiesen, Acker und Wald dazu. Ein Bach fließt durch das Tal, der mittels einer Turbine uns mit elektrischem Strom versorgt.[519]

Wir fingen mit einem Pferd, Ziegen, Hühnern und Enten an, hatten später Kühe, einen Esel für die Kinder und zuletzt Milchschafe.

Die Milchschafe gediehen besonders gut, machten wenig Arbeit und versorgten uns den ganzen Krieg und die Hungerjahre danach reichlich mit Fett und Milch, Wolle und Fleisch.
Eines der kleinen Häuschen ist für Gäste bestimmt, das andere war Lehrerwohnung und Schule. Im Kriege und nachher Wohnung für Flüchtlinge. Im Wohnhaus ist auch die Praxis meiner Frau untergebracht. Auch dieses enthält zwei Gastzimmer.
Gäste zu haben ist nicht nur eine gute baltische Tradition, sondern eine besondere Liebhaberei von uns beiden.
Eine andere ist, von Zeit zu Zeit Feste zu feiern. Zu den Hochzeiten unserer beiden Töchter[520], die in die schwersten Zeiten fielen, hatten wir wochenlang Gäste, an den Festtagen waren es etwa 40 Personen. Es war eine Freude, die hungrigen Städter satt zu füttern.
Von unserm Hofe sieht man kein Dach, das nicht uns gehörte. Es ist wirklich ein wenig so wie auf unsern Gütern in Livland.
Wir selbst haben niemals Not leiden müssen und haben vielen Unterschlupf bieten können. Alles dies machte uns innerlich reich. Als Ausgleich für den mangelnden Verkehr mit unseresgleichen habe ich Bilder gemalt – Landschaften, über denen ein Schleier von Melancholie liegt. Im Kriege fing ich an, die Erlebnisse aus Sibirien niederzuschreiben. Es war mir klar, dass diese nicht veröffentlicht werden könnten, solange der Nationalsozialismus herrschte. Der Bodensee ist nicht weit, wir haben ein schönes Segelboot. Während des Krieges durfte man zwar nicht segeln, aber vor dem Kriege und seit wieder Frieden ist, segeln wir oft auf dem herrlichen See.
Außer während des Krieges sind wir auch viel gereist, die Schweiz fängt 500 Meter von unserm Hofe an.
Es ist wohl verständlich, dass ich die Niederlage des Nationalsozialismus ersehnte, selbst um den Preis, dass es eine Niederlage der Deutschen bedeutete. Nach der bedingungslosen Kapitulation, die ich für einen Triumph der Gerechtigkeit hielt, meinte ich endlich wieder frei atmen zu können. Ganz bald waren die Verbindungen zu den Freunden in der Schweiz und in

England wieder geknüpft, und jeder Tag brachte neue Beweise der Freundschaft und der Treue.

Nun fand ich auch wieder Muße, meine Aufzeichnungen auszuarbeiten, ich stellte meine Bilder aus und verkaufte sogar recht gut. Meinen Freunden im Rotary-Club in Schaffhausen las ich aus den Aufzeichnungen vor, und sie überredeten mich sie zu veröffentlichen. Es erschienen kleinere Erzählungen in literarisch anspruchsvollen Zeitschriften und mit einem Male kamen die Verleger, und ich brauchte nicht bei ihnen zu antichambrieren. Zuerst erschien das »Geliebte Sibirien« und diesem Buch folgten sechs weitere.

Eine neue Welt tat sich vor mir auf, ich war in meine geistige Heimat gekommen, die keine Zollgrenzen hat.

Sicher wäre alles dies nicht möglich gewesen, wenn ich nicht die harte Schule der Verfolgungen und Widerwärtigkeiten durchgemacht hätte. Vor allem aber, wenn ich nicht eine so großartige und feine Frau gehabt hätte. Sie hat durchaus nicht immer ja zu meinen Eigenheiten gesagt, aber ihr Urteil war immer gerecht und gut.

In der Harmonie mit denen, die uns am nächsten sind, liegt das größte Glück des Lebens und diese ist mir zuteil geworden.«

An der Lebensziel-Linie

Es ist nicht so, dass ich nun schließlich meine hohen Ziele trotz aller Widerwärtigkeiten erreicht hätte,

schreibt Traugott »über sich selbst«.[521] Diese Aussage dürfte ebenso für Helene gelten. Traugott fährt fort:

Mag sein, dass es daran lag, dass diese Ziele nicht wie meistens darin bestanden, zu Reichtum, Ruhm und einem angenehmen Lebensabend zu gelangen.

Seine und Helenes wirklichen Ziele und Leitideen sind in unserem Text an verschiedenen Stellen benannt, ausgeführt und auch in ihrer Wirksamkeit dargestellt worden. Wir haben unter anderem von ihrer sozialen Verantwortlichkeit und ihrer Eigenverantwortung geschrieben, ihrem Pazifismus, ihrer Liberalität. Beide sind individualistische Persönlichkeiten, aber wirklich keine Einzelgänger. Ihnen ist Herrschaftsfreiheit wichtig, ohne selbstherrlich zu werden. Beide sind stark interessiert am und engagiert für sozialen Fortschritt, aber keine Sozialisten. Sie glauben an die Wirksamkeit der Nächstenliebe wie die Quäker, sind aber keine kirchengläubiger Christen. Sie nehmen Anteil am Schicksal anderer und setzen sich ein, nicht aber als Parteigänger[522].

Das eine ist es, Ziele programmatisch sich vorzunehmen, das andere sie in praktischem Handeln umzusetzen.[523]

Auf den Deckel einer Truhe hat Traugott unter das Familienwappen die Devise »Wahr sein u sich erschöpfen« geschnitzt[524]:

»Sich erschöpfen« – das erinnert an das Emblem »erschöpfen« auf einem der von Traugott mit Schnitzwerk verzierten Brettstühle.[525] Es ist doppelt bezogen auf praktisches Wirken: als sich anstrengen und als (sich) neu erschaffen, generieren.

Was könnte mit »Wahr sein« gemeint sein? Dazu in aller Kürze:[526]

1. Eine Aussage ist wahr, wenn sie widerspruchsfrei, deskriptiv richtig einen intersubjektiven Sachverhalt ausdrückt.
2. Etwas oder auch ein Mensch werden als wahr bezeichnet, wenn sie einem angenommenen Ideal, einer Norm nahekommen. Beispiele: eine wahre Liebe, ein wahres Kunstwerk, eine wahre Demokratin, ein wahrer Prachtskerl.
3. »Wahr sein« betrifft die Ehrlichkeit eines Sprechers, seine Wahrhaftigkeit.

Dieses Dritte erinnert auch an die »Meißner Formel«, in der es heißt, dass »die Freideutsche Jugend mit innerer Wahrhaftigkeit ihr Leben gestaltet.«[527] Diese »innere Wahrhaftigkeit« ist nicht wie eine in sich abgeschlossene Eigenschaft eines Menschen, wie etwa Rothaarig-Sein, dem bei Ergrauen mit Färbemittel nachgeholfen werden könnte. Es ist auch nicht ein finaler Zustand am Ende einer Anstrengung. Eher dürfte »innere Wahrhaftigkeit« auf einen fortschreitenden Prozess zu beziehen sein, der lebenslang unabgeschlossen ist.

»Wahr sein« in Verbindung mit »sich erschöpfen« ist also das Motto für den Versuch, praktisches Wirken mit eigenen Normen und Möglichkeiten in Einklang zu bringen und darüber hinaus »sich erschöpfend« um die Erweiterung von Möglichkeiten – inneren und äußeren – zu bemühen.

Manfred Bosch formuliert in seinem Artikel über Traugott den Ausdruck der »Inneren Bewährung«.[528] Bewährung ist der Prozess der Annäherung einer Sache oder eines Menschen an ein angenommenes Ideal – »sich erschöpfend« als Anstrengung. Eine Hinsicht ist nach innen gerichtet: Mit wieviel Mühe ist das verbunden? Eine andere Hinsicht ist die auf »Erschöpfen« im Sinn von Erschaffen, als neu Generieren – was muss / will / kann ich tun, um mein praktisches Wirken in Einklang mit eigenen Normen und Möglichkeiten zu bringen? Eine Weise dieser ›Schöpfung‹: Als Schriftsteller und Maler schafft Traugott mit Wirklichkeits- und Möglichkeitssinn lesbare und sichtbare Kunstwerke. Eine weitere Weise ist die ärztliche Betreuung von Patientinnen und Patienten durch Traugott und Helene, die über die medizinische Versorgung hinausgeht und versucht, jenen zu helfen, ihre Lebensumstände weniger krank machend zu gestalten, also die pathogenetische Perspektive um die der Salutogenese zu erweitern. Das haben sie schon in ihrer »Kleinen Kuranstalt« unternommen.[529] Den Begriff der »Salutogenese« gab es damals noch nicht.

Es ist frappierend zu bemerken, dass ganz vieles, was Helene und Traugott gewollt und unternommen haben, eine erstaunliche Aktualität behalten hat. Der Soziologe und Sozialpsychologe Harald Welzer nennt als »Bausteine« eines Zukunftsbildes: Autonomie; Entfaltung persönlicher Möglichkeiten, Fähigkeiten und Bedürfnisse; Nachhaltigkeit; Gerechtigkeit; Gemeinwohl; einen Ort haben zu dürfen, an dem man selbstverständlich leben und von dem aus man sich bewegen, den man auch verlassen kann.[530]

Erinnerungen an die Grosseltern

Vierzehn war ich, als meine Großmutter 1964 nach langer Krankheit starb, und zwanzig, als mein Großvater 1970 starb, unerwartet. Das ist nun etliche Zeit her, mehr als fünfzig Jahre. Gleichwohl ist vieles nicht vergessen, vielleicht gelangt es nun erst auf die Bühne der Aufmerksamkeit – wohl auch weil ich selbst ein ähnliches Alter erreicht habe wie meine Großeltern damals und weil die Arbeit an diesem Buch auch die eigene Erinnerung herausfordert.

In meiner Jugendzeit waren wir während der Sommerferien und auch über Ostern regelmäßig im Degenhof, wohnten dort oder zelteten am Bodensee, in Iznang oder Gaienhofen, und kamen zum Wochenende zu den Großeltern.

Ich erinnere mich an meine Großmutter als einen sehr praktischen, rasch und zugleich besonnen und umsichtig handelnden Menschen. Sie war klug und gebildet, war der Musik sehr zugetan, sie spielte selbst auf der Geige in einem kleinen Orchester in Schaffhausen. Leider habe ich sie nicht spielen gehört.

Ihre zunehmend lebensbedrohliche Krankheit, die Leukämie, und die mit der damaligen Therapie verbundenen Nebenwirkungen ertrug sie gefasst – das Wort »tapfer« passt nicht ganz, es impliziert auch eine gewisse naive Ahnungslosigkeit; ihr waren ja die medizinischen Gegebenheiten und wahrscheinlichen Folgen klar, sie war eine hochkompetente Ärztin. Was sie von ihren Patienten erwartete – Krankheit zu akzeptieren und das Gebotene zur Heilung zu tun –, das verlangte sie auch von sich selbst. Einmal war einer meiner Brüder schwer gestürzt, ein Knie war übel zugerichtet. Ohne Aufregung, ohne Hast, ohne Betulichkeit versorgte sie die Wunden, stillte die Blutung, nähte, verband – und tröstete. Ihr Zuspruch war dabei freundlich und bestimmt, nicht sentimental und vage.

Auch sonst neigte sie nicht zu Schwärmerei, wenngleich sie sich etwa durch die Erzählungen ihres Mannes oder die Musik anrühren lassen konnte. Ganz fröhlich, ausgelassen und unbeschwert habe ich sie selten erlebt. Beschwert hat sie sicher ihre Krankheit. Ich meine auch einen leichten Zug des den Ostwestfalen zugeschriebenen etwas trockenen Temperaments gespürt zu haben. Es war mir schon damals eher eine begleitende Erscheinung von Verlässlichkeit und Gradlinigkeit. So habe ich auch während meiner Zeit als Schulleiter im ostwestfälischen Bielefeld, der Geburtsstadt meiner Großmutter, viele Menschen erlebt und wahrgenommen.

Klare Grundsätze hatte sie, konnte aber auch Abweichungen tolerieren. An laute Worte kann ich mich nicht erinnern, obwohl sie auch ungehalten werden konnte, wenn etwas ganz anders als vereinbart oder von ihr verlangt unterlassen wurde oder passierte. Zum Beispiel bestand sie darauf, dass die Essenszeiten pünktlich eingehalten wurden, dass die Mittagsruhe respektiert wurde, dass das Geschirr wegen des sehr kalkhaltigen Wassers sorgfältig abzutrocknen war, dass Kleidung und Mobiliar pfleglich behandelt wurden. Diese Regeln waren begründet und halfen, den Kosmos – die Schönheit und Ordnung – des Degenhofs zu bewahren. Wie es ihr gelang, die koordinierende Regie und Besorgung von Beruf, Familie und gastlichem Haushalt zu bewältigen, ist mir mit dem begrenzten Gesichtsfeld des kleinen Jungen nicht besonders aufgefallen; es ging sozusagen hinter den Kulissen vonstatten. Was die Versorgung des Haushalts anging, war uns Kindern auch eher Emilie, die Haushaltshilfe, sichtbar.

Im Haus, aber besonders auch außerhalb, legte sie großen Wert auf gepflegte Kleidung.

Helene und Traugott auf der Eingangstreppe, mit sechs Enkelkindern[531] ~1953

In einer Beziehung ließ sie dagegen gewissermaßen ‚die Zügel schießen' – beim Autofahren. Sie fuhr sicher und sehr schnell mit ihrem schnittig eleganten Karman Ghia, auch über staubige und holprige Strecken, die eher Feldwegen glichen als Straßen. Dieser sportlichen Gewohnheit wegen verliehen ihr die Dorfbewohner den Beinamen »rasende Helene«. Noch jüngst, als im dörflichen Bürgervereinshaus die Rede auf meine Großmutter kam, erinnerte man sich an diesen Beinamen.

Sie war nah und zugleich doch etwas entfernt, jedenfalls zu uns Enkelkindern. Vielleicht lag das ja auch daran, dass wir zahlreich waren. Einfach dürfte es nicht gewesen sein, von elf Enkelkindern keines vorzuziehen vor den anderen.

Mein Großvater war nicht sehr groß, von der Statur etwas kleiner als die Großmutter. Stets kleidete er sich sorgfältig, fast immer trug er ein weißes Hemd mit einem Schlips. Dann hatte er einen Siegelring mit einem dunklen Stein, der vielleicht von einem Meteor stammte. Zum Spaziergang nahm er einen Stock mit. Im Winter wärmte er seinen Kopf mit einer Fellmütze, gegen die heiße Sommersonne schützte ein veritabler Tropenhelm, sonst reichte die Baskenmütze. Auf dem Schiff wurde die Kapitänsmütze mit den Initialen des Yacht Club Radolfzell aufgetan.

Er pflegte feine Orient-Zigaretten zu rauchen, die in der Schweiz zu bekommen waren; es kann die inzwischen nicht mehr erhältliche Marke Muratti Ariston gewesen sein. Er rauchte auch im Haus, und die Asche fiel zum Verdruss der für die Sauberkeit Sorgenden nicht immer in dafür vorgesehene Gefäße.

Uns Enkel ließ er mit einem Luftgewehr auf Blechdosen schießen. Für Ritterspiele stellte er mit uns zusammen aus Holz Schilde und Schwerter her. Die Schilde wurden kunstfertig mit Wappen verziert und mit Lederschlaufen versehen. Er zeigte uns, wie man Weidenflöten schnitzt oder auch Stecken verziert.

Die Familie Stackelberg hatte immer ein Segelboot auf dem Zeller See, dem Teil des Bodensees, an dessen Ufer Radolfzell liegt. Oft nahm mich mein Großvater mit auf längere Tagestouren. Zeit dafür hatte er, nachdem er 1958 seine Praxis in Singen weitgehend aufgegeben hatte. Wir fuhren durch einen Zipfel des nahe gelegenen Schaffhauser Kantons in der Schweiz, versorgten uns dort mit Proviant: Honigmelone, Tessiner Brot, Käse und etwas zu trinken. Den Hinweg durch die Schweiz bevorzugte er vor dem etwa gleich weiten nur über deutsches Gebiet.

Das Boot lag unweit des Ufers vor dem früher ganz verschlafenen Ort Iznang an einer Boje. Mit einem kleinen Dingi gelangte man rudernd zum Segelboot, vertäute es dort und stieg um. Zuerst war es eine O-Jolle, Abkürzung für Olympia-Jolle, ein offenes elegantes Boot aus Mahagoni-Holz ohne Vorsegel. Später wurde die O-Jolle durch ein leicht zu segeln-

Traugott in seinem Atelier 1963 (Foto: Michael S. Berchmann, Singen)

des Boot nach französischem Riss ersetzt, dem Vaurien, »Schlingel«. Den Vaurien gibt es immer noch. Die Windverhältnisse am Zeller See sind unstet. Freundliches Windchen, warum auch immer »Damenwind« genannt, wechselt ab mit Flaute und stärkerem bis starkem Wind, der aus dem Aach-Tal vom Bohlinger Loch her zuweilen recht rasch aufzieht. Nach einiger Unterweisung in den Grundfertigkeiten der Vorbereitung des Bootes und dem Segeln selbst überließ mir mein Großvater oft das Steuer. Er zeigte mir, wie die Segel je nach Windrichtung und stärke richtig einzustellen, wie die Wolken- und Wellenbewegungen und Färbungen des Wassers einzuschätzen waren, was zu tun war, um Kurs zu halten. Sodann übten wir die Gewichtverteilung im Schiff und auch Manöver wie den Kurswechsel mit Wende und Halse. Wir genossen es, an der frischen Luft auf dem Wasser zu sein und mit unserem kleinen Boot über den See zu schippern. Sehr viel geredet wurde nicht. Zurück in Iznang holten wir die Segel ein, zogen die Persenning übers Boot und gelangten mit dem Dingi ans Ufer. Dann kam noch die schöne Fahrt durch die Hegaulandschaft im manchmal offenen Cabriolet heim ins stille Körbeltal.

Einmal im Jahr wurde in einer Singener Schule während der Ferien eine Kunstausstellung mit Werken regionaler Künstler veranstaltet, in

der auch mein Großvater einige seiner Werke zeigte. Das erfüllte mich mit Stolz, wie ich auch bewunderte, dass er als Schriftsteller einige Bücher veröffentlicht hatte. »Doktors Vieh« las ich mit Vergnügen, auch »Geliebtes Sibirien«, ohne allerdings die ganze Tiefe dieser Schilderungen zu verstehen. Sehr imponierte mir auch, dass er so viele Sprachen beherrschte: Estnisch, Russisch, Englisch, Französisch, wohl auch Finnisch. Abends wurde im Kreise der Familie viel besprochen und erzählt. Er ragte als Erzähler heraus. Amüsant und interessant waren seine Erinnerungen und auch kleinen ausgedachten Geschichten. Seine Sprechweise ist mir so vertraut, der besondere baltische Tonfall klingt mir noch im Ohr: das leicht rollende »r«, der Diphthong »ei« wie »e-i« und nicht wie im Rheinland als »ai«, das »äu« eher wie »e-u« und das »g« oft wie ein »ch«, zum Beispiel »bei Tage« als »be-i Ta-che« oder »irgendwie« als »irchendwie«.

Im Sommer 1970 hatte ich einen Studentenjob, für eine Woche in Reutlingen, und pendelte täglich zum Degenhof. Das war das letzte Mal, dass ich meinen Großvater erlebte. Wir kamen in ein für mich neues Verhältnis. Er fragte mich um Rat zu einem seiner Bilder und traute mir sogar zu, sein letztes Manuskript, wohl das der »Offenen Horizonte«, Korrektur zu lesen. Abends nach der Nachrichtensendung im Fernsehen besprachen wir eingehend die berichteten Ereignisse.

Leider habe ich mir damals nicht mehr Zeit genommen, um mit ihm über seine vielfältigen Erlebnisse, Engagements und Erfahrungen in verschiedenen geschichtlichen Epochen und Welten zu sprechen. Auch mit meiner Großmutter hatte ich das in meiner jugendlichen Unbedarftheit fast ganz versäumt.

Was ist aus dem Degenhof geworden?

Mit dem Tod von Traugott am 8. November 1970 geht die Geschichte der Stackelberg-Generation von Helene und Traugott im Degenhof zu Ende.

Eine Zeitlang bleibt Emilie Wetzstein, die seit 1942 eine unermüdliche Hilfe in Haus und Garten gewesen ist, dort wohnen. Das große

Gästehaus wird an die Familie eines Arztes aus Singen vermietet, ins Wohnhaus ziehen nacheinander verschiedene Mieter ein. Die Erbangelegenheiten werden schließlich so geregelt, dass meine Eltern Haus und Grund übernehmen. 1984 verlegen sie selbst ihren Wohnsitz auf den Degenhof. Sie haben ursprünglich geplant, das Haus etwas umbauen, renovieren und modernisieren zu lassen. Bald aber zeigt sich, dass die bauliche Substanz so unzulänglich ist, dass das Haus neu errichtet werden muss. Es gelingt meinen Eltern – sie sind beide Architekten –, dem Gebäude einen neuen Charme zu verleihen, der gleichwohl sehr an den des alten Hauses erinnert.

Mit Bedacht ist wieder ein Anbau an das Haupthaus angefügt. Er ist mit dem übrigen Gebäude verbunden, kann aber als eigenständige Einheit von Gästen genutzt werden.

Der neue Degenhof ist meinen Eltern für fast drei gute Jahrzehnte Alterssitz geworden. Dann haben wir, die Verfasser dieses Buches, Haus und Grund übernommen, mit meinem Vetter und seiner Frau als Teilhaber und Nutznießer des Großen Gästehauses.

Die Quelle speist uns weiterhin mit Trinkwasser, die Bienenvölker sammeln, die Eichen wachsen, das Gras und die Büsche und Blumen sprießen, im Garten gibt es Salat und andere Früchte, wenn Mäuse und Rehe noch etwas übriglassen. Der Körbelbach ist, seitdem die Abwässer der weiter bachaufwärts liegenden Ortschaften nicht mehr in ihn geleitet werden, sauber und klar und lädt ein zum erfrischenden Bad. Wie das seit der Vertreibung von Adam und Eva aus dem Paradies so ist, ist auch dieses schöne Paradies mit einiger Arbeit und Mühe verbunden. Wir können ermessen, was Helene, Traugott sowie Helferinnen und Helfer hier geleistet haben.

Helenes Wunsch, dass der Degenhof auch für die nächste und übernächste Generation zu einer zweiten Heimat werden möge[532], hat sich erfüllt.

512 Siehe Abschnitt »Sich niederlassen – die Holzstühle«, S. 224 ff, und »Exkurs zu den Brettstühlen«, S. 389 ff.

513 S. 372.

514 Der abgekürzte »Freiherr«-Zusatz auf diesem Praxisschild konnotiert – besonders in der NS-Zeit eine gewisse Unabhängigkeit.

515 Die vierstellige Postleitzahl gibt es nach 1962.

516 Unveröffentlichtes Typoskript. Meine Eltern haben es Herbert Berner für seinen Text zur Eröffnung der Singener Gedächtnisausstellung (24.11.1986) zur Verfügung gestellt.

517 Anm. DW: s. Matth. 16, 26; Mark. 8, 36; Luk. 9, 25.

518 Diese Datierung ist nicht ganz gesichert. Briefe und Fotos lassen plausibler erscheinen: 1934 und 1935.

519 Anm. DW: bis Ende 1957.

520 Ulla oo Alkmar von Kügelgen 1944, Brita oo Bernhard Wirminghaus Pfingsten 1947.

521 TvSt 1958: »Über sich selbst« (Lebensweg zur Kunst).

522 Immerhin ist Traugott 1946 für ein paar Monate Mitglied in der SPD.

523 Vielleicht würde Traugott ein Verweis gefallen auf eine Stelle im 1. Brief des Johannes 2, V. 3–6.

524 Ein nahezu identisches Zitat wird Ludwig Feuerbach (1804–1872) zugeschrieben. »Wahr sein ist alles und sich erschöpfen.« Siehe https://www.aphorismen.de/zitat/107579, abgerufen 2.7.2021, dort wird keine Quelle genannt.

525 Siehe unten Abschnitt »Exkurs zu den Brettstühlen«, S. 386 ff.

526 In loser Anlehnung an Habermas 1981: »Theorie des kommunikativen Handelns«. Bekanntlich ist »Wahrheit« ein erkenntnis- und kommunikationstheoretisches und auch theologisches Thema ersten Ranges, das hier nicht ›erschöpfend‹ abgehandelt werden kann.

527 Illies 2012, 2016[3], S. 18 und Tagebucheintrag vom 1.5.1911, S. 120, und »Wahr sein und Wahrheit begegnen ist das Schönste im Leben«, S. 298.

528 Bosch, Manfred 1991: Das Abenteuer der inneren Bewährung, Bodensee-Hefte 3/91, S. 34–37 und 1997: »Bohème am Bodensee«, S. 113–117.

529 Siehe Abschnitt »Kleine Kuranstalt«, S. 274.

530 Welzer, Harald 2019: Alles könnte anders sein. Eine Gesellschaftsutopie für freie Menschen, S. 89.

531 Vier dieser Enkel sind Lehrerinnen oder Lehrer geworden, zwei – der älteste und der jüngste – Ärzte.

532 Siehe Anm. 269.

Anhang

Exkurs zu den Brettstühlen

Auch nach den Erbauseinandersetzungen sind etliche Möbel, Bilder und Gebrauchsgegenstände im neuen Degenhof geblieben. Darunter sind auch die sechs Brettstühle, die Traugott im Winter 1921 / 22 künstlerisch bearbeitet hat.

Die Stühle sind den Familienmitgliedern vertraut, wenngleich die künstlerischen Darstellungen doch auch einige Rätsel aufgeben.

Diese Ensembles von Bild und Wort erinnern an die Emblematik, wie sie im Zeitalter des Barock verbreitet war. Hier gab es meist einen dreiteiligen Aufbau: zentral die Pictura, die das Thema bildlich darstellt, darüber die Inscriptio, die das Thema benennt und schließlich unter dem Bild die Subscriptio, in welcher der Inhalt des Bildes weiter in Worte gefasst wurde. Diese Embleme enthielten meistens Lebensweisheiten, hatten Verhaltensnormen und wichtige existenzielle Bereiche des Menschen zum Inhalt wie etwa Tod, Liebe, Wahrheit, Macht.

Auch Traugott nimmt einige wesentliche Bereiche, Bestimmungen und Möglichkeiten des Menschen auf. Die Anordnung ist anders als im Barock; es gibt meist nur eine Zweiteilung. Bild und Wort sind anscheinend nicht so zueinander geordnet, dass eines dem anderen untergeordnet wäre. Beide Elemente haben ihre Eigenständigkeit, die Zuordnung kann der betrachtende und lesende Mensch vornehmen. Bei den Worten ist zu bemerken, dass schon die wortwörtliche Bedeutung der von Traugott gewählten Wörter durchaus komplex ist, auch weil sie doppel- oder sogar mehrdeutig sind. Dazu kommen der Kontext des jeweiligen Bildes in Betracht, sodann der Kontext des Ensembles der sechs Embleme und schließlich der Sinn und Zweck der Stühle als Nutzgegenstände im Wohnbereich. Diese vierfache »Lektüre« beziehungsweise Sichtweise erscheint dem heutigen Betrachter wohl zunächst einigermaßen rätselhaft. Leider habe ich es versäumt, meine Großeltern nach einer tieferen Bedeutung der Schnitzkunstwerke und nach den sie damals leitenden Vorstellungen zu fragen. Nun versuche ich mit meinen Assoziationen und Interpretationen, den Gedankenhorizont des Künstlers nicht allzu weit zu verlassen und das eine oder andere aufzuhellen.

Die sechs Wörter sind von der Wortart her Verben, sie stehen hier im Infinitiv. Aufgrund der Großschreibung der Lettern könnten sie auch als Nominalisierungen aufgefasst werden. Dann wären verwandte Nomina auch möglich gewesen, etwa zu »erschöpfen / das Erschöpfen« passt »die Schöpfung« oder »die Erschöpfung«, zu »glauben / das Glauben« (?) passt »der Glaube oder der Glauben«, zu »überliefern / das Überliefern« passt »die Überlieferung«, zu »sehnen / das Sehnen« passt »die Sehnsucht«, zu »wissen / das Wissen« gleichlautend »das Wissen«, »warten / das Warten« gleichlautend »das Warten« oder auch »die Wartung«. Die Nominalisierungen und die verwandten Nomina verschieben die Bedeutung zu etwas Abstraktem; die Verben dagegen tragen eher den Charakter von Tun und Vorgang. Das dürfte Traugott wohl wichtig gewesen sein. Offen bleibt, wer Subjekt dieses Tuns ist und auf welches Objekt dieses Tun eventuell gerichtet ist. Möglicherweise geben die zugehörigen Bilder da Hinweise.

ERSCHÖPFEN

Das Bild zeigt einen großen, fast übermächtigen Vogel über einem Nest mit vier Küken, die hungrig ihre Schnäbel weit aufgerissen haben. Die riesigen Schwingen des Vogels umfassen schützend das Nest. Die herzförmige Aussparung verbindet sozusagen den Kopf des Elternvogels mit der Region des Nestes.

Das stilisierte Herz ist ein konventionelles Symbol für Liebe. Hier geht es um die Beziehung von Eltern und Nachkommen, also um eine spezifische Liebesbeziehung, in der unter anderem Fürsorge, Sich-versorgt-Fühlen, Schutz, Sich-Aufopfern wichtig sind.

Das Verb »erschöpfen« verstehe ich als »ausreichend versorgen« (vgl. »erschöpfende Auskunft«); das passt zum Bild. Dann klingen an

»erschöpft werden«, ermüden, sowie »sich erschöpfen«, sich anstrengen. Beides lässt sich gedanklich ebenfalls mit dem Bild verbinden. Die kleinen Piepmätze zwingen den versorgenden Elternvogel, sich zu immer neuer Nahrungssuche anzustrengen; im günstigen Fall kann ein Elternvogel den ermüdeten anderen ersetzen.

Ein Viertes lässt sich zu »ERSCHÖPFEN« assoziieren. Die Vorsilbe »er-« trägt die Bedeutung von »etwas bewirken« (vgl. sich er-kälten, jemanden er-muntern), von »etwas entstehen lassen, hervorbringen« (vgl. er-bauen, er-zeugen), »etwas mit Mühe bekommen« (vgl. er-bitten, er-zwingen), »ein Ergebnis herbeiführen« (vgl. er-kunden), zur Bezeichnung einer kurzen Handlung oder des Beginns einer Handlung (vgl. er-schauen, er-zittern, er-blühen, er-röten)[533]. Bildet man sich zum Nomen »Schöpfung« (Hervorbringung, Kreation) ein entsprechendes – in der Umgangssprache gleichwohl wenig übliches – Verb »schöpfen« (erzeugen, hervorbringen, kreieren, generieren), so kann »erschöpfen« als Kompositum von »er-« und »schöpfen« gelesen werden. Die erwähnten Bedeutungen der Vorsilbe »er-« akzentuieren und verstärken die Bedeutung von »schöpfen«. Die Elterngeneration hat die Brut hervorgebracht, generiert, und die Familie erhält, regeneriert sich. Diese Lesart erinnert an eine Stelle im Text von Traugott, den er 1922 in Busuluk geschrieben hat, als er dort als Arzt an der Wolga gearbeitet hat. Es heißt da:

Tochter Ulla krabbelt, zwei Stühle: erschöpfen, ueberliefern (1922/23)

Unsere Familie ist eine lange Kette. Ein Glied hält am andern fest, weit zurück und soll weit hinaus nach sich ziehen.[534]

Diesem letztgenannten Thema »Generationenfolge« sind in gewisser Weise auch Bilder und ein Wort auf einer anderen Stuhllehne gewidmet:

UEBERLIEFERN

In diesem Fall sind zwei Bilder zu sehen. Im oberen Bereich ist ein sich durch einen Tannenwald bewegender Hirsch mit ausladendem Geweih zu erkennen. Er trägt ein kleines menschliches Wesen, das auf der Kruppe hockend sich im Fell des Hirsches festhält. Der Bauch des Tieres und die Beine der rechten Seite umschließen die herzförmige Aussparung auf der Stuhllehne. Unterhalb dieser Darstellung ist das Stackelberg-Wappen mit Helm, Helmzier und Wappenmantelschößen zu beiden Seiten des Wappens eingefügt.

Das Wort UEBERLIEFERN meint »erzählen«, »berichten« und dadurch »bewahren«, »tradieren« und aber auch »ausliefern«, »übergeben«.[535]

Wohin schreitet der Hirsch? Hat er ein bestimmtes Ziel? Ist er geschickt genug, mit seinem Geweih auf dem stolz erhobenen Haupt dem Geäst der Tannen auszuweichen? Ist das Kerlchen auf seinem Rücken aus freien Stücken mitgekommen? Könnte es vom hohen Hirsch herabsteigen? Fürchtet es sich im dunklen Tann? Oder freut es sich über den Ausritt durch dichten Wald? Fühlt es sich sicher und vertraut dem Tier, das den Weg kennt?

Das Wappen markiert das Terrain. Der Bezug zum Adelsgeschlecht derer von Stackelberg ist damit angezeigt. Ist das Bild also eine Allegorie der Initiation, des Hineinwachsens, des Hineingeleitet-Werdens in die Tradition der Großfamilie?

Die Tradition verbindet die Generationen, erhält so die Kontinuität von Vergangenheit und Gegenwart. Solche Tradition hat – im Geltungsanspruch ihrer Autorität auch für Zukünftiges – durchaus eine Ambivalenz: Sie entlastet das eigene Suchen und Finden des eigenen Weges durch das Dickicht des Lebens, aber sie gibt der Weite der Möglichkeiten auch eine einengende Grenze.

Es ist wohl wichtig, *wie* die historische Erzählung gestaltet wird und *was* sie enthält. Glorifiziert sie mit erhobenem Stolz, verklärt sie nostalgisch oder zeigt sie auch Hindernisse, Hilflosigkeit, Ausgeliefertsein und souveräne, emanzipative, innovative Leistungen? Es braucht auch die stützende

Begleitung durch Liebe – als Zugewandtheit und inspirierende und bewegende Kraft – und die Offenheit für Vernunft, Erfahrung und eventuell revidierbare Maximen des sozial verantwortlichen Handelns. Soweit ich das beurteilen kann, ist dies meinen Großeltern gelungen. GLAUBEN und WISSEN spielen wohl wichtige Rollen dabei.

GLAUBEN

Das Bild zeigt eine Frauengestalt in Seitenansicht, sie ist unbekleidet und scheint zu schweben. Die Füße fallen entspannt nach unten, die Beine sind etwas angewinkelt, der Oberkörper um die herzförmige Aussparung der Stuhllehne nach vorn gebogen, wie bei einer tiefen Verbeugung. Der Blick scheint nach unten gerichtet zu sein. Ein Arm ist weit ausgestreckt tastend oder abwehrend. Die langen Haare sind nach hinten geweht. Umgeben ist die Gestalt von in Wellen angedeuteten Strömungen, wohl Bewegungen der Luft. Eine Nixe käme aber auch mit Wellen von Wasser zurecht. Die Figur hat keine Bodenhaftung, sie scheint aber nicht instabil zu sein,

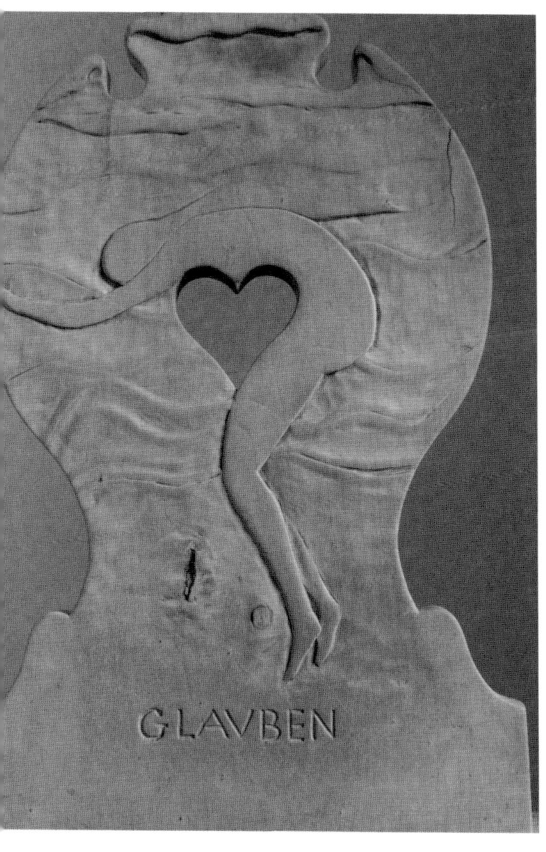

eine innere Spannung und eine Einpassung in die bewegte luftige oder flüssige Umgebung über der herzförmigen Aussparung halten sie in schwebender Balance.

Das Bild evoziert Leichtigkeit, Anmut, Demut, Aufgehoben-Sein, Entrücktheit.

Das Verb GLAUBEN meint zweierlei: einmal »glauben an etwas«, »etwas für gewiss halten«[536] sowie auch »meinen, dass etwas so und so ist«[537]. Glauben als »etwas für gewiss halten« ist jenseits von WISSEN, übersteigt es ins Transzendente[538], aber ist als »meinen« diesseits von WISSEN, es ist eben Noch-nicht-WISSEN.

Bemerkenswert scheint mir zu sein, dass etymologisch im Wort »glauben« eine Wurzel *lub- aufbewahrt ist, die auch in »lieb« steckt: althochdeutsch: »gilouben« meint »für lieb halten«.[539] So gelesen und gesehen wird die Bildkomposition mit der Einbindung des stilisierten Herzes, dem konventionellen Symbol für Liebe, besonders stimmig. Liebe, Hingabe trägt den glaubenden Menschen.

Nicht der Gegenstand, der Inhalt eines bestimmten Glaubens – ob als Für-gewiss-Halten oder als bloßes Meinen –, sondern eine Einstellung, eine Haltung wird verdeutlicht. Das für diese Haltung passende Milieu scheint nicht-erdverbunden zu sein, Grenzen sind keine sichtbar. Mich erinnert dieses Emblem an viele Aspekte, die für die Quäker wichtig sind, deren GLAUBEN weniger wie eine Religion, noch weniger wie eine bestimmte Konfession oder Sekte zu verstehen ist, sondern eher wie eine Haltung, die sich immer neu bewähren will.[540]

SEHNEN

Das Bild zeigt das Gesicht eines insektenartigen Wesens. Aus seinem herzförmigen Maul hängt eine immense schleckende Zunge, Tentakel oder Fühler ragen aus Nase und Stirn. Die Augen sind weit aufgetan. Bedrohlich wirkt dieses Wesen nicht so sehr, eher aufgeregt begehrlich.

SEHNEN, sich sehnen nach etwas oder jemandem, jemanden oder etwas herbeisehnen, kann paraphrasiert werden als »innig, schmerzlich nach etwas,

nach der Nähe von etwas oder jemandem verlangen«.[541] Möglicherweise ist das Objekt des »Sich-Sehnens« gar nicht ganz genau bestimmt. Das schwingt wohl im russischen Wort »Toska« mit.

SEHNEN, dieses Mal ausnahmsweise auch als Nomen gelesen[542], bezeichnen anatomische Körperteile: die Endfasern von Muskeln, die mit einzelnen Knochen verbunden sind und sie durch die Muskelkontraktion bewegen.

Das Nähe-Suchen, Sich-hingezogen-Fühlen des SEHNENs ist ein wichtiger Grundzug des Liebens als Eros; insofern ist das herzförmige Bildelement stimmig integriert.[543] Wie aber sind die sonstigen Bildelemente einzuordnen? Die fast freundliche Fratze des begierigen Wesens, das – ansonsten bewegungslos – mit Zunge, Augen, Fühlern aufnehmen, annehmen, vereinnahmen möchte? Ist dieses Wesen Allegorie des Subjekts des SEHNENs, das begehrlich ist, oder vielmehr des Objekts des SEHNENs, das den Sehnenden zu sich lockt? Verschwindet die Distanz von Subjekt und Objekt? Verliert das sehnende Subjekt seine Selbstbestimmtheit oder gewinnt es geradezu durch die Ausweitung des engen Horizonts?

WISSEN

Das Bild: Auf einem Paar von hochgezogenen Schwingen steckt ein leicht zur Seite gewendeter Totenschädel. Die gewaltigen Schwingen sind nicht wie bei den Flügeln von Vögeln gefiedert, sie erinnern eher an die mit Flughäuten versehenen Glieder von Fledermäusen. Die leeren Augenhöhlen sind geradewegs auf den Betrachter gerichtet. Der Schädel ist bedeckt mit einem Hut, der wiederum mit einem großen Busch von sechs Federn geschmückt ist.

Es liegt nahe, im Bild eine Allegorie des Todes zu sehen, der wie ein Vampir den Betrachter zu fixieren scheint in der Abwägung, ob er ihn mitnimmt ins Totenreich oder – noch – nicht.

Unter diese Darstellung ist das Wort WISSEN eingeschnitten. Wissen als »kennen«, Empirisches wissen, dass etwas so und so ist, oder auch praktisch wissen, wie etwas geht, also den richtigen Umgang mit etwas »können«.

Ich weiß aus reflektierter eigener Erfahrung und ich weiß, weil ich lerne, indem ich rezipiere, was andere Wissende mitteilen. Ich kann auch um die Grenzen von Wissen WISSEN. Von Sokrates[544] ist die Aussage überliefert: »Ich weiß, dass ich nicht weiß.«[545] Wohlgemerkt nicht: »Ich weiß, dass ich nicht*s* weiß.« Sokrates bezeugt nicht einen Agnostizismus, sondern den Antrieb, zu suchen, zu fragen und in den Dialog zu treten.[546]

In welchem Zusammenhang könnte WISSEN und der heimsuchende Tod stehen?

Ich weiß, dass mein Wissen höchst unvollständig ist. Ich weiß, dass ich als lebendiger Organismus vergehen werde, dass mein Leben mit dem Tod endet. Mein Wissen aber kann als mitgeteiltes mein Ende überdauern und vielleicht irgendwie weiterleben und vielleicht irgendwie vollständiger werden. Wer weiß!

Die psychoanalytisch angenommene Instanz des Ich, des wissenden und sich wissenden Ichs, setzt sich auseinander mit den Trieben des Es – dem Lebenstrieb (Eros) und dem Todestrieb (Thanatos).

Der Tod ist letztlich unausweichlich, aber immerhin kann man wissend den Zeitpunkt hinauszögern, indem man eventuell tödliche Gefahren vermeidet und verhindert. Dazu gehören auch Krankheiten, vor denen man schützen oder die man heilen kann. Hierbei braucht es als Kennen und als Können ärztliches Wissen. Und – siehe das herzförmige Symbol – Liebe zu den Menschen. Beides ist im Hause Stackelberg vorhanden.

WARTEN

Zwei engelgleiche Gestalten sind in Seitenansicht dargestellt. Die mächtigen Flügel sind nur wenig ausgebreitet. Wie die Gestalt zu GLAUBEN schweben die beiden Figuren. In ihren Händen halten sie gemeinsam ein flammendes Herz. Ihre Oberkörper und Köpfe sind leicht geneigt, dem Herzen zugewandt. Hitze, Helligkeit der Flamme und aufsteigende Dämpfe, die über ihren Köpfen wirbeln, machen ihnen anscheinend nichts aus.[547]

WARTEN: Auch dieses Verb hat eine doppelte Bedeutung. Zum einen: auf etwas, auf jemanden warten, verweilen, bis etwas oder jemand kommt. Zum anderen: etwas warten, pflegen, betreuen, etwas in Ordnung halten, auf etwas Acht haben.[548]

Dieses Mal ist die transitive Bedeutung zunächst die naheliegende – die beiden betreuenden Wesen haben Acht auf das flammende Herz, sie halten es behutsam. Und gemeinsam – einem Einzelnen würde das Herz wohl entgleiten.

WARTEN als verweilen? Abwarten, bis und solange Engel das flammende Herz betreuen? Vielleicht ist es für das menschliche Zusammenleben gedeihlicher, dies *nicht* abzuwarten, sondern selbst Acht zu haben auf Herzensangelegenheiten. Sind die Wesen vielleicht gar nicht himmlische Gestalten, sondern irdische? Sagt man nicht, dass Liebenden Flügel wachsen? Diese Flamme verzehrt nicht, weil das Feuer der Liebe wärmt und erleuchtet, aber – meistens – nicht vernichtet.

Nun nach der Betrachtung der sechs Brettstühle ist mir einiges klarer geworden: die jeweiligen Beziehungen zwischen Bild und Wort, auch Beziehungen der Embleme – zwischen einzelnen untereinander und auch im Gesamten. Anfangs hatte ich einen grundlegenden menschlichen Wesenszug vermisst: die Liebe. Nun sehe ich, dass der Liebe nicht ein einzelnes besonderes Emblem gewidmet ist, sondern das Motiv der Liebe in verschiedenen Facetten in den sechs Emblemen vorkommt, und zwar mit einer besonderen zentralen Bedeutung.

Seitdem wirkt der durch die Emblematik umrissene geistige Kosmos mehr oder weniger prägnant in den Alltag hinein. Täglich werden die Stühle als Sitzgelegenheiten um den großen ovalen Esstisch benutzt. Im Verhältnis sind sie für groß gewachsene Menschen etwas schmächtig, und so manches Hinterteil würde einen weicheren Fauteuil bequemer finden[549]. Doch Gedanken und Reden sind angeregt, vielleicht auch vor dem Hintergrund der Embleme auf den stützenden Lehnen. Ich stelle mir vor, dass die auf den Stuhllehnen nicht vorhandene Subscriptio[550] auf diese Weise immer wieder neu artikuliert und vor allem aktualisiert wird. Heutzutage würden wir die Motive vielleicht etwas anders benennen oder andere im Vordergrund sehen wie soziale Verantwortung, Gerechtigkeit, Solidarität, Freiheit, Frieden, Nachhaltigkeit und Schutz der Natur. Es sind sehr bedeutende Lebensmotive, und sie sind wirkmächtig im privaten und im weiteren sozialen Umfeld.

Geldgeschichten

»Was hat Wert in dieser Welt?« Diese emphatische Frage beantwortet Traugott in seinem Tagebuch Anfang 1914 bündig: »Geld ist es nicht.«[551] Da ist ihm grundsätzlich zuzustimmen. Bekanntlich ist es aber durchaus nicht unangenehm, in zivilisierten Zusammenhängen über Zahlungsmittel zu verfügen. So ist es auch Traugott zuvor ergangen, als seine Tante Luise ihn und seine Schwester Irene mit einer Erbschaft bedacht hatte, für ihn 1.000 Rubel und für Irene noch mehr. Das ergibt ein komfortables Budget für die gemeinsame Reise im Frühjahr 1913 nach Italien und Nordafrika.[552] In seinem nachgelassenen Manuskript »Offene Horizonte« erzählt Traugott von dieser Reise.[553] Er setzt die Rubelwährung in Bezug zur damals in Deutschland gültigen Mark: 1.000 Rubel entsprechen etwa 2.250 Goldmark. Eine Karte für die Bahnfahrt von Berlin nach München kostet 20 Goldmark, und für zehn Mark kann man in einem anständigen Hotel einen Tag lang leben.[554] Ein Großteil der Rubel wird in Goldstücken angelegt, denn »Gold konnte man überall zu festen Kursen in die Auslandswährungen umwechseln.«[555]

In der Zeit der Verbannung in Sibirien erhält Traugott weiterhin seinen monatlichen Wechsel, 300 Rubel hatte er schon dabei. So kann er im Oktober 1915 in der Anfangszeit in Pirowskoje ein kleines Häuschen mieten – für eineinhalb Rubel Monatsmiete. Geld hat schon einen gewissen Wert und zwar einen sehr unterschiedlichen an verschiedenen Plätzen dieser Welt.

In Deutschland setzen die Kriegsgesetze vom August 1914 die Goldwährung außer Kraft, die Mark wird Papierwährung.

Helene erhält während ihres Studiums einen monatlichen Wechsel von 200 M. Damit kommt sie, bei aller Sparsamkeit, nicht immer aus. In etlichen Briefen an die Eltern bittet sie um zusätzliche Zuwendungen, unter anderem zur Bezahlung von fälligen Kolleggeldern.

Erlöse aus der ihr zugedachten Kriegsanleihe legt Helene für die Vorbereitung der Auswanderung an.[556] Wenn man so will, hat sie das Geld gut angelegt, denn in der Inflation 1921–1923 hätte diese Anleihe gehörig an Wert verloren.

Die Inflation kündigt sich schon Anfang der 20er Jahre an. In Bezug auf einen Dollar verschlechtert sich die Relation von 1:8 im Januar 1919 zu 1:50 ein Jahr später, im Januar 1921 1:75, September 1921 1:100, November 1921 1:270.[557]

Wie in manchen Kommunen wird auch in Bielefeld ein »Notgeld« ausgegeben, um wenigstens regional den Währungsverfall etwas zu verlangsamen. Das hier gezeigte auf Stoff gedruckte Exemplar der Stadtsparkasse Bielefeld trägt das Datum vom 15. Juli 1923. Sein Materialwert dürfte nach kurzer Zeit den Nominalwert von 25 M weit überstiegen haben. Da es so liebevoll und amüsant gestaltet ist und einen Bezug zur Familie Lohmann hat, gehe ich näher darauf ein.

In den vier Ecken ist eine Bildergeschichte eingefügt, mit folgendem Text – angefangen in der linken oberen Ecke gegen den Uhrzeigersinn gelesen: »Lohmann und Hohmann – beides Färbereien – leiten ihre Abwässer in den Lutter-Bach«, »Hinnerken Puls steigt am Sonntagmorgen wie gewohnt in den Lutterbach zu erfrischendem Bade«, »Die Abflußwasser der Färbereien hatten den Lutterbach blau gefärbt und mit ihm Hinnerken Puls«, »Hinnerken Puls versucht seine ursprüngliche Hautfarbe wiederherzustellen«.

Da hatten also die Färbereien Lohmann und Hohmann – die Firma von Helenes Vater fusioniert später mit Hohmann – nicht am Montag »blau gemacht«, sondern wohl schon zum Wochenende. Schon damals wird deutlich, dass Industrie und Umweltschutz durchaus noch nicht in Einklang gebracht sind. Immerhin verspricht das Bad im Lutterbach »erfrischend« zu sein, und die schöne blaue Farbe lässt sich mit der Bürste leicht entfernen. Auf dem »Geldschein« ist noch eine Warnung untergebracht, in schwarzer Schrift unterhalb der abgeteilten Ecken, zu lesen von unten links im Uhrzeigersinn: »Amtliche Bekanntmachung durch Ausschellen«, »Es wird hiermit bekannt gemacht«, »daß niemand in die Bache kackt«, »denn morgen wird gebraut«. Die Rückseite erinnert an einen wohl wenig bekannten Schatz der Stadt Bielefeld. Auf dem zentralen Platz, dem Kesselbrink, wurde 1661 eine Quelle entdeckt, die eine Zeitlang einen »Jungbrunnen« speiste. In der rechten oberen Ecke ist vermerkt: »138 Erfolge in 10 Wochen!« Unten rechts wird verdeutlicht: »Mittel gegen Podagra [Fußgicht], Altersschwäche, Liebeskummer, Hühneraugen«, unten links: »Jungfrauen und Grasspitzen wachten, machten kranke räudige Pferde wieder gesund.« Tu felix Builefeild! Du glückliches Bielefeld!

Bleiben wir im Jahr 1921 und kommen in den Südwesten Deutschlands. Am 9. September 1921 erwirbt das Ehepaar Stackelberg das damals ein Hektar, 36 Ar und 84 Quadratmeter große Grundstück in der Talwiese von Irene Knell für 170 M pro Ar, Gesamtsumme demnach 23.262,80 M, bis zum 1.10.1922 bar zu zahlen. Mit der Zahlung haben sie wohl nicht bis zum Ultimo gezögert, das hätte ihre Freundschaft zu Irene Knell sicher stark belastet. Denn im Herbst 1922 hätte die Inflation den Wert der Kaufsumme um den Faktor 100 verringert.

Für das Thema Finanzen ist ein relevantes Archivale erhalten: das »Hauptbuch«, ein Kassenbuch, in dem über 40 Jahre lang zum Teil sorgfältig Einnahmen und Ausgaben aufgelistet sind. Der erste Eintrag ist am 25. Juli 1921 gemacht worden. Die letzten Einträge stammen aus dem Jahr 1962. Leider gibt es Lücken: in den Jahren 1923–1925 (1923 Inflation), August 1929 bis einschließlich Mai 1930 (Wirtschaftskrise ab Oktober 1929), Juli 1930 bis einschließlich Februar 1931, Juli 1931 bis einschließlich 1938 (ab 1933 NS-Zeit). Seiten fehlen nicht. Die ersten Einträge hat Traugott vorgenommen, bald wird das Buch hauptsächlich von Helene geführt.

Dem »Hauptbuch« ist also nicht die vollständige Ökonomie im Degenhof abzulesen. Zu den zeitlichen Lücken kommt noch, dass hier fast keine Angaben zu Einnahmen von Traugott gemacht werden – Einnahmen aus ärztlichen Honoraren, aus dem Verkauf von Bildern und später als Autor. Angaben über größere Ausgaben – wie für die Automobile, Segelboote, für Ferienreisen, Foto-, Filmkamera, Bücher, den Flügel, Innen- und Außenausbau, den Hauslehrer, Schulgeld (Internat Salem für Jürgen und Spetzgart für Ulla und Brita), Unterstützung der Studierenden, größere Feste, Krankheitskosten – habe ich nicht gefunden.

Hauptbuch, S. 1, Juli / August 1921

Einen beträchtlichen Anteil der Degenhof-Ökonomie macht sicher die Naturalwirtschaft aus. Pferd, Esel, Kuh, Ziegen, Schafe und Hunde müssen erstmal gekauft werden, das Futter nur zum geringen Teil, das wird auf den Wiesen gewonnen. Was die Tiere leisten und produzieren, braucht nicht eingekauft werden. Acker und Garten müssen bestellt, aber für ihre Früchte müssen keine Geldmittel aufgewendet werden. Die Degenhof-Wirtschaft ist subsistent. Wasser liefert die Quelle. Strom wird durch Wasserkraft hergestellt und in Akkumulatoren gespeichert. Im eigenen Waldstück ist genügend Holz als Heizmaterial vorhanden. Vor allem in den Zeiten der Inflation 1922–1923, der

Wirtschaftskrise 1929, des Krieges 1939–1945 und der Nachkriegszeit ist das besonders wichtig. Zudem sind etliche Honorare für Helenes und auch Traugotts ärztliche Tätigkeiten und medizinische Anwendungen in Naturalien beglichen worden.[558]

Wenn auch das »Hauptbuch« wie ein Mosaik ist, in dem etliche Elemente fehlen, so lassen sich doch die vorhandenen ordnend sichten.

In der Anfangszeit, dem 2. Halbjahr 1921, sind insgesamt 43.800 M als Einnahmen eingetragen, u. a. ein Darlehen vom »Vorschußverein«, eine nachträgliche Gehaltszahlung für Traugotts Tätigkeit als Assistenzarzt in München und eine Zuwendung eines Stackelberg-Verwandten. Dem stehen Ausgaben von etwa 70.000 M gegenüber: für den Hausbau (Material, Gerät, Handwerkerlöhne), für die zukünftige Arztpraxis (Geburtshilfeinstrumente, eine Kartothek, Chemikalien für Untersuchungen, Zeitungsanzeige für die Niederlassung, Zahnzangen, Kittel, Instrumente) und Weiteres für die Lebenshaltung (ein Pferd und ein Zweirad-Chaise-Wagen mit Verdeck, ein Fahrrad, Schuhe, ein Hut und Nahrungsmittel), der Fernsprechanschluss wird gelegt, zwei Reisen nach München fallen an. Die steigende Inflation macht sich bemerkbar, Beispiele: Oktober 1921 2 Pfd. Palmin 40 M, 2 Pfd. Fleisch 26 M, Schokolade (Menge nicht eingetragen) 32,70 M, November 1921 10 Pfd. Zucker 55 M.

Das Jahr 1922 beginnt mit einer Überweisung von Vater Lohmann über 30.000 M, er begleicht auch Rechnungen über 27.000 M, zahlt 20.000 M auf das Konto des »Vorschußvereins«, transferiert noch einmal 28.000 M, Mutter Lohmann steuert 5.600 M bei, insgesamt also kommen aus Bielefeld in diesem Jahr 115.600 M.

Die Praxis wird eröffnet. Die ersten Patienten kommen, Helene macht Hausbesuche, Traugott unterstützt sie ab Ende März nach seiner Rückkehr aus den Hungergebieten an der Wolga. 16.471 M an Honorar (für Untersuchungen und Konsultationen, Zahnextraktionen, Pessar einlegen, Ohrenspülung) fallen an.

Im Januar wird eine Flinte nebst Patronen angeschafft: 550 M, die Gebühren für den Waffenschein betragen 37 M. Telefonferngespräche im März – Traugott ist weit weg in Moskau auf dem Rückweg von der

Wolga – schlagen mit 65 M zu Buche. Eine Fahrt nach München zu Helenes Promotion im Februar kostet 155 M. Helene entrichtet ihren Mitgliedsbeitrag für den Keplerbund[559]: 20 M.

Die Quäker zahlen Ende Juli 61.884 M. Ist das ein Darlehen oder eine Art Aufwandsentschädigung für Traugotts Einsatz im Frühjahr in den Hungergebieten? Eine eventuell im Januar vereinbarte Summe in englischen Pfund dürfte nun nominell mit dem Faktor 5 umgerechnet worden sein. Um die Summen angemessen zu bewerten, müssen sie auf die weiter und nun stark anwachsende Inflationsrate bezogen werden. Von Anfang bis Ende 1922 steigt das Verhältnis Goldmark zu Papiermark von etwa 80 bis auf 8.000 – fast um den Faktor 100. An einzelnen Posten der Lebenshaltung lässt sich die Auswirkung der Inflation ablesen. Im Februar 1922 kosten 10 Pfd. Nudeln schon 100 M, Kakao, Schokolade (Menge nicht angegeben) 147 M, im März 9 Pfd. Fett à 18 M = 162 M, 5 Pfd. Zucker 53 M. Im April wird die erste Ziege für 1.225 M angeschafft, Mitte Juli eine weitere für 1.500 M, eine dritte Ende Juli für 2.000 M. 1 kg Palmin kostet nun 160 M, im September 6 Pfd. Zucker à 30 M 180 M. Im März wird für den Garten eingekauft: Blumentöpfe, Spaten, Obstbäume, Sträucher, Rhabarber – Betrag: 791 M. Heu und Stroh sind noch nicht selbst produziert; Eintrag im März 1922: 2.812 M.

Zur Geburt von Ulla Ende April legen sie ein Sparkassenbuch mit 1.000 M Einlage an. Helferinnen im Haushalt erhalten 1.276 M Lohn.

Eine besondere Anschaffung ist ein Motorrad, Kosten Ende Juli: 32.100 M. Eine zugehörige Menge Benzin kostet 2.760 M. Über die Hälfte der Quäker-Zuwendung ist dafür aufgewendet.

Keine Einträge im »Hauptbuch« für die Jahre 1923–1925. Für 1923 sind zwei andere Dokumente erhalten:

Der Höhepunkt der Inflation ist erreicht.[560] Am 15. November 1923 wird die Papiermark durch die Rentenmark abgelöst, 1 Billion M ≙ 1 Rentenmark. Fast ein Jahr später, am 30. August 1924 wird die Reichsmark eingeführt. Der Inflation ist Einhalt geboten.

Am 5. November 1923 kommt Brita, die zweite Tochter, zur Welt und zwei Jahre später, am 26. Dezember 1925 Sohn Jürgen. In das Jahr 1925 fällt auch die Errichtung eines Garagengebäudes.

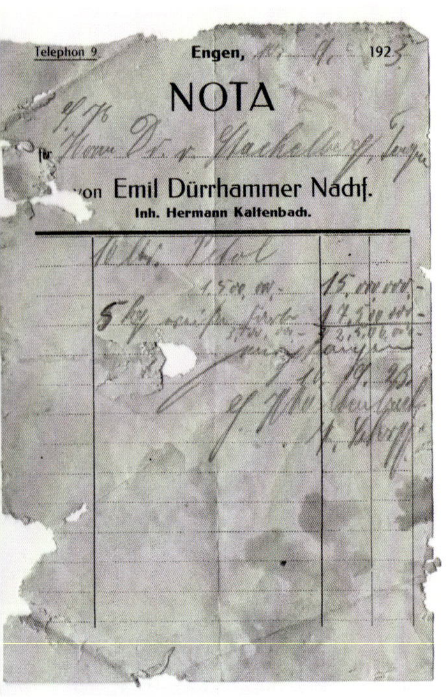

Telephon 9 Engen, 1923

NOTA

für

von Emil Dürrhammer Nachf.

Inh. Hermann Kaltenbach.

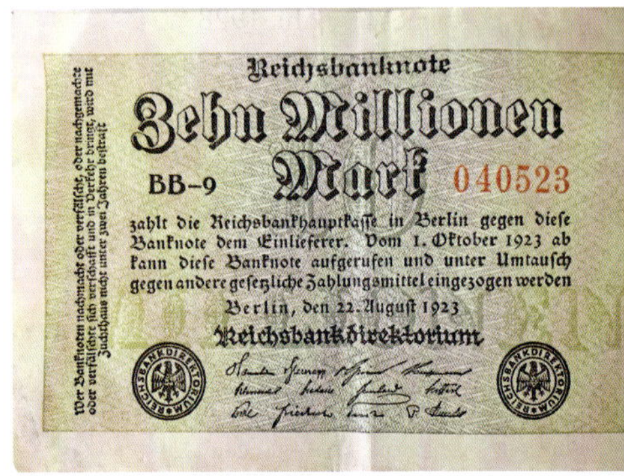

Rechnung vom 10.9.1923: 10 ltr. Petol (!), 5 kg weiße Farbe und dazu das passende Zahlungsmittel

Im Februar 1926 wird eine Autosteuer über 75 RM fällig. Das ist ein Hinweis auf die Anschaffung eines Automobils[561]. Ein Frl. Dierksen zahlt für 20 Tage à 5,50 RM Pension[562] 110 RM. Ärztliches Honorar: 201 RM sind vermerkt.

Für das Jahr 1927 gibt es etliche Einträge, allerdings keine für die Monate März bis Mitte April, August und Dezember. Die Einkünfte durch die Praxis verstetigen sich: zu den privat abgerechneten 970 RM kommen über die Kasse abgerechnete 410 RM. Mit den aufgeführten 495 RM von Pensionsgästen zusammen: 1.875 RM an Einkünften.[563]

Exemplarisch einige Ausgaben: Eier 30 Stk 4,50 RM (das ist relativ teuer), Fleisch 1,05 RM, Brot 1,50 RM, die Frankfurter Zeitung für ¼ Jahr 4,40 RM, Zigaretten 0,80 RM, Radio 2 × 2 RM, Telefon 8,55, Benzin 2 RM, Feigenbaum 12 RM, für Haushaltshilfen und die Schneiderin 112 RM und ein Beitrag für den Keplerbund[564] 2,25 RM.

Für das Jahr 1928 sind nur etwa ein Dutzend Einträge, bis April, vorgenommen worden. Ärztliches Honorar in dieser Zeit: 539 M. Kein Pensionsgeld. Haushaltshilfen erhalten 298 M. Für eine Lederhose und Joppe werden 30 M aufgewendet.

In diesem Jahr 1928 werden an das Haupthaus zwei Anbauten hinzugefügt.

In einem Brief an seine Mutter stellt Traugott Ende November 1929 fest, dass »wir immer noch nicht im Überfluss schwimmen«, denn unser Leben, vor allem die Autos kosten so furchtbar viel Geld, aber »ohne sie können wir ja nicht existieren.«[565]

Die Einträge im Jahr 1929 zeigen, dass die »Kleine Kuranstalt« gut frequentiert wird: 750 M Einnahmen. Unter anderen sind die Eheleute Donandt da gewesen, Freunde aus der Freischar. Ärztliche Honorare dagegen sind spärlich: 354 M. Hilfen im Haushalt bekommen zusammen 150 M. Für Juli ist noch eingetragen: »25 L Benzin für 7 M« (also pro L 28 Pfg.). Zu berücksichtigen ist, dass es keine Einträge nach dem 8.8.1929 bis einschließlich Mai 1930 gibt. Zeit und / oder Bedarf für diese Buchhaltung scheinen geringer zu werden. In der großen Welt braut sich die Weltwirtschaftskrise zusammen. In der Familien-Welt ist der Tod der geliebten Mutter Lisbeth Lohmann, 66-jährig, im Mai 1930 zu beklagen. Keine Praxis-Einkünfte, jedenfalls keine pekuniären. Ein Pensionsgast zahlt 160 M, das Mädchen Luzi erhält 54M.

Auch 1931 übersteigen die Einkünfte durch Pensionsgäste (249 M) die geldlichen Arzt-Honorare (168 M). Die Hausangestellten verdienen 405 M.

Nach dem 1.6.1931 bis 1938 einschließlich wird nichts eingetragen.

Für diese Jahre gibt es aber andere Dokumente, aus denen die Einnahmen von Helene und Traugott zu entnehmen sind. Für die Entnazifizierungsprozesse 1947 müssen die beiden ihre individuellen Einkünfte von 1932 bis 1946 auflisten.[566]

	Helene v.St.	Traugott v.St.	zusammen
1932	4000	8000	12.000
1933	4000	4000	8.000
1934	4000	4000	8.000
1935	5000	5000	10.000
1936	5000	7000	12.000
1937	6800	8000	14.800
1938	6800	8000	14.800
1939	6800	9000	15.800
1940	6800	9000	15.800
1941	6000	12000	18.000
1942	7800	23000	30.800
1943	5900	19000	24.900
1944	2000	22000	24.000
1945	5000	15000	20.000
1946	5000	3000	8.000
Ø	**5.393**	**10.400**	**15.793**

Die enorme Steigerung von Traugotts Einkünften in Singen ist wohl darauf zurückzuführen, dass etliche seiner Arztkollegen in Singen zum Militär eingezogen worden sind und die Patienten sich dann auf weniger Praxen verteilen.

Im Juli 1936 ist Helenes Vater Adelbert 88-jährig in Bielefeld gestorben. Die Geschwister verkaufen das Elternhaus am Nebelswall 5 an eine

Kusine 2. Grades, deren Familie das Haus heute noch besitzt. Ab 1939 bis 1946 erhält Helene in jährlichen Raten ihren Anteil am Erlös nebst Verzinsung, insgesamt 22.490 RM.

Die folgenden Einträge in den Jahren 1940, 1941 und 1943 sind mir aufgefallen: 1940 Ärzt. Tätigk. für Higa 524 RM, 1941 [dasselbe] 100 RM, 1943 Ärzt. Tätigkeit für Heger Zoll, Naumburger Zoll. Die Abkürzung »Higa« steht für Hilfsgrenzangestellter.[567] Den Mangel an beamteten Zöllnern haben diese Leute ausgeglichen.

Die im »Hauptbuch« vermerkten Einkünfte (erst ab 1940 bis 1946) korrespondieren in etwa mit den in obiger Liste aufgeführten, wenn zu den ärztlichen Honoraren auch die jährlichen Raten aus dem Hausverkauf mit eingerechnet werden. Für 1946 allerdings liegt der angegebene Betrag (5.000 RM) weit unter dem im »Hauptbuch« eingetragenen (11.528 RM Arzthonorare und letzte Verkaufsrate 4.890 RM).

Für die Jahre 1948–1962 gebe ich wieder, was im »Hauptbuch« eingetragen ist. Das sind also Helenes Einkünfte:

1948	466	DM	1957	21.208	DM
1949	7.538	DM	1958	24.507	DM
1950	9.895	DM	1959	26.430	DM
1951	13.549	DM	1960	26.127	DM
1952	14.019	DM	1961	14.074	DM
1953	14.658	DM	1962	4.645	DM
1954	15.848	DM	**Summe**	**230.250**	**DM**
1955	17.739	DM	**Ø p.a.**	**13.544**	**DM**
1956	18.452	DM	**Ø p.m.**	**1.129**	**DM**

Ab 21.6.1948 gilt die neue Währung. Um der Vollständigkeit halber noch einige Ergänzungen zu 1948. Hier sind noch Zahlungen von Pensionsgästen eingetragen: 630 DM. Ein Brot kostet 2,40 DM, die Zeitung Südkurier 1,74 DM, der Klavierstimmer bekommt 7 DM, für Radreparatur werden 2,20 DM fällig, im September werden Winterkar-

toffeln gekauft: 100 DM. Klara erhält 60 DM, Emilie 30 DM für Hilfe im Haushalt.

Im Jahr 1959 ist Helene sehr krank, sie muss etliche Zeit im Krankenhaus verbringen. Umso erstaunlicher ist, dass sie in diesem und dem folgenden Jahr die Einnahmen noch steigert. Zum 1.7.1961 gibt sie offiziell die Praxis auf.

Abschließen möchte ich diesen Abschnitt mit einigen Thesen und Fragen.

Wer autark leben möchte, kann – mindestens in einer Übergangsphase, bis die für die Subsistenz nötige Infrastruktur hergestellt ist – eine Subvention von außen gut brauchen, jedenfalls wenn man zivilisatorische Standards erfüllt haben möchte. Stärker formuliert: Ohne die externe Subvention geht es nur schlecht.

Die Ökonomie im Degenhof spiegelt die weltwirtschaftlichen Konjunkturen nicht direkt wider, wenngleich diese auf jene einwirkt. Die Degenhof-Ökonomie ist geeignet, die Auswirkungen abzufedern, ja, für den internen Bereich auszugleichen.

Sogenannte irdische Reichtümer werden im Degenhof nicht angehäuft, aber die Prosperität ist ausreichend für ein gutes bürgerliches und auch individualistisch unangepasstes Leben in sozialer Verantwortung mit einem guten gesicherten Standard – die gute Schulbildung der Kinder, Hausangestellte, Reisen, Autos, einigermaßen komfortable Wohnverhältnisse indizieren das. Wie viel Anstrengung und Mühe, Entbehrung und Bescheidung, unangenehme Kompromisse und widerwillige Arrangements, Wendigkeit und Hartnäckigkeit das alles *gekostet* hat, steht allerdings nicht im »Hauptbuch«.

Warum gibt es im »Hauptbuch« Lücken, zeitliche und inhaltliche Lücken? Die während der Inflationsphasen lassen sich auf die Schwierigkeit zurückführen, bei der Notierung mit der rasanten Geldentwertung Schritt zu halten. Worauf aber können die Lücken während der Jahre 1931–1938 zurückzuführen sein? Ab 1933 vielleicht darauf, möglichst keine im Sinne der Machthaber verdächtige Spuren zu hinterlassen, um sich selbst und Patienten zu schützen. Aus dieser Zeit sind auch nur sehr wenige Briefe erhalten. Ab 1939 sind die Angaben auch nur spärlich, gerade nur solche, die eventuell auch amtlicherseits festgestellt werden können. Und warum die inhaltlichen Lücken? Das »Hauptbuch« nimmt im Laufe der Jahre den Charakter eines Haushaltsbuchs an, in dem zum einen die der laufenden Haushaltung zugehörigen finanziellen Bewegungen festgehalten werden, und zum anderen die Einkünfte von Helene und durch die Pensionsgäste. Hat also Traugott die größeren Anschaffungen finanziert?

Darf das Nicht-vorhanden-Sein von Dokumentationen zu monetären Transaktionen von Traugott auf eine bei ihm eventuell vorhandene Nonchalance im Umgang mit Geld schließen lassen? Korrespondieren würde das allerdings mit der Einschätzung von Helene, dass Traugott »nicht mit Geld umgehen kann«. Helene sorgt sich anscheinend mehr um die Finanzen – dies im doppelten Wortsinn: Sie kümmert sich darum und sie selbst fühlt sich oft bedrückt von finanziellen Sorgen.

Genealogie

Nikolaus Gustav Bruno von Stackelberg *1832–1902*

Caroline Charlotte von Stackelberg, geb. Deringer *1857–1953*

Adelbert Christian Friedrich Lohmann *1847–1936*

Elisabeth (Lisbeth) Lohmann, geb. Dönhoff *1864–1930*

Nathanael *1885–1916*, Hanna *1887–1989*, Irene *1888–1963*, Traugott *1891–1970*, Johannes *1892–1955*, Ruth *1898–2000*

Elli *1884–1972*, Wilhelm *1886–1926*, Walter *1888–1973*, Hertha *1890–1955*, Helene *1895–1964*

Traugott *1891–1970*

Helene *1895–1964*

Ulla *1922–2008*, Brita *1923–2010*, Jürgen *1925–2020*, Dider(i)k *1933–1933*

Rezeption des Vermächtnisses von Busuluk

Traugott trägt 1922 während seines Aufenthaltes in den Hungergebieten an der Wolga eine Art Vermächtnis in sein Tagebuch ein. Einige der über zwanzig Urenkelinnen und Urenkel von Traugott und Helene haben fast 100 Jahre nach seiner Entstehung ihre Gedanken zu diesem Text aufgeschrieben.

Sophia

Dieser Brief, 96 Jahre später bei der Urenkelin angekommen, verbunden mit Erzählungen und Bildern des Urgroßvaters. Was sagt er, übermittelt er mir? Selbst, die Urgroßeltern nicht kennend, schwingt gerade im Degenhof die Erinnerung an diese stets mit. Das Haus erfüllt von Erbstücken, Bildern dieser und deren Kindern, kenne ich seit meiner Kindheit. Das Vorlesen von Geschichten des Urgroßvaters an Weihnachten oder Erzählungen über die Urgroßmutter mit dem flotten Fahrstil sind besonders hier mit Ortsverweisen lebendig und präsent. Das Pflegen der Familiengeschichte und Entdecken der Familienbande wurden von Urgroßvater, an Großvater, an Vater weitergegeben und spiegelt sich in Bewahrung des Alten wider. Vieles ist neu dazu gekommen und hat das Alte erweitert. Neue Kinder, neue Enkel, neue Urenkel, die Familie wächst. In vielem erkennt man die Familie, in Verhaltensweisen und Aussehen. Kleider werden weitergegeben und bewahrt. Schmuckstücke oder Möbel der Urgroßeltern finden Platz zwischen modernen Dingen. Neue Augen sehen den tauenden Schnee vor dem Fenster, über dem die Wassertropfen vom Dach tropfen. Der einmalige Augenblick wird 96 Jahre später gleichsam erlebt im gleichen, von der Familie bewährten Raum. Die Kette der Familie ist länger geworden und soll noch weitergehen.

Karoline

Zunächst einmal sitze ich in diesem Moment an Ahis[568] altem Schreibtisch, der zu meinem geworden ist, denn ich habe ihn mir aus dem Nachlass meiner Großmutter, Ahis Tochter Ursula, an die er seinen Brief ja vor allem richtet, gewünscht. Ich selbst habe meinen Urgroßvater ja leider gar nicht kennenlernen können, aber er ist doch in meinem Leben recht präsent. Seine Bilder begleiten mich seit frühester Kindheit: Ein großes Aquarell hing sehr prominent in meinem Elternhaus, in meinem eigenen Haus hängen mehrere Blätter, unter anderem eines im Zimmer meines 11-jährigen Sohnes, der selbst schon ein ganz passabler Aquarellmaler ist. Aus zahllosen Geschichten von und über Ahi, die ich von Großmutter, Onkeln und weiteren Verwandten gehört oder selbst gelesen habe, von Fotos, durch seine Kunst und die von ihm gefertigten Gegenstände, habe ich mir mein Bild meines Urgroßvaters geformt: ein genialer Geschichtenerzähler, ein begabter Aquarellist, ein (Über-)Lebenskünstler, einer, der aus Nichts etwas schaffen konnte; ein Schlitzohr, und auch ein großer Menschenfreund.

Während ich so vor mich hin überlegte, was ich Euch nun als Antwort schreiben wollte, blätterte ich einen der letzten »STERN« auf, den der Chefredakteur mit folgendem Zitat eröffnet: »Nächstenliebe ist gelebte Politik« (Fridtjof Nansen; Nobelpreisträger 1922, Polarforscher, Erster Flüchtlingskommissar des Völkerbundes). Ist das nicht ein Zufall?

Also, was bedeutet Ahis Brief heute für mich – was sagt er mir?

Heutige brennende Probleme sind nicht neu: Auch vor knapp 100 Jahren gab es schon Flüchtlingswellen und große Not, und es gab couragierte Menschen, die sich dafür einsetzten, die Not der Leidenden zu lindern. Humanität und Engagement für andere halte ich für eine der höchsten Tugenden, und ich bin stolz darauf, ein Teil einer großen Familie zu sein, in der (nicht nur) dieser Wert in vielerlei Hinsicht gelebt wird.

Die von Ahi genannten Werte Gottvertrauen, Selbstvertrauen und Selbstkenntnis, Mut und Ritterlichkeit sind Werte, die zu leben auch im 21. Jahrhundert wichtig für das Individuum wie auch für das Funktionieren in unserer demokratischen Gesellschaft grundlegend sind. Meinen Kindern versuche ich, diese Werte vorzuleben (mit mehr und weniger Erfolg) und trage so »die Fackel weiter«. Ich glaube, mein Sohn Caspar hätte sich mit seinem Ur-ur-Großvater sehr gut verstanden.

Nele

Die Einleitung finde ich sehr schön. Er, Ahi, scheint wirklich in Betracht zu ziehen, dass er nicht zurückkehren könnte. Die Worte seine Liebe zu Lene auszudrücken sind wunderschön: »fühlst es ja, dass ich bei dir bin.« Sicherlich vermisst er sie ungemein und die fast formellen und starken Worte an sein noch ungeborenes Kind zeigen mir, dass er im Falle seines Todes die wichtigste Maxime komprimiert zusammenfassen wollte. Sicher gehen wollte, dass Ritter Ulla was Anständiges werden würde. Dass sie Sicherheit verspürt, er ist immer da (und der liebe Gott auch). Der Familiengedanke, Teil einer Kette zu sein, ist einerseits schön, andererseits verlangt er schon viel von dem ungeborenen Wesen. (Wo ist die Entspannung, der Pool?! Mein Maß ist momentan: möglichst viel Schlaf zu finden. Hätte er das so gut gefunden?) Er scheint sehr stolz auf seine Familie zu sein ... Tüchtigkeit, Pflichtbewusstsein, handwerkliches Geschick, Selbstständigkeit, Tugendhaftigkeit ... Puh! Hohe Ansprüche hat er. Heute oder für mich wirkt das etwas zu viel des Guten.
Schön finde ich, dass er möchte, dass wir (geht ja wahrscheinlich auch an die Urenkel) vorurteilsfrei und offen auf andere zugehen sollten ... Und den eigenen, wahren Weg gehen sollten ...
Vieles von dem, was er sich wünscht, ist ja mit dem Degenhof und mit Brita (und Bernhard) in Erfüllung gegangen. Und du, Diderk, machst ja auch alles richtig.
Ich würde heute Clara beispielsweise (in ihrer längeren Abwesenheit) – Halbzeit heute, noch 2 Wochen – vor allem Vertrauen in die eigenen Stärken mitgeben ... Das Unterordnen in eine Familienkette scheint so streng. Individualität und eigene Ideen und Vorstellungen spielen, wie

man so schön sagt, doch eine größere Rolle in der Gesellschaft, oder?! Und bei uns: Das gemeinsame Tun und Erleben mit der noch lebenden Familie.

Mailies

Bei dem Text handelt es sich um einen Brief, der geöffnet und gelesen werden sollte, wenn dem Urgroßvater etwas zustoßen sollte. Wie er selbst notiert, sind diese Worte »unter dieser Stimmung« geschrieben und erscheinen daher – vermutlich nicht nur aus heutiger Sicht – etwas pathetisch.

Der vorliegende Text besteht aus zwei Teilen. Im ersten Teil richtet sich der Urgroßvater an die Urgroßmutter Helene – »Lene«. Es ist rührend zu lesen, welche tiefen Gefühle der Urgroßvater seiner Lene mit oft schönen Formulierungen und Vergleichen zum Ausdruck bringt.

Im zweiten Teil richtet sich der Urgroßvater an sein ungeborenes Kind. Er erteilt ihm allerhand Ratschläge und bringt dabei einen hohen Anspruch an den Werdegang des Kindes zum Ausdruck. Erst durch Einhalten der Ratschläge, so gibt er dem Kind mit auf den Weg, kann es ein Mitglied der Familie werden, ja es muss sich das Mitgliedsein quasi erst erarbeiten.

Einige Ratschläge finde ich aber auch ganz gut: zum Beispiel, seinen eigenen Weg zu gehen oder das eigene Maß ergründen zu lernen und dieses einzuhalten.

Zusammenfassend lese ich den Text eben als das, was er ist: ein Brief meines Urgroßvaters, der nicht an mich, sondern an seine Ehefrau und sein ungeborenes Kind gerichtet ist. Aber es ist wunderbar, anhand eines solchen Briefes Einblick in die Gedanken und Gefühle des Urgroßvaters zu bekommen, den ich natürlich nicht kennenlernen konnte, der aber durch Erzählungen stets sehr präsent war.

Lina

Gedanken zum Brief von Urenkelin Lina (Jahrgang 1978)
Ich schaue hinaus, vor mir eine weite Fensterfront, gesäumt von Regentropfen und versuche meine Gedanken zu dem Brief zu ordnen.
Ich bin beeindruckt von der Courage der beiden, sich darauf einzulassen (er) bzw. zuzulassen (sie), dass der Geliebte, Ehepartner, baldige Vater des ersten Kindes sich auf eine derart riskante Reise begibt. Ich erkenne darin viel Leidenschaft und eine ungewöhnliche Bereitschaft von beiden, das Private zugunsten der Allgemeinheit zurückzustellen. Und ich finde es großartig, dass dabei nationale, lokale, private und individuelle Bedürfnisse zugunsten universeller, humanistischer Werte zurücktreten, indem sie bewusst zurückgehalten werden.
Ich kann die Leidenschaft für einen solchen humanitären Einsatz in der weiten Ferne gut nachvollziehen, sehe aber auch, welchen Mut und welche Kraft dies von Helene einforderte: Während er Menschen in der Ferne versorgte, ließ sie sich als eine der ersten Frauen als Ärztin ausbilden, sogar als sie mit dem ersten Kind schwanger war. Und sie ging dabei mutig das Risiko ein, die Familie im Notfall auch allein zu tragen. Ich glaube nicht, dass ich dazu bereit wäre. Aber ich bewundere diese Kraft. Das Bild mit dem Regentropfen, welches er in dem Brief entwirft, ist für mich ein starkes Bild ihrer Verbundenheit und tiefen Liebe. Es ist so einfach und poetisch zugleich. Das zeigt für mich, dass sie viel Kraft aus der Liebe und aus einem naturverbundenen Leben gezogen haben müssen. Was sich ja dann auch in dem »Projekt Degenhof« manifestierte. Auch den Brief an das ungeborene Kind finde ich sehr beeindruckend. Wie schwer muss es sein, das, was man dem Kind mitgeben will, in einen einzigen Brief zu fassen!
Der Brief ist auch heute noch sehr kraftvoll. Ich finde es bewegend und rührend, wie er versucht, dem Kind möglichst viel Halt und Stärke mitzugeben. Viele Werte, die der Vater hier dem Kind mitgeben möchte, finde ich auch erstrebenswert. Doch was ich heute nicht so gut nachvollziehen kann, ist die Idee der Ritterlichkeit und das Bild des Gliedes in der Kette. Natürlich ist beides im Kontext zu lesen und einerseits ist

es für mich etwas Besonderes, dass hier eine jahrhundertealte Tradition (der von Stackelberg) mitschwingt. Doch problematisch an der hier suggerierten »ritterlichen Haltung« finde ich, dass dabei die ureigenen und individuellen Gefühle zurücktreten müssen. Die Verantwortung gegenüber den eigenen Gefühlen und denen der anderen Menschen sind für mich jedoch von größter Bedeutung.
Auch die Idee des Glieds in einer langen Kette ist für mich heute nicht mehr so stimmig. Mit zunehmendem Alter denke und empfinde ich, dass wir mit den Vorfahren, den gegenwärtigen Verwandten und den Nachkommen in irgendeiner Weise verbunden sind, und es ist für mich sehr bedeutend. Aber die Verbundenheit erlebe ich nicht wie ein Glied in einer Kette. Denn eine Kette setzt bei aller Individualität mithin eine lineare, gleichförmige Fortsetzung und auch eine starke Eingliederung voraus. Folgendes Bild finde ich persönlich stimmiger: Vorfahren wie Helene und Traugott (»Ahi«) haben wie viele vor ihnen und danach, Steine ausgeworfen, deren Wellen heute an verschiedenen Orten weiterwirken. An unterschiedlichen Ufern haben sich kleine Strudel und Wasserläufe gebildet, die auf den ersten Blick vielleicht gar nicht viel miteinander gemein haben. Und dennoch stehen die Wellenbewegungen immer wieder miteinander in Verbindung. Immer wieder finden wir uns zusammen, gehen auseinander, verlieren uns aus den Augen, entdecken uns wieder (neu).

Ich denke, was uns alle doch sehr verbindet, ist die Neugier für andere Menschen und alles Menschliche sowie die Bereitschaft, für andere einzustehen und uns auch kulturell, politisch-gesellschaftlich intensiv auseinanderzusetzen. Dies zeigt sich in den Berufen: Viele haben auch in der 3. Generation mit Medizin und Pflege zu tun, arbeiten im pädagogischen Bereich oder beschäftigen sich kreativ oder investigativ mit Kultur, Politik und Wirtschaft. Das teils widersprüchliche Spektrum von bodenständig-zupackender Lebenskunst hin zu einer gewissen Abgehobenheit und zu Fantastereien, was die beiden damals immer wieder in Einklang bringen mussten, kann ich auch heute noch innerhalb der Familie feststellen (zum Glück gibt es in der Familie auch viele, die wie Helene denken und handeln). Und auch heute gibt es noch eine besondere Kraft, die uns bis in die Türkei, Algerien, die USA, nach Argentinien und Spanien oder Haiti oder in den Austausch mit Frankreich treibt.

Ob wir bei alldem besonders ritterlich sind? Die Wappen tragen wir jedenfalls schon lange nicht mehr. Unser stärkster Schild ist vielleicht der Humor. Und die Haltung, das Leben immer wieder neu als Lebenskunst zu verstehen (der Marktwert ist dabei unwichtig).

Aus dem Brief nehme ich vor allem dieses mit:

Alles ist im Fluss. Es ist wichtig, auch die Tropfen zu betrachten.

Aufenthalte. Reisen

Traugott

Reval 1891–1906
Berlin 1906–1911
Petersburg 1910 und öfter
Moskau 1910 und öfter (~10 mal)
Freiburg 1912
Italien, Nordafrika, Malta 1913
Rostock 1914
Kiel 1914
Helsingfors 1914
Russland, Sibirien 1915–1918
Tomsk 1917
Reval 1918
England: Jordans 1920
Lienz 1921
Busuluk (Wolgagebiete) 1922
Malta 1964, 1965
Russland, Sibirien 1967 »Auf eigener Fährte«

Helene

Bielefeld 1895–
Jena 1915
Berlin 1915
Bonn 1916
Köln Juni 1928
Skilaufen in Cortina D'Ampezzo 1937 / 38

Gemeinsam

München 1917–1921
Degenhof 1921–
Zürich Genua Pisa, Rom, Bologna, Mailand 1933
Estland, Finnland Juni 1934[569]
Walensee, Arosa, Weißhorn 1935
Estland, Finnland Juli 1935[570]
Allgäu 1936
Schweiz, Frankreich 1937
Rab August / Sept. 1938
Provence 1953
Dalmatien (Kroatien), Insel Rab 1954
Jugoslawien 1955
Schweiz 1957
Spanien 1957
Griechenland 1958
Dänemark, Schweden 1959
Provence 1960
Soglio, Oberengadin Sept. 1961
Bielefeld, viele Male (Wohnort der Eltern und Geschwister von Helene)
Morbach (bei Trier) (Wohnort eines Bruders und der Mutter von Traugott)
Schweiz, verschiedene Destinationen

Literatur

Primärliteratur

Helene Lohmann, verh. von Stackelberg
Briefe
Tagebuch

Traugott von Stackelberg
Briefe
Tagebücher

Etliche unveröffentlichte, meistens undatierte Manuskripte und Typoskripte: kleine Erzählungen und Aufsätze (u.a.: Unter Zöllnern und Sündern, Wie die Altfreischar auf Burg Lauenstein entstand, Zum Wandern, Zur Entwicklungsgeschichte des Menschen, Über die Sprache und das Gespräch, Politischer Stimmungsbericht 1945, autobiografische Texte)

1920: Über die englische Jugendbewegung der ›Jungen Freunde‹. In: Ehmer, Wilhelm (Hg.) 1921 Hofgeismar. Ein politischer Versuch in der Jugendbewegung 1920, Jena, Diederichs, S. 67–70.

1922: Eine Fahrt durch das Hungergebiet an der Wolga im Auftrage der englischen Quäker. In: Privat-Berichte über die russische Hungersnot. Nr. 4. Die deutschen Freunde der Quäker. Berlin, Franz Weber.

1924: Die Grundfrage. In: Werteland, Neue Folge von Vivos voco, Zs. für neues Deutschtum, 1924 Bd.4, H.2, S. 84–87

1937 / 1958: Es begann in Rußland … Bericht über eine Hilfsaktion im südlichen Rußland Januar bis März 1922. In: TvSt 1958 Fratze und Gesicht Russlands. S. 3–40.

1951: Geliebtes Sibirien. Pfullingen, Günther Neske.

1952: Manon de Carmignac. Pfullingen, Günther Neske.

1953: Wintererzählungen. Pfullingen, Günther Neske. (Darin: Seltsames Weihnachtserlebnis in Estland, Die Uhr des Zaren Paul, Die heilige Mutter von Kasan, Gammle Olaf).

1954: Cornet der Zarin. Pfullingen, Günther Neske.

1956a: Die Bärenkralle. Erzählungen. Pfullingen, Günther Neske. (Darin: Der falsche gute Hirte, Die Bärenkralle, Foka, Dsema'u, Der sibirische Meteor).

1956b: Doktors Vieh, Pfullingen, Günther Neske.

1958: Fratze und Gesicht Russlands. Zwei Erlebnisberichte. Zürich / Stuttgart, Flamberg.

1962a: Der Kutter Kodumaa. Zürich / Stuttgart, Flamberg.

1962b: Die schönsten Erzählungen. Pfullingen, Günther Neske. (Darin: Der falsche gute Hirte, Die Bärenkralle, Foka, Dsema'u, Der sibirische Meteor, Seltsames Weihnachtserlebnis in Estland, Die Uhr des Zaren Paul, Die heilige Mutter Gottes von Kasan, Gammle Olaf, Cornet der Zarin).

1968: Auf eigener Fährte. Pfullingen, Günther Neske.

1968~: Offene Horizonte. Jugenderinnerungen eines Balten. Umfangreiches unveröffentlichtes Typoskript.

Verwendete Sekundärliteratur

Bei Links auf Webseiten Dritter übernehmen wir für deren Inhalte keine Haftung, da wir uns diese nicht zu eigen machen, sondern nur auf die Webseiten zum angegebenen Zeitpunkt verweisen.

Adorno, Theodor W. 1951, 1964a: Asyl für Obdachlose, in: Adorno 1951, 1964b: Minima Moralia, S. 40–42.

Adorno, Theodor W. 1951, 1964b: Minima Moralia. Reflexionen aus dem beschädigten Leben. Frankfurt am Main, Suhrkamp Verlag.

Arendt, Hannah 1951: Elemente und Ursprünge totalitärer Herrschaft. München, Piper.

Berner, Herbert 1986: Zur Eröffnung der Gedächtnisausstellung »Traugott von Stackelberg, Arzt-Maler-Schriftsteller«, in der Sparkasse Singen, am 24.November 1986 In: Kulturförderkreis des City-Ring Singen e.V. 1987.

Bernet, Claus 2008: Quäker aus Politik, Wissenschaft und Kunst: Ein biographisches Lexikon. Nordhausen, Traugott Bautz.

Blumenberg, Hans 1979, 2003: Arbeit am Mythos. Frankfurt, Suhrkamp Verlag.

Bode, Sabine 2009: Kriegsenkel. Die Erben der vergessenen Generation. Stuttgart, Klett-Cotta.

Böhme, Hartmut 1989: Albrecht Dürer Melencolia I, Im Labyrinth der Deutung. Frankfurt am Main, Fischer Taschenbuch Verlag.

Bosch, Manfred 1991: Das Abenteuer der inneren Bewährung. In: Bodensee-Hefte 3 / 91, S. 34–37.

Bosch, Manfred 1997: Bohème am Bodensee. Lengwil, Libelle.

Dann, Otto 2001: Die gespaltene Nation. Deutschland in der Republik von Weimar. In: Photographische Sammlung / SK Stiftung Kultur Köln (Hrsg.) 2001: August Sander. Menschen des 20. Jahrhunderts. Studienband, S. 44–51.

Deichmann, Ute 1992: Biologen unter Hitler: Vertreibung, Karrieren, Forschungsförderung. Frankfurt am Main, New York, Campus Verlag.

Dix, Jan 2017: »In Freiheit dressiert«. Eine Jugend im Dix-Haus. Lengwil, Libelle.

Ehmer, Wilhelm (Hg.) 1921: Hofgeismar. Ein politischer Versuch in der Jugendbewegung 1920. Jena, Eugen Diederichs.

Ellscheid, Rosemarie o.J. [1983]: Der Stadtverband Kölner Frauenvereine. Ein Kapitel Frauenbewegung und Zeitgeschichte von 1909–1933. Köln, Dumont.

Fontane, Theodor 1861 / 1976: Wanderungen durch die Mark Brandenburg. München, Die Bibliothek.

Franken, Irene 1995: Köln. Der Frauen-Stadtführer. Köln, Kiepenheuer & Witsch.

Fry, A. Ruth / dt. von Therese Herzog 1933 / dt. 1935, 1946: Quaker Ways, dt. Die Weise der Quäker. Ein Versuch, die Lebensgesinnung des Quäkertums zu schildern durch das Leben und Wirken der »Freunde« vergangener Zeiten. Bad Pyrmont, Leonhard Friedrich.

Giebel, Wieland (Hg.) 2018: »Warum ich Nazi wurde«. Biogramme früher Nationalsozialisten. Die einzigartige Sammlung des Theodor Abel. Berlin, Berlin Story Verlag.

Giordano, Ralph 1987: Die zweite Schuld oder Von der Last ein Deutscher zu sein. Hamburg, Rasch und Röhring.

Götz, Franz (Hg.) 1991: Tengen. Geschichte der Stadt und ihrer Ortschaften. = Hegau-Bibliothek 79. Singen, Hegau-Bibliothek.

Greuter, Erich 1966: Traugott von Stackelberg. Zu seinem 75. Geburtstag am 18. März 1966. = Hegau Jb. 1966, Singen, Hegau-Bibliothek, S. 220–222.

Gromann, Margret 1989: Persönliche Aufzeichnungen, unveröffentlichtes Typoskript.

Gromann, Margret 1995. Bernhard Bavink. Lehrer, Wissenschaftler, Philosoph. Bielefeld, Kramer Druck & Verlag.

Habermas, Jürgen 1981: Theorie des kommunikativen Handelns. Frankfurt am Main, Suhrkamp Verlag.

Harrer, Johanna 1934: Die deutsche Mutter und ihr erstes Kind. München, J.F. Lehmanns Verlag.

Heer, Hannes 2005, 2008: »Hitler war's«. Die Befreiung der Deutschen von ihrer Vergangenheit. Berlin, Aufbau Taschenbuch.

Helwig, Werner 1960: Die Blaue Blume des Wandervogels. Vom Aufstieg, Glanz und Sinn einer Jugendbewegung, Gütersloh, S. Mohn.

Helwig, Werner 1980: Die Blaue Blume des Wandervogels. Vom Aufstieg, Glanz und Sinn einer Jugendbewegung. Erweiterte Neuausgabe hrsg. u. mit einem Nachwort von Walter Sauer, Heidenheim, Südmarkverlag Fritsch.

Hörner, Unda 2018: 1919 – Das Jahr der Frauen. Berlin, Ebersbach & Simon.

Hüetlin, Thomas 2022: Berlin, 24. Juni 1922. Der Rathenaumord und der Beginn des rechten Terrors in Deutschland. Köln, Kiepenheuer & Witsch.

Illies, Florian 2012, 2016[3]: 1913. Der Sommer des Jahrhunderts. Frankfurt am Main, S. Fischer.

Kant, Immanuel 1788 / 1975: Kritik der praktischen Vernunft. = Werke in zehn Bänden, hrsg. von Wilhelm Weischedel, Bd. 6. Darmstadt, Wissenschaftliche Buchgesellschaft.

Klemperer, Victor 1947: Lingua Tertii Imperii – Notizbuch eines Philologen. Berlin, Aufbau.

Kölner Frauengeschichtsverein (Hg.) 1995: »10 Uhr pünktlich Gürzenich«. Hundert Jahre bewegte Frauen in Köln – zur Geschichte der Organisationen und Vereine. Münster, agenda Verlag.

Kulturförderkreis des City Ring Singen 1987: »Wettbewerb Traugott von Stackelberg. 1. Preis Wettbewerbsbeitrag der Zeppelin-Realschule Singen.« 41 Illustrationen zu Erzählungen von Traugott von Stackelberg. Mit einem Vorwort von Herbert Berner zur Eröffnung der Gedächtnisausstellung »Traugott von Stackelberg, Arzt – Maler – Schriftsteller« in der Sparkasse Singen, am 24. November 1986, Singen.

Kulturförderkreis des City Ring Singen 1987: »Wettbewerb Traugott von Stackelberg. 2. Preis Wettbewerbsbeitrag der Grund- und Hauptschule Tengen, Klasse 9.« »Doktors Vieh«, Protokoll einer Annäherung an den Menschen Traugott von Stackelberg. Singen.

Linse, Ulrich (Hg.) 1983: Zurück o Mensch zur Mutter Natur. Landkommunen in Deutschland 1890–1933. München, Deutscher Taschenbuchverlag.

Mack, Cécile 2001: Die badische Ärzteschaft im Nationalsozialismus. = Bd. 6 Medizingeschichte im Kontext. Hg. von Ulrich Tröhler und Karl-Heinz Leven, Frankfurt u.a., Peter Lang.

Meckel, Christoph 2000: Sieben Blätter für Monsieur Bernstein. München, Christian Pixis.

Mogge, Winfried 1986, 1991²: Bilder aus dem Wandervogel-Leben. Die bürgerliche Jugendbewegung in Fotos von Julius Groß 1913–1933. Köln, Verlag Wissenschaft und Politik Berend von Nottbeck.

Müller, Helmut 1986: Schlaglichter der deutschen Geschichte. Sonderausgabe für die Landeszentralen der politischen Bildung. Mannheim, Bibliographisches Institut.

Musil, Robert 1930–1943, 1952: Der Mann ohne Eigenschaften. Neuausgabe Reinbek, Rowohlt.

Nansen, Fridtjof dt. 1914,1919³: Sibirien ein Zukunftsland. Leipzig, F.A. Brockhaus.

Panter, Reinhold 2016: Traugott von Stackelberg – Arzt, Schriftsteller, Gründer des 1. Malerkreises Singen. = Hegau Jb 73 2016, S. 149–156. Singen, Hegau-Bibliothek.

Photographische Sammlung / SK Stiftung Kultur Köln (Hrsg.) 2001: August Sander. Menschen des 20.Jahrhunderts. Studienband. München, Schirmer u Mosel.

Pickard, Bertram (Ed.) 1920: Jordans, 1920. Being the Report of the International Conference of Young Friends held at jordans August 24–30, 1920. London, Swarthmore Press.

Poensgen, Ruprecht 1966: Die Schule Schloss Salem im Dritten Reich. In: Vierteljahreshefte für Zeitgeschichte, Jg. 44 (1966), H.1, S. 25–54.

Röpke, Lotte 1985: Verzeichnis der Angehörigen der Familie Röpke & Dönhoff. Lippstadt, Eigenverlag.

Röpke, Lotte 1989: Ergänzungen zum Familienbuch (um die Namen für die spätere Generation mit etwas Leben zu erfüllen). Lippstadt, Typoskript.

Schaupp, Simon 2017, 2018²: Der kurze Frühling der Räterepublik. Ein Tagebuch der bayerischen Revolution. Münster, Unrast-Verlag.

Scheide, Carmen 2022: Tengen in der Zeit des Nationalsozialismus, unveröffentlichtes Ms.

Schildt, Axel 2012: Deutschland in den 50er Jahren = H.256 der Bundeszentrale für politische Bildung 2012, https://www.bpb.de/izpb/10122/deutschland-in-den-50er-jahren, abgerufen am 30.9.2021.

Schramm, Hilde 2012: Meine Lehrerin Dr. Dora Lux,1882–1959 Nachforschungen. Hamburg, Rowohlt.

Schwartz, Michael 1993: Bernhard Bavink: Völkische Weltanschauung – Rassenhygiene – »Vernichtung lebensunwerten Lebens«. Bielefeld, Bielefelder Beiträge zur Stadt- und Regionalgeschichte. Hrsg. Stadtarchiv und Landesgeschichtliche Bibliothek Bielefeld, Bd. 13.

Stackelberg, Natalie von 1882. Otto Magnus von Stackelberg. Schilderung seines Lebens und seiner Reisen in Italien und Griechenland. Heidelberg, Carl Winter's Universitätsbuchhandlung.

Stocker, Meta und Thilde Rothfelder 1991: »Harmonischer Dreiklang« Die Vergeistigung einer Landschaft durch einen Malerpoeten. Anlässlich der Gedächtnisausstellung zum 100. Geburtstag von Traugott von Stackelberg am 18. März 1991 im Rathaus in Tengen. Tengen, Privatdruck.

Uellenberg, Wolfgang, Günter Rütz 2002: Über uns – Damals. Geschichte unseres Verbandes Kinderfreundebewegung in Deutschland. In: trend onlinezeitung 7–8/02, http://www.trend.infopartisan.net/trd7802/t087802, abgerufen 13.6.2021.

Vogelsang, Reinhard 1988: Geschichte der Stadt Bielefeld, Bd. II. Von der Mitte des 19. Jahrhunderts bis zum Ende des Ersten Weltkrieges. Bielefeld, Verlag für Druckgrafik Hans Gieselmann.

Wahrig, Gerhard 1966/1991: Deutsches Wörterbuch. Mit einem Lexikon der Deutschen Sprachlehre. Gütersloh, München, Bertelsmann Lexikon Verlag.

Weber, Marianne 1926: Max Weber. Ein Lebensbild. Tübingen, Mohr.

Weidermann, Volker 2017: Träumer. Als die Dichter die Macht übernahmen. Köln, Kiepenheuer & Witsch.

Welzer, Harald 2019: Alles könnte anders sein. Eine Gesellschaftsutopie für freie Menschen. Frankfurt, S. Fischer Verlag.

Wirminghaus, Brita 1991: Traugott von Stackelberg. Arzt, Maler und Schriftsteller. In: Götz, Franz (Hg.) 1991, S. 511–513.

Wolff, Emmy (Hg.) 1928: Frauen-Generationen in Bildern. Berlin, Verlag F. A. Herbig.

Zeller, Eduard 1874[3] / 1963: Die Philosophie der Griechen in ihrer geschichtlichen Entwicklung. Zweiter Teil, erste Abteilung: Sokrates und die Sokratiker, Plato und die alte Akademie. Darmstadt, Wissenschaftliche Buchgesellschaft.

Fotonachweis

Elisabeth Bäumer, S. 18
Atelier Packenius, Bielefeld: S. 23
M. Bauer Atelier, München Theatiner Str.47 / II: S. 78, 212, 218
Atelier Koenen-Tasche, Düsseldorf: S. 125
Atelier A. Wertheim, Berlin Leipziger Straße: S. 156
Julius Groß: S. 210
Gertrud Finger: S. 225
Michael S. Berchmann, Singen: S. 237, 238, 356, 357, 380
Karl Kind: S. 277
Heinz Finke, Konstanz: S. 329
Alauda von Kügelgen: S. 339

Alle übrigen: Archiv Stackelberg-Wirminghaus, DW

Materialien, die über die Webseite Wirminghaus.de zu erreichen sind

Auf der Webseite www.wirminghaus.de sind weitere Materialien zu finden.

533 Siehe Wahrig: 1991, S. 222.

534 Siehe oben S. 232.

535 Siehe Wahrig, S. 1312.

536 Lateinisch: credere.

537 Lateinisch: putare.

538 Vgl. Kant »Ich mußte also das Wissen aufheben, um zum Glauben Platz zu bekommen [...]« KrV 33.

539 Siehe Wahrig, S. 567.

540 Siehe Abschnitt Quäker, S. 213–216.

541 Siehe Wahrig, S. 1165.

542 Dieses Wort hat wohl nicht dieselbe Wurzel wie das zuerst betrachtete, also ein Homonym und nicht Polysemie.

543 In seinem Tagebuch 1 (Rotes Heft) ist im Zusammenhang mit der Beziehung zur Geliebten vermerkt: »Im Frühling, da kommt über mich immer das große Sehnen, weiß nicht wonach.« (28.7.1917).

544 469–399 v.Chr.

545 Platon, Apologie 21d-22a: οἶδα οὐκ εἰδώς.

546 Zeller 1874[3]/1963, S. 120.

547 Ist ihr Engelshaar der künstlerischen Vereinfachung oder doch der aufsteigenden Hitze zum Opfer gefallen?

548 Siehe Wahrig, S. 1410.

549 Siehe Anm. 258, S. 343.

550 Siehe Anfang dieses Abschnitts, S. 386.

551 Siehe S. 169.

552 Siehe Abschnitt »Kavaliersreise im Frühjahr 1913«, S. 165.

553 Offene Horizonte, S. 152 ff.

554 Ibd. S. 153. Entsprechend mag man rechnen: Bahnfahrt 2021 mit DB 140 €, Hotel mind. 70 €, also etwa das 7-fache: 1.000 Rubel ≙ etwa 16.000 €.

555 Ibd. S. 153.

556 Siehe S. 82 und Anm. 220, S. 342.

557 Das sind nur ungefähre Angaben; verschiedene mir zugängliche Quellen differieren etwas.

558 Herr Lauber erzählt davon, in: Kulturförderkreis des City Ring Singen 1987 Singen: Wettbewerb Traugott von Stackelberg. 2. Preis Wettbewerbsbeitrag der Grund- und Hauptschule Tengen, Klasse 9. »Doktors Vieh«, Protokoll einer Annäherung an den Menschen Traugott von Stackelberg. S. 8 f. »Die Leute waren so arm, und nicht alle hatten eine Krankenkasse. Sie hatten kein Geld, um die Krankenkasse zu bezahlen, und den Arzt hat man eben manchmal gebraucht. Wenn man dann gesund war, dann ist man eben gegangen, um dafür eine Arbeitsleistung zu machen.«, (S. 8) »Ich kann mich erinnern, daß

ein Landwirt einmal eine Geburt nicht bezahlen konnte. Da hat er zum Herrn Doktor gesagt: ›Herr Doktor, ich hab jetzt gerade kein Geld.‹ Und da sagte der: ›Ich nehme auch ein Schwein.‹«, (S. 9).

559 Keplerbund, 1907 gegründet, sucht die naturwissenschaftliche Empirie mit philosophischer Erkenntnis und religiöser Erfahrung in Harmonie zu bringen. Die wissenschaftliche Leitung übernimmt 1920 Bernhard Bavink (1879–1947). Er ist Helenes ehemaliger Lehrer am Gymnasium und ihr Schwager – Bernhard Bavink heiratet Helenes ältere Schwester Hertha 1918. Ich nehme an, dass Helenes Mitgliedschaft in diesem Verein nicht aus solider Überzeugung motiviert ist, sondern eher ihrem Schwager zuliebe besteht, dem sie ansonsten in vielen Überzeugungen und Positionen auch überhaupt nicht folgen mag. (Siehe auch oben: Kapitel zu Helene.)

560 Im Oktober 1923 muss für 1 kg Brot 680 Millionen M bezahlt werden, einen Monat später schon 580 Milliarden.

561 Siehe Abschnitt »Mobilität«, S. 261.

562 Siehe Abschnitt »Kleine Kuranstalt«, S. 274.

563 Zum Vergleich: Durchschnittseinkommen eines vollbeschäftigten Arbeitnehmers im Deutschen Reich 1927: 1742 RM. Quelle: https://de.statista.com/statistik/daten/studie/1100231/umfrage/durchschnittseinkommen-in-der-weimarer-republik, abgerufen 18.6.2021.

564 Siehe Anm. 559, S. 430. Danach gibt es keine Einträge mehr zugunsten des Keplerbundes.

565 Brief Traugott an seiner Mutter am 28.11.1929.

566 Akten des Staatsarchivs Freiburg STAF D 1802 63647 HvSt, S. 42 und STAF D 1802 33726 TvSt S. 13.

567 TvSt 1957: Unter Zöllnern und Sündern, Typoskript, S. 13.

568 Den Kosenamen »Ahi« hat wohl sein ältester Enkel Volker von Kügelgen erfunden. Akzeptiert vom so Benannten ist der Name in die Familientradition übernommen worden.

569 Über die Reisedaten gehen die Angaben in verschiedenen Dokumenten auseinander: 1934/1935/1937/1938 – s. Anm. 398, S. 350.

570 Siehe Anm. 569.

Dank

Einen ganz besonderen Dank richten wir an Frau Dr. habil. Carmen Scheide. Sie hat uns seit den ersten Ideen zu diesem Buch mit ihrer inspirierenden Neugier auf unsere Geschichte(n) begleitet. Die archivarischen Recherchen zu Dokumenten der Zeit des Nationalsozialismus, die sie offen mit uns teilte, konnten zur professionellen Absicherung unserer eher subjektiven Erkenntnisse beitragen. Unsere freundschaftlichen Diskussionen und ihre aufmunternde zupackende Art haben viel zur erfolgreichen Fertigstellung des Textes beigetragen.